编审委员会

顾　　　问	杜国城	高职高专土建类专业教学指导委员会施工类专业分委员会主任
主 任 委 员	李宏魁	河南建筑职业技术学院
副主任委员	魏鸿汉	天津市建筑工程职工大学
	黄兆康	广西建设职业技术学院
	张　伟	深圳职业技术学院
委　　　员	（按姓名笔画排序）	
	王　辉	河南建筑职业技术学院
	王永正	天津国土资源和房屋职业学院
	白丽红	河南建筑职业技术学院
	冯光灿	成都航空职业技术学院
	朱　缨	河南建筑职业技术学院
	刘正武	湖南城建职业技术学院
	刘建伟	天津轻工职业技术学院
	刘振华	宁夏建设职业技术学院
	刘晓敏	黄冈职业技术学院
	汤万龙	新疆建设职业技术学院
	孙　刚	日照职业技术学院
	苏　炜	中州大学
	李会青	深圳职业技术学院建工学院
	李宏魁	河南建筑职业技术学院
	李社生	甘肃建筑职业技术学院
	何世玲	开封大学
	张　伟	深圳职业技术学院
	张　健	四川电力职业技术学院
	张　曦	四川建筑职业技术学院成都分院
	张立秋	北京电子科技职业学院
	陈　刚	广西建设职业技术学院
	陈　栩	成都航空职业技术学院
	周明月	河南建筑职业技术学院
	周和荣	四川建筑职业技术学院
	段永萍	青海建筑职业技术学院
	侯洪涛	济南工程职业技术学院
	桂顺军	青海建筑职业技术学院
	贾莲英	湖北城市建设职业技术学院
	高秀玲	天津市建筑工程职工大学
	黄兆康	广西建设职业技术学院
	梁晓丹	浙江建设职业技术学院
	童　霞	河南建筑职业技术学院
	魏鸿汉	天津市建筑工程职工大学

高职高专规划教材

JIANSHE GONGCHENG FAGUI

建设工程法规

高会艳　宋　梅　主编

杨树成　副主编

本书按照建设行业技能型紧缺人才培养方案，紧扣培养技术应用型生产第一线人才的目标，根据近年建设行业发展和建设工程法制建设的实际情况，以建设工程全过程为主线，重点阐述建设工程各阶段所涉及的法律、法规。

全书共十一章，内容包括：建设工程法规绪论，城乡规划及土地管理相关法律知识，建设工程从业资格法规，建设工程的发承包与招投标法规，建设工程合同法规，建设管理及工程建设施工准备相关法规，建设工程安全生产管理，建设工程质量管理法规，建设工程纠纷法规，市政工程建设法规，工程勘察设计，施工文物保护、监理、建筑节能法规等有关工程建设的其他法规知识。每章穿插有案例与案例分析，并附有复习思考题以方便教学与使用。本书力求全面新颖、系统、可读。

本书为高职高专土建类专业的教材，还可供各类院校土建专业师生及建设工程技术与管理人员的日常工作或学习参考。

图书在版编目（CIP）数据

建设工程法规/高会艳，宋梅主编．—北京：化学工业出版社，2012.7（2022.9重印）
高职高专规划教材
ISBN 978-7-122-14468-3

Ⅰ．建⋯　Ⅱ．①高⋯②宋⋯　Ⅲ．建筑法-中国-教材
Ⅳ．D922.297

中国版本图书馆CIP数据核字（2012）第123866号

责任编辑：王文峡　　　　　　　　　　装帧设计：尹琳琳
责任校对：陈　静

出版发行：化学工业出版社（北京市东城区青年湖南街13号　邮政编码100011）
印　　装：北京科印技术咨询服务有限公司数码印刷分部
　787mm×1092mm　1/16　印张19½　字数502千字　2022年9月北京第1版第2次印刷

购书咨询：010-64518888　　　　　　　　　售后服务：010-64518899
网　　址：http://www.cip.com.cn
凡购买本书，如有缺损质量问题，本社销售中心负责调换。

定　价：49.00元　　　　　　　　　　　　　　　　　　　版权所有　违者必究

前言

随着我国涉及建设领域的法律、法规不断地建立与完善，特别是《中华人民共和国建筑法》、《中华人民共和国招标投标法》、《中华人民共和国城乡规划法》、《建设工程质量管理条例》、《建设工程勘察设计管理条例》、《建设工程安全生产管理条例》等的发布实施，使得我国建设工程领域的法制建设出现了一个全新的局面。

建设法规是阐述建设工程相关法律法规的基本规定，及其在建设工程中应用的一门学科。主要针对高职高专建筑工程技术、市政工程技术、建筑设计技术、建筑装饰工程技术、工程造价等专业。学习和掌握建设法规、遵守建设法规是今后从事建筑业及相关领域工作应当具备的法律素质。

本教材按照建筑类中各相关专业应用型人才培养计划和课程设置要求，针对培养对象适应职业发展应具备的知识和能力要求编写。以我国现行《中华人民共和国建筑法》为基本依据，结合国家最新颁布的有关法律、行政法规、规章及司法解释展开论述；以法学原理为指导，按照建设工程的建设顺序依次论述；集中、系统阐述了贯穿于建设工程建设全过程的重要问题，在具体问题的说明中，根据法律关系的不同分别进行解析。同时，对违反建设法律法规的责任、建设工程纠纷的解决作了必要的阐述。理论阐述以必需够用为原则，侧重结论的定性分析及其在实践中应用，突出针对性。在各章节中精选多个工程实践中的典型案例，使学生在学习过程中能够通过真实案例的分析加强对法律规定的理解和运用能力。同时，在各章后附有复习思考与练习题，培养学生分析问题、解决问题的能力。

考虑到建设工程施工生产一线基层应用型人才今后的发展方向，本教材内容结合了注册建造师、注册建筑师、注册结构工程师、注册土木工程师、注册监理工程师等执业资格考试的要求。本书除了适用于高等职业技术教育建筑类相关专业的建设法规课程，也可以作为有关执业资格考试的复习参考。

本教材由辽宁城市建设职业技术学院高会艳、宋梅任主编，杨树成任副主编。全书内容共分十一章，其中，第六、七、八章由高会艳编写；第四、五章由杨树成编写；第二、三章由王施施编写；第一、九、十章由宋梅、卜洁莹共同编写；第十一章由辽宁省环境科学研究院高级工程师王东明编写。

辽宁省环境科学研究院王东明高级工程师审阅了全书并提出了许多宝贵的意见与建议，在此表示衷心的感谢。

在教材编写过程中，参考了近几年出版的相关书籍中的优秀内容，编者在此对相关作者一并致以谢意。同时注意吸收建设法规领域的最新前沿动态，并作为参考文献附于教材后，以示感谢。

由于成书时间仓促和编者水平有限，书中疏漏之处在所难免，恳请读者在使用过程中给予指正并提出宝贵意见，可发电子邮件至 yunwenwang@163.com 交流。

编者
2012 年 4 月

目录

第一章 建设工程法规绪论 —————————— 1

第一节 法律基础知识 ············ 1
一、法的概念、特征及作用 ······· 1
二、法制与法治 ··············· 3
三、法的体系与形式 ············ 3
四、法的效力与效力等级 ········ 5
五、法律关系 ················ 6
六、诉讼时效 ················ 7
七、法律责任 ················ 10

第二节 建设工程法规概述 ·········· 11
一、建设工程法规概念、作用及特征 ··· 11
二、建设工程法规体系 ·········· 13
三、建设工程法律关系 ·········· 14
四、建设工程法律责任 ·········· 18
本章小结 ···················· 21
复习思考题 ·················· 21
课后练习题 ·················· 21

第二章 城乡规划及土地管理相关法律知识 —————————— 24

第一节 城乡规划法规 ············ 24
一、城乡规划法规概述 ·········· 24
二、城乡规划的实施和修改 ······· 28
三、监督检查与法律责任 ········ 33
第二节 土地管理法规 ············ 35
一、土地管理法概述 ············ 35

二、国有土地使用权有偿出让、划拨与转让制度 ·············· 37
三、违反《土地管理法》的法律责任 ··· 41
本章小结 ···················· 44
复习思考题 ·················· 45
课后练习题 ·················· 45

第三章 建设工程从业资格法规 —————————— 46

第一节 建设工程从业资格相关法规概述 ·················· 46
一、建立从业资格制度的意义 ····· 46
二、建设工程单位的必备条件 ····· 47
三、专业技术人员的必备条件 ····· 47
第二节 建设工程企业资质管理 ······ 47
一、建设工程企业资质管理机关 ····· 47
二、建设工程企业资质分类管理 ····· 47
第三节 建筑业专业人员资格管理 ···· 49
一、建筑业专业人员执业资格制度 ··· 49
二、建筑业专业技术人员执业资格种类 ·················· 50
第四节 建造师注册执业制度 ······· 55
一、建设工程专业人员执业资格的

准入管理 ················ 55
二、建造师考试和注册的规定 ····· 55
三、建造师的受聘单位和执业岗位范围 ·················· 60
四、建造师的基本权利和义务 ····· 62
五、违法行为应承担的法律责任 ··· 65
第五节 法律责任 ··············· 66
一、建设工程企业及建设主管部门的法律责任 ················ 66
二、注册专业技术人员的法律责任 ··· 67
本章小结 ···················· 69
复习思考题 ·················· 70
课后练习题 ·················· 70

第四章 建设工程的发承包与招投标法规 —— 72

第一节 建设工程的承包与发包 …………… 72
  一、建设工程的承包与发包概述 ………… 72
  二、建设工程的发包 …………………… 73
  三、建设工程的承包 …………………… 73
  四、建设工程的分包 …………………… 74
第二节 招标投标法概述 ……………………… 75
  一、建设工程招标投标活动的基本原则 … 75
  二、建设工程必须招标的范围、规模 …… 76
第三节 建设工程招标 ………………………… 78
  一、建设工程招标方式 ………………… 78
  二、建设工程招标程序 ………………… 78
第四节 建设工程投标 ………………………… 82
  一、投标的要求 ………………………… 82
  二、投标保证金 ………………………… 83
  三、联合体投标 ………………………… 83
  四、关于投标禁止性规定 ……………… 84

第五节 建设工程的开标、评标和中标 ……… 85
  一、开标 ………………………………… 85
  二、评标 ………………………………… 86
  三、中标 ………………………………… 88
第六节 建设工程招标投标法律责任 ………… 89
  一、招标人的法律责任 ………………… 89
  二、招标代理机构的法律责任 ………… 90
  三、投标人的法律责任 ………………… 90
  四、评标委员会成员的法律责任 ……… 90
  五、中标人的法律责任 ………………… 91
  六、国家机关工作人员的法律责任 …… 91
  七、其他法律责任 ……………………… 91
本章小结 ……………………………………… 92
复习思考题 …………………………………… 93
课后练习题 …………………………………… 93

第五章 建设工程合同法规 —— 98

第一节 建设工程合同法原理 ………………… 98
  一、合同的订立原则 …………………… 98
  二、合同的分类 ………………………… 99
第二节 合同的订立 …………………………… 100
  一、合同订立的形式 …………………… 100
  二、合同成立 …………………………… 101
  三、合同订立的程序 …………………… 101
  四、合同的内容 ………………………… 102
第三节 合同的效力 …………………………… 104
  一、合同的生效 ………………………… 104
  二、效力待定合同 ……………………… 104
  三、无效合同 …………………………… 105
  四、可撤销合同 ………………………… 106
第四节 建设工程施工合同内容及承发包
      双方的义务 …………………………… 107
  一、建设工程施工合同概述 …………… 107
  二、建设工程施工合同的内容 ………… 107
  三、建设工程施工合同发承包双方的
      主要义务 …………………………… 108
第五节 建设工程价款支付及赔偿损失
      的规定 ………………………………… 110

  一、工程价款的支付 …………………… 110
  二、赔偿损失的规定 …………………… 110
第六节 合同的履行、变更、转让和
      终止 …………………………………… 112
  一、合同的履行 ………………………… 112
  二、合同的变更 ………………………… 113
  三、合同的转让和终止 ………………… 114
第七节 违约责任 ……………………………… 116
  一、违约责任的概念 …………………… 116
  二、违约责任的特征 …………………… 116
  三、当事人承担违约责任的形式 ……… 116
  四、建设工程施工合同违约责任的
      免除 ………………………………… 117
第八节 与建设工程相关的其他合同 ………… 118
  一、建设工程监理合同 ………………… 118
  二、建设工程勘察、设计合同 ………… 118
  三、建设工程物资采集合同 …………… 119
  四、设备供应合同 ……………………… 119
本章小结 ……………………………………… 120
复习思考题 …………………………………… 120
课后练习题 …………………………………… 121

第六章 建设管理及工程建设施工准备相关法规 —— 124

- 第一节 《建筑法》概述 …………… 124
  - 一、《建筑法》的适用范围与基本制度 …… 124
  - 二、建筑法中的主要法律责任 …………… 127
- 第二节 建设程序与施工许可制度 …… 130
  - 一、工程项目建设程序及其重要性 …… 130
  - 二、工程项目建设各阶段的内容 …… 133
  - 三、施工许可制度 ………………………… 137
- 第三节 工程建设中的保险制度 …… 140
  - 一、工程建设保险概述 …………………… 140
  - 二、建筑工程一切险 ……………………… 141
  - 三、安装工程一切险 ……………………… 142
  - 四、建筑职工意外伤害险 ………………… 143
- 第四节 劳动合同与劳动保护制度 …… 145
  - 一、劳动合同的基本内容 ………………… 145
  - 二、劳动保护的内容与争议处理 ………… 145
- 第五节 工程建设监理制度 …………… 147
  - 一、工程建设监理制度概述 ……………… 147
  - 二、工程建设监理的依据和工作内容 …… 148
  - 三、监理单位的权利、义务和法律责任 …………………………… 150
- 第六节 工程建设中的环境保护法规 … 151
  - 一、建设项目环境保护制度 ……………… 151
  - 二、与工程建设有关的环保规定及防治措施 ………………………… 152
  - 三、施工现场水污染的防治 ……………… 154
  - 四、施工现场固体废物污染的防治 ……… 155
- 本章小结 ……………………………… 157
- 复习思考题 …………………………… 157
- 课后练习题 …………………………… 157

第七章 建设工程安全生产管理 —— 160

- 第一节 建设工程安全生产管理基本制度 ………………………… 160
  - 一、建设工程安全生产管理方针与原则 ………………………… 161
  - 二、建设工程安全生产管理基本制度 …… 161
  - 三、建筑安全生产认证制度 ……………… 162
  - 四、建筑安全生产教育培训制度 ………… 163
  - 五、建筑安全生产检查制度 ……………… 164
  - 六、建筑安全生产意外伤害保险制度 …… 164
  - 七、建筑安全伤亡事故报告制度 ………… 164
  - 八、建筑安全责任追究制度 ……………… 164
- 第二节 施工方的安全生产责任和教育培训制度 ……………………… 164
  - 一、施工单位和施工项目负责人的安全生产责任 …………………… 164
  - 二、施工总承包和分包单位的安全生产责任 ……………………… 166
  - 三、施工作业人员的安全生产权利和义务 ………………………… 168
  - 四、施工管理、作业人员的教育培训制度 ………………………… 169
- 五、违法行为应承担的法律责任 ………… 170
- 第三节 施工过程中的安全生产管理 … 172
  - 一、施工现场的安全管理制度 …………… 172
  - 二、施工现场的安全防护规定 …………… 175
  - 三、施工现场的消防管理 ………………… 177
  - 四、建筑装修和房屋拆除的安全管理 …… 178
- 第四节 生产安全事故的应急救援和调查处理 ………………………… 180
  - 一、生产安全事故的等级划分标准与应急救援预案的制定 ……………… 180
  - 二、生产安全事故的报告与调查处理制度 ……………………… 181
- 第五节 建设单位和相关单位的建设工程安全责任制度 ……………… 184
  - 一、建设单位的安全责任 ………………… 184
  - 二、勘察、设计、工程监理单位的安全责任 ………………………… 186
  - 三、其他相关单位的安全生产责任 ……… 187
- 本章小结 ……………………………… 188
- 复习思考题 …………………………… 189
- 课后练习题 …………………………… 189

第八章 建设工程质量管理法规 —— 191

- 第一节 质量标准化管理制度 ………… 191
  - 一、工程建设标准 ………………………… 191

二、工程建设强制性标准的实施规定…… 193
第二节 施工单位的质量责任和义务…… 195
 一、施工单位对施工质量负责…… 195
 二、按照图纸和施工技术标准施工…… 196
 三、对建筑材料、设备进行检验检测的规定…… 196
 四、施工质量检验与返修…… 197
 五、违法行为应承担的责任…… 198
第三节 建设单位及相关单位的质量责任和义务…… 201
 一、建设单位的质量责任和义务…… 201
 二、勘察、设计、监理单位相关的质量责任和义务…… 203
 三、政府部门工程质量监督管理的规定…… 205
第四节 建设工程竣工验收制度…… 206
 一、竣工验收的条件和标准…… 206
 二、竣工验收的程序…… 209
 三、竣工验收备案管理制度…… 210
第五节 建设工程质量保修制度…… 211
 一、质量保修书和最低保修期限的规定…… 211
 二、质量责任的损失赔偿…… 213
 三、违法行为应承担的法律责任…… 214
本章小结…… 215
复习思考题…… 216
课后练习题…… 216

第九章 建设工程纠纷法规 — 218

第一节 建设工程纠纷主要种类和法律解决途径…… 218
 一、建设工程纠纷的主要种类…… 218
 二、民事纠纷的法律解决途径…… 220
 三、行政纠纷的法律解决途径…… 222
第二节 民事诉讼制度…… 222
 一、民事诉讼的法院管辖…… 222
 二、民事诉讼当事人和代理人的规定…… 225
 三、民事诉讼证据的种类、保全和应用…… 225
 四、民事诉讼时效的规定…… 230
 五、民事诉讼的审判程序…… 233
 六、民事诉讼的执行程序…… 237
第三节 仲裁制度…… 241
 一、仲裁协议的规定…… 241
 二、仲裁的申请、受理、开庭和裁决…… 243
 三、涉外仲裁的特别规定…… 246
第四节 仲裁的调解、和解制度与争议评审…… 248
 一、调解、和解的规定…… 248
 二、争议评审机制的规定…… 251
第五节 行政复议和行政诉讼制度…… 254
 一、行政复议的有关规定…… 254
 二、行政诉讼的有关规定…… 256
 三、侵权的赔偿责任…… 259
本章小结…… 260
复习思考题…… 261
课后练习题…… 261

第十章 市政工程建设法规 — 263

第一节 城市道路工程建设法规…… 263
 一、城市道路的概念…… 263
 二、城市道路的规划和建设…… 264
 三、城市道路的养护和维修…… 264
 四、城市道路的路政管理…… 265
 五、城市道路照明设施管理…… 266
第二节 城市排水工程建设法规…… 267
 一、城市排水的概念…… 267
 二、城市排水工程的规划和建设…… 267
 三、城市排水许可管理…… 267
 四、城市排水设施的维护和管理…… 268
第三节 城市防洪工程建设法规…… 268
 一、城市防洪概述…… 268
 二、城市防洪工程的规划和建设…… 269
 三、城市防洪工程设施的管理…… 269
第四节 市政相关工程建设法规…… 269
 一、城市轨道交通工程…… 269
 二、城市供水工程…… 270
 三、城市供热工程…… 271
 四、城市燃气工程…… 272
 五、城市公共交通管理…… 273
本章小结…… 275
复习思考题…… 275
课后练习题…… 275

第十一章 有关工程建设的其他法规知识 —— 277

第一节 建设工程勘察设计法规 …………… 277
 一、建设工程勘察设计法规概述 ………… 277
 二、工程勘察设计文件编制与审批 ……… 278
 三、建设工程勘察设计质量管理 ………… 279
 四、法律责任 …………………………… 281
第二节 施工文物保护法规 ………………… 283
 一、文物保护范围内施工的规定 ………… 283
 二、施工发现文物报告和保护的规定 …… 284
 三、违法行为应承担的法律责任 ………… 285
第三节 消防法规中与工程建设相关的
   内容 …………………………………… 287
 一、建筑工程消防设计的审核与验收 …… 287
 二、建筑工程的消防竣工验收 …………… 287
 三、工程建设中采取的消防安全措施 …… 287

 四、消防组织 …………………………… 288
 五、火灾救援 …………………………… 289
第四节 节约能源法规中与工程建设相关
   的内容 ………………………………… 289
 一、建设工程项目的节能管理 …………… 289
 二、建筑节能法律制度 …………………… 290
第五节 档案法规中与工程建设相关的
   内容 …………………………………… 291
 一、建设工程档案的种类 ………………… 291
 二、建设工程档案的移交程序 …………… 293
 三、重大建设项目档案验收 ……………… 294
本章小结 ……………………………………… 296
复习思考题 …………………………………… 297
课后练习题 …………………………………… 297

参考文献 —— 299

建设工程法规绪论

> **知识目标**
> - 了解法的概念、特征与作用
> - 了解法制与法治的区别
> - 了解建设工程法规的概念、作用及特征
> - 熟悉法的体系、法的形式与法律责任的种类
> - 熟悉建设工程法规的体系构成
> - 掌握法律关系三要素的具体内容
> - 掌握法的效力与诉讼时效相关内容
> - 掌握建设工程法律关系的相关内容
>
> **能力目标**
> - 能解释法律关系三要素,说出法的效力等级位阶差别
> - 能记住具体的诉讼时效的时间要求
> - 举例说明建设主体的类别
> - 能解释建设工程法律关系的相关内容

第一节 法律基础知识

一、法的概念、特征及作用

(一) 法的概念

如何界定法的概念,不同时期、不同国家、不同学者表达不尽相同,笼统地讲,是指国家的法律,法是由一定的物质生活条件所决定的,由国家制定或认可并由国家强制力保证实施的具有普遍效力的行为规范体系。其目的在于维护、巩固和发展一定的社会关系和社会秩序。

这里所要研究的法的概念,是指"国法"(国家的法律)。其外延包括:国家专门机关(立法机关)制定的"法"(成文法);法院或法官在判决中创制的规则(判例法);国家通过一定方式认可的习惯法(不成文法);其他执行国法职能的法(如教会法)。

(二) 法的基本特征

可以把法的外在特征概括为以下几个方面。

1. 法是调整人们行为或社会关系的规范

法作为社会规范，不同于思维规范、语言规范，也不同于技术规范。法规定人们的行为模式、指导人们的行为。法是通过调整人的行为来调整社会关系的，而不是通过对人们思想的调整来调整社会关系的。法律通过调整人的行为来达到调整社会的目的。法的表现形式往往是规范性法律文件，具有普遍的效力。

2. 法由国家制定或认可

法是一种特殊的社会规范，它是由国家制定或认可的，法体现国家的意志，国家的存在是法存在的前提条件，法的这一特征表明法具有国家意志的形式，使法区别于其他社会规范。制定或认可是法产生的两种方式，法由国家制定或认可，即表明法有权威性。

3. 法是由国家强制力保证实施的社会规范

法不同于其他社会规范，它具特殊的强制性，即国家强制性。国家强制力是指国家的军队、警察、法庭、监狱等有组织的国家暴力机关。法律的实施主要由国家强制力保证，如果没有国家强制力做后盾，那么法律就变得毫无意义，违反法律的行为也将得不到惩罚，法律所体现的意志也得不到贯彻和实现。不同的社会规范会有不同的强制方式，但其中只有法律是靠国家强制力保证其实施的。也就是说，不管人们的主观愿望如何，人们都必须遵守法律，否则将受到法律制裁。

（三）法的作用

法的作用是指法对人们行为和社会生活发生的影响，它意味着法作为一种社会工具对主体的用途、功能，或对主体的需要的某种满足。法是统治阶级或人民按照自己的意志调整人们行为的工具，用以控制、变革或发展社会，进而建立并维护有利于统治阶级和人民自己的社会关系、社会秩序和社会进程。法的作用有法的规范作用和法的社会作用两种。

1. 法的规范作用

根据行为主体的不同，可以分为指引、评价、教育、预测和强制作用。

（1）指引作用　是指法律具有指引人们如何行为的功能，法律为人们提供了某种行为，指引人们可以这样行为，必须这样行为或不这样行为。

（2）评价作用　是指法可以为人们提供判断、衡量他人行为是否合法或违法以及违法的性质和程度的标准；法律与其他社会规范（例如道德、宗教等）相比，法律具有概括性，公开性和稳定性，所以法律的评价更客观、更明确、更具体。法的评价作用及其优点，使法为人们提供了一种维护社会秩序、促进社会发展的可靠的评价工具。

（3）教育作用　是指通过法的实施对人们今后行为可能发生的某种影响。对于违法者来说具有教育和警戒作用，对合法行为加以保护、赞许或者奖励，对所有人都有鼓励和示范作用。

（4）预测作用　是指人们可以依据法律规范事先预计到人们互相间行为的结果。例如，在合同关系中，甲方在履行自己的合同义务时，可以合理地预计对方也会履行合同义务，如果任何一方违约，违约方也会估计到另一方将采取哪些求偿行为。

（5）强制作用　是指通过强制力来制裁、处罚违法犯罪行为，预防违法犯罪行为，增进全社会的安全感。法的强制作用有时通过制裁违法犯罪行为直接显现出来，有时则作为某种威慑力量，起着预防违法犯罪行为，增进社会成员的安全感的作用。

2. 法的社会作用

法的社会作用是指法具有维护有利于一定阶级的社会关系和社会秩序的作用。在阶级对立的社会中，法的社会作用大致可归纳为以下两个方面。

（1）维护统治阶级的阶级统治　在阶级对立社会中，社会的基本矛盾是对立阶级之间的冲突和斗争。为了维护自己的统治，统治阶级必须把阶级冲突和斗争控制在一定的秩序范围内。统治阶级利用国家制定并实施法律来使自己在社会生活中的统治地位合法化，使这些冲突和斗争保持在统治阶级的根本利益所允许的限度内，建立起有利于统治阶级的社会秩序和社会关系。

（2）执行社会公共事务　社会公共事务是指与维护阶级统治相对应的活动，在客观上有利于全体社会成员，在阶级对立的社会，社会公共事务及其有关法律可以概括为以下几个方面。维护了人类社会的基本生活条件（如制定公共安全法规、食品卫生法规、资源与环境保护法规等）；维护生产和交换条件（如确定生产管理法规、基本劳动条件的法规等）；组织社会化生产（如兴修水利、修筑道路等）；促进教育、科学和文化的发展等（如制定教育人员从业人员的相关法规、知识产权法、义务教育法、科技进步法等）。

二、法制与法治

（一）法制的概念

法制是法律和制度的总称。动态意义上的法制，即指立法、执法、司法、守法和对法律实施的监督，也包括法律宣传教育在内。统治阶级以法律化、制度化的方式管理国家事务，并且严格依法办事的原则，也是统治阶级按照自己的意志通过国家权力建立的用以维护本阶级专政的法律和制度。

（二）法治的概念

法治是一个复杂的法律概念，它是指一种治国的思想体系，又是指一套治国的方式、原则和制度，通过这种治国的方式、原则和制度的实现而产生的一种社会状态，依据法律管理国家和民众的各种事务的一种政治结构。

（三）法制与法治的关系

法治的实施必须建立在法制上。与法治相比，法制侧重在法律的使用上。但如果仅就法律的目的而言，法治的目的是为人们提供一个寻求公正的平台和框架，而法制的目的是当权者按照法律治理国家，但这些法律不一定是由普通公民组成的立法部门制定的。法治下，行政部门的职责只是执行该等法律，并且受该等法律拘束。因此法制和法治最大的区别，并不在于法律是否拘束人民，而是在于行政、立法、司法这些政府权力是否也和人民一样，受到法律的拘束和控制。

三、法的体系与形式

与工程建设相关的法律有很多，这些法律尽管有着各自的主要调整范围，但是也经常互相发生作用。因此，在学习建设法规之前需要掌握我国的法律体系，以便形成规范工程建设行为的整体法律框架。广义上的法律不局限全国人大及其常委会制定的规范性文件，还包括行政法规、地方性法规、部门规章等。不同的法律的效力是不同的，掌握其相对效力的高低将有助于当事人正确选择适用的法律。

（一）法律体系

法律体系（也称为部门法体系），是指一个国家的全部现行法律规范，按照一定的标准和原则，划分为不同的法律部门而形成的内部和谐一致、有机联系的整体。

我国的法律体系通常有下列几种。

1. 宪法

宪法是整个法律体系的基础，主要表现形式是《中华人民共和国宪法》（以下简称《宪法》）。此外，宪法部门还包括主要国家机关组织法、选举法、民族区域自治法、特别行政区基本法、授权法、立法法、国籍法等附属的低层次的法律。

2. 民法

民法是调整作为平等主体的公民之间，法人之间、公民和法人之间的财产关系和人身关系的法律，主要由《中华人民共和国民法通则》(以下简称《民法通则》)和单行民事法律组成，单行法律主要包括合同法、担保法、专利法、商标法、著作权法、婚姻法等。

3. 商法

商法是调整平等主体之间的商事关系或商事行为的法律，主要包括公司法、证券法、保险法、票据法、企业破产法、海商法等。我国实行"民商合一"的原则，商法虽然是一个相对独立的法律部门，但民法的许多概念、规则和原则也通用于商法。

4. 经济法

经济法是国家在经济管理中发生的经济关系的法律，包括建筑法、招标投标法、反不正当竞争法、税法等。

5. 行政法

行政法是调整国家行政管理活动中各种社会关系的法律规范的总和。主要包括行政处罚法、行政复议法、行政监察法、治安管理处罚法等。

6. 劳动法与社会保障法

劳动法是调整劳动关系的法律，主要是《中华人民共和国劳动法》(以下简称《劳动法》)；社会保障法是调整有关社会保障、社会福利的法律，包括安全生产法、消防法等。

7. 自然资源与环境保护法

自然资源与环境保护法是关于保护环境和自然资源，防治污染和其他公害的法律，自然资源法主要包括土地管理法、节约能源法等；环境保护方面的法律主要包括环境保护法、环境影响评价法、噪声污染环境防治法等。

8. 刑法

刑法是规定犯罪和刑罚的法律，主要是《中华人民共和国刑法》(以下简称《刑法》)，一些单行法律、法规的有关条款也可能规定刑法规范。

9. 诉讼法

诉讼法（又称诉讼程序法），是有关各种诉讼活动的法律，其作用在于从程序上保证实体法的正确实施，诉讼法主要包括民事诉讼法、行政诉讼法、刑事诉讼法，仲裁法、律师法、法官法、检察官法等法律的内容也大体属于该法律部门。

(二) 法律形式

根据《宪法》和《中华人民共和国立法法》(以下简称《立法法》)及有关规定，我国法的主要形式如下。

1. 宪法

当代中国法的渊源主要是以宪法为核心的各种制定法，宪法是每一个民主国家最根本的法的渊源，其法律地位和效力是最高的。我国的宪法是由我国的最高权力机关即全国人民代表大会制定和修改的，一切法律、行政法规和地方性法规都不得与宪法相抵触。

2. 法律

法律包括广义的法律和狭义的法律。

广义上的法律，泛指《立法法》调整的各类法的规范性文件；狭义上的法律，仅指全国人大及其常委会制定的规范性文件。在这里，仅指狭义上的法律。

法律的效力低于宪法，但高于其他的法。

3. 行政法规

行政法规是最高国家行政机关即国务院制定的规范性文件，如《建设工程质量管理条例》、《建设工程勘察设计管理条例》、《建设工程安全生产管理条例》、《安全生产许可证条例》和《建设项目环境保护管理条例》等。行政法规的效力低于宪法和法律。

4. 地方性法规

地方性法规是指省、自治区、直辖市以及省、自治区人民政府所在地的市和经国务院批准的较大的市的人民代表大会及其常委会，在其法定权限内制定的法律规范性文件，如《黑龙江省建筑市场管理条例》、《内蒙古自治区建筑市场管理条例》、《北京市招标投标条例》、《深圳经济特区建设工程施工招标投标条例》等。

地方性法规具有地方性，只在本辖区内有效，其效力低于法律和行政法规。

5. 行政规章

行政规章是由国家行政机关制定的法律规范性文件，包括部门规章和地方政府规章。部门规章是由国务院各部、委制定的法律规范性文件，如《工程建设项目施工招标投标办法》（2003年3月8日国家发改委等7部委第30号令）、《评标委员会和评标方法暂行规定》（2001年7月5日国家发改委等7部委令第12号发布）、《建筑业企业资质管理规定》（2001年4月18日建设部令第87号发布）等。部门规章的效力低于法律、行政法规。

地方政府规章是由省、自治区、直辖市以及省、自治区人民政府所在地的市和国务院批准的较大的市的人民政府所制定的法律规范性文件。地方政府规章的效力低于法律、行政法规，低于同级或上级地方性法规。

《立法法》第八十五条规定：地方性法规、规章之间不一致时，由有关机关依照下列规定的权限作出裁决：

（1）同一机关制定的新的一般规定与旧的特别规定不一致时，由制定机关裁决；

（2）地方性法规与部门规章之间对同一事项的规定不一致，不能确定如何适用时，由国务院提出意见，国务院认为应当适用地方性法规的，应当决定在该地方适用地方性法规的规定；认为应当适用部门规章的，应当提请全国人民代表大会常务委员会裁决；

（3）部门规章之间、部门规章与地方政府规章之间对同一事项的规定不一致时，由国务院裁决。

6. 最高人民法院司法解释规范性文件

最高人民法院对于法律的系统性解释文件和对法律适用的说明，对法院审判有约束力，具有法律规范的性质，在司法实践中具有重要的地位和作用，在民事领域，最高人民法院制定的司法解释文件有很多，例如《关于贯彻执行〈民法通则〉若干问题的意见（试行）》、《关于审理建设工程施工合同纠纷案件适用法律问题的解释》等。

7. 国际条约

国际条约是指我国作为国际法主体同外国缔结的双边、多边协议和其他具有条约、协定性质的文件，如《建筑业安全卫生公约》等。国际条约是我国法的一种形式，对所有国家机关、社会组织和公民都具有法律效力。

此外，自治条例和单行条例、特别行政区法律等，也属于我国法的形式。

四、法的效力与效力等级

（一）法的效力

法的效力，即法律的约束力，指人们应当按照法律规定的那样行为，必须服从。通常，法的效力分为规范性法律文件的效力和非规范性法律文件的效力。规范性法律文件的效力，也叫狭义的法的效力，即指法律的生效范围或适用范围。非规范性法律文件的效力，指判决书、裁定书、逮捕证、许可证、合同等的法律效力。这些文件在经过法定程序之后也具有约束力，任何人不得违反。但是，非规范性法律文件是适用法律的结果而不是法律本身，因此不具有普遍约束力。

（二）法的效力等级

法的效力等级是指规范性法律文件之间的效力等级关系。根据我国《立法法》的有关规定，我国法的效力等级可以概括为以下几项。

（1）上位法的效力高于下位法，即规范性法律文件的效力层次决定于其制定主体的法律地位，如：行政法规的效力高于地方性法规。

（2）在同一位阶的法律之间，特别法优于一般法，即同一事项，两种法律都有规定的，特别法比一般法优先，优先适用特别法。

（3）新法优于旧法。

五、法律关系

（一）法律关系的概念与种类

关系是指事物之间相互作用、相互影响的状态。那么什么是法律关系呢？法律关系是指法律规范在调整人们行为的过程中形成的权利与义务关系，即根据法律而形成的特定的权利和义务关系。虽然在社会生活中有很多社会关系，如政治关系、友谊关系、同学关系，但由于它们不具备法律意义，而只是单纯的社会关系。由此，可以说，凡是纳入法律规范调整范围内的社会关系才是法律关系。

1. 法律关系的概念

法律关系是当事人之间权利义务关系的体现，只有当一方当事人按照法律规范享有权利，另一方负有义务时，当事人双方才建立起相应的法律关系。

2. 法律关系要素

任何法律关系都是由主体、客体和内容三个要素构成的，所谓要素是指构成法律关系所必不可少的条件。法律关系都是由法律关系主体、法律关系客体和法律关系内容三个要素构成，缺少其中一个要素就不能构成法律关系。由于三要素的内涵不同，则组成不同的法律关系，诸如民事法律关系、行政法律关系、劳动法律关系、经济法律关系等等。

（二）法律关系主体

1. 法律关系主体的概念与种类

法律关系主体，也称权利主体或权利义务主体，是指法律关系的参加者，即在法律关系中一定权利的享有者和一定义务的承担者。在民事法律关系中，把它分为自然人、法人和其他组织。

（1）自然人是依自然规律出生而取得民事主体资格的人。自然人包括公民、外国人和无国籍的人。公民是指具有一国国籍并按该国宪法和法律享受权利和承担义务的自然人。我国《宪法》规定，凡具有中华人民共和国国籍的人都是中华人民共和国公民。外国人和无国籍人不具有我国的国籍，不属于我国的公民，但是这并不妨碍其成为我国的民事主体，享受民事权利和承担民事义务。

（2）法人是具有民事权利能力和民事行为能力，依法独立享有民事权利和承担民事义务的组织。自然人是与法人相对应的概念，本来民法上只有人的概念，亦即自指自然人，后来团体的法律地位被民法确认，产生了法人。

根据《民法通则》第三十七条的规定，法人应当具备4个条件：第一，必须依法成立；第二，有必要的财产和经费；第三，有自己的名称、组织机构和场所；第四，能够独立承担民事责任。法人也具有行为能力，法人的行为能力是法律赋予法人独立进行民事活动的能力，其行为能力总是有限的，由其成立的宗旨和业务范围所决定。法人的行为能力始于法人的成立而止于法人的撤销。

(3) 其他组织是法人以外的其他组织也可以成为民事法律关系的主体,称为非法人组织。最典型的其他组织例如合伙企业等。

2. 法律关系主体构成的资格

(1) 权利能力又称权义能力(权利义务能力),是依法享有一定权利和承担一定义务的法律资格。在一般法律关系中,公民都具有权利能力;在某些法律关系中,可能需要特殊的权利能力。

(2) 行为能力是指权利主体能够通过自己的行为取得权利和承担义务的能力。其不仅意味着主体能够以自己的名义独立地参加到法律关系中来,而且意味着主体能够理解自己的行为并通过自己有意识的行为独立实现主体权利和法律义务。各国对行为能力都有年龄方面和健康状况方面的限制。

3. 法律关系客体

(1) 法律关系客体的概念:也称权利客体,是指法律关系主体之间权利和义务所指向的对象。它是构成法律关系的基本要素之一。

(2) 法律关系客体的种类,主要包括财、物、行为、智力成果。

① 财一般指资金及各种有价证券。在建设法律关系中表现为财的客体主要是建设资金,如基本建设贷款合同的标的,即一定数量的货币。

② 物是指法律关系主体支配的、在生产上和生活上所需要的客观实体。例如,施工中使用的各种建筑材料、施工机械就都属于物的范围。

③ 行为是指义务人所要完成的能满足权利人要求的结果。这种结果表现为两种:物化的结果与非物化的结果。物化的结果指的是义务人的行为凝结于一定的物体,产生一定的物化产品。例如,房屋、道路等建设工程项目。非物化的结果即义务人的行为没有转化为物化实体,而仅表现为一定的行为过程,最终产生了权利人所期望的法律效果。例如,企业对员工的培训行为。

④ 智力成果是指通过某种物体或大脑记载下来并加以流传的思维成果。例如,文学作品就是这种智力成果。智力成果属于非物质财富,也称为精神产品。

4. 法律关系的内容

(1) 法律权利是国家通过法律规定,对法律关系主体可以自主决定作某种行为的许可和保障手段。一个完整的法律权利的结构,其内容实际上是三种权利要素——自由权、请求权和诉讼权的统一。

(2) 法律义务是国家通过法律规定,对法律关系主体的行为的一种约束手段。

5. 法律关系的产生、变更和消灭

法律关系处在不断地变化运动中。法律关系的产生是指法律关系的主体之间形成了一定的权利和义务关系。法律关系的变更是指法律关系的三个要素发生变化,即主体、客体或内容发生变更。法律关系的消灭是指法律关系主体之间的权利义务不复存在,彼此丧失了约束力。

6. 法律事实

(1) 法律事实是指法律规范规定的、能够直接引起法律关系的产生、变更和消灭的客观情况或现象。

(2) 法律事实依据它是否依权利主体的意志为转移,可以分为法律事实和法律行为。前者不依主体意志为转移,如战争、生老病死;后者如犯罪行为、合同行为等。

六、诉讼时效

(一) 关于诉讼时效的基本概念

在工程建设纠纷处理中,当采用仲裁、诉讼形式解决时,涉及诉讼时效问题。对此,我国《民法通则》作出了明确规定。下面介绍几个基本概念。

1. 时效的概念

时效是指一定事实状态在法律规定期间内的持续存在，从而产生与该事实状态相适应的法律效力。时效一般可分为取得时效和消灭时效。

2. 诉讼时效

诉讼时效是指权利人在法定期间内，未向人民法院提起诉讼请求保护其权利时，法律规定消灭其胜诉权的制度。

3. 根据我国《民法通则》及有关法律的规定，诉讼时效期间通常可划分为4类。

（1）普通诉讼时效　向人民法院请求保护民事权利的期间。普通诉讼时效期间通常为2年，普通诉讼时效是相对于不普通的诉讼时效而言的，去除短期诉讼时效和特殊诉讼时效，余下的就都是普通诉讼时效了。

（2）短期诉讼时效　下列诉讼时效期间为1年：身体受到伤害要求赔偿的；延付或拒付租金的；出售质量不合格的商品未声明的；寄存财物被丢失或损毁的。

（3）特殊诉讼时效　特殊诉讼时效不是由民法规定的，而是由特别法规定的诉讼时效。例如，《合同法》第一百二十九条规定涉外合同诉讼时效期间为4年；《中华人民共和国海商法》第二百五十七条规定，就海上货物运输向承运人要求赔偿的请求权，时效期间为1年。

（4）权利的最长保护期限　诉讼时效期间从知道或应当知道权利被侵害时起计算。但是，从权利被侵害之日起超过20年的，人民法院不予保护。

（二）超过诉讼时效期间的法律后果

1. 胜诉权消灭

胜诉权就是向人民法院请求保护民事权利的权利，胜诉权的存在，可以使得当事人的民事权利得到保护，而超过了诉讼时效期间，法律消灭了当事人的胜诉权，就意味着当事人的民事权利已经得不到法律的保护了。

2. 实体权利不消灭

《民法通则》第一百三十八条规定："超过诉讼时效期间，当事人自愿履行的，不受诉讼时效限制。"实体权利并不因超过了诉讼时效而消灭，如果债务人在超过了诉讼时效的前提下自愿履行，债权人依然可以受领。债务人履行义务后，不得要求返还。

（三）诉讼时效的起算、中止和中断

1. 诉讼时效的起算

诉讼时效的起算亦即诉讼时效的开始，它是从权利人知道或应当知道其权利受到侵害之日起开始计算，也就是权利人能行使请求权之日起算起。

2. 诉讼时效的中止

《民法通则》第一百三十九条规定，在诉讼时效期间的最后6个月内，因不可抗力或者其他障碍不能行使请求权的，诉讼时效中止。从中止时效的原因消除之日起，诉讼时效期间继续计算。

中止诉讼时效的法定事由必须是发生在诉讼时效期间的最后6个月才能导致诉讼时效中止，法定事由如果发生在诉讼时效期间的最后6个月之前，只有该事件持续到最后6个月内才产生中止时效的效果。

3. 诉讼时效的中断

《民法通则》第一百四十条规定，诉讼时效因提起诉讼、当事人一方提出要求或者同意履行义务而中断。从中断时起，诉讼时效期间重新计算。

重新计算的时间点可以依照下列不同的情形确定。

（1）因提起诉讼而中断的情形　虽然诉讼的本意是由法院代表国家行使审判权解决民事争议的方式，但是此处的诉讼应作广义的理解，还应该包括仲裁。

因提起诉讼或仲裁中断时效的，应于诉讼终结或法院作出裁判时重新计算；权利人申请执行程序的，应以执行程序完毕之时重新计算。

（2）因提出要求而中断的情形　提出要求即债权人表达出了请求债务人履行义务的要求。书面通知的，应以书面通知到达相对人时重新开始；口头通知的，应以相对人了解通知内容时重新开始。

请求的相对人包括义务人、义务人的代理人、主债务的保证人。

（3）同意履行义务而中断的情形　同意履行义务是指义务人向权利人表示同意履行义务的意思。同意的方式，法律没有限制。同意履行义务而导致诉讼时效中断的，书面形式同意的，应以书面通知到达债权人时重新开始；口头形式同意的，应以债权人了解通知内容时重新开始。

同意的相对人包括权利人、权利人的代理人。

【案例 1-1】

原告：北京××投资有限公司（以下简称 A 公司）

被告：上海××有限公司（以下简称 B 公司）

【基本案情】　2004 年 6 月 10 日，A 公司与 B 公司在上海签订了一份《土地使用权转让合同书》，约定 B 公司将其拥有的位于上海市××工业区的一块面积为二万平方米的工业用地转让给 A 公司，转让款共五百万元。该合同签订后，A 公司即依约将转让款五百万元支付给 B 公司。B 公司收款后却迟迟没有办理有关转让手续。至 2006 年 12 月，A 公司从有关部门了解到，B 公司所转让的土地根本不能依法办理过户手续。为此 A 公司要求 B 公司返还转让金，并于 2008 年 8 月 12 日向法院提起诉讼，要求依法解除双方签订的土地使用权转让合同，依法判决 B 公司返还 A 公司土地转让费人民币五百万元及利息，并赔偿经济损失 28 万元。而 B 公司辩称，A 公司与 B 公司于 2004 年 6 月 10 日签订了土地使用权转让合同后，该合同已于 2004 年履行完毕。此后，双方从未对上述合同的履行有过任何争议或补充协议，A 公司的起诉超过了诉讼时效，请求依法驳回 A 公司的诉讼请求。

【案件审理】　法院经审理认为，A 公司的起诉已超过了法定的诉讼时效，且未能举证证实诉讼时效有中止或中断的情况，其诉讼请求依法应予驳回，根据《民法通则》第一百三十五条的规定，判决驳回 A 公司的诉讼请求，本案受理费 41000 元由 A 公司负担。

【分析】　本案中 A 公司败诉的关键在于其起诉已超过诉讼时效，而且又不能举证证实诉讼时效有中止或中断的情况。《民法通则》第一百三十五条的规定"向人民法院请求保护民事权利的诉讼时效期间为两年"，第一百三十七条规定："诉讼时效期间从知道或者应当知道权利遭受侵害时起计算"。

本案中，原告与被告签订的合同约定：在合同签订后 3 个月内，A 公司付清余款的同时，B 公司应完善用地手续，即出具有效的土地使用权证书。因此，诉讼时效期间从合同签订之日后 3 个月开始计算，即从 2004 年 9 月 10 日至 2006 年 9 月 10 日至。《民法通则》第一百三十九条、一百四十条分别规定了诉讼中止和中断的情形。但是，本案中 A 公司虽称其曾于 2005 年 5 月 2 日、2007 年 1 月 5 日两次函告 B 公司，但未举证证实其主张，所以未获法院采纳。因此，为了使诉讼时效延长，一定要留下证实诉讼时效中断的证据。例如，本案中 A 公司致函给 B 公司，应亲自送 B 公司签收，留下回执，或通过邮局挂号邮寄，这样才能保证民事权利在被侵害时得到法律的保护。

七、法律责任

(一) 法律责任的概念

法律责任是法律主体由于自己的违法行为所应承担的法律后果。产生法律责任的原因大体上可以分为下面三种：

① 由于侵权行为，也就是违法行为，侵犯他人的财产权利、人身权利、知识产权或精神权利而产生的法律责任在全部法律责任中占多数；

② 由于违约行为，即违反合同约定，没有履行一定法律关系总的作为的义务或不作为的义务；

③ 由于法律规定的原因，比如从表面上看责任人并没有侵犯任何人的权利，也没有违反任何契约义务，仅仅由于出现了法律所规定的法律事实，就要承担某种赔偿责任，如产品致人损害。

(二) 法律责任的种类

法律责任的种类，也是法律责任的各种表现形式，根据不同的标准，可以作不同的划分，以引起责任的行为性质为标准。对法律责任所作的划分为：民事责任、刑事责任和行政责任。

1. 民事责任

民事责任是对民事法律责任的简称，是指民事主体在民事活动中，因实施了民事违法行为，根据民法所承担的对其不利的民事法律后果或者基于法律特别规定而应承担的民事法律责任。民事责任属于法律责任的一种，是保障民事权利和民事义务实现的重要措施。是民事主体因违反民事义务所应承担的民事法律后果，它主要是一种民事救济手段，目的是使受害人，被侵犯的权益得以恢复。民事责任的形式主要有赔偿损失、支付违约金、消除影响、恢复名誉、赔礼道歉等。

2. 刑事责任

刑事责任，是依据国家刑事法律规定，对犯罪分子依照刑事法律的规定追究的法律责任。刑事责任与行政责任的不同之处有：一是追究的违法行为不同，追究行政责任的是一般违法行为，追究刑事责任的是犯罪行为；二是追究责任的机关不同：追究行政责任由国家特定的行政机关依照有关法律的规定决定，追究刑事责任只能由司法机关依照《刑法》的规定决定；三是承担法律责任的后果不同：追究刑事责任是最严厉的制裁，可以判处死刑，比追究行政责任严厉得多。依照我国刑法的规定，刑罚包括主刑和附加刑两种。主刑分为管制、拘役、有期徒刑、无期徒刑和死刑。附加刑分为罚金、剥夺政治权利、没收财产等。

3. 行政责任

行政责任是指经济法主体违反经济法律法规依法应承担的行政法律后果，包括行政处罚和行政处分。行政责任是指因违反行政法或因行政法规定而应承担的法律责任，行政法律规范要求国家行政机关及其公务人员在行政活动中履行和承担的义务。形式有行政处罚与行政处分。行政处罚是指国家行政机关及其他依法可以实施行政处罚权的组织，对违反经济、行政管理法律、法规、规章，尚不构成犯罪的公民、法人及其他组织实施的一种法律制裁。行政处罚包括：

① 警告；

② 罚款；

③ 没收违法所得、没收非法财物；

④ 责令停产停业；
⑤ 暂扣或者吊销许可证、暂扣或者吊销执照；
⑥ 行政拘留；
⑦ 法律、行政法规规定的其他行政处罚。

行政处分是国家行政机关依照行政隶属关系对违法失职的公务员给予的惩戒。行政处分分为：警告、记过、记大过、降级、撤职、开除。

第二节 建设工程法规概述

一、建设工程法规概念、作用及特征

（一）建设工程法规的概念

建设法规是指国家立法机关或其授权的行政机关制定的，调整国家及其有关机构、企事业单位、社会团体、公民之间在建设活动中所发生的各种社会关系的法律、法规的总称。

建设工程法规调整了建设活动中的行政管理关系、经济协作关系和民事关系，这三种关系的调整，既彼此互相关联，又各具自身属性，它们都是因从事建设活动所形成的社会关系，都必须以建设法律来加以规范和调整。不能或不应当撇开建设法律法规来处理建设活动中所发生的各种关系，这是其共同点。同时这三种关系的调整又不尽相同，它们各自的形成条件不同，处理关系的原则或调整手段不同，适用的范围不同，适用规范的法律后果不同。从这个意义上说，它们又是三种并行不悖的社会关系，既不能混同，也不能互相取代。

（二）建设工程法规的作用

根据行为主体的不同，法律的规范作用具体可以分为指引、评价、教育、预测和强制作用。

1. 教育和指引作用

人们所进行的各种具体行为必须遵循一定的准则，只有在法律规定的范围内进行的行为才能得到国家的承认与保护，也才能实现行为人预期的目的。从事各种具体的建设活动所应遵循的行为规范为建设法律规范。建设法律规范，通过对合法行为的肯定和对违法行为的否定来教育违法者和其他建设活动主体严格遵守建设法规。同时，也为行为主体作出了指导性的规定。

建设法规中规定有些建筑行为必须做有些建筑行为禁止做。如《中华人民共和国建筑法》（以下简称《建筑法》）第五十八条规定的"建筑施工企业必须按照工程设计图纸和施工技术标准施工"，即为义务性的建筑行为规定；《中华人民共和国招标投标法》（以下简称《招标投标法》）第二十二条规定的"投标人不得相互串通投标报价，不得排挤其他投标人的公平竞争，损害招标人或者其他投标人的合法权益"、"投标人不得与招标人串通投标，损害国家利益、社会公共利益或者他人的合法权益"、"禁止投标人以向招标人或评标委员会成员行贿的手段谋取中标"等内容即为禁止性的行为规定。

2. 保护和惩罚作用

（1）保护合法建设行为　建设法规的作用不仅在于对建设主体的行为加以规范和指导，还应对一切符合法规的建设行为给予确认和保护。这种确认和保护一般是通过建设法规的原则规定来反映的。如《建筑法》第四条规定的"国家扶持建筑业的发展，支持建筑科学技术研究，提高房屋设计水平，鼓励节约能源和保护环境，提倡采用先进技术、先进设备、先进工艺、新型建筑材料和现代管理方式"与第五条规定的"任何单位和个人都不得妨碍和阻挠

依法进行的建筑活动"均属于保护合法建筑行为的规定。

（2）处罚违法建设行为　建设法规既要对合法行为加以保护，又要对违法行为给予制裁。要实现对建设行为的规范和指导作用，必须对违法建设行为给予应有的处罚。否则，建设法规所确定的法律制度由于得不到实施过程中强制手段的法律保障，就会变成无实际意义的规范。因此，建设法规都有对违法建设行为的处罚规定。如《建筑法》第七十二条规定："建设单位违反本法规定，要求建筑设计单位或者建筑施工企业违反建筑工程质量、安全标准，降低工程质量的，责令改正，可以处以罚款；构成犯罪的，依法追究刑事责任"。该条即属于处罚违法建筑行为的规定；再如《建筑法》第二十八条规定："禁止承包单位将其承包的全部建筑工程转包给他人，禁止承包单位将其承包的全部工程肢解以后以分包的名义分别转包给他人"。正是由于有了上述法律的规定，建设行为主体才明确了自己可以为、不得为和必须为的一定的建设行为，并以此指导制约自己的行为，体现出建设法规对具体建设行为的规范和指导作用。

3. 评价和预测作用

建设法规具有评价作用，它对违法行为的制裁就是一种否定性评价，如《建设工程质量管理条例》第六十四条规定："施工单位在施工中偷工减料的，使用不合格的建筑材料、建筑构配件和设备的，或者有不按照工程设计图纸或者施工技术标准施工的其他行为的，责令改正，处工程合同价款2%以上4%以下的罚款；造成建设工程质量不符合规定的质量标准的，负责返工、修理，并赔偿因此造成的损失；情节严重的，责令停业整顿，降低资质等级或者吊销资质证书"。建设法规不仅具有评价作用，同时还具有预测作用，如《建筑法》中就对建设单位、施工单位以及勘察设计单位提出了许多预测性规定；《建设工程质量管理条例》第九条规定的"建设单位必须向有关的勘察、设计、施工、工程监理等单位提供与建设工程有关的原始资料"就是一种对建设单位提出的预测性规定。

（三）建设工程法规的特征

1. 行政性

这是建设法规区别于其他法律的主要特征。建设活动投入资金量大，需要消耗大量的人力、物力、财力及土地等资源，涉及面广，影响力大且持久，建筑产品的质量又关系到人民的生命和财产安全。因此，国家对建设活动的监督和管理较其他行业而言，较为严格。建设行业的特殊性决定了建设法律必然要采用直接体现行政权力活动的调整方法，即以行政指令为主的方法调整建设法律关系。

建设法律规范中，调整方式的特点主要体现为行政强制性，调整方式有授权、命令、禁止、许可、免除、确认、计划、撤销等。

2. 广泛性

建设法规调整的是建设领域的各种社会经济关系。这种关系既有行政机关或被授权组织与建设单位、勘察设计单位、施工单位、监理单位等"行政相对人"之间的行政管理和被管理关系，又有国家在协调经济运行过程中发生的经济关系，包括企业组织管理关系，即企业设立、变更、终止和企业内部管理过程中发生的经济关系；市场管理关系，即在市场管理过程中发生的经济关系，如宏观经济调控关系和社会经济保障关系等。还有公民个人、法人或法人组织等主体之间的民事、商事关系，如建设工程合同等经济关系。

3. 经济性

建设法规是经济法的重要组成部分，因此也必然带有经济性特征。建筑业和房地产业等建设活动直接为社会创造财富为国家增加积累。如房地产开发、商品房销售、建设工程勘察设计、施工安装等都是直接为社会创造财富的活动，随着建筑业的发展，其在国民经济中的地位日益突出。许多国家把建筑业和房地产业作为国民经济的强大支柱之一，我国也是如此，可见建设法规的经济性特征是很强的。

4. 技术性

工程建设与人们生存、进步、发展息息相关，建设产品的质量与人们的生命财产密切相关，这就需要大量的标准、规范、规程来对工程建设过程进行规范。例如，《生活饮用水质标准》、《建筑设计规范》、《城镇燃气管网抢修与维护技术规程》等等，这些标准、规范、规程就称为技术规范。技术规范不属于建设法律的范畴，它调整的是人与自然的关系。不遵守技术规范，可能引起伤亡事故，导致生产效率低下，危及生产、生活秩序和交通秩序，以及造成其他严重的损害。为了避免不遵守技术规范的行为的发生，将某些技术规范上升为法律规范，称为"技术法规"，技术法规属于建设法规范畴。

二、建设工程法规体系

1. 建设工程法规体系的概念

法律法规体系是指把已经制定的和需要制定的建设法律、建设行政法规、地方性法规与建设部门规章和地方政府规章等衔接起来，形成一个相互联系、相互补充、相互协调的完整统一的法规框架。建设工程法规体系是在建设工程的新建、扩建、改建和拆除等有关活动中产生的社会关系的法律法规的系统。

2. 建设法规体系的构成

建设法规体系是由很多不同层次的法规组成的，组成形式一般有宝塔形和梯形两种。宝塔形结构形式，是先制定一部基本法律，将领域内业务可能涉及的所有问题都在该法中作出规定，然后再分别制定不同层次的专项法律、行政法规、部门规章，对一些具体问题进行细化和补充；梯形结构则不设立基本法律，而以若干并列的专项法律组成法规体系的顶层，然后对每部专项法律再配置相应的不同层次的行政法规和部门规章作补充，形成若干相互联系而又相对独立的专项体系。

根据《立法法》有关立法权限的规定和原建设部《建设法律体系规划方案》的规定和要求，我国建设法规体系确定为梯形结构方式，由以下几个层次组成。

（1）宪法　宪法是国家的根本大法，具有最高的法律地位和效力，任何其他法律、法规都必须符合宪法的规定，而不得与之相抵触。宪法是建筑业的立法依据，同时又明确规定国家基本建设的方针和原则，直接规范与调整建筑业的活动。

（2）建设法律　建设法律是指由全国人民代表大会或者全国人民代表大会常务委员会制定颁布的属于国务院建设行政主管部门主管业务范围的各项法律，是建设法规体系的核心和基础，如《建筑法》、《中华人民共和国城乡规划法》（以下简称《城乡规划法》）等。

（3）建设行政法规　建设行政法规指国务院依法制定并颁发的属于建设行政主管部门业务范围的各项行政法规，其效力低于建设法律，在全国范围内有效，如《建设工程质量管理条例》、《建设工程安全生产管理条例》等。

（4）建设部门规章　建设部门规章是指住房和城乡建设部根据国务院规定的职责范围，依法制定并颁布的各项规章，或由住房和城乡建设部与国务院有关部门联合制定并发布的法规，如《建筑业企业资质管理规定》、《建筑业企业资质等级标准》、《建设工程监理范围和规模标准规定》等。

（5）地方建设法规与规章　地方建设法规与规章是指在不与宪法、法律、行政法规相抵触的前提下，由省、自治区、直辖市人大及其常委会以及省级人民政府所在地的市和经国务院批准的较大的市人大及其常委会制定并发布的建设方面的法规与规章。如1996年9月28日辽宁省第八届人民代表大会常务委员会第二十三次会议通过《辽宁省建筑市场管理条例》，

1994年1月7日颁布并实施的辽宁省人民政府令第36号《辽宁省建设工程施工招标投标暂行办法》等。

（6）技术法规　技术法规分为全国性技术法规和地方性技术法规，它们是建筑业工程技术人员从事经济技术作业、建筑管理监测的依据，如预算定额、设计规范、施工规范、验收标准等。如2007年3月1日实施的辽宁省地方标准《居住建筑节能设计标准》等。

（7）国际公约、国际惯例、国际标准　我国已经加入世贸组织，所参加或与外国签订的调整经济关系的国际公约和双边条约，还有国际惯例、国际上通用的建筑技术规程都属于建设法规的范畴，都应当遵守和实施。比如，涉外的建设工程承包合同非常复杂，它涉及有形贸易、无形贸易、信贷、委托、技术规范、保险等诸多法律关系，这些法律关系的调整必须遵守我国承认的国际公约、国际惯例和国际通用的技术规程和标准。

三、建设工程法律关系

（一）建设工程法律关系的概念

关系是指事物之间或人之间的联系。人与人之间会形成各种各样的关系，这种关系统称为社会关系，如朋友关系、合同关系等，一旦这种关系被法律所调整就变成了法律关系。建设法律关系是法律关系中的一种，它是指由建设法律规范所确认和调整的，在建设活动中所产生的权利和义务关系，如建设工程承包合同关系。

（二）建设工程法律关系的构成要素

任何法律关系都是由法律关系主体、法律关系客体和法律关系内容三个要素构成，缺少其中一个要素就不能构成法律关系。建设工程法律关系是由建设工程法律关系主体、建设工程法律关系客体和建设工程法律关系内容构成的。建设工程法律关系的构成要素是指建设工程法律关系不可缺少的组成部分。

1. 建设工程法律关系主体

建设工程法律关系主体是指参加建设业活动，受建设工程法律规范调整，在法律上享有权利、承担义务的机关、企事业单位、组织和个人。在建设活动中常见的主体如下。

（1）国家机关　国家机关可分为国家权力机关和国家行政机关。国家权力机关是指全国人民代表大会及其常务委员会和地方各级人民代表大会及其常务委员会。国家权力机关参加建设工程法律关系的职能是审查批准国家建设计划和国家预算决算，制定和颁布建设工程法律，监督检查国家各项建设工程法律的执行。国家行政机关是依照国家宪法和法律设立的依法行使国家行政职权，组织管理国家行政事务的机关。它包括国务院及其所属各部、各委、地方各级人民政府及其职能部门。例如国家建设主管部门，主要指国家住房和城乡建设部以及各级地方建设行政主管部门，其职权是制定建设法规，对城市建设、村镇建设、工程建设、建筑业、房地产业、市政公用事业进行组织管理和监督，如管理基本建设勘察设计部门和施工队伍；进行城市规划；制定工程建设的各种标准、规范和定额；监督勘察、设计、施工安装的质量；规范房地产开发和市政基础设施建设等。

（2）建设单位　建设单位是指进行工程建设的国家机关、企业或事业单位。在我国建筑市场上，建设单位一般被称为业主方或甲方。由于建设项目的多样化，作为业主方的社会组织也是种类繁多的，有工业企业、商业企业、文化教育部门、医疗卫生单位、国家各机关等等。建设单位作为建设活动权利主体，是从设计任务书批准开始的。任何一个社会组织，当它的建设项目设计任务书没有批准之前，建设项目尚未被正式确认，它是不能以权利主体资格参加建设活动的。当建设项目有独立的总体设计并单独列入建设计划，获得国家批准时，这个社会组织才能成为建设单位，以已经取得的法人资格及自己的名义对外进行经济活动和法律行为。建设单位作为工程的需要方,是建设投资的支配者,也是工程建设的组织者和监督者。

(3) 承包单位　承包单位是指有一定生产能力、机械设备、流动资金,具有承包工程建设任务的法人资格和具备相应资质条件,在建筑市场中能够按照业主方的要求,提供不同形态的建筑产品,并最终得到相应工程价款的建筑企业。在我国建筑市场上,承包单位一般被称为建筑企业或乙方,在国际工程承包中习惯被称为承包商。按照生产的主要形式,承包单位主要有:勘察设计企业,建筑安装施工企业,建筑装饰施工企业,混凝土构配件、非标准预制件等生产厂家,商品混凝土供应站,建筑机械租赁单位以及专门提供建筑劳务的企业等。按照提供的主要建筑产品,还可以分为不同的专业,例如土建、水电、铁路、冶金、市政工程等专业公司。

(4) 中介组织　中介组织是指具有相应的专业服务资质,在建筑市场中受发包方、承包方或政府管理机关的委托,对工程建设进行估算测量、咨询代理、建设监理等高智能服务,并取得服务费用的咨询服务机构和其他建设专业中介服务组织。在市场经济运行中,中介组织作为政府、市场、企业之间联系的纽带,具有政府行政管理不可替代的作用。从市场中介组织工作内容和作用来看,建筑市场中介组织可分为多种类型,如建筑业协会及其下属的设备安装、机械施工、装饰施工、产品厂商等专业分会,建设监理协会;为工程建设服务的专业会计事务所、律师事务所、资产与资信评估机构、公证机构、合同纠纷的仲裁调解机构、招标代理机构、工程技术咨询公司、监理公司,质量检查、监督、认证机构,以及其他产品检测、鉴定机构等。

(5) 公民个人　公民个人作为建筑市场的主体参与建设活动的领域已经相当广泛,如公民作为注册建筑师、注册建造师、注册造价工程师、注册监理工程师、注册房地产估价师、注册结构工程师、注册设备工程师等参与建筑活动、房地产经营活动。公民个人提供具有个人知识产权的设计软件、预决算软件等与建设参与单位确立法律关系。建设企业职工同企业单位签订劳动合同时,即成为建设法律关系的主体。

2. 建设工程法人制度

法人是建设工程活动中最主要的主体。要了解法人的定义、成立条件以及法人在建设工程中的地位与作用,特别要熟悉企业法人与项目经理部的法律关系。《民法通则》规定,法人是具有民事权利能力和民事行为能力,依法独立享有民事权利和承担民事义务的组织。

法人是与自然人相对应的概念,是法律赋予社会组织具有法律人格的一项制度。这一制度为确立社会组织的权利、义务,便于社会组织独立承担责任提供了基础。

(1) 法人应当具备的条件

① 依法成立。法人不能自然产生,它的产生必须经过法定的程序。法人的设立目的和方式必须符合法律的规定,设立法人必须经过政府主管机关的批准或者核准登记。

② 有必要的财产或者经费。有必要的财产或者经费是法人进行民事活动的物质基础。它要求法人的财产或者经费必须与法人的经营范围或者设立目的相适应,否则将不能被批准设立或者核准登记。

③ 有自己的名称、组织机构和场所。法人的名称是法人相互区别的标志和法人进行活动时使用的代号。法人的组织机构是指对内管理法人事务、对外代表法人进行民事活动的机构。法人的场所则是法人进行业务活动的所在地,也是确定法律管辖的依据。

④ 能够独立承担民事责任。法人必须能够以自己的财产或者经费承担在民事活动中的债务,在民事活动中给其他主体造成损失时能够承担赔偿责任。

法人的法定代表人是自然人。他依照法律或者法人组织章程的规定,代表法人行使职权。法人以它的主要办事机构所在地为住所。

(2) 法人的分类　法人可以分为企业法人和非企业法人两大类。非企业法人包括行政法人、事业法人、社团法人。

企业法人依法经工商行政管理机关核准登记后取得法人资格。企业法人分立、合并或者有其他重要事项变更，应当向登记机关办理登记并公告。企业法人分立、合并，其权利和义务由变更后的法人享有和承担。

有独立经费的机关从成立之日起，具有法人资格。具有法人条件的事业单位、社会团体，依法不需要办理法人登记的，从成立之日起，具有法人资格；依法需要办理法人登记的，经核准登记，取得法人资格。

(3) 法人在建设工程中的地位和作用

① 法人在建设工程中的地位。在建设工程中，大多数建设活动主体都是法人。施工单位、勘察设计单位、监理单位都是具有法人资格的组织。建设单位一般也应当具有法人资格。但有时候，建设单位也可能是没有法人资格的其他组织。

法人在建设工程中的地位，表现在其具有民事权利能力和民事行为能力。依法独立享有民事权利和承担民事义务，方能承担民事责任。在法人制度产生之前，只有自然人才具有民事权利能力和民事行为能力。随着社会生产活动的扩大和专业化水平的提高，许多社会活动必须由自然人合作完成。因此，法人是出于需要，由法律将其拟制为自然人以确定团体利益的归属，即所谓"拟制人"。法人是社会组织在法律上的人格化，是法律意义上的"人"、而不是实实在在的生命体。建设工程规模浩大，需要众多的自然人合作完成。法人制度的产生，使这种合作成为常态。这是建设工程发展到当今的规模和专业程度的基础。

② 法人在建设工程中的作用。法人是建设工程中的基本主体。在计划经济时期，从事建设活动的各企事业单位实际上是行政机关的附属，是不独立的。但在市场经济中，每个法人都是独立的，可以独立开展建设活动。

法人制度有利于企业或者事业单位根据市场经济的客观要求，打破地区、部门和所有制的界限，发展各种形式的横向经济联合，在平等、自愿、互利的基础上建立起新的经济实体。实行法人制度，一方面可以保证企业在民事活动中以独立的"人格"享有平等的法律地位，不再受来自行政主管部门的不适当干涉；另一方面使作为法人的企业也不得以自己的某种优势去干涉其他法人的经济活动，或者进行不等价的交换。这样，可以使企业发挥各自优势，进行正当竞争，按照社会化大生产的要求，加快市场经济的发展。

确立了建设领域国有企业的所有权和经营权的分离。建设领域曾经是以国有企业为主体的。确认企业的法人地位，明确法人的独立财产责任并建立起相应的法人破产制度，这就真正在法律上使企业由国家行政部门的"附属物"变成了自主经营、自负盈亏的商品生产者和经营者，从而进一步促进企业加强经济核算和科学管理，增强企业在市场竞争中的活力与动力，为我国市场经济的发展和工程建设的顺利实施创造更好的条件。

(4) 企业法人与项目经理部的法律关系　从项目管理的理论上说，各类企业都可以设立项目经理部，但施工企业设立的项目经理部具有典型意义。

① 项目经理部的概念和设立。项目经理部是施工企业为了完成某项建设工程施工任务而设立的组织。项目经理部是由一个项目经理与技术、生产、材料、成本等管理人员组成的项目管理班子，是一次性的具有弹性的现场生产组织机构。对于大中型施工项目，施工企业应当在施工现场设立项目经理部；小型施工项目，可以由施工企业根据实际情况选择适当的管理方式。施工企业应当明确项目经理部的职责、任务和组织形式。

项目经理部不具备法人资格，而是施工企业根据建设工程施工项目而组建的临时性的下属机构。项目经理根据企业法人的授权，组织和领导本项目经理部的全面工作。

② 项目经理是企业法人授权在建设工程施工项目上的管理者。企业法人的法定代表人，其职务行为可以代表企业法人。由于施工企业同时会有数个、数十个甚至更多的建设工程施工项目在组织实施，导致企业法定代表人不可能成为所有施工项目的直接负责人。因此，在每个施工项目上必须有一个经企业法人授权的项目经理。施工企业的项目经理，是受企业法人的委派，对建设工程施工项目全面负责的项目管理者，是一种施工企业内部的岗位职务。

建设工程项目上的生产经营活动，必须在企业制度的制约下运行，其质量、安全、技术等活动，须接受企业相关职能部门的指导和监督。推行项目经理责任制，决不意味着可以搞"以包代管"过分强调建设工程项目承包的自主权，过度下放管理权限，将会削弱施工企业的整体管理能力，给施工企业带来诸多经营风险。

③ 项目经理部行为的法律后果由企业法人承担。由于项目经理部不具备独立的法人资格，无法独立承担民事责任，所以，项目经理部行为的法律后果将由企业法人承担。例如：项目经理部没有按照合同约定完成施工任务，则应由施工企业承担违约责任；项目经理签字的材料款，如果不按时支付，材料供应商应当以施工企业为被告提起诉讼。

【案例 1-2】 地处 A 市的某设计院承担了坐落在 B 市的某项"设计—采购—施工"承包任务。该设计院将工程的施工任务分包给 B 市的某施工单位。设计院在施工现场派驻了包括甲在内的项目管理班子，施工单位则由乙为项目经理组成了项目经理部。施工任务完成后，施工单位以设计院尚欠工程款为由向仲裁委员会申请仲裁，主要依据是有甲签字确认的所增加的工程量。设计院认为甲并不是该项目的设计院方的项目经理，不承认甲的签字效力。经查实，甲既不是合同中约定的设计院的授权负责人，也没有设计院的授权委托书。但合同中约定的授权负责人基本没有去过该项目现场。事实上，该项目一直由甲实际负责，且有设计院曾经认可甲签字付款的情形。

【问题】 设计院是否应当承担付款责任，为什么？

【分析】 设计院应当承担付款责任。因为，由于设计院方面的管理原因让施工单位认为甲具有签字付款的权力，致使本案付款纠纷的出现。《民法通则》第 43 条明确规定："企业法人对它的法定代表人和其他工作人员的经营活动，承担民事责任。"由于种种原因，我国目前经常存在着名义上的项目负责人经常不在现场的情况。本案的真实背景是设计院认为甲被施工单位买通而拒绝付款。本案对施工单位的教训是：施工单位需要让发包或总包单位签字时，一定要找其授权人，如果发包或总包单位变更授权人的，应当要求发包单位完成变更的手续。

3. 建设法律关系客体

建设法律关系客体是指参加建设法律关系的主体享有的权利和承担的义务所共同指向的对象。在通常情况下，建设主体都是为了某一客体，彼此才设立一定的权利、义务，从而产生建设法律关系，这里双方各自享受权利、承担义务所指向的对象，便是建设法律关系的客体。

建设法律关系客体分为财、物、行为和智力成果。

（1）财　在建设法律关系中表现为财的客体主要是建设资金，如基本建设贷款合同的标的，即一定数量的货币。

（2）物　在建设法律关系中表现为物的客体一般是建筑材料、机械设备、建筑物或构筑物等有形实体。某个建设项目本身也可以成为工程建设法律关系的客体。

(3) 行为　在建设法律关系中，行为多表现为完成一定的工作，如勘察设计、施工安装、检查验收等活动。如勘察设计合同的标的（客体），即完成一定的勘察设计任务；建筑工程承包合同的标的，即按期完成一定质量要求的施工行为。

(4) 智力成果　在建设法律关系中，如设计单位提供的具有创造性的设计成果，该设计单位依法可以享有专有权，使用单位未经允许不能无偿使用。如个人开发的预决算软件，开发者对之享有著作权（版权）。

4. 建设法律关系的内容

建设法律关系的内容即建设活动参与者具体享有的权利和应当承担的义务。建设权利是指建设法律关系主体在法定范围内，根据国家建设管理要求和自己业务活动需要，有权进行各种工程建设活动。权利主体可要求其他主体做出一定的行为和抑制一定的行为，以实现自己的工程建设权利，因其他主体的行为而使工程建设权利不能实现时，有权要求国家机关加以保护并予以制裁；建设义务是指工程建设法律关系主体必须按法律规定或约定应负的责任。工程建设义务和工程建设权利是相互对应的，相应主体应自觉履行建设义务，义务主体如果不履行或不适当履行，就要承担相应的法律责任。

5. 建设法律关系的产生、变更和消灭

建设法律关系的产生是指建设法律关系的主体之间形成了一定的权利和义务关系，如某建设单位与承包商签订了建设工程承包合同，主体双方就确立了相应的权利和义务，此时，受建设法律规范调整的建设法律关系即告产生。建设法律关系的变更是指建设法律关系的三个要素发生变化，即主体、客体或内容发生变更。建设法律关系的消灭是指建设法律关系主体之间的权利义务不复存在，彼此丧失了约束力。建设法律关系的消灭形式有自然消灭、协议消灭和违约消灭。

四、建设工程法律责任

（一）法律责任的种类

工程建设法律责任的种类是指工程建设法律责任的各种表现形式。根据不同的标准，对法律责任可以作不同的划分。以引起责任的行为性质为标准，对法律责任所作的划分为民事责任、行政责任和刑事责任。

1. 民事责任

民事责任是指由于违反民事法律、违约或者由于民法规定所应承担的一种法律责任。民事责任主要是财产责任，是对一方当事人对另一方的责任，是补偿当事人的损失。在法律允许的条件下，民事责任可以由当事人协商解决。

2. 行政责任

行政责任是指因违反行政法或因行政法规定而应承担的法律责任。它的主要形式有行政处罚和行政处分。

3. 刑事责任

刑事责任是指行为人因违反刑法的规定，实施了犯罪行为时所必须承受的，由司法机关代表国家所确定的否定性法律后果。与民事责任不同，刑事责任不存在无过错责任的问题；同时，行为人在主观上是故意还是过失，以及故意或过失的形式和程度，对刑事责任的有无、刑事责任的种类和大小，都有重要的意义，这一点，也与民事责任明显不同。

（二）工程建设中的主要民事责任

工程建设中的主要民事责任可分为违约责任和侵权责任。

1. 违约责任

违约责任是指行为人不履行合同义务或者履行合同义务时不符合合同约定所产生的民事责任,也就是合同当事人对其违约行为所应承担的责任。

2. 侵权责任

侵权责任是指行为人侵犯国家、集体和公民的财产权利以及侵犯法人名称权和自然人的人身权时所产生的民事责任。

3. 承担民事责任的方式

① 停止侵害;

② 排除妨碍;

③ 消除危险;

④ 返还财产;

⑤ 恢复原状;

⑥ 修理、重做、更换;

⑦ 赔偿损失;

⑧ 支付违约金;

⑨ 消除影响、恢复名誉;

⑩ 赔礼道歉。

以上承担民事责任的方式,可以单独适用,也可以合并适用。

(三) 工程建设中的行政责任和刑事责任的种类

1. 行政责任的种类

工程建设中的行政责任包括两种情况:一是公民和法人因违反行政管理法律、法规的行为而应承担的行政责任;二是国家工作人员因违反政纪或在执行职务时违反行政法规的行为。工程建设中承担行政责任的方式是行政处罚和行政处分。

行政处罚包括:警告、罚款、责令停业整顿、降低资质等级、吊销营业执照等。行政处分包括:警告、记过、记大过、降职、降薪、撤职、留用察看、开除等。

2. 刑事责任的种类

刑事责任是法律责任中最强烈的一种。工程建设中刑事责任的种类有:

① 重大责任事故罪;

② 重大劳动安全事故罪;

③ 工程重大安全事故罪;

④ 公司、企业人员受贿罪;

⑤ 向公司、企业人员付贿罪;

⑥ 贪污罪;

⑦ 介绍贿赂罪;

⑧ 单位行贿罪;

⑨ 签订、履行合同失职罪;

⑩ 强迫职工劳动罪;

⑪ 挪用公款罪;

⑫ 重大环境污染事故罪;

⑬ 玩忽职守罪;

⑭ 滥用职权罪;

⑮ 徇私舞弊罪。

刑事责任的承担方式是刑事处罚。刑事处罚的主要形式有两种:一是主刑,如管制、拘役、有期徒刑、无期徒刑、死刑等；二是附加刑，如罚金、没收财产、剥夺政治权利等。

需要指出：有些刑事责任可以根据犯罪的具体情况而免除刑事处罚。对免除刑事处罚的罪犯，有关部门可以根据法律的规定使其承担其他种类法律责任，如对贪污犯可以给予开除公职的行政处分等。

【案例1-3】

原告：××房地产开发有限公司（以下简称甲方）

被告：××建筑集团第六分公司（以下简称乙方）

【基本案情】 2006年4月，甲方与自称是××建筑集团第六分公司的乙方签订建设工程施工合同，合同约定：经甲方同意，技术措施费（以下简称技措费）及赶工费用按实际发生进入结算价款。2007年1月双方又签订终止协议，该"协议"约定："技措费及赶工费另行协商，如不能达成协议，此纠纷交由某仲裁委员会仲裁。"2009年5月，乙方根据终止协议中的仲裁条款就技措费及赶工费问题向协议约定的仲裁委员会申请仲裁。甲方则在仲裁庭首次开庭前向法院申请确认该仲裁条款无效。甲方认为：乙方在签订建设工程施工合同及终止协议时并未依法注册成立，因此根本不具有签订仲裁条款的主体资格。乙方辩称：2007年9月某建筑集团申请成立了第六分公司；而且早在2002年，某建筑集团就为乙方出具了授权其在该地区承揽工程的委托书，因此上述建设工程施工合同及终止协议有效，仲裁条款当然有效。

【案件审理】 法院认为，仲裁条款应由具有民事行为能力的民事主体签订。乙方与甲方签订仲裁条款时，尚未取得工商管理部门的工商登记，无缔约的民事行为能力，故法院裁定乙方与甲方签订的仲裁条款应属无效。

【案例评析】 本案的争议焦点为，未依法注册登记的公司分支机构签订的仲裁条款是否产生法律效力。根据《中华人民共和国仲裁法》第十七条的规定，无民事行为能力人或限制民事行为能力人订立的仲裁协议无效。在本案中，被告在签订建设工程施工合同及终止协议时尚未依法注册登记。《公司登记管理条例》第四十条规定："公司设立分公司的，应当向分公司所在地的市、县公司登记机关申请登记；核准登记的，发给营业执照。"因此，依法办理工商登记是公司分支机构取得民事主体资格的必要条件；未注册登记的公司分支机构，不具有合法的民事主体资格，即不具有民事权利能力及民事行为能力，其签订的仲裁条款当属无效。

此外，尽管某建筑集团曾为乙方出具授权委托书，但由于当时被告并未注册登记，不具有民事主体资格，因此这种代理行为不具有法律效力。

小知识　　　　　　　　　　我国国家赔偿制度的建立

我国最早规定国家赔偿责任的法律文件是1954年1月颁布的《中华人民共和国海港管理暂行条例》，该条例第二十条规定："港务局如无任何法令依据，擅自下令禁止船舶离港，船舶得向港务局要求赔偿由于禁止离港所受之直接损失，并得保留对港务局之起诉权。"1954年宪法第九十七条确认公民"由于国家机关工作人员侵犯公民权利而受到损失的人，有取得赔偿的权利。"现行1982年宪法第四十一条第三款规定："由于国家机关和国家工作人员侵犯公民权利而受到损失的人，有依照法律规定取得赔偿的权利。"以上法律条款为我国国家赔偿制度的建立提供了宪法法律依据。此后1986年的《治安管理法律条例》，1987年的《民法》，1989年的《行政诉讼法》等一些单行法律相继规定了国家赔偿责任。1994年

5月12日,《中华人民共和国赔偿法》的颁布标志着我国全面确立了国家赔偿制度。

本章小结

本章以我国法律法规的概念、特征为基础,介绍了法律体系构成和基本形式以及不同等级法律法规的效力,阐述了违法行为的主要责任类型,为理解和掌握建设工程有关内容奠定法律知识基础。

建设工程法规体系是明确不同等级法律法规效力的基础,一般由建设法律、建设行政法规、建设部门规章、地方建设规章、技术法规、相关国际公约等组成。

建设工程法律关系主体是指参加建设业活动,受建设工程法律法规调整,在法律上享有权利、承担义务的机关、企事业单位、组织和个人。常见建设工程法律关系主体一般有国家机关、建设单位、承包单位、中介组织、公民个人。

工程建设法律责任的种类是指工程建设法律责任的各种表现形式。以引起责任的行为性质为标准,对法律责任所作的划分为:民事责任、行政责任和刑事责任。

复习思考题

1. 建设法规的概念、调整对象及作用各是什么?
2. 工程建设法律关系的概念及构成要素各是什么?
3. 简述建设工程法律责任构成要件的主要内容。
4. 简述建设工程法律责任的种类。
5. 刑事责任的种类有哪些?
6. 承担民事责任的方式有哪些?
7. 行政处罚包括哪些?
8. 诉讼时效期间通常可划分为那几类?

课后练习题

一、单项选择

1. 下列与工程建设相关的法规,属于民法的是(　　)。
   A. 建筑法　　B. 保险环境保护法　　C. 合同法　　D. 安全生产法
2. 在我国法律体系中,《建筑法》属于(　　)部门。
   A. 民法　　B. 商法　　C. 经济法　　D. 诉讼法
3. 行政规章是由(　　)制定的法律规范性文件,包括部门规章和地方政府规章。
   A. 地方人民政府　　　　　　B. 最高国家行政机关
   C. 国务院　　　　　　　　　D. 国家行政机关
4. 法律效力等级是正确适用法律的关键,下述法律效力排序正确的是(　　)。
   A. 国际条约＞宪法＞行政法规＞司法解释
   B. 法律＞行政法规＞地方性法规＞部门规章
   C. 行政法规＞部门规章＞地方性法规＞地方政府规章
   D. 宪法＞法律＞行政法规＞地方政府规章
5. 下列规范性文件中,效力最高的是(　　)。
   A. 行政法规　　B. 司法解释　　C. 地方性法规　　D. 行政规章

6. 下列选项中，不属于法律关系要素的是（　　）。
   A. 主体　　B. 标的　　C. 客体　　D. 内容
7. 法律关系是由（　　）三要素构成的。
   A. 主体、客体、内容　　　　　　B. 当事人、经济行为、经济利益
   C. 法人、经济合同、经济权益　　D. 经济管理、经济协作、法律责任
8. 法人是指具有民事权利能力和民事行为能力的（　　）。
   A. 自然人　　　　　　　　　　　B. 个体工商户
   C. 单位最高行政负责人　　　　　D. 依法成立的社会组织
9. 行政处分是指（　　）对其工作人员违反行政法规或政纪的行为所实施的制裁，主要有警告、记大过、降职、降薪、撤职、留用察看、开除等。
   A. 由单位负责人　　　　　　　　B. 由单位负责人和责任人
   C. 由单位职员　　　　　　　　　D. 由国家行政机关
10. 甲不慎掉入闹市街口的一个正在施工的井里受伤。一年零五个月后到法院起诉，要求施工单位赔偿其损失。对此案法院（　　）。
    A. 不予受理，因为已过了诉讼时效
    B. 在甲补充了有关时效中止或中断的证据后才可以受理
    C. 应当受理
    D. 不应当受理，因为本案过错难以分清
11. 甲施工单位欠乙材料供应商材料款三万元，约定2006年5月1日还款。但到2006年6月1日，甲仍未还钱。2006年7月3日乙向甲要账，乙向甲口头表示同意延期还款。此行为的法律效果是（　　）。
    A. 引起诉讼时效的中断　　　　　B. 引起诉讼时效的中止
    C. 引起诉讼时效的延长　　　　　D. 改变法定时效期间
12. 根据施工合同，甲建设单位应于2009年9月30日支付乙建筑公司工程款，2010年6月1日，乙单位向甲单位提出支付请求，则就该项款额的诉讼时效（　　）。
    A. 中断　　B. 中止　　C. 终止　　D. 届满
13. 除法律另有规定外，诉讼时效期间一般为（　　）。
    A. 6个月　　B. 1年　　C. 2年　　D. 3年
14. 根据法律规定，如果权利人的权利从被侵害之日起超过（　　）的，人民法院不予保护。
    A. 30年　　B. 20年　　C. 15年　　D. 10年
15. 在诉讼时效的最后6个月内，因不可抗力或其他障碍不能行使请求权的，诉讼时效从该原因消除之日起计算。此种制度称为（　　）。
    A. 诉讼时效的中止　　　　　　　B. 诉讼时效的中断
    C. 诉讼时效的延长　　　　　　　D. 最长诉讼时效

二、多项选择
1. 从法学理论上讲，法律关系客体可以分为（　　）。
   A. 精神　　B. 财　　C. 物　　D. 非物质财富　　E. 行为
2. 法律关系的内容是指（　　）。
   A. 法律权利　　B. 客体　　C. 标的　　D. 价款　　E. 法律义务
3. 法律关系主体的范围包括（　　）。
   A. 自然人　　B. 法人　　C. 其他组织　　D. 国家机关　　E. 某企业的车间
4. 下列各选项中，属于法律关系客体的是（　　）。
   A. 建设工程施工合同中的工程价款　　B. 建设工程施工合同中的建筑物
   C. 建材买卖合同中的建筑材料　　　　D. 建设工程勘察合同中的勘察行为
   E. 建设工程设计合同中的施工图纸
5. （　　）属于工程建设中承担民事责任的方式。
   A. 支付违约金　　　　　　　　　B. 消除影响、恢复名誉

C. 赔礼道歉 D. 精神赔偿
6. 刑事处罚的形式有（　　）两种。
   A. 违约金　　B. 主刑　　C. 附加刑　　D. 赔偿损失
7. 在工程建设活动中，涉及的刑事处罚形式有（　　）。
   A. 管制　　B. 拘役　　C. 剥夺政治权利
   D. 赔偿损失　　E. 没收财产
8. 根据我国《民法通则》的规定，适用短期诉讼时效的情形是（　　）。
   A. 技术合同争议的诉讼　　　　　　B. 身体受到伤害要求赔偿的
   C. 延付或拒付租金的　　　　　　　D. 出售质量不合格的商品未声明的
   E. 寄存财物被丢失或毁损的
9. 根据我国《民法通则》的规定，诉讼时效的种类包括（　　）。
   A. 普通诉讼时效　　B. 长期诉讼时效　　C. 短期诉讼时效
   D. 特殊诉讼时效　　E. 权利的最长保护期限
10. 根据《民法通则》的规定，诉讼时效可因（　　）而中断，从中断时起，诉讼时效期间重新计算。
    A. 提起诉讼　　B. 债务履行　　C. 债务人丧失行为能力
    D. 当事人一方提出要求　　E. 当事人一方同意履行义务

城乡规划及土地管理相关法律知识

- 了解城乡规划类型
- 了解城乡规划法规体系
- 熟悉乡村建设规划许可证基本要求
- 掌握建设用地许可证的基本要求
- 掌握建设工程许可证的基本要求
- 掌握选址意见书的基本要求
- 了解土地出让、划拨、转让的有关规定

能力目标

- 记住城乡规划法处罚要求
- 举例说明两证一书的发放条件的类别
- 能解释城乡规划法的相关内容
- 能解释土地管理法的相关内容

第一节 城乡规划法规

一、城乡规划法规概述

（一）城乡规划基础知识

1. 城乡规划概念

城乡规划是政府对一定时期内城市、镇、乡、村庄的建设布局、土地利用以及经济和社会发展有关事项的总体安排和实施措施。

城乡规划是政府指导和调控城乡建设和发展的基本手段之一。城乡规划不是指一部规划，而是由城镇体系规划、城市规划、镇规划、乡规划和村庄规划组成的有关城镇和乡村建设和发展的规划体系；城市规划、镇规划分为总体规划和详细规划，详细规划分为控制性详细规划和修建性详细规划（见图2.1）。

2. 城乡规划类型

城乡规划，包括城镇体系规划、城市规划、镇规划、乡规划和村庄规划。城市规划、镇规划分为总体规划和详细规划。详细规划分为控制性详细规划和修建性详细规划。在城乡规划体系中，下位规划不得违背上位规划，并要将上位规划确定的规划指导思想、城镇发展方

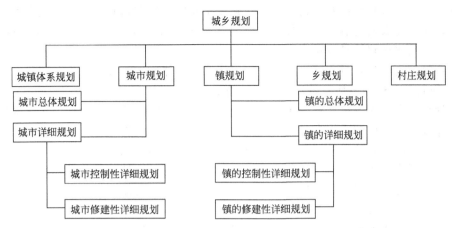

图 2.1 城乡规划的组成

针和空间政策贯彻落实到本层次规划的具体内容中。下面着重介绍城市详细规划、控制性详细规划与修建性详细规划与乡和村规划的具体内容。

(1) 城市详细规划　城市详细规划是指以城市的总体规划为依据，对一定时期内城市的局部地区的土地利用、空间布局和建设用地所作的具体安排和设计。

(2) 城市控制性详细规划　控制性详细规划是指以总体规划为依据，确定建设地区的土地使用性质和使用强制性控制指标，道路和工程管线控制性位置以及空间环境控制的规划要求，它是城镇规划实施管理的最直接法律依据，是国有土地使用权出让、开发和建设管理的法定前置条件。

控制性详细规划的主要内容包括：

① 确定规划范围内各类不同使用性质用地的界线，规定各类用地内适宜建设、不适宜建设或者有条件地允许建设的建筑类型；

② 确定各地块建筑高度、建筑密度、容积率、绿地率等控制指标；确定交通出入口方位、停车泊位、建筑后退红线距离、建筑间距等要求；

③ 提出各地块的建筑位置、体型、色彩等要求；

④ 确定各级支路的红线位置、控制点坐标和标高；

⑤ 根据规划容量，确定工程管线的走向、管径和工程设施的用地界线；

⑥ 制定相应的土地使用与建筑管理规定。

(3) 城市修建性详细规划　城市修建性详细规划是指以城市的总体规划或控制性详细规划为依据，制定用以指导城市各项建筑和工程设施及其施工的规划设计。

修建性详细规划的主要内容包括：

① 建设条件分析及综合技术经济论证；

② 作出建筑、道路和绿地等的空间布局和景观规划设计，布置总平面图；

③ 道路交通规划设计；

④ 绿地系统规划设计；

⑤ 工程管线规划设计；

⑥ 竖向规划设计；

⑦ 估算工程量、拆迁量和总造价，分析投资效益。

(4) 乡规划和村庄规划　乡规划和村庄规划，分别是指对一定时期内乡、村庄的经济和社会发展、土地利用、空间布局以及各项建设的综合部署、具体安排和实施措施。

乡规划和村庄规划是做好农村地区各项建设工作的先导和基础，是各项建设管理工作的基本依据，对改变农村落后面貌，加强农村地区生产生活服务设施、公益事业等各项建设，推进社会主义新农村建设具有重大意义。

编制乡村规划应从农村实际出发，尊重村民意愿，体现地方特色和农村特色。

① 乡规划。乡规划包括乡域规划和乡驻地规划。

乡域规划的主要内容包括：提出乡产业发展目标，落实相关生产设施、生活服务设施以及公益事业等各项建设的空间布局；落实规划期内各阶段人口规模与人口分布情况；确定乡的职能及规模，明确乡政府驻地的规划建设用地标准与规划区范围；确定中心村、基层村的层次与等级，提出村庄集约建设的分阶段目标及实施方案；统筹配置各项公共设施、道路和各项公用工程设施，制定各专项规划，并提出自然和历史文化保护、防灾减灾等要求；提出实施规划的措施和有关建议，明确规划强制性内容。

乡驻地规划主要内容包括：确定规划区内各类用地布局，提出道路网络建设与控制要求；建立环境卫生系统和综合防灾减灾系统；确定规划区内生态环境保护与优化目标，划定主要水体保护和控制范围；确定历史文化保护区地方传统特色保护的内容及要求；规划建设容量，确定公用工程管线位置、管径和工程设施的用地界线等。

② 村庄规划。村庄规划的主要内容包括：安排村庄内的农业产业用地布局及为其配套服务的各项设施；确定村庄居住、公共设施、道路、工程设施等用地布局；畜禽养殖场所等农村生产建设的用地布局；确定村庄内的给水、排水、供电等工程设施及其管线走向、铺设方式；确定垃圾分类转运方式，明确垃圾收集点、公厕等环境卫生设施的分布、规模；确定防灾减灾设施的分布和规模；对村庄分期建设时序进行安排，并对近期建设的工程投资等进行估算和分析。

3. 城乡规划法

广义的城乡规划法是指调整城市、镇及村庄规划制定、实施和管理过程中各种社会关系的法律规范的总称（即城乡规划法体系），是一个以《中华人民共和国城乡规划法》（以下简称《城乡规划法》）为核心，由配套规章、技术标准和技术规范构成的专门法规体系。

狭义的城乡规划法是指 2008 年 1 月 1 日起施行的《城乡规划法》，共 7 章 70 条。以前，实行十多年的城乡规划法律制度可以用一法一条例来概括，即城市规划的依据是《中华人民共和国城市规划法》；而乡镇规划的依据是《村庄和集镇规划建设管理条例》。这种就城市论城市、就乡村论乡村的规划制定与实施模式，使城市和乡村规划之间缺乏统筹协调，衔接不够，已经不适应我国经济社会迅速发展的新形势，特别是对乡村规划的管理非常薄弱，长期的政策偏向城市"重城市、轻农村，重城区、轻郊区，重工业、轻农业，先市民、后农民"。因此，为了"协调城乡空间布局，改善人居环境，促进城乡经济社会全面协调可持续发展"，中华人民共和国第十届全国人民代表大会常务委员会第三十次会议于 2007 年 10 月 28 日通过《城乡规划法》，并于 2008 年 1 月 1 日起施行，《中华人民共和国城市规划法》同时废止。

（二）城乡规划法规体系概述

城乡规划法规体系，就是国家调整城乡规划和规划管理方面所产生的社会关系的法律及各种法规、规章的总和。根据《立法法》规定，城乡规划法规体系的等级层次应包括法律、行政法规、地方性法规、自治条例和单行条例、规章（部门规章、地方政府规章）等，以构成完整的法规体系。

1. 《城乡规划法》

《城乡规划法》是我国城乡规划法规体系中的基本法律，对各级城乡规划法规与规章的制定具有不容违背的规范性和约束力。

2. 城乡规划行政法规

国务院有权根据宪法和法律制定行政法规。国务院 1993 年 6 月发布的《村庄和集镇规划建设管理条例》和 2008 年 4 月发布的《历史文化名城名镇名村保护条例》等就是我国城乡规划法规体系中的行政法规。行政法规与法律虽是两个不同等级层次，但它同样是地方性法规、部门规章和地方政府规章制定的基本依据。

3. 地方性法规

省、自治区、直辖市的人民代表大会及其常务委员会以及较大的市的人民代表大会及其常务委员会，根据本行政区域的具体情况和实际需要，根据《城市规划法》相继制定了地方性的规划条例或者实施细则、实施办法。在《城乡规划法》颁布实施后，各地要根据《城乡规划法》修改或重新编制有关城乡规划的地方性法规。

较大的市是指：

① 省、自治区的人民政府所在地的市；
② 经济特区所在地的市；
③ 经国务院批准的较大的市。

4. 部门规章

原建设部等所公布的《城市规划编制办法》、《建制镇规划建设管理办法》、《城市国有土地使用权出让转让规划管理办法》、《村镇规划编制办法》、《近期建设规划工作暂行办法》、《城市规划强制性内容暂行规定》、《城市绿线管理办法》、《城市紫线管理办法》、《城市蓝线管理办法》、《城市黄线管理办法》等都属于部门规章范畴，是我国城乡规划法规体系中的重要组成部分。

5. 地方政府规章

省、自治区、直辖市和较大的市的人民政府，都根据城乡规划方面的法律、法规和本省、自治区、直辖市的地方性法规，制定了配套的地方行政规章。

6.《城乡规划法》的基本内容

（1）立法指导思想

制定《城乡规划法》的指导思想是：按照贯彻落实科学发展观和构建社会主义和谐社会的要求，统筹城乡建设和发展，确立科学的规划体系和严格的规划实施制度，正确处理近期建设与长远发展、局部利益与整体利益、经济发展与环境保护、现代化建设与历史文化保护等关系，促进合理布局，节约资源，保护环境，体现特色，充分发挥城乡规划在引导城镇化健康发展、促进城乡经济社会可持续发展中的统筹协调和综合调控作用。

（2）制定《城乡规划法》的重要意义

制定《城乡规划法》的重要意义，就在于与时俱进，通过新立法来提高城乡规划的权威性和约束力，进一步确立城乡规划的法律地位与法律效力，以适应我国社会主义现代化城市建设与社会主义新农村建设和发展的需要，使各级政府能够对城乡发展建设更加有效地依法行使规划、建设、管理的职能，从而进一步促进我国城乡经济社会全面协调可持续地健康发展。

（3）《城乡规划法》的基本框架

第一章　总则。共十一条，主要对本法的立法目的和宗旨、适用范围、调整对象、城乡规划制定和实施的原则、城乡规划与其他规划的关系、城乡规划编制和管理的经济来源保障，以及城乡规划组织编制和管理与监督管理体制等作出了明确的规定。

第二章　城乡规划的制定。共十六条，主要对城乡规划的组织编制和审批机构、权限、审批程序，省域城镇体系规划、城市和镇总体规划、乡规划和村庄规划等应当包括的内容，以及对城乡规划编制单位应当具备的资格条件和基础资料,城乡规划草案的公告和公众、专家和有关部门参与等作了明确的规定。

第三章 城乡规划的实施。共十八条,主要对地方各级人民政府实施城乡规划时应遵守的基本原则,城市、镇、乡和村庄各项规划、建设和发展实施规划时应遵守的原则,近期建设规划、建设项目选址规划管理、建设用地规划管理、建设工程规划管理、乡村建设规划管理、临时建设和临时用地规划管理等及其建设项目选址意见书、建设用地规划许可证、建设工程规划许可证、乡村建设规划许可证的核发,以及规划条件的变更,建设工程竣工验收和有关竣工验收资料的报送等作了明确的规定。

第四章 城乡规划的修改。共五条,主要对省域城镇体系规划、城市总体规划、镇总体规划、控制性详细规划、乡规划、村庄规划的修改组织编制与审批机关、权限、条件、程序、要求,近期建设规划的修改,建设项目选址意见书、建设用地规划许可证、建设工程规划许可证或乡村建设规划许可证发放后城乡规划的修改,修建性详细规划、建设工程设计方案总平面的修改要求等作了明确的规定。

第五章 监督检查。共七条,主要对城乡规划编制、审批、实施、修改的监督检查机构、权限、措施、程序、处理结果以及行政处分、行政处罚等作出了明确的规定。

第六章 法律责任。共十二条,主要对有关人民政府及其负责人和其他直接责任人,在城乡规划编制、审批、实施、修改中所发生的违法行为,城乡规划编制单位所出现的违法行为,建设单位或者个人所产生的违法建设行为的具体行政处分、行政处罚等作出了明确的规定。

第七章 附则。共一条,规定了本法自2008年1月1日起施行,《中华人民共和国城市规划法》同时废止。

【案例 2-1】

【基本案情】 第一个案例,某房地产开发企业经规划批准,修建公寓楼,工程由地上18层和32层两部分组成,建设规模为7万平方米。但该单位自主将18层部分加高9层,违法建设面积5400平方米。现该公寓正被规划部门查处中。

第二个案例,某单位拟在单位院内建办公楼,经规划管理部门批准办理"一书两证",但在建设过程中,将原来设计文件中的建筑规模由8000平方米增至9000平方米,被发现责令停止施工。

【评析】 这两个案例均属于违法建设。前者主要是未按程序向规划行政主管部门申报修改方案,擅自加高。后者违反建设工程规划许可证的规定,擅自变更批准的规划设计图纸进行施工建设。按照《城乡规划法》有关规定建设单位应当按照规划要求进行建设,建设过程中确需对许可内容进行变更调整的,建设单位应当向原城乡规划行政主管部门提出申请,经审核可以变更调整的,重新核发建设用地规划许可证;建设单位根据建设用地许可证的要求委托方案设计,重新申领建设工程规划许可证。这两家单位未经允许,修改设计,增加面积,违法事实清楚。按照城乡规划法规定,未按照建设工程规划许可证的规定进行建设的,由城乡规划主管部门责令停止建设;尚可采取改正措施消除对规划实施的影响的,限期改正,处建设工程造价百分之五以上百分之十以下的罚款。

二、城乡规划的实施和修改

(一)城乡规划公布制度

城乡规划关系着各行各业的发展,关系着广大人民群众的切身利益,为了提高政府工作的透明度，促进依法行政，保证规划的顺利实施，提高公众的规划意识、参与意识和知法守法的自觉性，便于公众对规划进行监督，必须及时将依法批准的城乡规划予以公布。

1. 城乡规划的公布机关

城乡规划经依法批准后，有权公布的机关是城乡规划组织编制机关，全国城镇体系规划应当由国务院城乡规划主管部门会同国务院有关部门公布；省域城镇体系规划由省、自治区人民政府公布，城市总体规划由城市人民政府公布；县人民政府所在地镇的总体规划由县人民政府公布，其他镇的总体规划由镇人民政府公布；城市的控制性详细规划由城市人民政府城乡规划主管部门公布；镇的控制性详细规划由镇人民政府公布；县人民政府所在地镇的控制性详细规划，由县人民政府城乡规划主管部门公布；乡规划、村庄规划由乡、镇人民政府公布。

2. 城乡规划公布的时限

经依法批准的城乡规划，城乡规划组织编制机关应当及时公布，利于公民、法人和其他组织尽早获得有关规划的信息，并按照规划从事建设活动。

3. 城乡规划公布的原则

除法律、行政法规规定不得公开的内容外，城乡规划的其他内容都应当公布。

4. 城乡规划公布制度的意义

（1）确保社会公众对城乡规划的知情权。
（2）确保社会公众对城乡规划的参与权。
（3）确保社会公众对城乡规划的监督权。

（二）城乡规划管理

1. 城乡规划管理体制

城乡规划管理体制是国家和地方人民政府城乡规划主管部门机构的设置、职权的划分与运行等各种制度的总称。国务院城乡规划主管部门与住房和城乡建设部负责全国的城乡的规划管理工作，县级以上地方人民政府城乡规划主管部门负责本行政区域的城乡规划管理工作。省、自治区城乡规划主管部门为省、自治区建设厅，直辖市城乡规划主管部门为市规划局，市城乡规划主管部门为市规划局，县级城乡规划主管部门为县规划局或建设局。

2. 城乡规划实施管理制度

《城乡规划法》规定，我国城镇规划实施管理实行"一书两证"（选址意见书、建设用地规划许可证和建设工程规划许可证）的规划管理制度，我国乡村规划管理实行乡村建设规划许可证制度。

选址意见书是城乡规划主管部门依法审核建设项目选址的法定凭证；建设用地规划许可证是经城乡规划主管部门依法审核，建设用地符合城乡规划要求的法律凭证；建设工程规划许可证是经城乡规划主管部门依法审核，建设工程符合城乡规划要求的法律凭证；乡村建设规划许可证是经城乡规划主管部门依法审核，在集体土地上有关建设工程符合城乡规划要求的法律凭证。

城乡规划实施管理制度的建立对引导、协调和控制各类实施城乡规划的活动，保障城乡规划得到有效实施，以及维护公共利益和社会秩序，保护公民、法人和其他组织的合法权益等，都具有十分重要的意义。

3. 国家鼓励采用先进的科学技术进行城乡规划管理

城乡规划是涉及多个领域的综合性规划，其内容必须不断适应复杂多变的社会经济发展的需要，而先进的科学技术是增强城乡规划的科学性、推动城乡规划工作的技术保障。《城乡规划法》明确规定，国家鼓励采用先进的科学技术，增强城乡规划的科学性，并提高城乡规划实施及监督管理的效能。

4. 城乡规划管理中公民和单位的权利和义务

（1）任何单位和个人都有必须遵守经依法批准并公布的城乡规划的义务。任何单位和个人在城乡规划区内进行建设，都必须按照《城乡规划法》的规定来约束自己的行为，不能实施违反城乡规划的建设行为，否则就必须承担相应的法律责任。例如，在城市、镇规划区内以划拨方式提供国有土地使用权的建设项目，必须经有关部门批准、核准、备案后，向城乡规划主管部门提出建设用地规划许可申请，并取得建设用地规划许可证等。

（2）任何单位和个人有权就涉及其利害关系的建设活动是否符合规划的要求向城乡规划主管部门查询。所有经法定程序批准的城乡规划，都应当及时依法公布。但是，在大多数的情况下，单位和个人有可能不完全了解所有涉及其利害关系的建设活动是否符合规划的要求。同时，法律也鼓励居民以主人翁的精神，对城乡规划工作提出意见和建议，促进城乡规划主管部门依法行使职能。

（3）任何单位和个人都有权向城乡规划主管部门或者其他有关部门进行举报或者控告违反城乡规划的行为。"违反城乡规划的行为"包括：

① 建设单位或者个人虽然已经取得规划许可证，但没有按照许可证所要求的范围、条件和程序从事建设活动；

② 未取得规划许可证就从事建设活动；

③ 有关行政机关违反《城乡规划法》的规定核发规划许可证的行为。

（三）建设项目选址意见书制度

按照国家规定需要有关部门批准或者核准的建设项目，以划拨方式提供国有土地使用权的，建设单位在报送有关部门批准或核准前，应当向城乡规划主管部门申请核发选址意见书。选址意见书是城乡规划主管部门依法审核建设项目选址的法定凭证。

1. 建设项目选址意见书的意义

建设项目的选址不仅对建设项目本身的成败起着决定性的作用，而且对城市的布局和发展将产生深远的影响。一个选址合理的建设项目可以对城市长远的发展起到促进的作用，同样，一个选址失败的建设项目也会阻碍城市的发展。

在建设项目可行性研究阶段，通过对建设项目选址的宏观管理，一方面，可将各项建设的安排纳入城乡规划的轨道，使单个建设项目的安排也能从城市的全局和长远利益出发，经济、合理地使用土地。另一方面，可通过政府宏观调控，调整不合理的用地布局，改善城乡环境质量，为城乡经济运行和社会活动及人民生产、生活提供理想的空间环境。

通过建设项目选址意见书的核发，既可以从规划上对建设项目加以引导和控制，充分合理利用现有的土地资源，避免各自为政，无序建设，又可以为项目审批或核准提供依据。对于促进从源头上把好项目开工建设关，维护投资建设秩序，促进国民经济又好又快的发展有重要的意义。

2. 建设项目选址意见书的适用范围

建设项目选址意见书适用于按国家规定需要有关部门进行批准或核准，通过行政划拨方式取得用地使用权的建设项目。其他建设项目则不需要申请选址意见书。

其中，按照国家规定需要有关部门批准或者核准的建设项目主要是指列入《国务院关于投资体制改革的决定》之中关系国计民生的重大建设项目。土地使用权划拨是指县级以上人民政府依法批准，在土地使用者交纳补偿、安置等费用后将该幅土地交付其使用，或者将土地使用权无偿交给土地使用者使用的行为。

在我国，建设单位的土地使用权获得方式有两种，土地使用权无偿划拨和有偿出让。划拨用地包括四大类：国家机关用地和军事用地；城市基础设施用地和公益事业用地；国家重点扶持的能源、交通、水利等基础设施用地；依据法律、行政法规规定的其他用地。土地使用权出让，是指国家将国有土地使用权在一定年限内出让给土地使用者，由土地使用者向国家支付土地使用权出让金的行为。土地使用权出让可以采取招标、拍卖、挂牌出让或者双方协议的方式，根据现行法规政策规定，凡商业、旅游、娱乐和商品住宅等各类经营性用地，必须以招标、拍卖或者挂牌方式出让。

对于建设单位或个人通过有偿出让方式取得土地使用权的，出让地块必须附带城乡规划主管部门提出的规划条件，规划条件要明确规定出让地块的面积、使用性质、建设强度、基础设施、公共设施的配置原则等相关要求。由此可见通过有偿出让方式取得土地使用权的建设项目本身就是具有与城乡规划相符的明确的建设地点和建设条件，不再需要城乡规划主管部门进行建设地址的选择和确认。

3. 建设项目选址意见书的内容

① 建设项目的基本情况：主要指建设项目的名称、性质、用地与建设规模、供水与能源的需求量，采取的运输方式与运输量，以及废水、废气、废渣的排放方式和排放量。

② 建设项目规划选址的依据。

③ 建设项目地址、用地范围和具体规划要求。

④ 建设项目地址和用地范围的附图和明确有关问题的附件。

4. 建设项目选址意见书办理程序

从实施城乡规划的要求看，城乡规划管理首先应对其用地情况按照批准的城乡规划进行确认或选择，保证建设项目的选址、定点符合城乡规划、有利于城乡统筹发展和城乡各项功能的协调，之后才能办理相关规划审批手续。

建设项目选址意见书作为法定审批项目和划拨土地的前置条件，建设单位在报送有关部门批准或核准前。应当向城乡规划主管部门申请核发选址意见书，省、市、县人民政府城乡规划主管部门收到申请后，应当根据有关法律法规的规章和依法制定的城乡规划，在法定的时间内对其申请作出答复，对于符合城乡规划的选址，应当颁发建设项目选址意见书，对于不符合城乡规划的选址，不予核发建设项目选址意见书并说明理由，给予书面答复。

（四）建设用地规划许可证制度

建设用地规划许可证是建设单位在向土地管理部门申请征用、划拨土地前，经城乡规划行政主管部门确认建设项目位置和范围符合城乡规划的法定凭证，是建设单位用地的法律凭证。没有此证的用地单位属非法用地，不能领取房地产权属证件。

1. 在划拨用地的情况下，建设用地规划许可证的核发程序

建设单位在取得人民政府城乡规划主管部门核发的建设项目选址意见书后，建设项目经有关部门批准、核准后，向城市（县）人民政府城乡规划主管部门送审建设工程设计方案，申请建设用地规划许可证。

城市（县）人民政府城乡规划主管部门应当审核建设单位申请建设用地规划许可证的各项文件、资料、图纸等是否完备，并依据控制性详细规划，审核建设用地的位置、面积及建设工程总平面图，确定建设用地范围。对于具备相关文件且符合城乡规划的建设项目，应当核发建设用地规划许可证；对于不符合法定要求的建设项目，不予核发建设用地规划许可证并说明理由，给予书面答复。

建设单位只有取得建设用地规划许可证，明确建设用地范围及界线之后，方可向县级以上地方人民政府土地主管部门申请用地，经县级以上人民政府审批后，由土地主管部门划拨土地。

2. 在土地有偿使用的情况下，建设用地规划许可证的核发程序

在土地使用权出让前，城市、县人民政府城市规划主管部门应当依据控制性详细规划，提出出让地块的位置、使用性质、开发强度等规划条件，作为国有土地使用权有偿出让合同的附件，在签订国有土地使用权有偿出让合同、申请办理法人的登记注册手续、申领企业批准证书后，持建设项目的批准、核准、备案文件和国有土地使用权有偿出让合同，向城市、县人民政府城乡规划主管部门申请办理建设用地规划许可证。城市、县人民政府城乡规划主管部门，应当审核建设单位申请建设用地规划许可证。城市、县人民政府城乡规划主管部门，应当审核建设单位申请建设用地规划许可证的各项文件、资料、图纸等是否完备，并依据依法批准的控制性详细规划，对国有土地使用权出让合同中规定的规划设计条件进行核验，审核建设用地的位置、面积及建设工程总平面图，确定建设用地范围。对于具备相关文件且符合程序的规划的建设项目，应当核发建设用地规划许可证；对不符合法定要求的建设项目，不予核发建设用地规划许可证并说明理由，给予书面答复。

（五）建设工程规划许可证制度

建设工程规划许可证是城乡规划主管部门依法核发的，确认有关建设工程符合规划要求的法律凭证，是建设活动中接受监督检查时的法定依据。没有此证的建设单位，其工程建筑是违章建筑。

1. 实行建设工程规划许可证制度的意义

（1）可以确认城市中有关建设活动符合法定规划的要求，确保建设主体的合法权益。

（2）可以作为建设活动进行过程中接受监督检查时的法定依据。

（3）可以作为城乡建设档案的重要内容。

2. 建设工程规划许可证的办理程序

建设单位或者个人办理建设工程规划许可证。应当向所在地城市、县人民政府城乡规划主管部门或者经省级人民政府确定的镇人民政府提出申请，并提交使用土地的有关证明文件、建设工程设计方案图纸，需要编制修建性详细规划的还应当提供修建性详细规划及其他相关材料。

城市、县人民政府城乡规划主管部门收到建设单位或者个人的申请后，应当在法定期限内对申请人的申请及提交的资料进行审核。审核的具体内容包括：

一是要审核申请人是否符合法定资格，申请事项是否符合法定程序和法定形式，申请材料、图纸是否完备等；

二是依据控制性详细规划、相关的法律法规以及其他具体要求，对申请事项的内容进行审核；

三是依据控制性详细规划对修建性详细规划进行审定。对于符合条件的申请，审查机关要及时给予审查批准，并在法定的期限内颁发建设工程规划许可证；经审查认为不合格并决定不予许可的，应说明理由，并给予书面答复。

（六）城市国有土地使用权出让转让规划管理制度

《城乡规划法》明确规定，规划条件必须作为国有土地使用权出让合同的组成部分，未确定规划条件的地块，不得出让国有土地使用权。对于规划条件未纳入国有土地使用权出让合同的，应当认定该国有土地使用权出让合同无效。

为适应土地供给的逐步市场化，切实加强和改进国有土地使用权出让的规划管理，在国有土地使用权出让过程中，城乡规划主管部门必须充分发挥综合调控作用，加强对国有土地使用权出让的指导和调控。保障法定城乡规划的有效实施，进而促进城乡经济社会的有序发展。

1. 城市国有土地使用权出让与转让的规划管理体制

（1）国务院城市规划行政主管部门负责全国城市国有土地使用权出让、转让规划管理的指导工作。

（2）省、自治区、直辖市人民政府城市规划行政主管部门负责本省、自治区、直辖市行政区域内城市国有土地使用权出让、转让规划管理指导工作。

（3）直辖市、市和县人民政府城市规划行政主管部门负责城市规划区内城市国有土地使用权出让、转让的规划管理工作。

2. 城市国有土地使用权出让与转让规划管理的基本规定

（1）城市国有土地使用权出让的投放量应当与城市土地资源、经济社会发展和市场需求相适应。

（2）土地使用权出让、转让应当与建设项目相结合。

（3）城市规划行政主管部门和有关部门要根据城市规划实施的步骤和要求，编制城市国有土地使用权出让的年度规划和计划，包括地块数量、用地面积、地理位置、出让步骤等。

（4）保证城市国有土地使用权的出让有规划、有步骤、有计划地进行。

（5）出让城市国有土地使用权，出让前应当制订控制性详细规划。

3. 城市国有土地使用权出让与转让合同规划管理

城市国有土地使用权出让、转让必须签订出让、转让合同，合同必须附具规划设计条件和附图。

规划设计条件包括：地块面积、土地使用性质、容积率、建筑密度、建筑高度、停车泊位、主要出入口、绿地比例，须配置的公共设施、工程设施、建筑界限、开发期限及其他要求。

附图包括：地块区域及现状、地块坐标、标高、出入口位置、建筑界限以及地块周围地区环境与基础设施条件。

三、监督检查与法律责任

（一）城乡规划的监督检查

《城乡规划法》对城乡规划工作的监督检查作了明确的规定。

1. 行政监督检查

包括县级人民政府及其城乡规划主管部门对下级政府及其城乡规划主管部门执行城乡规划编制、审批、实施、修改情况的监督检查。也包括县级以上地方人民城乡规划主管部门对城乡规划实施情况进行的监督检查，并对有权采取的措施作了明确规定。

2. 人大对城乡规划工作的监督

人民代表大会对政府的工作具有监督职能，地方各级人民政府应当向本级人民代表大会常务委员会或者乡、镇人民代表大会报告城乡规划的实施情况，并接受监督。

3. 公众对城乡规划工作的监督

县级以上人民政府及其城乡规划主管部门的监督检查，县级以上地方各级人民代表大会常务委员会或者乡、镇人民代表大会对城乡规划工作的监督检查，其监督检查情况和处理结果应当依法公开，以便公众查阅和监督。

（二）法律责任

《城乡规划法》对违反《城乡规划法》的行为所应承担的行政法律责任作出了明确的规定。

（1）对有关人民政府违反《城乡规划法》的行为所应承担的法律责任，按照第五十七条、第五十八条的规定，包括责令改正、通报批评和行政处分。

（2）对城乡规划行政主管部门违反《城乡规划法》的行为所应承担的法律责任，按照第六十条的规定，包括责令改正、通报批评和行政处分。

（3）对县级以上人民政府有关部门违反《城乡规划法》的行为所应承担的法律责任，按照第六十一条的规定，包括责令改正、通报批评和行政处分。

（4）对城乡规划编制单位违反《城乡规划法》的行为所应承担的法律责任按照第六十二条、第六十三条的规定，包括责令限期改正、罚款、责令停业整顿、降低资质等级、吊销资质证书、依法赔偿等。

（5）对于城镇违法建设行为所应承担的法律责任，按照第六十四条的规定，包括责令停止建设、限期改正并处罚款、限期拆除、没收实物或者违法收入，亦可以并处罚款等。

（6）对乡村建设的违法行为所应承担的法律责任，按照第六十五条规定，包括责令停止建设、限期改正和拆除。

（7）对建设单位或者个人临时建设违法所应承担的法律责任、按照第六十六条的规定，包括责令限期拆除、并处罚款。

（8）对建设单位未依法报送有关竣工验收资料所应承担的责任，按照第六十七条的规定，包括责令限期补报、罚款等。

（9）强制措施。城乡规划主管部门作出责令停止建设或者限期拆除的决定后，当事人不停止建设或者逾期不拆除的，建设工程所在地县级以上地方人民政府可以责成有关部门采取查封施工现场、强制拆除等措施。

【案例2-2】

某承包商为了经济效益，在未领取建设工程规划许可证的情况下，擅自在某村一块原规划好用于公共设施的用地上建一幢一层高的厂房，被当地村民举报，当地人政府责令该承包商停止建设、限期改正。

【评析】《城乡规划法》第六十五条规定："在乡、村庄规划区内未依法取得乡村建设许可证或者未按照乡村建设规划许可证的规定进行建设的，由乡、镇人民政府责令停止建设、限期改正；逾期不改正的，可以拆除。"

本案中，该承包商既没有依法取得乡村建设规划许可证，也没有按照乡村建设规划进行建设。属于违法建设，是应当承担法律责任的。作为承包商，在乡、村规划区内进行乡村公共设施建设，应当向乡、镇人民政府提出申请，由乡、镇人民政府报城市、县人民政府城乡规划主管部门核发乡村建设规划许可证，且只能按照核发的乡村建设规划许可证的规定进行建设，否则即属违法建筑，将由乡、镇人民政府责令停止建设、限期改正；逾期不改正的，可以拆除。

【案例2-3】 深圳市春风路文星楼小区居民诉深圳市规划国土局用地行政纠纷案

原告：杨天明等深圳市春风路文星楼小区居民

被告：深圳市规划国土局

【基本案情】 文星楼小区是经被告深圳市规划国土局批准，由深圳联诚合作发展有限公司（下称联诚公司）负责规划开发的住宅区。按该公司1990年制定的小区规划，现嘉宾变电站的用地准备建高层建筑物。被告根据城市建设发展需要和城市规划要求，收回联诚公司尚未建设的38804.9平方米土地使用权，并与联诚公司就征地补偿问题达成协议。此后，被告经深圳市人民政府批准，将其位于新安路以西、春风路以南、文星楼以北的2900平方米用地，交由深圳市供电局建设11万伏嘉宾变电站，该站的选址先后经深圳市环保局和深圳市公安局消防支队审核同意。经广东省电力试验研究所对类似变电站的实际检测，认为此类变电站的电磁场强度对周围环境的影响几乎为零。但原告向法院起诉称深圳市规划国土局将文星楼住宅小区原绿化用地改为高压变电站用地，侵犯了原告的土地使用权；高压变电站危害居民的生命安全，被告认为变电站电磁波对周围环境的影响为零没有科学和法律依据，请求法院依法判令被告停止侵权并赔偿损失。

【处理结果】 此案由深圳市中级人民法院审理，一审判决认为，深圳市规划国土局根据城市发展的需要，依照法律、法规，将原属于深圳市联诚公司使用的土地有偿收回并重新规划建设，是合法行政行为。在规划建设变电站时，经过严格科学论证，并对文星楼居民提出担心的问题给予充分的注意和解决。变电站的建设通过环境保护部门和消防部门以及城市规划部门的评定，符合国家法定标准。依照《中华人民共和国行政诉讼法》（以下简称《行政诉讼法》）第五十四条第（1）项的规定，驳回原告起诉，判决维持深圳市国土规划管理局规划建设嘉宾变电站的行政行为。原告不服一审判决，上诉至广东省高级人民法院。省高院驳回上诉，维持原判。

【评析】 本案关键有以下几点：第一点是原告对本案中规划建设变电站的土地有没有使用权？第二点是被告将该土地使用权收回并重新规划是不是合法的行政行为？第三点是变电站是否危害居民的生命安全？根据《深圳市经济特区房地产登记条例》第六条规定："房地产登记以一宗土地为单位进行登记。"一宗土地，是指以权属界限组成的封闭地块。根据本案中原告所持有的"房地产证"，嘉宾变电站用地不属于原告共有使用权的宗地范围内，原告主张拥有该土地的使用权，缺乏事实和法律依据。关于第二点，根据《中华人民共和国城镇国有土地使用权出让和转让暂行条例》第四十七条规定："对划拨土地使用权，市、县人民政府根据城市建设发展和城市规划的需要，可以无偿收回……无偿收回划拨土地使用权时，对其地上建筑物、其他附着物，市、县人民政府应当根据实际情况给予适当补偿。"在本案中该地使用权属联诚公司，被告根据城市发展需要，经深圳市人民政府同意，收回该地使用权，并对联诚公司给予补偿，完全符合上诉条例规定，是合法行政行为，因此被告胜诉。关于第三点，案中被告在批准变电站规划时得到了环保、消防部门的同意，并经科学测试电磁波影响并不存在，较好地处理了公共利益关系和相邻关系。在行政方面程序合法。

第二节 土地管理法规

一、土地管理法概述

我国土地制度的基本模式是土地公有，即国家所有和集体所有。城市及其郊区的土地、山脉、矿藏、草原以及河流、交通要道等属于国家所有，农村耕地及农民使用的宅基地、自留地、自留山是农村集体所有。

（一）土地的分类

我国依土地的用途将土地分为农用地、建设用地和未利用地三大类。农用地是指直接用于农业生产的土地，包括耕地、林地、草地、农田水利用地、养殖水面等；建设用地是指建造建筑物、构筑物的土地，包括城乡住宅和公共设施用地、工矿用地、交通水利设施用地、旅游用地、军事设施用地等；未利用土地是指农用地和建设用地以外的土地。

土地利用总体规划是在一定区域内，根据国家社会经济可持续发展的要求和当地自然、经济、社会条件，对土地的开发、利用、治理和保护，在空间上、时间上所作的总体安排和布局。土地利用总体规划是国家实行土地用途管制的基础。它的任务是在确保耕地总量动态平衡的前提下，统筹安排各类用地，控制城镇建设用地规模。通过规划分区和规划指标对下级土地利用总体规划进行控制。

（二）土地管理法的概念与目的

当前土地管理存在的许多问题，如房屋开发侵占耕地等现象，相关土地管理制度的出台迫在眉睫。土地管理法指对国家运用法律和行政的手段对土地财产制度和土地资源的合理利用所进行管理活动予以规范的各种法律规范的总称。我国制定土地管理法的目的是：为了加强土地管理，维护土地的社会主义公有制，保护、开发土地资源，合理利用土地，切实保护耕地，促进社会经济的可持续发展。

（三）土地管理法的主要内容

2004年8月28日第三次修正后公布了《中华人民共和国土地管理法》（以下简称《土地管理法》），该法共8章：①总则；②土地的所有权和使用权；③土地利用总体规划；④耕地保护；⑤建设用地；⑥监督检查；⑦法律责任；⑧附则。其主要内容概括如下。

1. 保护耕地

保护耕地是我国土地管理法的核心内容，主要包括以下几个方面。

（1）确立了耕地总量动态平衡制度，明确了省级政府保护耕地的责任。省、自治区、直辖市人民政府应当严格执行土地利用总体规划和土地利用年度计划，采取措施，确保本行政区内耕地总量不减少。

（2）确立了耕地占用平衡制度，规定非农业建设经批准占用耕地的，必须按照"占多少，垦多少"的原则，由占用耕地的单位负责开垦与所占用耕地的数量和质量相当的耕地。

（3）将基本农田保护制度上升为法律，规定国家实行基本农田保护制度，各省、自治区、直辖市规定的基本农田应当占本行政区域内耕地的80%以上，并对基本农田保护区的耕地实行特殊保护。

（4）加强了对建设用地总量和城市建设用地规模的控制，规定下级土地利用总体规划中的建设用地总量不超过上级土地利用总体规划确定的控制指标；城市建设用地规模应当符合国家规定的标准等。

2. 实行土地用途管制制度

现行的土地用途管制制度将我国土地资源分为农用地、建设用地、和未用地三类。

实行土地用途管制制度，可以严格控制建设用地总量，促进集约利用，提高资源配置效率，有利于建设用地市场的正常化和规范化；可以严格控制农田地流向建设用地，有利于从根本上保护耕地。同时，通过增设农用地审批环节，为土地利用总体规划的有效实施提供保证。

3. 合理划分各级政府的土地管理职权

《土地管理法》依据《宪法》第三条确立的划分中央与地方国家机构职权的原则，按照市场经济和用途管制的要求，明确了各级政府的土地管理职责。凡涉及土地管理全局性的决策权，如土地利用总体规划的审批权、农用地转用和土地征用的审批权、耕地开垦的监督权、土地供应总量的控制权由中央与省两级政府行使；凡涉及土地管理执行性的权力，如土地登记权、规划和计划的执行权、在已经批准的建设用地区域内具体项目用地的审批权、土地违法案件的查处权等，由市、县政府行使。

4. 对农民的土地财产权利给予法律保护

土地制度是最基本的财产制度之一，实行严格的用途管制，从根本上来说是调动人民群众珍惜土地，保护耕地的积极性，并保护农民的土地财产权。

5. 强化国家土地所有权权益

《土地管理法》规定："国家管理的土地的所有权由国务院代表国家行使。"这为国有土地资产产权代表的确立提供了法律基础，同时，《土地管理法》还确立了土地收益分配的新机制，规定"自本法施行之日起，新增建设用地的土地有偿使用费，百分之三十上缴中央财政，百分之七十留给有关地方人民政府，专项用于耕地开发。"这些规定即维护了国家所有权益，又从机制上改变了地方政府"多卖地，多收益"的做法。

6. 对土地违法行为的处罚

土地管理法赋予土地行政主管部门履行监督检察职责，赋予土地行政主管部门直接行政处分权，对非法转让土地，非法批准土地、非法占用土地以及土地行政主管部门工作人员的违法行为规定了法律责任。

二、国有土地使用权有偿出让、划拨与转让制度

（一）土地使用权

1. 土地使用权的概念

土地使用权是指土地使用者对其使用的土地，依法享有实际利用和取得收益的权利。土地使用权时我国土地使用制度在法律上的体现。

《土地管理法》第九条规定："国有土地和集体所有的土地，可以依法确定给单位或者个人使用。使用土地的单位或个人，有保护、管理和合理利用土地的义务"。可见，我国法律确立了土地所有权与土地使用权相分离的土地经营制度。土地使用权从土地所有权中分离出来成为独立物权，与作为土地所有权权能的使用权不论在内涵上还是在外延上都是不同的，它是由合法的非土地所有权人即土地使用权人行使。土地所有权是指土地所有者依法占用、使用、处分土地，从土地上取得收益，并排除他人干涉的权利。土地所有权是土地所有制在法律上的体现，一定社会的所有权法律制度，是一定社会形态的所有制经济制度在法律上的反映。

2. 国有土地使用权

我国土地所有权与使用权分离，土地使用权分为国有和集体土地使用权。

国有土地使用权是指公民、法民或非法人组织依法对国有土地所享有的使用权。根据使用人的不同，国有土地使用权又可分为以下几种：①全民所有制单位的国有土地使用权；②集体所有制单位的国有土地所有权；③公民个人的国有土地所有权；④中外合资企业、中外合作企业、外商独资企业享有的国有土地使用权；⑤其他主体所享有的国有土地使用权，如责任有限公司、股份有限公司享有的国有土地使用权。

（二）国有土地使用权出让

根据1990年5月19日国务院发布的《中华人民共和国城镇国有土地使用权出让和转让暂行条例》（以下简称《出让和转让暂行条例》，或简称第55号令）第八条规定，土地使用权出让是国家以土地所有者身份将土地使用权在一定年限内出让与土地使用者，并由土地使用者向国家支付土地使用权出让金的行为。

1. 土地使用权出让的年限

出让土地使用权的最高使用年限，就是法律规定的一次签约出让土地使用权的最高年限。土地使用权年限届满时，土地使用者可以申请续期，具体由出让方和受让方在签订合同时确定，但不能高于法律规定的最高年限。考虑到我国国民经济和社会发展过程中的一系列变化的因素，《城市房地产管理法》对土地使用权出让最高年限仅作了授权性的规定："土地

使用权出让最高年限由国务院规定。"

据此,《出让和转让暂行条例》第十二条按照出让土地的用途不同规定了各类用地使用权出让的最高年限：

① 居住用地 70 年；
② 工业用地 50 年；
③ 教育、科技、文化、卫生、体育用地 50 年；
④ 商业、旅游、娱乐用地 40 年；
⑤ 综合或者其他用地 50 年。

2. 土地使用权出让应遵循的原则

国有土地使用权招标、拍卖或者挂牌的出让活动，应当有计划地进行。

市、县人民政府土地行政主管部门根据社会经济发展计划、产业政策、土地利用总体规划、土地利用年度计划、城市规划和土地市场状况，编制国有土地使用权出让计划，报经同级人民政府批准后，及时向社会公开发布。

市、县人民政府土地行政主管部门应当按照出让计划，会同城市规划等有关部门共同拟订将要招标、拍卖、挂牌、出让地块的用途、年限、出让方式、时间和其他条件等方案，报经市、县人民政府批准后，由市、县人民政府土地行政主管部门组织实施。

3. 土地使用权出让的方式

土地使用权的出让方式是指国有土地的代表（地方人民政府）将国有土地使用权出让给土地使用者时所采取的方式或程序，它表明以什么形式取得土地使用权。关于土地使用权的出让方式，《中华人民共和国城市房地产管理法》（以下简称《城市房地产管理法》）第十二条规定："土地使用权出让，可以采取拍卖、招标或者双方协议的方式。"国土资源部 2002 年 7 月 7 日施行的《招标拍卖挂牌出让国有建设土地使用权规定》又明确了一种新的出让方式——挂牌出让。因此，我国现行国有建设用地使用权的出让方式就包括四种：拍卖、招标、挂牌和协议出让。

（1）拍卖出让国有土地使用权 拍卖出让国有土地使用权，是指出让人发布拍卖公告，由竞买人在指定时间、地点进行公开竞价，根据出价结果确定土地使用者的行为。

拍卖出让方式引进了竞争机制，排除了人为干扰，政府也可获得最高收益，较大幅度地增加财政收入。这种方式主要适用于投资环境好、盈利大、竞争性强的商业、金融业、旅游业和娱乐业用地，特别是大中城市的黄金地段。

（2）招标出让国有土地使用权 招标出让国有土地使用权，是指市、县人民政府土地行政主管部门（以下简称出让人）发布招标公告，邀请特定或者不特定的公民、法人和其他组织参加国有土地使用权投标，根据投标结果确定土地使用者的行为。

是指在规定的期限内由符合受让条件的单位或者个人（受让方）根据出让方提出的条件，以密封书面投标形式竞报某地块的使用权，由招标小组经过开标、评标，最后择优确定中标者。投标内容由招标小组确定，可仅规定出标价，也可既规定出标价，又提出一个规划设计方案。开标、评标、决标须经公证机关公证。招标出让的方式主要适用于一些大型或关键性的发展计划与投资项目。

（3）挂牌出让 挂牌出让国有土地使用权，是指出让人发布挂牌公告，按公告规定的期限将拟出让宗地的交易条件在指定的土地交易场所挂牌公布，接受竞买人的报价申请并更新挂牌价格，根据挂牌期限截止时的出价结果确定土地使用者的行为。

（4）协议出让 协议出让，是指土地使用权的有意受让人直接向国有土地的代表提出有偿使用土地的愿望，由国有土地的代表与有意受让人进行谈判和切磋，协商出让土地使用的有关事宜的一种出让方式。它主要适用于工业项目、市政公益事业项目、非盈利项目及政府为调整经济结构、实施产业政策而需要给予扶持、优惠的项目，采取此方式出让土地使用权的出让金不得低于国家规定所确定的最低价。以协议方式出让土地使用权，没有引入竞争机制，不具有公开性，人为因素较多，因此对这种方式要加以必要限制，以免造成不公平竞争、以权谋私及国有资产流失。

协议、招标、拍卖、挂牌是法定的四种使用权的出让方式。在具体实施土地使用权出让时，由国有土地代表根据法律规定，并根据实际情况决定采用哪种方式，一般对地理位置优越、投资环境好、预计投资回报率高的地块，应当采用招标或拍卖方式；反之，可适当采用协议方式。

【案例2-4】

某区政府于2003年8月5日与某房地产公司签订《合作建设××大厦》的协议书，在办理了合法用地手续后开始动工建设，由于后续资金不足，该项目于2004年停工。为顺利完成大楼建设，区政府于2004年11月与某物业公司签订合作开发协议，由三方合作开发此项目。后由于各种原因，三方于2009年5月签订协议书，将三方合作建设的该项目作价七百五十万元全部（含建筑物、土地）转让给物业公司独立开发。物业公司在办理转让手续时，发现该项目已超越原用地红线450平方米（超越部分为区政府行政划拨用地）。经协商，区政府与物业公司于2009年12月25日签订补充协议，将多占的四百五十平方米土地作价六十万元（含在七百五十万元转让费用中）转让给物业公司。试问这宗土地转让合法吗？符合转让程序吗？

【分析】 该案初看是出让土地转让，再看又像是少批多占的非法占地行为，因为是在项目建设中确实多占用了区政府的规划用地，但区政府与物业公司从项目的建设到转让协议、补充协议的签订，再到项目、土地转让费用的支付，都满足了土地转让行为的三个要素，即签订合同、支付费用和动工建设。且在转让的土地中含有未经批准不能擅自转让的行政划拨用地，所以应根据《土地管理法》第二条的规定，定性为非法转让划拨土地使用权行为。处理：根据《中华人民共和国土地管理法》第七十三条、《出让和转让暂行条例》第四十六条和《中华人民共和国土地管理法实施条例》第三十八条之规定，对区政府和物业公司作出没收非法所得，对双方处以百分之二十罚款的处罚。

（三）国有土地使用权划拨

1. 土地使用权划拨的含义

根据1990年5月19日国务院发布的《出让和转让暂行条例》第四十三条规定："划拨土地使用权是指土地使用者通过各种方式依法无偿取得的土地使用权"。

2007年8月30日修改并通过的《中华人民共和国城市房地产管理法》（以下简称《城市房地产管理法》）第二十三条规定："土地使用权划拨，是指县级以上人民政府依法批准，在土地使用者缴纳补偿、安置费用后将该幅土地交付其使用，或者将土地使用权无偿交付给土地使用者使用的行为"。划拨土地使用权有以下含义。

（1）划拨土地使用权有两种形式。《城市房地产管理法》中提出了两种土地使用权划拨的方式，一种是将土地使用权无偿交付给使用者使用；另一种是附条件的使用，是土地使用者缴纳补偿、安置费用后，才能获取土地使用权。

（2）划拨土地使用权没有期限限制。《城市房地产管理法》第二十三条规定："依照本法规定以划拨方式取得土地使用权的，除法律、行政法规另有规定外，没有使用期限的限制"。

(3) 取得划拨土地使用权，必须经有批准权的人民政府核准并按法定的程序办理手续。

(4) 取得划拨土地使用权，不可转让、出租、抵押。

2. 划拨土地使用权的适用范围

《土地管理法》第五十四条规定：建设单位使用国有土地，应当以出让有偿方式取得；但是，下列建设用地，经县级以上人民政府依法批准，可以以划拨方式取得。

(1) 国家机关用地和军事用地；

(2) 城市基础设施用地和公益事业用地；

(3) 国家重点扶持的能源、交通、水利等基础设施用地；

(4) 法律、行政法规规定的其他用地。

2007年8月30日修改并通过的《城市房地产管理法》第二十四条做了更明确的规定。

(1) 国家机关是指，国家权力机关、行政机关、军事机关、审判机关和检察机关，但是作为土地划拨的范围，也包括了中国共产党各级机关、各级政协、民主党派、共青团、妇联等党团政治组织。

(2) 军事用地，一般应包括军队营区、国防工程设施、后勤基地、军事训练和试验基地用地、军用机场、港口等军事交通用地，但不应包括军队用于房地产开发的用地。

(3) 城市基础设施用地，一般指城市供水、排水、污水处理、供电、通信、煤气、热力、道路、桥梁、涵洞、市内公共交通、园林绿化、环境卫生以及消防、路灯、路标等设施用地。

(4) 国家重点扶持的能源、交通、水利等基础设施用地，指中央投资、中央与地方共同投资和中央、地方共同引进外资以及其他投资者投资的，国家采取各种优惠政策重点扶持的煤炭、石油、天然气、电力等能源项目用地；铁路、港口码头等交通项目用地；水库、防洪和防潮工程项目用地以及城市、工业输水工程等水利项目用地。

(四) 国有土地使用权转让

土地使用权转让是指土地使用者将土地使用权再转移的行为，包括出售、交换和赠与等。未按土地使用权出让合同规定的期限和条件投资开发、利用土地的，土地使用权不得转让。土地使用权转让应当签订转让合同。土地使用权转让时，土地使用权出让合同和登记文件中所载明的权利、义务随之转移，土地使用权转让时，其地上建筑物、其他附着物的所有权转让，应当依照规定办理过户登记。土地使用权和地上建筑物、其他附着物所有权分割转让的，应当经市、县人民政府土地管理部门和房产管理部门批准，并依法办理过户登记。土地使用权转让须符合上述规定，否则即为非法转让。

(五) 工程建设用地的预审

建设用地包括土地利用总体规划中已确定的建设用地和因经济与社会发展的需要，由规划中的非建设用地转成建设用地。

1. 工程建设用地的预审

各项工程建设项目用地土地使用权都必须严格按照法定权限和程序报批。在建设项目可行性研究报告评审阶段，土地行政主管部门就要对项目用地进行预审，并提出意见。预审的内容包括：项目用地是否符合土地利用总体规划和年度土地利用计划，是否符合建设用地标准，是否符合根据国家产业政策确定的鼓励性、限制性和禁止性项目的供地目录。符合条件的，土地行政主管部门应当提出同意建设项目用地的意见，建设项目方可立项。

2. 工程建设用地的审批

建设项目立项后，凡需要使用国有土地的，都必须由建设单位向有审批权的县级以上人民政府土地行政管理部门提出申请。同时，建设单位须持建设项目的批准文件，包括项目建议书、可行性研究报告、规划许可证等。最后，经土地行政主管部门审查同意后，报本级人民政府批准。

3. 工程建设用地的取得方式

建设用地的取得，是指取得土地的使用权，而非所有权。取得的方式主要有两种：一种是有偿使用方式，一般是通过签订土地使用权出让合同，并缴纳土地出让金取得；另一种是行政划拨方式，由县级以上人民政府依法批准后，无偿取得。其中，以出让等有偿使用方式为原则，只有在特殊情况下才考虑行政划拨。

4. 工程建设用地的用途变更

工程建设用地，必须按照批准文件的规定或出让合同约定的用途来使用，如果确需要改变该幅土地的建设用途，建设单位必须报经有关人民政府土地行政管理部门同意，并报原批准用地的人民政府批准。其中，在城市规划区内改变土地用途的，在报批前，应当先经有关城市规划行政主管部门同意。

5. 工程建设临时用地

所谓临时用地，是指建设项目施工和地质勘察需要使用的国有土地或农民集体所有的土地。

临时用地也需报批，批准权在县级以上人民政府土地行政主管部门。其中，在城市规划区内的临时用地，在报批前，应当先经有关城市规划行政主管部门同意。临时用地的使用期限一般不得超过两年。

临时用地的使用者应按临时使用土地合同约定的用途使用土地，并不得修建永久性建筑。临时用地为耕地的，临时用地的使用者应自临时用地期满之日起 1 年内恢复种植条件。

三、违反《土地管理法》的法律责任

我国在土地管理方面制定了一系列的法律法规对土地所有权和使用权、征用和占用、审批权限和审批程序等，都有比较明确的规定。现在突出的问题是一些地区有法不依，执法不严，违法不究和滥用行政权力，加强土地管理首先要增强法制意识，自觉遵守土地管理法律法规。国家加强了对违法的查处，违反法律法规的必须承担法律责任。

（一）违反《土地管理法》的主要形式

1. 买卖或者以其他形式非法转让土地的违法行为及其法律责任

（1）违法行为表现形式

① 买卖、非法转让国有土地、农民集体所有的土地的所有权的行为。

② 非法转让国有土地使用权的行为。

③ 违反《土地管理法》第六十三条的规定，转让农民集体所有的土地的使用权用于非农业建设的行为。

（2）法律责任

买卖或者以其他形式非法转让土地的，由县级以上人民政府土地行政主管部门没收违法所得；对违反土地利用总体规划擅自将农民地改为建设用的，限期拆除在非法转让的土地上新建的建筑物和其他设施，恢复土地原状，对符合土地利用总体规划的，没收在非法转让的土地上新建的建筑物和其他设施；可以并处罚款；对直接负责的主管人员和其他直接责任人员，依法给予行政处分；构成犯罪的，依法追究刑事责任。

2. 破坏耕地的违法行为及其法律责任

（1）违法行为表现形式

① 非法占用耕地建窑、建坟的行为。

② 擅自在耕地上建房、挖沙、采石、采矿、取土等破坏种植条件的行为。
③ 因开发土地造成土地荒漠化、盐渍化的行为。
(2) 法律责任

违法占用耕地建窑、建坟或者擅自在耕地上建房、挖沙、采石、采矿、取土等，破坏种植条件的，或者因开发土地造成土地荒漠化、盐渍化的，由县级以上人民政府土地行政主管部门责令限期改正或者治理，可以并处罚款；构成犯罪的，依法追究刑事责任。

3. 非法占用土地的违法行为及其法律责任
(1) 违法行为表现形式
① 建设单位或者个人未经用地审批或者采取欺骗手段骗取批准而占用土地的。
② 涉及农用地改为建设用地，未取得农用地转用审批或者采取欺骗手段取得农用地转用审批的。
③ 超过批准的数量占用土地的。
(2) 法律责任

未经批准或者采取欺骗手段骗取批准，非法占用土地的，由县级以上人民政府土地行政主管部门责令退还非法占用的土地，对违反土地利用总体规划的擅自将农用地改为建设用地的，限期拆除在非法占用的土地上新建的建筑物和其他设施，恢复土地原状，对符合土地利用总体规划的，没收在非法占用的土地上新建的建筑物和其他设施，可以并处罚款；对非法占用土地单位的直接负责的主管人员和其他直接责任人员，依法给予行政处分；构成犯罪的，依法追究刑事责任。超过批准的数量占用土地，多占的土地以非法占用土地论处。

4. 非法批地违法行为及其法律责任
(1) 违法行为的表现形式
① 没有批准权的单位非法批准，即主体不合法。
② 超越批准权限，非法批准。
③ 违反土地利用总体规划而非法批准，即内容不合法。
④ 违反法律规定程序而非法批准，即程序不合法。
(2) 法律责任

无权批准征收、使用土地的单位或者个人非法批准占用土地的，超越批准权限非法批准占用土地的，不按照土地利用总体规划确定的用途批准用地的，或者违反法律规定的程序批准占用、征收土地的，其批准文件无效，对非法批准征收、使用土地的直接负责的主管人员和其他直接责任人员，依法给予行政处分；构成犯罪的，依法追究刑事责任。

非法批准、使用的土地应当收回，有关当事人拒不归还，以非法占用土地论处。

非法批准征用、使用土地，对当事人造成损失的，依法应当承担赔偿责任。

5. 非法侵占与挪用征地费的违法行为及其法律责任
(1) 违法行为的表现形式

非法侵占征地费时单位或个人将属于农民集体所有的土地补偿费、安置补助费以及农民个人的土地附着物和青苗补偿费据为己有的行为；非法挪用征地费是单位或个人将征用土地的土地补偿费、安置补偿费、土地附着物和青苗补偿费挪作他用，以牟取利益的行为。

(2) 法律责任

侵占、挪用被征用土地单位的征地补偿费用和其他有关费用，构成犯罪的，依法追究刑事责任；尚不构成犯罪的，依法给予行政处分。

6. 拒不交还土地的违法行为及其法律责任
(1) 违法行为的表现形式

依法收回国有土地使用权，当事人拒不交还土地；临时使用土地期满，当事人拒不交还土地。

（2）法律责任

依法收回国有土地使用权当事人拒不交出土地的，临时使用土地期满拒不交还的，或者不按照批准的用途使用国有土地的，由县级以上人民政府土地行政主管部门责令交还土地，并处以罚款。

7. 非法转让土地的违法行为及其法律责任

（1）违法行为的表现形式

将农民集体的土地使用权出让给单位或个人进行农业建设；将农民集体的土地使用权有偿或者无偿转让给单位或个人进行非农业建设；将农民集体的土地使用权出租给单位或个人进行非农业建设。

（2）法律责任

擅自将农民集体所有的土地的使用权出让、转让或者出租用于非农业建设的，由县级以上人民政府土地行政主管部门责令限期改正，没收违法所得，并处罚款。

这里需要指出的是，依照《土地管理法》的有关规定，符合土地利用总体规则，并依法取得建设用地的企业，因破产、兼并等情形致使集体土地使用权发生转移的，不构成非法转让集体土地的违法行为。

8. 土地行政主管部门的工作人员的违法行为及其法律责任

土地行政主管部门的工作人员玩忽职守、滥用职权、徇私舞弊、构成犯罪的，依法追究刑事责任；尚不构成犯罪的，依法给予行政处分。

（二）监督检查

1. 监督检查的机关

县级以上人民政府土地行政主管部门对违反土地管理法律、法规的行为进行监督检查工作。有关单位和个人对县级以上人民政府土地行政主管部门就土地违法行为进行的监督检查工作应当支持与配合，并提供工作方便，不得拒绝与阻碍土地管理监督检查人员依法执行公务。

2. 监督检查的手段和措施

监督检查的手段包括现场勘测、查阅有关土地权利的文件和资料、对相关人员进行调查访谈等。土地管理监督检查人员应熟悉土地管理法律、法规，忠于职守、秉公执法，在履行职责时，需要进入现场进行探测，要求有关单位或个人提供文件、资料和作出说明的，应当出示土地管理监督检查证件。

人民政府土地行政主管部门履行监督检查职责时，有权采取下列措施：

① 要求被检查的单位或个人提供有关土地权利的文件和资料，进行查阅或者予以复制。

② 要求被检查的单位或个人就有关土地权利的问题作出说明。

③ 进入被检查的单位或个人非法占用的土地现场进行探测。

④ 责令非法占有土地的单位或者个人停止违反土地管理法律、法规的行为。

3. 违法行为的处理

① 县级以上人民政府土地行政主管部门在监督检查工作中发现国家工作人员的违法行为，依法应当给予行政处分的，应当依法予以处理；自己无权处理的，应当向同级或者上级人民政府的行政监察机关提出行政处分建议书，有关行政监察机关应当依法予以处理。

② 县级以上人民政府土地行政主管部门在监督检查工作中发现土地违法行为构成犯罪的，应当将案件移送有关机关，依法追究刑事责任；不构成犯罪的，应当依法给予行政处罚。

③ 依照本法规定应当给予行政处罚，而有关土地行政主管部门给予行政处罚的，上级

人民政府土地行政主管部门有权责令有关土地行政主管部门不给予行政处罚决定或直接给予行政处罚,并给予有关土地行政主管部门的负责人行政处分。

【案例2-5】

某市甲房地产开发总公司与乙公司签订了一份土地使用权转让合同,乙公司将其拥有使用权的一块土地转让给甲公司,甲公司支付了转让费。不久,在甲公司正式开工之前,乙公司就同一块土地又与丙公司签订了土地使用权转让合同,并协助丙公司办理了土地使用权过户登记手续。现在甲公司与丙公司对土地使用权归属发生争议,双方诉至法院。

【问题】

(1) 本案中,谁拥有这块土地的使用权?说明理由。

(2) 乙公司在本案中是否承担责任?承担何种责任?若不承担责任,请说明理由。

【评析】

(1) 丙公司应当拥有这块土地的使用权。《土地管理法》第十条规定:"依法改变土地的所有权或者使用权的,必须办理土地权属变更登记手续,更换证书。"可见,土地使用权的转移,只有经过规定办理过户登记,才发生法律效力。本案中,甲公司签订土地使用权转让合同虽然比乙公司在先,并支付了转让费,但由于未依法办理登记手续,故甲公司不能取得该块土地的使用权。

(2)《土地管理法》第二条规定"国有土地和集体所有的土地使用权可以依法转让""国家依法实行国有土地有偿使用制度"。

土地使用权转让是指土地使用者将土地使用权转移的行为,包括出售、交换、赠与。所以,乙公司转让土地使用权是受法律保护的。

乙公司在与甲公司依法签订土地转让合同后,即负有将土地使用权转让给甲公司并协助办理登记的义务。

因此,甲公司有权依《合同法》规定,要求乙公司承担违约责任。

小知识　　　　　国外立法对建筑法调整范围的规定

对建筑法的调整范围,韩国建筑法、日本建筑标准法作了大体相同的规定,即本法所称建筑物,是指固定于地面或者地下的具有屋顶、梁柱或墙壁,供个人或公众使用的构造物及其附属设施,包括建筑物内所设的电气、煤气、给水、排水、空气调节、升降、消防等建筑设备。日本和韩国建筑法还规定,本法所称建筑物,不包括铁路和站台、跨线天桥及给水、给煤、给油设施和其他有关运行安全的设施;某些特种建筑物不适用建筑法,如文化遗产保护法规定的文化遗产。

本章小结

城乡规划由城市总体规划、分区规划、控制性详细规划、修建性详细规划组成,本章介绍"两证一书"的管理作用和要求,它是实施城乡规划的必要保障,还介绍了有关违反城乡规划法行为的处罚规定。

介绍了《土地管理法》的主要内容和框架,以及土地使用权的基本概念。阐述了土地使用权出让、划拨、转让的有关规定和主要操作方式。

复习思考题

1. 什么是城乡规划？
2. 城乡规划的类型有哪些？
3. 简述控制性详细规划的主要内容。
4. 如何来实施城乡规划？
5. 现行《城市规划法》的实施时间是什么？
6. 我国土地资源分类有哪些？
7. 关于工程建设临时用地的管理规定有哪些？
8. 土地使用权的出让方式有哪些？

课后练习题

一、单项选择

1. 详细规划分为（　　）和（　　）。
   A. 控制性详细规划、修建性详细规划　　B. 总体规划、建设规划
   C. 总体规划、详细规划　　D. 分区规划、详细规划
2. 房屋使用人应当按照（　　）确定的用途使用房屋。
   A. 建设工程规划核实确认书　　B. 建设用地规划许可证
   C. 建设工程规划许可证　　D. 建设项目的规划条件
3. 按照国家规定需要批准、核准的建设项目，以划拨方式提供国有土地使用权的，建设单位在报批、核准前，应当向（　　）申请核发（　　）。
   A. 城乡规划主管部门　选址意见书　　B. 国土主管部门　选址意见书
   C. 城乡规划主管部门　建设工程规划许可证　　D. 国土主管部门　建设用地规划许可证
4. 建设单位或者个人取得（　　）后，方可申请用地。
   A. 建设工程规划许可证　　B. 选址意见书
   C. 建设工程规划核实确认书　　D. 建设用地规划许可证

二、多项选择

1. 修建性详细规划的主要内容包括（　　）。
   A. 建设条件分析及综合技术经济论证
   B. 作出建筑、道路和绿地等的空间布局和景观规划设计，布置总平面图
   C. 道路交通规划设计与绿地系统规划设计
   D. 估算工程量、拆迁量和总造价，分析投资效益
   E. 工程管线规划设计
2. 《城乡规划法》的实施管理包括（　　）。
   A. 核发选址意见书　　B. 颁发建设用地规划许可证
   C. 颁发建设工程规划许可证　　D. 颁发乡村建设规划许可证
3. 城乡规划的监督检查包括（　　）。
   A. 行政监督检查　　B. 人大对城乡规划工作的监督
   C. 公众对城乡规划工作的监督　　D. 政协对城乡规划工作的监督
4. 土地使用权的出让方式（　　）。
   A. 拍卖　　B. 招标　　C. 挂牌　　D. 协议　　E. 抵押
5. 土地使用权的转让方式（　　）。
   A. 拍卖　　B. 招标　　C. 交换　　D. 赠与　　E. 抵押

建设工程从业资格法规

知识目标
- 了解建设工程从业资格相关法规概述
- 熟悉建设工程企业资质管理的相关内容
- 掌握建设工程从业人员资格管理的相关内容

能力目标
- 能说出最新的从业资格法规
- 能说出不同等级的建设工程企业的类别及等级
- 能说出建设工程从业人员注册资格的报考条件和考试内容

第一节 建设工程从业资格相关法规概述

建设工程种类很多，不同的建设项目，其建设规模和技术要求的复杂程度可能有很大的差别。而从事建筑活动的施工企业、勘察单位、设计单位和工程监理单位的情况也各有不同，有的资本雄厚，专业技术人员较多，有关技术装备齐全，有较强的经济和技术实力，而有的经济和技术实力则比较薄弱，良莠不齐。因此规范建设工程企业的资质与专业技术人员的资格才能保证工程建设的质量和效益，为此我国出台了相关建设工程从业资格法规。

一、建立从业资格制度的意义

《建筑法》第十三条明确规定："从事建筑活动的建筑施工企业、勘察单位、设计单位和工程监理单位，按照其拥有的注册资本、专业技术人员、技术装备和已完成的建筑工程业绩等资质条件，划分不同的资质等级，经资质审查合格，取得相应等级资质证书后，方可在其资质等级许可证的范围内从事建筑活动"。这在法律上确定了我国从业资格许可制度。我国在对建筑活动的监督管理中，将从事建筑活动的单位按其具有的不同经济、技术条件，划分为不同的资质等级，并对不同的资质等级的单位所能从事的建筑活动范围作出了明确的规定。

《建筑法》第十四条规定："从事建筑活动的专业技术人员，应当依法取得相应的职业资格证书，并在执业资格证书许可的范围内从事建筑活动"。国家按照有利于经济发展、社会公认、国际可比、事关公共利益的原则，在涉及国家、人民生命财产安全的专业技术工作领域，实行专业技术人员职业资格制度。开展职业技能鉴定，推行职业资格证书制度，是我国人力资源开发的一项战略措施。这对于提高劳动者素质，促进劳动力市场的建设以及深化国有企业改革，促进经济发展都具有重要意义。从业资格制度是建立和维护建筑市场的正常秩序，保证建筑工程质量的一项有效措施。

二、建设工程单位的必备条件

从事建筑活动的建筑施工企业、勘察单位、设计单位和工程监理单位，按照其拥有的注册资本、专业技术人员、技术装备和已完成的建筑工程业绩等资质条件，划分为不同的资质等级，经资质审查合格，取得相应等级的资质证书后，方可在其资质等级许可的范围内从事建筑活动。

三、专业技术人员的必备条件

从事建筑活动的专业技术人员，应当依法取得相应的执业资格证书，并在执业资格证书许可的范围内从事建筑活动。执业资格制度是指对具备一定专业学历、资历的从事建筑活动的专业技术人员，通过考试和注册确定其执业的技术资格，获得相应建筑工程文件签字权的一种制度。

第二节　建设工程企业资质管理

一、建设工程企业资质管理机关

国务院建设行政主管部门负责全国建筑业企业资质、建设工程勘察、设计资质、工程监理企业资质的归口管理工作，国务院铁道、交通、水利、信息产业、民航等有关部门配合国务院建设行政主管部门实施相关资质类别和相应行业企业资质的管理工作。

新设立的企业，应到工商行政管理部门登记注册并取得企业法人营业执照后，方可到建设行政主管部门办理资质申请手续。任何单位和个人不得涂改、伪造、出借、转让企业资质证书，不得非法扣押、没收资质证书。

二、建设工程企业资质分类管理

（一）建筑业企业资质管理

建筑业企业，是指从事土木工程、建筑工程、线路管道设备安装工程、装修工程的新建、扩建、改建等活动的企业。

建筑业企业资质分为施工总承包、专业承包和劳务分包三个序列。施工总承包资质、专业承包资质、劳务分包资质序列按照工程性质和技术特点分别划分为若干资质类别。各资质类别按照规定的条件又划分为若干资质等级。

1. 施工总承包企业可以承揽的业务范围

取得施工总承包资质的企业（以下简称施工总承包企业），可以承接施工总承包工程。施工总承包企业可以对所承接的施工总承包工程内各专业工程全部自行施工，也可以将专业工程或劳务作业依法分包给具有相应资质的专业承包企业和劳务分包企业。

2. 专业承包企业可以承揽的业务范围

取得专业承包资质的企业（以下简称专业承包企业），可以承接施工总承包企业分包的专业工程和建设单位依法发包的专业工程，专业承包企业可以对所承接的专业工程全部自行施工，也可以将劳务作业依法分包给具有相应资质的劳务分包企业。

3. 劳务分包企业可以承揽的业务范围

取得劳务分包资质的企业（以下简称劳务分包企业），可以承接施工总承包企业或专业承包企业分包的劳务作业。

（二）建设工程勘察设计资质管理

1. 工程勘察资质的分类及可以承揽的业务范围

工程勘察资质分为工程勘察综合资质、工程勘察专业资质、工程勘察劳务资质。

工程勘察综合资质只设甲级；工程勘察专业资质设甲级、乙级，根据工程性质和技术特点，部分专业可以设丙级；工程勘察劳务资质不分等级。

取得工程勘察综合资质的企业，可以承接各专业（海洋工程勘察除外），各等级、各类别工程勘察专业资质的企业，可以承接相应等级相应专业的工程勘察业务；取得工程勘察劳务资质的企业，可以承接岩土工程治理、工程钻探、凿井等工程勘察劳务业务。

2. 工程设计资质的分类及可以承揽的业务范围

工程设计资质分为工程设计综合资质、工程设计行业资质、工程设计专业资质和工程设计专项资质。

工程设计综合资质只设甲级；工程设计行业资质、工程设计专业资质、工程设计专项资质设甲级、乙级。

根据工程性质和技术特点，个别行业、专业、专项资质可以设丙级，建筑工程专业资质可以设丁级。

取得工程设计综合资质的企业，可以承接各行业、各等级的建设工程设计业务；取得工程设计行业资质的企业，可以承接相应行业相应等级的工程设计业务及本行业范围内同级别的相应专业、专项（设计施工一体化资质除外）工程设计业务；取得工程设计专业资质的企业，可以承接本专业相应等级的专业工程设计业务及同级别的相应专项工程设计业务（设计施工一体化资质除外）；取得工程设计专项资质的企业，可以承接本专项相应等级的专项工程设计业务。

（三）工程监理企业资质管理

工程监理企业资质分为综合资质、专业资质和事务所资质。其中，专业资质按照工程性质和技术特点划分为若干工程类别。

综合资质、事务所资质不分级别。专业资质分为甲级、乙级，其中房屋建筑、水利、水电、公路和市政公用专业资质可设立丙级。

工程监理企业可以开展相应类别建设工程的项目管理、技术咨询等业务。

1. 综合资质可以承揽的业务范围

可以承担所有专业工程类别建设工程项目的工程监理业务。

2. 专业资质可以承揽的业务范围

专业甲级资质可承担相应专业工程类别建设工程项目的工程监理业务。

专业乙级资质可承担相应专业工程类别二级以下（含二级）建设工程项目的工程监理业务。

专业丙级资质可承担相应专业工程类别三级建设工程项目的工程监理业务。

3. 事务所资质可以承揽的业务范围

可承担三级建设工程项目的工程监理业务，但是，国家规定必须实行强制监理的工程除外。

【案例3-1】

【基本案情】 2005年1月18日，原告张某与被告李某签订了一份协议书，约定双方共同合股承包某俱乐部工程。原告占25%的股份，出资五十万元，被告占75%股份，出资剩余部分（即一百五十万元）。该协议签订后，被告于同年1月18日和1月19日先后两次收取了原告入股金十五万元。被告在收到原告的十五万元资金后，并没有让原告参与管理，原告因此与被告多次协商，但被告拒不理睬。依据相关法律规定，承包工程必须有相关建筑资质，原告、被告个人承接工程，违反了我国的强制性法律规定，应属无效。据此，请求法院判令：

（1）确认原告、被告双方签订的合股承包经营协议书无效；

（2）被告退还原告入股金人民币十五万元，支付利息人民币五千元，并赔偿损失人民币七千元，合计人民币十六万二千元；

（3）本案诉讼费用由被告承担。

【审理】

被告未到庭，无答辩。经审理查明，2005年1月18日，原告张某与被告李某签订协议书一份。深圳市南山区人民法院作出一审判决如下。

① 原告、被告双方签订的合股承包经营协议书无效。

② 被告李某应本判决生效之日起10日内返还原告张某人民币十五万元。

③ 驳回原告张某的其他诉讼请求。本案受理费人民币四千七百四十九元，由原告张某负担人民币三百五十一元，被告李某负担人民币四千三百九十八元（此款原告已预缴，不退，被告负担之数应于上述付款期内一并支付给原告）。

判决下达后，原告、被告均未上诉。

【评析】

本案是合伙纠纷。被告经法院合法传唤，无正当理由未到庭应诉，应视为其放弃对原告主张的抗辩，法院对原告主张的事实予以确认。根据我国《建筑法》规定，承包建筑工程的单位应当持有依法取得的资质证书，并在其资质等级许可的业务范围内承揽工程。原告、被告是个人，双方关于共同承包建设某俱乐部工程的协议，违反了上述法律、法规的强制性规定，应为无效，被告因该合同取得的财产，应予返还。原告诉请返还股金人民币十五万元，法院给予支持。原告明知自己及被告没有建筑施工企业资质，而与被告签订协议，存在过错，应承担相应的法律后果，其对利息及交通费、住宿费的诉讼请求，法院不予支持。

第三节 建筑业专业人员资格管理

一、建筑业专业人员执业资格制度

1. 建筑业专业人员执业资格制度的含义

建筑业专业人员执业资格制度指的是我国的建筑业专业人员在各自的专业范围内参加全国或行业组织的统一考试，获得相应的执业资格证书，经注册后在资格许可范围内执业的制度。建筑业专业人员执业资格制度是我国强化市场准入制度、提高项目管理水平的重要举措。

2. 目前我国主要的建筑业专业技术人员执业资格的种类

我国目前有多种建筑业专业职业资格，其中主要有：

（1）注册建筑师；

（2）注册结构工程师；

（3）注册造价工程师；

（4）注册土木（岩土）工程师；

（5）注册房地产估价师；

(6) 注册监理工程师；
(7) 注册建造工程师；
(8) 注册设备工程师；
(9) 注册环评工程师；
(10) 注册咨询工程师。

3. 建筑业专业技术人员执业资格的共同点

这些不同岗位的执业资格存在许多共同点，这些共同点正是我国建筑专业技术人员执业资格的核心内容。

(1) 均需要参加统一考试　跨行业、跨区域执业的，就要参加全国统一考试；只在本行业内部执业的，要参加本行业统一考试；只在本区域内部执业的，要参加本区域统一考试。

(2) 均需要注册　只有经过注册后才能成为注册执业人员。没有注册的，即使通过了统一考试，也不能以注册工程师的名义去执业。每个不同的执业资格的注册办法均由相应的法规或者规章所规定。

(3) 均有各自的执业范围　每个执业资格证书都限定了一定的执业范围，其范围也均由相应的法规或者规章所界定。注册执业人员不得超越范围执业。

(4) 均须接受继续教育　由于知识在不断更新，每一位注册执业人员都必须及时更新知识，因此都必须接受继续教育。接受继续教育的频次和形式由相应的法规或者规章所规定。

上面这些相同点是宏观范围上的相同点，它们还有许多微观范围的相同点，例如，不得同时应聘于两家不同的单位等具体的相同点在此就不予以归纳了。这些具体的相同点在相应的法规或者办法中都有详细的规定。

二、建筑业专业技术人员执业资格种类

(一) 注册建筑师

注册建筑师是指经考试、特许、考核认定取得中华人民共和国注册建筑师执业资格证书（以下简称执业印章），或者经资格互认方式取得建筑师互认资格证书（以下简称互认资格证书），和中华人民共和国注册建筑师注册证书（以下简称执业印章），从事建筑设计及相关业务活动的专业技术人员。

1. 考试

注册建筑师考试分为一级注册建筑师考试和二级注册建筑师考试。注册建筑师考试实行全国统一考试，每年进行一次。遇特殊情况，经国务院建设主管部门和人事主管部门同意，可调整该年度考试次数。

注册建筑师考试由全国注册建筑师管理委员会统一部署，省、自治区、直辖市注册建筑师管理委员会组织实施。

(1) 考试内容　一级注册建筑师考试内容包括：建筑设计前期工作、场地设计、建筑设计与表达、建筑结构、环境控制、建筑设备、建筑材料与设计业务管理、建筑法规等。上述内容分成若干科目进行考试。科目考试合格有效期为 8 年。

二级注册建筑师考试内容包括：场地设计、建筑设计与表达、建筑结构与设备、建筑法规、建筑经济与施工等。上述内容分成若干科目进行考试。科目考试合格有效期为 4 年。

(2) 报考条件　符合下列条件之一的，可以申请参加一级注册建筑师考试：

① 取得建筑学硕士以上学位或者相近专业工学博士学位，并从事建筑设计或者相关业务工作 2 年以上的；

② 取得建筑学学士学位或者相近专业工学硕士学位，并从事建筑设计或者相关业务工

作 3 年以上的；

③ 具有建筑学专业大学本科毕业学历并从事建筑设计或者相关业务工作 5 年以上的；

④ 取得高级工程师技术职称并从事建筑设计或者相关业务工作 3 年以上的，或者取得工程师技术职称并从事建筑设计或者相关业务工作 5 年以上的；

⑤ 不具有前四项规定的条件，但设计成绩突出，经全国注册建筑师管理委员会认定达到前四项规定的专业水平的。

上述所称相近专业，是指大学本科及以上建筑学的相近专业，包括城市规划、建筑工程和环境艺术等专业。最后一项所称设计成绩突出，是指获得国家或省部级优秀工程设计铜质或二等奖（建筑）及以上奖励。

符合下列条件之一的，可以申请参加二级注册建筑师考试：

① 具有建筑学或者相近专业大学本科毕业以上学历，从事建筑设计或者相关业务工作 2 年以上的；

② 具有建筑设计技术专业或者相近专业大学毕业以上学历，并从事建筑设计或者相关业务工作 3 年以上的；

③ 具有建筑设计技术专业 4 年制中专毕业学历，并从事建筑设计或者相关业务工作 5 年以上的；

④ 具有建筑设计技术相近专业中专毕业学历，并从事建筑设计或者相关业务工作 7 年以上的；

⑤ 取得助理工程师以上技术职称，并从事建筑设计或者相关业务工作 3 年以上的。

上述所称相近专业，是指大学专科建筑设计的相近专业，包括城乡规划、房屋建筑工程、风景园林、建筑装饰技术和环境艺术等专业。第④项所称相近专业，是指中等专科学校建筑设计技术的相近专业，包括工业与民用建筑、建筑装饰、城乡规划和村镇建设等专业。

申请参加考试者，可向省、自治区、直辖市注册建筑师管理委员会报名，由省、自治区、直辖市注册建筑师管理委员会根据上述规定审查，合格者方可参加考试。

自考试之日起，九十日内公布考试成绩；自考试成绩公布之日起，三十日内办理执业资格证书。

2. 注册

注册建筑师实行注册执业管理制度。取得一级注册建筑师资格证书并受聘于一个相关单位的人员，应当通过聘用单位向单位工商注册所在地的省、自治区、直辖市注册建筑师管理委员会提出申请；省、自治区、直辖市注册建筑师管理委员会受理后提出初审意见，并将初审意见和申请材料报全国注册建筑师管理委员会审批；符合条件的，由全国注册建筑师管理委员会颁发一级注册建筑师注册证书和执业印章。

（1）对申请初始注册的，省、自治区、直辖市注册建筑师管理委员会应当自受理申请之日起二十日内审查完毕，并将申请材料和初审意见报全国注册建筑师管理委员会。全国注册建筑师管理委员会应当自收到省、自治区、直辖市注册建筑师管理委员会上报材料之日起，二十日内审批完毕并作出书面决定。

（2）对申请变更注册、延续注册的，省、自治区、直辖市注册建筑师管理委员会应当自受理申请之日起十日内审查完毕。全国注册建筑师管理委员会应当自收到省、自治区、直辖市注册建筑师管理委员会上报材料之日起，十五日内审批完毕并作出书面决定。

二级注册建筑师的注册办法由省、自治区、直辖市注册建筑师管理委员会依法制定。

（3）注册建筑师每一注册有效期为两年。注册建筑师注册有效期满需继续执业的，应在注册有效期届满三十日前，按照《中华人民共和国注册建筑师条例实施细则》第十五条规定的程序申请延续注册。延续注册有效期为两年。注册证书和执业印章是注册建筑师的执业凭证，由注册建筑师本人保管、使用。

（4）注册建筑师由于办理延续注册、变更注册等原因，在领取新执业印章时，应当将原执业印章交回。禁止涂改、倒卖、出租、出借或者以其他形式非法转让执业资格证书、互认资格证书、注册证书和执业印章。

3. 执业

（1）取得资格证书的人员应当受聘于中华人民共和国境内的一个建设工程勘察、设计、施工、监理、招标代理、造价咨询、施工图审查、城乡规划编制等单位，经注册后方可从事相应的执业活动。

（2）从事建筑工程设计执业活动的，应当受聘并注册于中华人民共和国境内一个具有工程设计资质的单位。注册建筑师的执业范围具体为：

① 建筑设计；

② 建筑设计技术咨询；

③ 建筑物调查与鉴定；

④ 对本人主持设计的项目进行施工指导和监督；

⑤ 国务院建设主管部门规定的其他业务。

"建筑设计技术咨询"包括建筑工程技术咨询，建筑工程招标、采购咨询，建筑工程项目管理，建筑工程设计文件及施工图审查，工程质量评估，以及国务院建设主管部门规定的其他建筑技术咨询业务。一级注册建筑师的执业范围不受工程项目规模和工程复杂程度的限制。二级注册建筑师的执业范围只限于承担工程设计资质标准中建设项目设计规模划分表中规定的小型规模的项目。

（二）注册结构工程师

注册结构工程师是指经全国统一考试合格，依法登记注册，取得中华人民共和国注册结构工程师执业资格证书和注册证书，从事房屋结构、桥梁结构及塔架结构等工程设计及相关业务的专业技术人员。全国注册结构工程师执业资格考试分为一级和二级，一级注册结构工程师执业资格考试又分为基础考试和专业考试，二级只设专业考试。

注册结构工程师考试，实行分级考试制。对于备考一级资格证书的人员，只有通过基础考试，并从事结构工程设计或相关业务满规定年限，方可申请参加专业考试。限于篇幅这里仅列出一级结构工程师基础考试的报考条件。

1. 全国一级注册结构工程师执业资格考试基础科目考试报考条件

（1）结构工程专业工学硕士或研究生毕业及以上学位获得者，建筑工程（不含岩土工程）专业工学学士学位获得者，其他相近专业，如建筑工程的岩土工程、交通土建工程、矿井建设、水利水电建筑工程、港口航道及治河工程、海岸与海洋工程、农业建筑与环境工程、建筑学、工程力学等专业取得工学学士以上学位或者本科毕业均可直接报考，不受专业工作年限限制。

（2）上述各专业专科毕业的，或其他工科专业工学学士或本科毕业及以上学位获得者，专业年限满1年的，也可直接报考。

（3）不具备上述规定学历的人员，1971年（含1971年）以后毕业，从事建筑工程设计工作累计15年以上，且具备下列条件之一，也可申报一级注册结构工程师资格考试基础科目的考试：

① 作为专业负责人或主要设计人，完成建筑工程类标准三级以上项目4项（全过程设计），其中二级以上项目不少于1项；

② 作为专业负责人或主要设计人，完成中型工业建筑工程以上项目4项（全过程设计），其中大型项目不少于1项。

2. 考试内容

（1）基础考试内容　一级注册结构工程师基础考试的内容覆盖面很广，但深度不大，主要内容集中在高等数学、力学等科目。

（2）专业考试内容　改革后一级注册结构工程师专业考试设6个专业（科目）的试题，其中有钢筋混凝土结构，钢结构，砌体结构与木结构，地基与基础，高层建筑与横向作用，桥梁结构等。二级注册结构工程师资格考试设5个专业（科目）的试题，其中有钢筋混凝土结构，钢结构，砌体结构与木结构，地基与基础，高层建筑与横向作用。

（三）注册监理工程师

注册监理工程师，是指经考试取得《中华人民共和国监理工程师执业资格证书》（以下简称资格证书），并按照有关规定注册，取得《中华人民共和国注册监理工程师注册执业证书》（以下简称注册证书）和执业印章，从事工程监理及相关业务活动的专业技术人员。

1. 报考条件

（1）凡中华人民共和国公民，遵纪守法并具备以下条件之一者，均可申请参加全国监理工程师执业资格考试。

① 工程技术或工程经济专业大专（含大专）以上学历，按照国家有关规定，取得工程技术或工程经济专业中级职称，并任职满3年。

② 按照国家有关规定，取得工程技术或工程经济专业高级职称。

③ 1970年（含1970年）以前工程技术或工程经济专业中专毕业，按照国家有关规定，取得工程技术或工程经济专业中级职称，并任职满3年。

（2）对于从事工程建设监理工作且同时具备下列四项条件的报考人员，可免试"建设工程合同管理"和"建设工程质量、投资、进度控制"两个科目，只参加"建设工程监理基本理论与相关法规"和"建设工程监理案例分析"两个科目的考试。

① 1970年（含1970年）以前工程技术或工程经济专业中专（含中专）以上毕业。

② 按照国家有关规定，取得工程技术或工程经济专业高级职称。

③ 从事工程设计或工程施工管理工作满15年。

④ 从事监理工作满1年。

上述报考条件中有关学历的要求是指经国家教育主管部门承认的正规学历，从事相关专业工作年限的计算截止日期为考试报名年度当年年底。

（3）根据人事部《关于做好香港、澳门居民参加内地统一举行的专业技术人员资格考试有关问题的通知》（国人部发［2005］9号）文件精神，自2005年度起，凡符合全国监理工程师执业资格考试有关规定的香港地区和澳门地区的居民，均可按照规定的程序和要求，报名参加相应专业考试。

香港地区和澳门地区居民申请参加全国监理工程师执业资格考试，在资格审核时应提交本人身份证明、国务院教育行政部门认可的相关专业学历或学位证书，以及相应专业机构从事相关专业工作年限的证明。

2. 成绩管理及注册

（1）考试成绩实行两年为一个周期的滚动管理办法，参加全部四个科目考试的人员必须在连续考试年度内通过全部科目；免试部分科目的人员必须在当年通过应试科目。

在规定时间内全部考试科目合格，颁发《中华人民共和国监理工程师资格证书》。取得资格证书者，经过注册方能以注册监理工程师的名义执业。申请注册由省、自治区、直辖市人民政府建设主管部门初审,国务院建设主管部门审批。

(2) 注册的具体程序为:

① 取得资格证书并受聘于一个建设工程勘察、设计、施工、监理、招标代理、造价咨询等单位的人员,应当通过聘用单位向单位工商注册所在地的省、自治区、直辖市人民政府建设主管部门提出注册申请;

② 省、自治区、直辖市人民政府建设主管部门受理后提出初审意见,并将初审意见和申请材料报国务院建设主管部门审批;

③ 符合条件的,由国务院建设主管部门核发注册证书和执业印章。

(3) 注册监理工程师每一注册有效期为3年,注册有效期满需继续执业的,应当在注册有效期满30日前,按照规定的程序申请延续注册。延续注册有效期3年。

(四) 注册造价工程师

注册造价工程师是指由国家授予资格并准予注册后执业,专门接受某个部门或某个单位的指定、委托或聘请,负责并协助其进行工程造价的计价、定价及管理业务,以维护其合法权益的工程经济专业人员。国家在工程造价领域实施造价工程师执业资格制度。凡从事工程建设活动的建设、设计、施工、工程造价咨询、工程造价管理等单位和部门,必须在计价、评估、审查(核)、控制及管理等岗位配套有造价工程师执业资格的专业技术人员。

1. 考试条件

(1) 凡中华人民共和国公民,遵纪守法并具备以下条件之一者,均可申请注册造价工程师执业资格考试。

① 工程造价专业大专毕业,从事工程造价业务工作满5年;工程或工程经济类大专毕业,从事工程造价业务工作满6年。

② 工程造价专业本科毕业,从事工程造价业务工作满4年;工程或工程经济类大专毕业,从事工程造价业务工作满5年。

③ 获上述专业第二学士学位或研究生班毕业和获硕士学位,从事工程造价业务工作满3年。

④ 获上述专业博士学位,从事工程造价业务工作满2年。

上述报考条件中有关学历的要求是指经国家教育部承认的正规学历,从事相关工作经历年限要求是指取得规定学历前、后从事该相关工作时间的总和,其截止日期为2007年底。

(2) 凡符合造价工程师考试报考条件的,且在《造价工程师执业资格制度暂行规定》下发之日(1996年8月26日)前,已受聘担任高级专业技术职务并具备下列条件之一的,可免试"工程造价管理基础理论与相关法规"、"建设工程技术与计量"两个科目,只参加"工程造价计价与控制"、"工程造价案例分析"两个科目的考试。

① 1970年(含1970年,下同)以前工程或工程经济类本科毕业,从事工程造价业务满15年。

② 1970年以前工程或工程经济类大专毕业,从事工程造价业务满20年。1970年以前工程或工程经济类中专毕业,从事工程造价业务满25年。

(3) 根据人事部《关于做好香港、澳门居民参加内地统一举行的专业技术人员资格考试有关问题的通知》(国人部发〔2005〕9号)文件精神,自2005年度起,凡符合造价工程师执业资格考试有关规定的香港地区和澳门地区的居民,均可按照规定的程序和要求,报名参加相应专业考试。香港地区和澳门地区居民在报名时应向报名点提交本人身份证明、国务院教育行政部门认可的相应专业或学位证书,以及相应专业机构从事相关专业工作年限的证明。

2. 考试科目

考试科目包括：工程造价管理理论与相关法规、工程造价计价与控制、建设工程技术与计量（土建或安装）、工程造价案例分析。

第四节　建造师注册执业制度

一、建设工程专业人员执业资格的准入管理

执业资格制度是指对具有一定专业学历和资历并从事特定专业技术活动的专业技术人员，通过考试和注册确定其执业的技术资格，获得相应文件签字权的一种制度。

《建筑法》规定，从事建筑活动的专业技术人员，应当依法取得相应的执业资格证书，并在执业资格证书许可的范围内从事建筑活动。这是因为，建设工程的技术要求比较复杂，建设工程的质量和安全生产直接关系到人身安全及公共财产安全，责任极为重大。因此，对从事建设工程活动的专业技术人员，应当建立起必要的个人执业资格制度；只有依法取得相应执业资格证书的专业技术人员，方可在其执业资格证书许可的范围内从事建设工程活动。没有取得个人执业资格的人员，不能执行相应的建设工程业务。

1. 其他国家的工程建设领域执业资格制度发展概况

世界上发达国家大多对从事涉及公众生命和财产安全的建设工程活动的专业技术人员，实行了严格的执业资格制度，如美国、英国、日本、加拿大等。建造师执业资格制度起源于英国，迄今已有近160年的历史。许多发达国家不仅早已建立这项制度，1997年还成立了建造师的国际组织——国际建造师协会。我国在工程建设领域实行专业技术人员的执业资格制度，有利于促进与国际接轨，适应对外开放的需要，并可以同有关国家谈判执业资格对等互认，使我国的专业技术人员更好地进入国际建设市场。

2. 我国的工程建设领域执业资格制度发展情况

我国对从事建设工程活动的单位实行资质管理制度比较早，较好地从整体上把住了单位的建设市场准入关，但对建设工程专业技术人员（即在勘察、设计、施工、监理等专业技术岗位上工作的人员）的个人执业资格的准入制度起步较晚，导致出现了一些高资质的单位承接建设工程，却由低水平人员甚至非专业技术人员来完成的现象，不仅影响了建设工程质量和安全，还影响到投资效益的发挥。因此，实行专业技术人员的执业资格制度，严格执行建设工程相关活动的准入与清除，有利于避免上述种种问题，并明确专业技术人员的责、权、利，保证建设工程确实由具有相应资格的专业技术人员主持完成设计、施工、监理等任务。

我国工程建设领域最早建立的执业资格制度是注册建筑师制度，1995年9月国务院颁布了《中华人民共和国注册建筑师条例》；之后又相继建立了注册监理工程师、结构工程师、造价工程师等制度。2002年12月9日人事部、原建设部（即现在的人力资源和社会保障部、住房和城乡建设部，下同）联合颁发了《建造师执业资格制度暂行规定》，标志着我国建造师制度的建立和建造师工作的正式启动。到2009年，我国通过考试或考核取得一级、二级建造师资格的已有近百万人。

二、建造师考试和注册的规定

注册建造师是指通过考核认定或考试合格取得中华人民共和国建造师资格证书，并按照规定注册，取得中华人民共和国建造师注册证书和执业印章，担任施工单位项目负责人及从事相关活动的专业技术人员。未取得注册证书和执业印章的，不得担任大中型建设工程项目的施工单位项目负责人，不得以注册建造师的名义从事相关活动。《建造师执业资格制度暂行规定》中规定，经国务院有关部门同意，获准在中华人民共和国境内从事建设工程项目施工管理的外籍及港、澳、台地区的专业人员符合本规定要求的，也可报名参加建造师执业资格考试以及申请注册。

（一）建造师的考试

《建造师执业资格制度暂行规定》中规定，一级建造师执业资格实行统一大纲、统一命题、统一组织的考试制度，由人力资源和劳动保障部、住房与城乡建设部共同组织实施，原则上每年举行一次考试。建设部负责编制一级建造师执业资格考试大纲和组织命题工作，统一规划建造师执业资格的培训等有关工作。培训工作按照培训与考试分开、自愿参加的原则进行。人力资源和劳动保障部负责审定一级建造师执业资格考试科目、考试大纲和考试试题，组织实施考务工作；会同住房与城乡建设部对考试考务工作进行检查、监督、指导和确定合格标准。

住房与城乡建设部负责拟定二级建造师执业资格考试大纲，人力资源和劳动保障部负责审定考试大纲。二级建造师执业资格实行全国统一大纲，各省、自治区、直辖市命题并组织考试的制度。各省、自治区、直辖市人事厅（局），建设厅（委）按照国家确定的考试大纲和有关规定，在本地区组织实施二级建造师执业资格考试。

1. 考试内容和时间

《建造师执业资格制度暂行规定》中规定，一级建造师执业资格考试，分综合知识与能力和专业知识与能力两个部分。

住房与城乡建设部《建造师执业资格考试实施办法》进一步规定，一级建造师执业资格考试设《建设工程经济》、《建设工程法规及相关知识》、《建设工程项目管理》和《专业工程管理与实务》4个科目。目前，《专业工程管理与实务》科目分为10个专业类别：建筑工程、公路工程、铁路工程、民航机场工程、港口与航道工程、水利水电工程、市政公用工程、通信与广电工程、矿业工程、机电工程。考生在报名时可根据实际工作需要选择专业类别。

① 一级建造师执业资格考试时间定于每年的第三季度。一级建造师执业资格考试分4个半天，以纸笔作答方式进行。《建设工程经济》科目的考试时间为2小时，《建设工程法规及相关知识》和《建设工程项目管理》科目的考试时间均为3小时，《专业工程管理与实务》科目的考试时间为4小时。

② 二级建造师执业资格考试设《建设工程施工管理》、《建设工程法规及相关知识》、《专业工程管理与实务》3个科目。

符合规定的报名条件，于2003年12月31日前取得建设部颁发的《建筑业企业一级项目经理资质证书》，并符合下列条件之一的人员，可免试《建设工程经济》和《建设工程项目管理》2个科目，只参加《建设工程法规及相关知识》和《专业工程管理与实务》2个科目的考试：

（1）受聘担任工程或工程经济类高级专业技术职务；

（2）具有工程类或工程经济类大学专科以上学历并从事建设项目施工管理工作满20年。

2. 报考条件和考试申请

《建造师执业资格制度暂行规定》中规定，凡遵守国家法律、法规，具备下列条件之一者，可以申请参加一级建造师执业资格考试：

（1）取得工程类或工程经济类大学专科学历，工作满6年，其中从事建设工程项目施工管理工作满4年；

（2）取得工程类或工程经济类大学本科学历，工作满4年，其中从事建设工程项目施工管理工作满 3 年；

(3) 取得工程类或工程经济类双学士学位或研究生班毕业，工作满 3 年，其中从事建设工程项目施工管理工作满 2 年；

(4) 取得工程类或工程经济类硕士学位，工作满 2 年，其中从事建设工程项目施工管理工作满 1 年；

(5) 取得工程类或工程经济类博士学位，从事建设工程项目施工管理工作满 1 年。

凡遵纪守法并具备工程类或工程经济类中等专科以上学历并从事建设工程项目施工管理工作满 2 年，可报名参加二级建造师执业资格考试。

已取得一级建造师执业资格证书的人员，还可根据实际工作需要，选择《专业工程管理与实务》科目的相应专业，报名参加考试。考试合格后核发国家统一印制的相应专业合格证明。该证明作为注册时增加执业专业类别的依据。参加考试由本人提出申请，携带所在单位出具的有关证明及相关材料到当地考试管理机构报名。考试管理机构按规定程序和报名条件审查合格后，发给准考证。考生凭准考证在指定的时间、地点参加考试。中央管理的企业和国务院各部门及其所属单位的人员按属地原则报名参加考试。

考试成绩实行 2 年为一个周期的滚动管理办法，参加全部 4 个科目考试的人员须在连续的两个考试年度内通过全部科目，免试部分科目的人员须在一个考试年度内通过应试科目。

3. 建造师执业资格证书的使用范围

参加一级建造师执业资格考试合格，由各省、自治区、直辖市人事部门颁发人力资源和劳动保障部统一印制，人力资源和劳动保障部、住房与城乡建设部用印的《中华人民共和国一级建造师执业资格证书》。该证书在全国范围内有效。二级建造师执业资格考试合格者，由省、自治区、直辖市人事部门颁发由人力资源和劳动保障部、住房与城乡建设部统一格式的《中华人民共和国二级建造师执业资格证书》。该证书在所在行政区域内有效。

(二) 建造师的注册

住房与城乡建设部《注册建造师管理规定》中规定，注册建造师实行注册执业管理制度，注册建造师分为一级注册建造师和二级注册建造师。取得资格证书的人员，经过注册方能以注册建造师的名义执业。

1. 注册管理机构

住房与城乡建设部或其授权的机构为一级建造师执业资格的注册管理机构。省、自治区、直辖市建设行政主管部门或其授权的机构为二级建造师执业资格的注册管理机构。人力资源和劳动保障部和各级地方人事部门对建造师执业资格注册和使用情况有检查、监督的责任。

2. 注册申请

《注册建造师管理规定》规定，取得一级建造师资格证书并受聘于一个建设工程勘察、设计、施工、监理、招标代理、造价咨询等单位的人员，应当通过聘用单位向单位工商注册所在地的省、自治区、直辖市人民政府建设行政主管部门提出注册申请。申请初始注册时应当具备以下条件：

(1) 经考核认定或考试合格取得资格证书；
(2) 受聘于一个相关单位；
(3) 达到继续教育要求；
(4) 没有《注册建造师管理规定》中规定不予注册的情形。

初始注册者，可自资格证书签发之日起 3 年内提出申请。逾期未申请者，须符合本专业继续教育的要求后方可申请初始注册。

申请初始注册需要提交下列材料：
(1) 注册建造师初始注册申请表；
(2) 资格证书、学历证书和身份证明复印件；
(3) 申请人与聘用单位签订的聘用劳动合同复印件或其他有效证明文件；
(4) 逾期申请初始注册的，应当提供达到继续教育要求的证明材料。

3. 延续注册与增项注册

建造师执业资格注册有效期一般为3年。《注册建造师管理规定》中规定，注册有效期满需继续执业的，应当在注册有效期届满30日前，按照规定申请延续注册。延续注册的，有效期为3年。

申请延续注册的，应当提交下列材料：
(1) 注册建造师延续注册申请表；
(2) 原注册证书；
(3) 申请人与聘用单位签订的聘用劳动合同复印件或其他有效证明文件；
(4) 申请人注册有效期内达到继续教育要求的证明材料。

注册建造师需要增加执业专业的，应当按照规定申请专业增项注册，并提供相应的资格证明。

4. 注册的受理与审批

省、自治区、直辖市人民政府建设主管部门受理一级建造师注册申请后提出初审意见，并将初审意见和全部申报材料报国务院建设主管部门审批；涉及铁路、公路、港口与航道、水利电力、通信与广电、民航专业的，国务院建设主管部门应当将全部申请材料送同级有关部门审核。符合条件的，由国务院建设主管部门核发《中华人民共和国一级建造师注册证书》，并核定职业印章编号。

对申请初始注册的，省、自治区、直辖市人民政府建设主管部门应当自受理申请之日起，20日内审查完毕，并将申请材料和初审意见报国务院建设主管部门。国务院建设主管部门应当自收到省、自治区、直辖市人民政府建设主管部门上报材料之日起，20日内审批完毕并作出书面决定。有关部门在收到国务院建设主管部门移送的申请材料之日起，10日内审核完毕，并将审核意见送国务院建设主管部门。

对申请变更注册、延续注册的，省、自治区、直辖市人民政府建设主管部门应当自受理申请之日起5日内审查完毕。国务院建设主管部门应当自收到省、自治区、直辖市人民政府建设主管部门上报之日起10日内审批完毕并作出书面决定。有关部门在收到国务院建设主管部门移送的申请材料后，应当在5日内审核完毕，并将审核意见送国务院建设主管部门。

取得二级建造师资格证书的人员申请注册，由省、自治区、直辖市人民政府建设主管部门负责受理和审批，具体审批程序由省、自治区、直辖市人民政府建设主管部门依法确定。对批准注册的，核发由国务院建设主管部门统一样式的《中华人民共和国二级建造师注册证书》和执业印章，并在核发证书后30日内送国务院建设主管部门备案。

住房和城乡建设部《注册建造师执业管理办法（试行）》规定，注册建造师注册证书和执业印章由本人保管，任何单位（发证机关除外）和个人不得扣押注册建造师注册证书或执业印章。

5. 不予注册和注册证书的失效、注销

《注册建造师执业管理规定》中规定，申请人有下列情形之一的，不予注册：
(1) 不具有完全民事行为能力的；
(2) 申请在两个或者两个以上单位注册的；

(3) 未达到注册建造师继续教育要求的;
(4) 受到刑事处罚,刑事处罚尚未执行完毕的;
(5) 因执业活动受到刑事处罚,自刑事执行完毕之日起至申请注册之日止不满 5 年的;
(6) 因前项规定以外的原因受到刑事处罚,自处罚决定之日起至申请注册之日止不满 3 年的;
(7) 被吊销注册证书,自处罚决定之日起至申请注册之日止不满 2 年的;
(8) 在申请注册之日前 3 年内担任项目经理期间,所负责项目发生过重大质量和安全事故的;
(9) 申请人的聘用单位不符合注册单位要求的;
(10) 年龄超过 65 周岁的;
(11) 法律、法规规定不予注册的其他情形。

注册建造师有下列情形之一的,其注册证书和执业印章失效:
(1) 聘用单位破产的;
(2) 聘用单位被吊销营业执照的;
(3) 聘用单位被吊销或者撤回资质证书的;
(4) 已与聘用单位解除聘用合同关系的;
(5) 注册有效期满且未延续注册的;
(6) 年龄超过 65 周岁的;
(7) 死亡或不具有完全民事行为能力的;
(8) 其他导致注册失效的情形。

注册建造师有下列情形之一的,由注册机关办理注销手续,收回注册证书和执业印章或者公告其注册证书和执业印章作废:
(1) 有以上规定的注册证书和执业印章失效情形发生的;
(2) 依法被撤销注册的;
(3) 依法被吊销注册证书的;
(4) 受到刑事处罚的;
(5) 法律、法规规定应当注销注册的其他情形。

6. 变更、续期、注销注册的申请办理

在注册有效期内,注册建造师变更执业单位,应当与原聘用单位解除劳动关系,并按照规定办理变更注册手续,变更注册后仍延续原注册有效期。

申请变更注册的,应当提交下列材料:
(1) 注册建造师变更注册申请表;
(2) 注册证书和执业印章;
(3) 申请人与新聘用单位签订的聘用合同复印件或有效证明文件;
(4) 工作调动证明(与原聘用单位解除聘用合同或聘用合同到期的证明文件、退休人员的退休证明)。

《注册建造师执业管理办法(试行)》规定,注册建造师应当通过企业按规定及时申请办理变更注册、续期注册等相关手续。多专业注册的注册建造师,其中一个专业注册期满仍需以该专业继续执业和以其他专业执业的,应当及时办理续期注册。

注册建造师变更聘用企业的,应当在与新聘用企业签订聘用合同后的 1 个月内,通过新聘用企业申请办理变更手续。因变更注册申报不及时影响注册建造师执业、导致工程项目出现损失的,由注册建造师所在聘用企业承担责任,并作为不良行为记入企业信用档案。

聘用企业与注册建造师解除劳动关系的，应当及时申请办理注销注册或变更注册。聘用企业与注册建造师解除劳动合同关系后无故不办理注销注册或变更注册的，注册建造师可向省级建设主管部门申请注销注册证书和执业印章。注册建造师要求注销注册或变更注册的，应当提供与原聘用企业解除劳动关系的有效证明材料。建设主管部门经向原聘用企业核实，聘用企业在7日内没有提供书面反对意见和相关证明材料的，应予办理注销注册或变更注册。

（三）建造师执业资格的考核认定

《建造师执业资格制度暂行规定》中规定，国家在实施一级建造师执业资格考试之前，对长期在建设工程项目总承包及施工管理岗位上工作，具有较高理论水平与丰富实践经验，并受聘高级专业技术职务的人员，可通过考核认定办法取得建造师执业资格证书。

据此，对长期从事建设工程总承包及施工管理工作，业绩突出，无工程质量责任事故，职业道德行为良好，身体健康，并符合规定条件的在职在编人员，经人事部、建设部以及省、自治区、直辖市人事和建设行政部门批准，考核认定了一批建造师。目前，国家已实施建造师执业资格考试，考核认定工作已经结束。

三、建造师的受聘单位和执业岗位范围

（一）建造师的受聘单位

《建造师执业资格制度暂行规定》中规定，建造师的执业范围包括：

(1) 担任建设工程项目施工的项目经理；

(2) 从事其他施工活动的管理工作；

(3) 法律、行政法规或国务院建设行政主管部门规定的其他业务。

一级建造师可以担任特级、一级建筑业企业资质的建设工程项目施工的项目经理；二级建造师可以担任二级及以下建筑业企业资质的建设工程项目施工的项目经理。

建设部《注册建造师管理规定》进一步规定，取得资格证书的人员应当受聘于一个具有建设工程勘察、设计、施工、监理、招标代理、造价咨询等一项或者多项资质的单位，经注册后方可从事相应的执业活动。担任施工单位项目负责人的，应当受聘并注册于一个具有施工资质的企业。

据此，建造师不仅可以在施工单位担任建设工程施工项目的项目经理，也可以在勘察、设计、监理、招标代理、造价咨询等单位或具有多项上述资质的单位执业。但是，如果要担任施工单位的项目负责人即项目经理，其所受聘的单位必须具有相应的施工企业资质，而不能是仅具有勘察、设计、监理等资质的其他企业。

（二）建造师执业区域范围

《注册建造师执业管理办法（试行）》规定，一级注册建造师可在全国范围内以一级注册建造师名义执业。通过二级建造师资格考核认定，或参加全国统考取得二级建造师资格证书并经注册人员，可在全国范围内以二级注册建造师名义执业。工程所在地各级建设主管部门和有关部门不得增设或者变相设置跨地区承揽工程项目执业准入条件。

（三）建造师执业岗位范围

建造师经注册后，有权以建造师名义担任建设工程项目施工的项目经理及从事其他施工活动的管理，但不得同时担任两个及以上建设工程施工项目负责人。发生下列情形之一的除外：

(1) 同一工程相邻分段发包或分期施工的；

(2) 合同约定的工程验收合格的；

(3) 因非承包方原因致使工程项目停工超过 120 天（含），经建设单位同意的。

注册建造师担任施工项目负责人期间原则上不得更换。如发生下列情形之一的，应当办理书面交接手续后更换施工项目负责人：

(1) 发包方与注册建造师受聘企业已解除承包合同的；

(2) 发包方同意更换项目负责人的；

(3) 因不可抗力等特殊情况必须更换项目负责人的。

注册建造师担任施工项目负责人，在其承建的建设工程项目竣工验收或移交项目手续办结前，除以上规定的情形外，不得变更注册至另一企业。

建设工程合同履行期间变更项目负责人的，企业应当于项目负责人变更 5 个工作日内报建设行政主管部门和有关部门及时进行网上变更。

此外，注册建造师还可以从事建设工程项目总承包管理或施工管理，建设工程项目管理服务，建设工程技术经济咨询，以及法律、行政法规和国务院建设主管部门规定的其他业务。

（四）建造师执业工程范围

注册建造师应当在其注册证书所注明的专业范围内从事建设工程施工管理活动。注册建造师分 10 个专业，各专业的执业工程范围如下。

(1) 建筑工程专业　执业工程范围为：房屋建筑、装饰装修、地基与基础、土石方、建筑装饰装修、建筑幕墙、预拌商品混凝土、混凝土预制构件、园林古建筑、钢结构、高耸建筑物、电梯安装、消防设施、建筑防水、防腐保温、附着升降脚手架、金属门窗、预应力、爆破与拆除、建筑智能化、特种专业。

(2) 公路工程专业　执业工程范围为：公路，地基与基础、土石方、预拌商品混凝土、混凝土预制构件、钢结构、消防设施、建筑防水、防腐保温、预应力、爆破与拆除、公路路面、公路路基、公路交通、桥梁、隧道、附着升降脚手架、起重设备安装、特种专业。

(3) 铁路工程专业　执业工程范围为：铁路，土石方、地基与基础、预拌商品混凝土、混凝土预制构件、钢结构、附着升降脚手架、预应力、爆破与拆除、铁路铺轨架梁、铁路电气化、铁路桥梁、铁路隧道、城市轨道交通、铁路电务、特种专业。

(4) 民航机场工程专业　执业工程范围为：民航机场，土石方、预拌商品混凝土、混凝土预制构件、钢结构、高耸构筑物、电梯安装、消防设施、建筑防水、防腐保温、附着升降脚手架、金属门窗、预应力、爆破与拆除、建筑智能化、桥梁、机场场道、机场空管、航站楼弱电系统、机场目视助航、航油储运、暖通、空调、给排水、特种专业。

(5) 港口与航道工程专业　执业工程范围为：港口与航道，土石方、地基与基础、预拌商品混凝土、混凝土预制构件、消防设施、建筑防水、防腐保温、附着升降脚手架、爆破与拆除、港口及海岸、港口装卸设备安装、航道、航运梯级、通航设备安装、水上交通管制、水工建筑物基础处理、水工金属结构制作与安装、船台、船坞、滑道、航标、灯塔、栈桥、人工岛、筒仓、堆场道路及陆域构筑物、围堤、护岸、特种专业。

(6) 水利水电工程专业　执业工程范围为：水利水电，土石方、地基与基础、预拌商品混凝土、混凝土预制构件、钢结构、建筑防水、消防设施、起重设备安装、爆破与拆除、水工建筑物基础处理、水利水电金属结构制作与安装、水利水电机电设备安装、河湖整治、堤防、水工大坝、水工隧洞、送变电、管道、无损检测、特种专业。

(7) 矿业工程专业　执业工程范围为：矿山，地基与基础、土石方、高耸构筑物、消防设施、防腐保温、环保、起重设备安装、管道、预拌商品混凝土、混凝土预制构件、钢结构、建筑防水、爆破与拆除、隧道、窑炉、特种专业。

(8) 市政公用工程专业　执业工程范围为：市政公用，土石方、地基与基础、预拌商品混凝土、混凝土预制构件、预应力、爆破与拆除、环保、桥梁、隧道、道路路面、道路路基、道路交通、城市轨道交通、城市及道路照明、体育场地设施、给排水、燃气、供热、垃圾处理、园林绿化、管道、特种专业。

(9) 通信与广电工程专业　执业工程范围为：通信与广电，通信线路、微波通信、传输设备、交换、卫星地球站、移动通信基站、数据通信及计算机网络、本地网、接入网、通信管道、通信电源、综合布线、信息化工程、铁路信号、特种专业。

(10) 机电工程专业　执业工程范围为：机电、石油化工、电力、冶炼，钢结构、电梯安装、消防设施、防腐保温、起重设备安装、机电设备安装、建筑智能化、环保、电子、仪表安装、火电设备安装、送变电、核工业、炉窑、冶炼机电设备安装、化工石油设备、管道安装、管道、无损检测、海洋石油、体育场地设施、净化、旅游设施、特种专业。

四、建造师的基本权利和义务

(一) 建造师的基本权利

《建造师执业资格制度暂行规定》中规定，建造师经注册后，有权以建造师名义担任建设工程项目施工的项目经理及从事其他施工活动的管理。

《注册建造师管理规定》进一步规定，注册建造师享有下列权利：
(1) 使用注册建造师名称；
(2) 在规定范围内从事执业活动；
(3) 在本人执业活动中形成的文件上签字并加盖执业印章；
(4) 保管和使用本人注册证书、执业印章；
(5) 对本人执业活动进行解释和辩护；
(6) 接受继续教育；
(7) 获得相应的劳动报酬；
(8) 对侵犯本人权利的行为进行申述。

建设工程施工活动中形成的有关工程施工管理文件，应当由注册建造师签字并加盖执业印章。施工单位签署质量合格的文件上，必须有注册建造师的签字盖章。

担任建设工程施工项目负责人的注册建造师，应当按住房和城乡建设部《关于印发〈注册建造师施工管理签章文件目录〉（试行）的通知》要求，在建设工程施工管理相关文件上签字并加盖执业印章，签章文件作为工程竣工备案的依据。只有注册建造师签章完整的工程施工管理文件方为有效。注册建造师有权拒绝在不合格或者有弄虚作假内容的建设工程施工管理文件上签字并加盖执业印章。

建设工程合同包含多个专业工程的，担任施工项目负责人的注册建造师，负责该工程施工管理文件签章。专业工程独立发包时，注册建造师执业范围涵盖该专业工程的，可担任该专业工程施工项目负责人。分包工程施工管理文件应当由分包企业注册建造师签章。分包企业签署质量合格的文件上，必须由担任总包项目负责人的注册建造师签章。

修改注册建造师签字并加盖执业印章的工程施工管理文件，应当征得所在企业同意后，由注册建造师本人进行修改；注册建造师本人不能进行修改的，应当由企业指定同等资格条件的注册建造师修改，并由其签字并加盖执业印章。

(二) 建造师的基本义务

《建造师执业资格制度暂行规定》中规定，建造师在工作中，必须严格遵守法律、法规和行业管理的各项规定，恪守职业道德。建造师必须接受继续教育，更新知识，不断提高业务水平。

《注册建造师管理规定》进一步规定,注册建造师应当履行下列义务:

(1) 遵守法律、法规和有关管理规定,恪守职业道德;
(2) 执行技术标准、规范和规程;
(3) 保证执业成果的质量,并承担相应责任;
(4) 接受继续教育,努力提高执业水准;
(5) 保守在执业中知悉的国家秘密和他人的商业、技术等秘密;
(6) 与当事人有利害关系的,应当主动回避;
(7) 协助注册管理机关完成相关工作。

注册建造师不得有下列行为:

(1) 不履行注册建造师义务;
(2) 在执业过程中,索贿、受贿或者谋取合同约定费用外的其他利益;
(3) 在执业过程中实施商业贿赂;
(4) 签署有虚假记载等不合格的文件;
(5) 允许他人以自己的名义从事执业活动;
(6) 同时在两个或者两个以上单位受聘或者执业;
(7) 涂改、倒卖、出租、出借、复制或以其他形式非法转让资格证书、注册证书和执业印章;
(8) 超出执业范围和聘用单位业务范围内从事执业活动;
(9) 法律、法规、规章禁止的其他行为。

《注册建造师执业管理办法(试行)》还规定,注册建造师不得有下列行为:

(1) 不按设计图纸施工;
(2) 使用不合格建筑材料;
(3) 使用不合格设备、建筑构配件;
(4) 违反工程质量、安全、环保和用工方面的规定;
(5) 在执业过程中,索贿、行贿、受贿或者谋取合同约定费用外的其他不法利益;
(6) 签署弄虚作假或在不合格文件上签章的;
(7) 以他人名义或允许他人以自己的名义从事执业活动;
(8) 同时在两个或者两个以上企业受聘并执业;
(9) 超出执业范围和聘用企业业务范围从事执业活动;
(10) 未变更注册单位,而在另一家企业从事执业活动;
(11) 所负责工程未办理竣工验收或移交手续前,变更注册到另一企业;
(12) 伪造、涂改、倒卖、出租、出借或以其他形式非法转让资格证书、注册证书和执业印章;
(13) 不履行注册建造师义务和法律、法规、规章禁止的其他行为。

担任建设工程施工项目负责人的注册建造师在执业过程中,应当及时、独立完成建设工程施工管理文件签章,无正当理由不得拒绝在文件上签字并加盖执业印章。担任施工项目负责人的注册建造师应当按照国家法律法规、工程建设强制性标准组织施工,保证工程施工符合国家有关质量、安全、环保、节能等有关规定。担任施工项目负责人的注册建造师,应当按照国家劳动用工有关规定,规范项目劳动用工管理,切实保障劳务人员合法权益。担任建设工程施工项目负责人的注册建造师对其签署的工程管理文件承担相应责任。

建设工程发生质量、安全、环境事故时,担任该施工项目负责人的注册建造师应当按照有关法律法规规定的事故处理程序及时向企业报告,并保护事故现场,不得隐瞒。

(三) 注册建造师的继续教育

接受继续教育,既是注册建造师应当享有的权利,也是注册建造师应当履行的义务。住房和城乡建设部《注册建造师继续教育暂行规定》中规定,注册建造师按规定参加继续教育,是申请初始注册、延续注册、增项注册和重新注册(以下统称注册)的必要条件。

1. 必修课、选修课的学时和内容

注册一个专业的建造师在每一注册有效期内应参加继续教育不少于120学时,其中必修课60学时,选修课60学时。注册两个及以上专业的,每增加一个专业还应参加所增加专业60学时的继续教育,其中必修课30学时,选修课30学时。

必修课包括以下内容:
(1) 工程建设相关的法律法规和有关政策;
(2) 注册建造师职业道德和诚信制度;
(3) 建设工程项目管理的新理论、新方法、新技术和新工艺;
(4) 建设工程项目管理案例分析。

选修课内容为:各专业牵头部门认为一级建造师需要补充的与建设工程项目管理有关的知识;各省级住房城乡建设主管部门认为二级建造师需要补充的与建设工程项目管理有关的知识。

注册建造师在每一注册有效期内可根据工作需要集中或分年度安排继续教育的学时。

2. 继续教育的培训单位选择与测试

注册建造师应在企业注册所在地选择中国建造师网公布的培训单位接受继续教育。在企业注册所在地外担任项目负责人的一级注册建造师,报专业牵头部门备案后可在工程所在地接受继续教育。个别专业的一级注册建造师可在专业牵头部门的统一安排下,跨地区参加继续教育。

培训单位对培训质量负直接责任,并负责记录学习情况,对学习情况进行测试。测试可采取考试、考核、案例分析、撰写论文、提交报告或参加实际操作等方式。

对于完成规定学时并测试合格的,培训单位报各专业牵头部门或各省级住房城乡建设主管部门确认后,发放统一式样的《注册建造师继续教育证书》,加盖培训单位印章。完成规定学时并测试合格后取得的《注册建造师继续教育证书》,是建造师申请注册的重要依据。

3. 可充抵继续教育选修课部分学时的规定

注册建造师在每一注册有效期内从事以下工作并取得相应证明的,可充抵继续教育选修课部分学时:

(1) 参加全国建造师执业资格考试大纲编写及命题工作,每次计20学时。
(2) 从事注册建造师继续教育教材编写工作,每次计20学时。
(3) 在公开发行的省部级期刊上发表有关建设工程项目管理的学术论文的,第一作者每篇计10学时;公开出版5万字以上专著、教材的,第一、二作者每人计20学时。
(4) 参加建造师继续教育授课工作的按授课学时计算。

每一注册有效期内,充抵继续教育选修课学时累计不得超过60学时。

4. 继续教育的方式及参加继续教育的保障

注册建造师继续教育以集中面授为主,同时探索网络教育方式。注册建造师在参加继续教育期间享有国家规定的工资、保险、福利待遇。建筑业企业及勘察、设计、监理、招标代理、造价咨询等用人单位应重视注册建造师继续教育工作,督促其按期接受继续教育。其中,建筑业企业应为从事在建工程项目管理工作的注册建造师提供经费和时间支持。

（四）注册机关的监督管理

《注册建造师管理规定》中规定，县级以上人民政府建设主管部门和有关部门履行监督检查职责时，有权采取下列措施：

（1）要求被检查人员出示注册证书；
（2）要求被检查人员所在聘用单位提供有关人员签署的文件及相关业务文档；
（3）就有关问题询问签署文件的人员；
（4）纠正违反有关法律、法规、本规定及工程标准规范的行为。

有下列情形之一的，注册机关依据职权或者根据利害关系人的请求，可以撤销注册建造师的注册：

（1）注册机关工作人员滥用职权、玩忽职守作出准予注册许可的；
（2）超越法定职权作出准予注册许可的；
（3）违反法定程序作出准予注册许可的；
（4）对不符合法定条件的申请人颁发注册证书和执业印章的；
（5）依法可以撤销注册的其他情形。申请人以欺骗、贿赂等不正当手段获准注册的，应当予以撤销。

《注册建造师执业管理办法（试行）》规定，注册建造师违法从事相关活动的，违法行为发生地县级以上地方人民政府建设主管部门或有关部门应当依法查处，并将违法事实、处理结果告知注册机关；依法应当撤销注册的，应当将违法事实、处理建议及有关材料报注册机关，注册机关或有关部门应当在7个工作日内作出处理，并告知行为发生地人民政府建设行政主管部门或有关部门。

注册建造师异地执业的，工程所在地省级人民政府建设主管部门应当将处理建议转交注册建造师注册所在地省级人民政府建设主管部门，注册所在地省级人民政府建设主管部门应当在14个工作日内作出处理，并告知工程所在地省级人民政府建设行政主管部门。

五、违法行为应承担的法律责任

建造师及建造师工作中违法行为应承担的主要法律责任如下。

（一）建造师注册违法行为应承担的法律责任

《注册建造师管理规定》中规定，隐瞒有关情况或者提供虚假材料申请注册的，建设主管部门不予受理或者不予注册，并给予警告，申请人1年内不得再次申请注册。

以欺骗、贿赂等不正当手段取得注册证书的，由注册机关撤销其注册，3年内不得再次申请注册，并由县级以上地方人民政府建设主管部门处以罚款。其中没有违法所得的，处以1万元以下的罚款；有违法所得的，处以违法所得3倍以下且不超过3万元的罚款。

聘用单位为申请人提供虚假注册材料的，由县级以上地方人民政府建设主管部门或者其他有关部门给予警告，责令限期改正；逾期未改正的，可处以1万元以上3万元以下的罚款。

（二）建造师继续教育违法行为应承担的法律责任

注册建造师应按规定参加继续教育，接受培训测试，不参加继续教育或继续教育不合格的不予注册。对于采取弄虚作假等手段取得《注册建造师继续教育证书》的，一经发现，立即取消其继续教育记录，并记入不良信用记录，对社会公布。

（三）无证或未办理变更注册执业应承担的法律责任

《注册建造师管理规定》中规定，未取得注册证书和执业印章，担任大中型建设工程项目施工单位项目负责人，或者以注册建造师的名义从事相关活动的，其所签署的工程文件无效，由县级以上地方人民政府建设主管部门或者其他有关部门给予警告，责令停止违法活动，并可处以1万元以上3万元以下的罚款。

未办理变更注册而继续执业的，由县级以上地方人民政府建设主管部门或者其他有关部门责令限期改正；逾期不改正的，可处以5000元以下的罚款。

（四）建造师执业活动中违法行为应承担的法律责任

《注册建造师管理规定》中规定，注册建造师在执业活动中有下列行为之一的，由县级以上地方人民政府建设主管部门或者其他有关部门给予警告，责令改正，没有违法所得的，处以1万元以下的罚款；有违法所得的，处以违法所得3倍以下且不超过3万元的罚款：

(1) 不履行注册建造师义务；
(2) 在执业过程中，索贿、受贿或者谋取合同约定费用外的其他利益；
(3) 在执业过程中实施商业贿赂；
(4) 签署有虚假记载等不合格的文件；
(5) 允许他人以自己的名义从事执业活动；
(6) 同时在两个或者两个以上单位受聘或者执业；
(7) 涂改、倒卖、出租、出借或以其他形式非法转让资格证书、注册证书和执业印章；
(8) 超出执业范围和聘用单位业务范围内从事执业活动；
(9) 法律、法规、规章禁止的其他行为。

（五）未提供注册建造师信用档案信息应承担的法律责任

《注册建造师管理规定》中规定，注册建造师或者其聘用单位未按照要求提供注册建造师信用档案信息的，由县级以上地方人民政府建设主管部门或者其他有关部门责令限期改正；逾期未改正的，可处以1000元以上1万元以下的罚款。

（六）政府主管部门及其工作人员违法行为应承担的法律责任

《注册建造师管理规定》中规定，县级以上人民政府建设主管部门及其工作人员，在注册建造师管理工作中，有下列情形之一的，由其上级行政机关或者监察机关责令改正，对直接负责的主管人员和其他直接责任人员依法给予处分；构成犯罪的，依法追究刑事责任：

(1) 对不符合法定条件的申请人准予注册的；
(2) 对符合法定条件的申请人不予注册或者不在法定期限内作出准予注册决定的；
(3) 对符合法定条件的申请不予受理或者未在法定期限内初审完毕的；
(4) 利用职务上的便利，收受他人财物或者其他好处的；
(5) 不依法履行监督管理职责或者监督不力，造成严重后果的。

（七）注册执业人员因过错造成质量事故应承担的法律责任

《建设工程质量管理条例》规定，违反本条例规定，注册建筑师、注册结构工程师、监理工程师等注册执业人员因过错造成质量事故的，责令停止执业1年；造成重大质量事故的，吊销执业资格证书，5年以内不予注册；情节特别恶劣的，终身不予注册。（注：在《建设工程质量管理条例》颁布时，注册建造师制度尚未建立，但"等注册执业人员"对建造师应该是适用的）

第五节　法律责任

一、建设工程企业及建设主管部门的法律责任

1. 建设工程勘察设计、建筑施工、工程监理、工程造价咨询等从业单位的违法行为和

法律责任

(1) 企业隐瞒有关情况或者提供虚假材料申请资质的，资质许可机关不予受理或者不予行政许可，并给予警告，该企业在1年内不得再次申请该资质。

(2) 企业以欺骗、贿赂等不正当手段取得资质证书的，由县级以上地方人民政府建设主管部门或者有关部门给予警告，并依法处以罚款；该企业在3年内不得再次申请资质。

(3) 企业不及时办理资质证书变更手续的，由资质许可机关责令限期办理；逾期不办理的，可处以一千元以上一万元以下的罚款。

(4) 企业未按照规定提供信用档案信息的，由县级以上地方人民政府建设主管部门给予警告，责令限期整改的，可处以一千元以下的罚款。

(5) 涂改、倒卖、出借或者以其他形式非法转让资质证书的，由县级以上地方人民政府建设主管部门或者有关部门给予警告，责令改正，并处以1万元以上3万元以下的罚款；造成损失的，依法承担赔偿责任；构成犯罪的，依法追究刑事责任。

2. 建设主管部门及工作人员的违法行为和法律责任

建设主管部门及其工作人员，违反本规定，有下列情形之一的，由其上级行政机关或监察机关责令改正；情节严重的，对直接负责的主管人员和其他直接责任人员，依法给予行政处分。

(1) 对不符合条件的申请人准予工程勘察、设计资质许可的。

(2) 对符合条件的申请人不予工程勘察、设计资质许可或者未在法定期限内作出许可决定的。

(3) 对符合条件的申请不予受理或者未在法定期限内初审完毕的。

(4) 利用职务上的便利，收受他人财物或者其他好处的。

(5) 不依法履行监督职责或者监督不力，造成严重后果的。

二、注册专业技术人员的法律责任

1. 注册建筑师、结构工程师、土木工程师、造价工程师等注册人员的违法行为和法律责任

(1) 隐瞒有关情况或者提供虚假材料申请的，审批部门不予受理，并给予警告，申请人1年之内不得再次申请注册。

(2) 以欺骗、贿赂等不正当手段取得注册证书的，由负责审批的部门撤销其注册，3年内不得再次申请注册；并由县级以上人民政府建设主管部门或者有关部门处以罚款，其中没有违法所得的，处以1万元以下的罚款；有违法所得的，处以违法所得3倍以下且不超过三万元罚款；构成犯罪的，依法追究行事责任。

(3) 未办理变更注册而连续执业的，由县级以上人民政府建设主管部门责令限期改正；逾期未改正的，可处以五千元以下罚款。

(4) 主持人员或者其聘用单位未按照要求提供注册人员信用档案信息的，由县级以上地方人民政府建设主管部门或者其他有关部门责令改正；逾期未改正的，可处以1000元以上1万元以下罚款。

(5) 注册勘察设计工程师、监理工程师在执行活动中有下列行为之一的，由县级以上人民政府建设主管部门或者其他有关部门予以警告，责令其改正，没有违法所得的，处以1万元以下的罚款；有违法所得的，处以违法所得3倍以下且不超过3万元的罚款；造成损失的，应承担赔偿责任；构成犯罪的，依法追究刑事责任。

① 以个人名义承接业务的。

② 涂改、出租、出借或者以非法形式转让注册证书或者执业印章的。

③ 泄露执业中应当保守的秘密并造成严重后果的。

④ 超出本专业规定范围或者超出聘用单位业务范围从事执业活动的。
⑤ 弄虚作假提供执业活动成果的。
⑥ 同时受聘于两个或者两个以上的单位，从事执业活动的。
⑦ 其他违反法律、法规、规章的行为。

(6) 建筑师，未受聘并注册于中华人民共和国境内一个具有工程设计资质的单位，从事建筑工程设计执业活动的，由县级以上人民政府建设主管部门给予警告，责令停止违法活动，并可处以1万元以上三万元以下的罚款。

(7) 监理工程师，未经注册，擅自以注册监理工程师的名义从事工程监理及相关业务活动的，由县级以上地方人民政府建设主管部门给予警告，责令停止违法行为，处以三万元以下罚款；造成损失的依法承担赔偿责任。

(8) 造价工程师，未经注册而以注册造价工程师的名义从事工程造价活动的，所签署的工程造价成果文件无效，由县级以上地方人民政府主管部门或者其他有关部门给予警告，责令停止违法活动，并可处以1万元以上三万元以下的罚款。

2. 聘用单位的违法行为和法律责任

聘用单位为申请人提供虚假注册材料的，由县级以上地方人民政府建设主管部门或者其他有关部门给予警告，并可处以一万元以上三万元以下的罚款。

3. 建设主管部门的违法行为和法律责任

县级以上人民政府建设主管部门及有关部门的工作人员，在注册工程师管理工作中，有下列情形之一的，依法给予行政处分；构成犯罪的，依法追究刑事责任。

(1) 对不符合法定条件的申请人办法注册证书和执业印章的。
(2) 对符合法定条件的申请人不予颁发注册证书和执业印章的。
(3) 对符合法定条件的申请人未在法定期限内颁发注册证书和执业印章的。
(4) 利用职务上的便利，收受他人财物或者其他好处的。不依法履行监督管理职责，或者发现违法行为不予查处的。

【案例3-2】

四川省某市玻璃厂1999年4月为增加生产规模扩建厂房，在原来天然坡度约22°的岩石地表平整场地，即在原地表向下开挖近5米，并距水厂原蓄水池3米左右，该蓄水池长12米、宽9米、深8.2米，容水约900立方米。

玻璃厂及水厂厂方为安全起见，通过熟人介绍，请了一位高级工程师对玻璃厂扩建开挖坡角是否会影响水厂蓄水池安全作技术鉴定。该高工在其出具的书面技术鉴定中认定："该水池池基础稳定，不可能产生滑移形成滑坡影响安全；可以从距水池3米处按5％开挖放坡，开挖时沿水池边先打槽隔开，用小药量浅孔爆破，只要施工得当，不会影响水池安全；平整场地后，沿陡坡砌筑条石护坡；……本人负责该鉴定的技术法律责任"。最后还盖了县勘察设计师的"图纸专用章"予以认可。

工程于1999年7月初按此方案平整基础结束后，就开始厂房工程施工，至1999年6月6日建成完工。然而，就在1999年9月7日下午5时许，边坡岩体突然崩塌，岩体及水流砸毁新建厂房两榀屋架，造成工人3死5伤，酿成了一起重大伤亡事故。

【问题】 事故发生的根本原因是什么？
【原因分析】
该工程边坡岩体属于裂隙发育、遇水可以软化的软质岩石，虽然属于中小型工程，但环境条件复杂,施工爆破、水池渗漏、坡体卸荷变形等不确定的不利影响因素甚多,在没有基本的勘察设计资料的前提下采用直立边坡,破坏了原边坡的稳定坡角,而且未采用任何有效的支挡结构措施,该边坡失稳是必然会发生的。若有正确的工程鉴定,并严格按基建程序办事,采用经过勘察设计的岩石锚桩(或锚杆)挡墙和做好水池处理措施是有效保证工程边坡安全的。

该高工的"技术鉴定"内容过于简略,分析评价肤浅、武断,未明确指出及贯彻执行现行勘察设计技术规范的技术原则及技术方法,主要结论建议缺乏技术依据,尽管其中有关地基施工中关于松动爆破和开槽减震的建议是正确的,也是有针对性的,但未经设计计算的有关边坡稳定的结论是不恰当的。有关用条石挡墙护坡的建议也不是该工程边坡条件下能确保边坡安全的有效支挡结构技术措施,而有关采用坡度为1∶0.05的放坡建议,则更是没有贯彻现行规范的基本规定,缺少相应的论证分析。他的误导为该工程事故埋下了安全隐患。该"技术鉴定"虽然盖有县勘察设计室的"图纸专用章",但却无一般勘察、设计单位通常执行的"审核"、"批准"等技术管理保证体系,从技术鉴定的内容到形式都缺乏严肃性;而且这种技术鉴定缺乏委托与承担方之间的有关目的、任务、质量要求等基本的书面约定,这就从根本上影响了技术鉴定工作的深度和技术质量。

基坑开挖施工过程中及完工前后所发现的漏水等边坡岩体不稳定因素的征兆,虽然有关各方曾予以一定程度的重视与研究,但由于缺乏岩土工程及支挡结构方面的专业技术知识与经验,对隐患认识不足,未能采取相应措施,而继续盲目施工至全部工程(人工边坡及厂房扩建)结束和水池继续运行,并在1999年7月3日决定将水池蓄水至7m水深,使整个工程的安全问题过分依赖于个人狭隘的专业技术知识与经验。

【案例评析】

综上所述,此次安全事故主要是违章进行工程鉴定、处理方案错误所致。从事工程鉴定的技术人员以及管理者应从此次事故中吸取教训,严格按照国家的统一鉴定方法与标准进行工程鉴定。按照客户委托,确定鉴定目的、范围、内容;初步调查;详细调查及检测验算;安全性、使用性鉴定评级;可靠性评级;出具鉴定报告及处理意见的基本鉴定程序规范、标准进行工程鉴定。

小知识　　　　　　　　我国古代工程建设的监管

在奴隶社会,专门从事土木工程建设的人被称之为"匠人"、"工匠",并产生了相应负责土木工程建设的"工官制度"。在封建社会,"工官"的职责发生转变,作为掌管建设事物的官署的组成部分,不再专指某一个人。需要指出的是,"工官制度"中的"工匠"不是一般的"匠人",他们是专业"匠师",主要从事测量定位、定向、找平、规划城廓、建造宫殿、修造粮仓等重要工作。在明朝永乐年间,出现了"工师"之职,其主要工作侧重于工程的施工组织与管理。一般来说,"工匠"和"工师"是不直接从事生产劳动的,他们除了设计绘图、估算工料、组织施工之外,还要检验校正材料和构件,严把质量关。

本章小结

围绕建筑企业资质管理要求,明确不同类型和等级企业的业务范围。
介绍注册建造师、注册建筑师、注册结构工程师、注册造价师等考试报名条件、考试内容，以及注册管理等方面的内容。

介绍不同企业和注册工程师违反资质和资格管理有关规定的处罚、处理要求和罚则。

复习思考题

1. 简述注册建造工程师考试的报考条件。
2. 简述注册建筑师考试的报考条件。
3. 简述注册造价工程师考试的报考条件。
4. 简述注册结构工程师考试的报考条件。
5. 简述工程设计资质类型及范围。

课后练习题

一、单项选择

1. 根据《建筑法》的有关规定，在我国境内从事建设工程活动的相关人员必须取得相应的（   ）。
   A. 资质　　　　　　B. 允许　　　　　　C. 资格　　　　　　D. 等级
2. 我国建筑业企业资质分为（   ）三个序列。
   A. 工程总承包、施工总承包和专业承包　　B. 工程总承包、专业分包和劳务分包
   C. 施工总承包、专业分包和劳务分包　　　D. 施工总承包、专业承包和劳务分包
3. 建筑业企业资质分为（   ）个序列，每个序列又分为若干资质类别，每个类别又分若干等级。
   A. 一　　　　　　　B. 二　　　　　　　C. 三　　　　　　　D. 四
4. 工程勘察企业资质不包括以下（   ）类别。
   A. 综合资质　　　　B. 行业资质　　　　C. 专业资质　　　　D. 劳务资质
5. 工程设计综合资质只设（   ）。
   A. 甲级　　　　　　B. 一级　　　　　　C. 特级　　　　　　D. 甲级和乙级
6. 注册建筑师考试科目合格有效期为（   ）年。
   A. 6　　　　　　　　B. 8　　　　　　　　C. 10　　　　　　　D. 永远有效
7. 关于注册结构工程师的说法正确的是（   ）。
   A. 一级和二级注册结构工程师考试均分为基础考试和专业考试两项
   B. 一级注册结构工程师的只能在一个固定的省市执业
   C. 注册结构工程师执业业务，应当加入一个勘察设计单位
   D. 取得一级注册结构工程师执业资格证书者，即可以注册结构工程师的身份从事设计工作
8. 某甲于2006年参加并通过了一级建造师执业资格考试，下面说法正确的是（   ）。
   A. 他已经成为项目经理了
   B. 只要经所在单位聘任，他马上就可以成为项目经理
   C. 只要经过注册他就可以以建造师的名义执业了
   D. 只要经过注册他就可以成为项目经理了
9. 关于建造师的说法正确的是（   ）。
   A. 经注册的建造师就是项目经理
   B. 建造师必须经过注册才可成为项目经理
   C. 施工企业的经理必须由建造师担任
   D. 建造师如果没有被聘任为项目经理，就没有别的工作可以承担了
10. 注册建造师卫某2006年1月办理了延续注册，2007年1月因工作调动而办理了变更注册，变更后他的注册证书和执业印章在（   ）年内有效。
    A. 2　　　　　　　　B. 3　　　　　　　　C. 4　　　　　　　　D. 5

11. 二级注册建造师每一注册有效期为（　　）年。
    A. 1　　　　　　　　B. 2　　　　　　　　C. 3　　　　　　　　D. 4
12. 下列选项中，不属于我国建造师注册类型的是（　　）。
    A. 初始注册　　　　　B. 年检注册　　　　　C. 变更注册　　　　　D. 增项注册
13. 二级注册建筑师每一注册有效期为（　　）年。
    A. 1　　　　　　　　B. 2　　　　　　　　C. 3　　　　　　　　D. 4

二、多项选择

1. 以欺骗、贿赂等不正当手段取得注册证书的，由负责审批的部门给予（　　）处罚。
    A. 由负责审批的部门撤销其注册，3年内不得再次申请注册
    B. 由县级以上人民政府建设主管部门或者有关部门处以罚款，其中没有违法所得的，处以1万元以下的罚款
    C. 有违法所得的，处以违法所得3倍以下且不超过3万元罚款
    D. 构成犯罪的，依法追究行事责任
2. 注册勘察设计工程师、监理工程师在执行活动中有下列（　　）行为之一的，由县级以上人民政府建设主管部门或者其他有关部门予以警告，责令其改正，没有违法所得的，处以1万元以下的罚款。
    A. 以个人名义承认业务的
    B. 涂改、出租、出借或者以形式非法转让注册证书或者执行印章的
    C. 泄露执业中应当保守的秘密并造成严重后果的
    D. 超出本专业规定范围或者聘用单位业务范围从事执业活动的
    E. 弄虚作假提供执业活动成果的
3. 下列哪一个注册工程师的每一注册有效期为3年（　　）。
    A. 注册监理工程师　　　　　　　　B. 注册建筑工程师
    C. 注册建造工程师　　　　　　　　D. 注册结构工程师

建设工程的发承包与招投标法规

知识目标

- 了解建设工程承包与发包的概念
- 了解建设工程招标投标的概念及招标、投标、开标与评标的程序
- 熟悉建设工程招标投标活动应遵循的原则，招标投标的范围和规模标准
- 熟悉招标方式、招标公告发布的方式和开标方式
- 熟悉违反《中华人民共和国招标投标法》的法律责任
- 掌握建设工程发承包的主要规定
- 掌握投标文件的法定要求和投标保证金
- 掌握评标委员会关于废标的处理规定
- 掌握中标的法定条件

能力目标

- 在工程实践中，能够正确理解和运用《招标投标法》的有关规定
- 能够按照《招标投标法》解决建设工程招标投标中遇到的实际问题
- 遵循招标投标活动的基本原则，熟悉违反《招标投标法》的法律责任

第一节　建设工程的承包与发包

一、建设工程的承包与发包概述

1. 建设工程的承包与发包的概念

建设工程的承包与发包是指发包方（建设单位或总承包单位）通过合同委托承包方（勘察设计单位、施工单位、监理单位、材料供应单位等）按合同规定为其完成某一工程的全部或部分工作并按合同的约定支付一定的报酬，双方权利义务关系，通过合同加以明确的交易行为。

2. 建设工程的承包与发包方式

《建筑法》规定，建筑工程实行招标发包的，发包单位应当将建筑工程发包给依法中标的承包单位。建筑工程实行直接发包的，发包单位应当将建筑工程发包给具有相应资质条件的承包单位。

承包建筑工程的单位应当持有依法取得的资质证书，并在其资质等级许可的业务范围内承揽工程。禁止建筑施工企业超越本企业资质等级许可的业务范围或者以任何形式用其他建筑施工企业的名义承揽工程。禁止建筑施工企业以任何形式允许其他单位或者个人使用本企业的资格、资质证书、营业执照，以本企业的名义承揽工程。

二、建设工程的发包

（一）工程总承包

《建筑法》规定："提倡对建筑工程实行总承包"。"建筑工程的发包单位可以将建筑工程的勘察、设计、施工、设备采购一并发包给一个工程总承包单位，也可以将建筑工程勘察、设计、施工、设备采购的一项或者多项发包给一个工程总承包单位"。

工程总承包的具体方式、工作内容和责任等，由发包人和工程总承包人在合同中约定。工程总承包方式如下。

1. 设计采购施工（EPC）/交钥匙总承包

设计采购施工总承包是指工程总承包企业按照合同约定，承担工程项目的设计、采购、施工、试运行服务等工作，并对承包工程的质量、安全、工期、造价全面负责。

交钥匙总承包是设计采购施工总承包业务和责任的延伸，最终是向建设单位提交一个满足使用功能、具备使用条件的工程项目。

2. 设计—施工总承包（D-B）

设计—施工总承包是指工程总承包企业按照合同约定，承担工程项目设计和施工，并对承包工程的设计和施工的质量、安全、工期、造价负责。

3. 设计—采购总承包（E-P）

设计—采购总承包是指工程总承包企业按照合同约定，承担工程项目设计和采购工作，并对工程项目设计和采购的质量、进度等负责。

4. 采购—施工总承包（P-C）

采购—施工总承包是指工程总承包企业按照合同约定，承担工程项目的采购和施工，并对承包工程的采购和施工的质量、安全、工期、造价负责。

（二）禁止将建设工程肢解发包和指定采购

1. 禁止发包人将工程肢解发包

肢解发包，是指建设单位将应当由一个承包单位完成的建设工程分解成若干部分发包给不同的承包单位的行为。直接发包可能导致发包人变相规避招标；不利于投资和进度目标的控制；同时会增加发包人的管理成本和发包成本。因此，《建筑法》规定，禁止将建筑工程肢解发包，不得将应当由一个承包单位完成的建筑工程肢解成若干部分发包给几个承包单位。

2. 发包人不得指定采购

《建筑法》规定，按照合同约定，建筑材料、建筑构配件和设备由工程承包单位采购的，发包单位不得指定承包单位购入用于工程的建筑材料、建筑构配件和设备或者指定生产厂、供应商。

三、建设工程的承包

（一）工程承包单位的资质等级许可制度

我国对承包单位（包括勘察、设计、施工单位）实行资质等级许可制度，《建筑法》规定，承包建筑工程的单位应当持有依法取得的资质证书，并在其资质等级许可的业务范围内承揽工程。

我国建筑业企业资质分为施工总承包、专业承包和劳务分包三个序列。取得施工总承包资质的企业，可以承接施工总承包工程。施工总承包企业可以对所承接的施工总承包工程内各专业工程全部自行施工，也可以将专业工程或劳务作业依法分包给具有相应资质的专业承包企业或劳务分包企业。

为了规范建筑施工企业的市场行为，严格建筑施工企业的市场准入，《建筑法》作出如下规定：

① 禁止建筑施工企业超越本企业资质等级许可的业务范围承揽工程；

② 禁止以任何形式用其他建筑施工企业的名义承揽工程；

③ 禁止建筑施工企业以任何形式允许其他单位或者个人使用本企业的资质证书、营业执照，以本企业名义承揽工程。

（二）联合承包

《建筑法》规定，大型建筑工程或者结构复杂的建筑工程，可以由两个以上的承包单位联合共同承包。共同承包的各方对承包合同的履行承担连带责任。所谓连带责任也就是建设单位可以要求共同承包的任何一方承担赔偿责任，责任方不得拒绝，已经承担责任的一方，可以就超出自己应该承担的部分向对方追偿。

《建筑法》规定，两个以上不同资质等级的单位实行联合共同承包的，应当按照资质等级低的单位的业务许可范围承揽工程。

四、建设工程的分包

工程分包是指工程承包单位将所承包的部分工程或劳务分包给其他承包单位完成的活动。

工程施工分包可以分为专业工程分包与劳务作业分包。

（1）专业工程分包　是指施工总承包企业将其所承包工程的专业工程发包给具有相应资质的其他建筑企业完成的活动。

（2）劳务作业分包　是指施工总承包企业或者专业承包企业将其承包工程中的劳务作业发包给劳务分包企业完成的活动。

（一）分包工程的范围

《建筑法》规定，建筑工程总承包单位可以将承包过程中的部分工程分包给具有相应资质条件的分包单位。禁止承包单位将其承包的全部建筑工程转包给他人，禁止承包单位将其承包的全部建筑工程肢解以后以分包的名义分别转包给他人。建筑工程主体结构的施工必须由总承包单位自行完成。

《中华人民共和国招标投标法》（以下简称《招标投标法》）也规定，招标人按照合同约定或者经招标人同意，可以将中标项目的部分非主体、非关键性工作分包给他人完成。中标人不得向他人转让中标项目，也不得将中标项目肢解后分别向他人转让。

（二）分包单位的资质要求

《建筑法》规定，建筑工程总承包单位可以将承包工程中的部分工程发包给具有相应资质条件的分包单位；但是，除总承包合同中约定分包外，必须经建设单位认可。禁止总承包单位将工程分包给不具备相应资质条件的单位。

承包工程的单位必须持有依法取得的资质证书，并在其资质等级许可的业务范围内承揽工程。这一规定同样适用于工程分包单位。不具备资质条件的单位不仅不可以进行工程承包，也不得承接分包工程。

（三）分包单位不得再分包

《建筑法》规定，禁止分包单位将其承包的工程再分包。《招标投标法》也规定，接受分包的人不得再次分包。

（四）分包单位的责任

《建筑法》规定，建筑工程总承包单位按照总承包合同的约定对建设单位负责；分包单位按照分包合同的约定对总承包单位负责。总承包单位和分包单位就分包工程对建设单位承担连带责任。《招标投标法》也规定，中标人应当就分包项目向招标人负责，接受分包的人就分包项目承担连带责任。

【案例4-1】

甲公司投标承包了一栋大型商场工程的施工总承包业务，甲公司未通过业主将其中的专业工程分包给了具有相应资质等级的乙公司，工程施工中因乙分包的工程发生了质量事故给业主造成了20万元的损失而产生了赔偿责任。

【问题】

1. 甲公司分包的做法是否违法？
2. 如果业主要求甲赔偿全部的损失，甲公司可否拒绝？

【分析】

（1）甲公司是总承包单位，未经业主的同意将工程施工分包给乙公司，由乙公司负责该工程项目实际施工管理，应该视为违法分包。

（2）根据《建筑法》的规定，总承包单位和分包单位就分包工程对建设单位承担连带责任。因此，业主要求甲赔偿全部的损失，甲公司不能拒绝。赔偿后，甲公司可以按照合同的约定要求乙承担相应的赔偿份额。另外，甲公司属于违法分包，还将处以1万元以上3万元以下的罚款。

第二节　招标投标法概述

《招标投标法》由中华人民共和国第九届全国人民代表大会常务委员会第十一次会议于1999年8月31日通过，自2000年1月1日起实施。

《招标投标法》的立法目的在于规范招标投标活动，保护国家利益、社会公共利益和招标投标活动当事人的合法权益，提高经济效益，保证项目质量。

《招标投标法》共包括六十八条，分别从招标、投标、开标、评标和中标等各主要阶段对招标投标活动作出了规定。

为了贯彻《招标投标法》，国务院各部委陆续发布了一系列规范招标投标活动的部门规章，主要有：《工程建设项目招标范围和规模标准规定》、《评标委员会和评标办法暂行规定》、《工程建设项目勘察设计招标投标办法》、《工程建设项目施工招标投标办法》和《工程建设项目货物招标投标办法》等。

一、建设工程招标投标活动的基本原则

《招标投标法》规定了招标投标活动必须遵循的基本原则，即"公开、公平、公正和诚实信用"的原则。这是招标投标活动必须遵循的最基本的原则，违反了这一基本原则，招标投标活动就失去了本来的意义。

（一）公开原则

公开原则，就是要求招标投标活动具有较高的透明度，实行招标信息公开、招标程序公开、中标结果公开。

(二) 公平原则

公平原则要求给予所有投标人平等的机会，使其享有同等的权利，履行同等的义务，不得排斥、歧视潜在的投标人，而投标人不得采用不正当的竞争手段参加投标竞争。

(三) 公正原则

公正原则就是要求在招标投标活动中，评标过程和结果要公正。评标要对所有投标者一视同仁，严格按照招标文件规定的标准和规则统一对待各方。

(四) 诚实信用的原则

诚实信用的原则就是要求招标投标的当事人应以诚实、守信的态度行使权利，履行义务，处理自身利益和社会利益的平衡，要求当事人不得通过自己的活动损害第三人和社会的利益。

二、建设工程必须招标的范围、规模

(一) 建设工程必须招标的范围

《招标投标法》规定，在中华人民共和国境内进行下列工程建设项目的勘察、设计、施工、监理以及与工程建设有关的重要设备、材料等的采购，必须进行招标：

(1) 大型基础设施、公用事业等关系社会公共利益、公众安全的项目；
(2) 全部或者部分使用国有资金投资或者国家融资的项目；
(3) 使用国际组织或者外国政府贷款、援助资金的项目。

为了确定必须进行招标的工程建设项目的具体范围和规模标准，规范招标投标活动，原国家发展计划委员会2000年发布了《工程建设项目招标范围和规模标准规定》进一步规定：

1. 关系社会公共利益、公共安全的基础设施项目的范围包括：
(1) 煤炭、石油、天然气、电力、新能源等能源项目；
(2) 铁路、公路、管道、水运、航空以及其他的交通运输业等交通运输项目；
(3) 邮政、电信枢纽、通信、信息网络等邮电通讯项目；
(4) 防洪、灌溉、排涝、引（供）水、滩涂治理、水土保持、水利枢纽等水利项目；
(5) 道路、桥梁、地铁和轻轨交通、污水排放处理、垃圾处理、地下管道、公共停车场等城市设施项目；
(6) 生态环境保护项目；
(7) 其他基础设施项目。

2. 关系社会公共利益、公众安全的公共事业项目的范围包括：
(1) 供水、供电、供气、供热等市政工程项目；
(2) 科技、教育、文化等项目；
(3) 体育、旅游等项目；
(4) 卫生、社会福利等项目；
(5) 商品住宅，包括经济适用住房；
(6) 其他公用事业项目。

3. 使用国有资金投资项目的范围包括：
(1) 使用各级财政预算资金的项目；
(2) 使用纳入财政管理的各种政府性专用建设基金的项目；
(3) 使用国有企业事业单位自有资金，并且国有资产投资者实际拥有控制权的项目。

4. 国家融资项目的范围包括：
(1) 使用国家发行的债券所筹资金的项目；

(2) 使用国家对外借款或者担保所筹资金的项目；
(3) 使用国家政策性贷款的项目；
(4) 国家授权投资主体融资的项目；

5. 使用国际组织或者外国政府贷款、援助资金项目包括：
(1) 使用世界银行、亚洲开发银行等国际组织贷款资金的项目；
(2) 使用外国政府及其机构贷款资金的项目；
(3) 使用国际组织或者外国政府援助资金的项目。

（二）建设工程必须招标的规模标准

《工程建设项目招标范围和规模标准规定》规定的上述各类工程建设项目，包括项目的勘察、设计、施工、监理以及与工程建设有关的重要设备、材料等采购，达到下列标准之一的必须进行招标：

(1) 施工单项合同估算价在人民币 200 万元以上的；
(2) 重要设备、材料等货物的采购，单项合同估算价在人民币 100 万元以上的；
(3) 勘察、设计、监理等服务的采购，单项合同估算价在 50 万元以上的；
(4) 单项的合同估算价低于第 (1)(2)(3) 项规定的标准，但项目总额在人民币 3000 万元以上的。

（三）可以不进行招标的建设工程项目

根据《工程建设项目招标范围和规模标准规定》，建设项目的勘察、设计，采用特定专利或者专有技术的，或者其建筑艺术造型有特殊要求的，经项目主管部门批准，可以不进行招标。

原国家计委、建设部等 7 部门颁布的《工程建设项目施工招标投标办法》中规定，有下列情形之一的，经该办法规定的审批部门批准，可以不进行施工招标：

(1) 涉及国家安全、国家秘密或者抢险救灾而不适宜招标的；
(2) 属于利用扶贫资金实行以工代赈需要使用民工的；
(3) 施工主要技术采用特定的专利或者专有技术的；
(4) 施工企业自建自用的工程，且该施工企业资质等级符合工程要求的；
(5) 在建工程追加的附属小型工程或者主体加层工程，原中标人仍具备承包能力的；
(6) 法律、行政法规规定的的其他情形。

【案例 4-2】

某市市政工程项目全部由政府投资，该项目为该市城市建设规划的重要项目之一，且已列入地方年度固定资产投资计划，现决定对该项目进行施工招标。因估计除本市施工企业参加投标外，还可能有外省市的施工企业参加投标，因此业主委托咨询单位编制了两个标底，准备分别用于对本市和外省市施工企业投标价的评定。

【问题】
1. 建设工程项目达到什么规模必须进行施工招标？
2. 本案例针对外省市施工企业制订了两个标底，违反了《招标投标法》的哪条原则？

【分析】
1. 根据《工程建设项目招标范围和规模标准规定》规定，施工单项合同估算价在人民币 200 万元以上的；施工单项的合同估算价低于人民币 200 万元标准，但项目总额在人民币 3000 万元以上的。

2. 本案例针对外省市施工企业制订了两个标底，违反了《招标投标法》的公平原则，公平原则要求给予所有投标人平等的机会，使其享有同等的权利，履行同等的义务，不得排斥、歧视潜在的投标人。

第三节　建设工程招标

一、建设工程招标方式

《招标投标法》规定，招标方式分为公开招标和邀请招标。

1. 公开招标

公开招标，也称无限竞争招标，是指招标人以招标公告的方式邀请不特定的法人或者其他组织投标。采用这种招标方式可以为符合条件的潜在投标人提供一个平等竞争的机会。依法必须进行招标的项目的招标公告，应当通过国家指定的报刊、信息网络或者其他媒体发布。

2. 邀请招标

邀请招标，是指招标人以投标邀请书的方式邀请特定的法人或者其他组织投标。为了保证邀请招标的竞争性，《招标投标法》规定，招标人采用邀请招标方式的，应当向三个以上具备承担招标项目的能力、资信良好的特定法人或者其他组织发出投标邀请书。

《施工招标投标办法》规定，国务院发展计划部门确定的国家重点建设项目；省、自治区、直辖市人民政府确定的地方重点建设项目；全部使用国有资金投资或者国有资金投资占控股或者主导地位的工程建设项目，应当公开招标。有下列情形之一的，经批准可以进行邀请招标：

（1）项目技术复杂或有特殊要求的，只有少量几家潜在投标人可供选择的；

（2）受自然地域环境限制的；

（3）涉及国家安全、国家秘密或者抢险救灾，适宜招标但不宜公开招标的；

（4）拟公开招标的费用与项目价值相比不值得的；

（5）法律、法规规定不宜公开招标的。

二、建设工程招标程序

建设工程招标的基本程序主要包括：落实招标条件、委托招标代理机构、编制招标文件、发布招标公告或投标邀请书、资格审查、开标、评标、中标和签订合同等。

（一）招标条件

《招标投标法》规定，招标项目按照国家有关规定需要履行项目审批手续的，应当先履行审批手续，取得批准。招标人应当有进行招标项目的相应资金或者资金来源已经落实，并应当在招标文件中如实载明。

《施工招标投标办法》进一步规定，依法必须招标的工程建设项目，应当具备下列条件才能进行施工招标：

（1）招标人已经依法成立；

（2）初步设计及概算应当履行审批手续的，已经批准；

（3）招标范围、招标方式和招标组织形式等应当履行核准手续的，已经核准；

（4）有相应资金或资金来源已经落实；

（5）有招标所需的设计图纸及技术资料；

（6）法律规定的其他条件。

(二) 自行招标和代理招标

1. 自行招标

《招标投标法》规定，招标人具有编制招标文件和组织评标能力的，可以自行办理招标事宜。任何单位和个人不得强制其委托招标代理机构办理招标事宜。依法必须进行招标的项目，招标人自行办理招标事宜的，应向有关行政监督部门备案。

《工程建设项目自行招标试行办法》中规定了自行招标必须具备的条件：

(1) 具备项目的法人资格；

(2) 具有与招标项目规模和复杂程度相适应的工程技术、概预算、财务和工程管理等方面专业技术力量；

(3) 有从事同类工程建设项目招标的经验；

(4) 设有专门的招标机构或者拥有3名以上专职招标业务人员；

(5) 熟悉和掌握招标投标法及有关法规规章。

2. 代理招标

招标人不具备自行招标能力，应当委托具有相应的资格条件的专业招标代理机构，由其代理招标人进行招标。《招标投标法》规定：招标代理机构是依法设立、从事招标代理业务并提供相关服务的社会中介组织。招标代理机构与行政机关和其他国家机关不得存在隶属关系或者其他利益关系。

(1) 工程招标代理机构必须具备的条件　根据《工程建设项目招标代理机构资格认定办法》第八条规定，申请工程招标代理机构应当具备以下条件：

① 是依法设立的中介组织，具有法人资格；

② 与行政机关和其他国家机关没有行政隶属关系或者其他隶属关系；

③ 有固定的营业场所和开展招标代理业务所需设施及办公条件；

④ 有健全的组织机构和内部管理的规章制度；

⑤ 具有编制招标文件和组织评标的相应专业力量；

⑥ 具有可以作为评标委员会成员人选的技术、经济等方面的专家库；

⑦ 法律、行政法规规定的其他条件。

(2) 工程招标代理机构的业务范围　工程招标代理机构资格分为甲级、乙级和暂定级，并规定了乙级和暂定级工程招标代理机构承担招标代理业务的工程投资额限额。甲级工程招标代理机构可以承担各类工程的招标代理业务；乙级工程招标代理机构只能承担总投资1亿元人民币以下的工程招标代理业务；暂定级工程招标代理机构，只能承担总投资6000万元人民币以下的工程招标代理业务。

招标代理机构可以在其资格等级范围内承担下列招标事宜：

① 拟定招标方案，编制和出售招标文件、资格预审文件；

② 审查投标人资格；

③ 编制标底；

④ 组织投标人踏勘现场；

⑤ 组织开标、评标，协助招标人定标；

⑥ 草拟合同；

⑦ 招标人委托的其他事项。

(三) 编制招标文件

《招标投标法》规定，招标人应当根据招标项目的特点和需要编制招标文件。招标文件应当包括招标项目的技术要求、对投标人资格审查的标准、投标报价要求和评标标准等所有实质性要求和条件以及拟签订合同的主要条款。国家对招标项目的技术、标准有规定的,招标人应当按照其规定在招标文件中提出相应要求。

《施工招标投标办法》进一步规定,招标文件一般包括下列内容:

(1) 投标邀请书;
(2) 投标人须知;
(3) 合同主要条款;
(4) 招标文件格式;
(5) 采用工程量清单招标的,应当提供工程量清单;
(6) 技术条款;
(7) 设计图纸;
(8) 评标标准和方法;
(9) 投标辅助材料。

招标人应当在招标文件中规定实质性要求和条件并用醒目的方式表明。

招标人对已发出的招标文件进行必要的澄清或者修改的,应当在招标文件要求提交投标文件截止时间至少15日前,以书面形式通知所有招标文件收受人。该澄清或者修改的内容为招标文件的组成部分。

招标人应当确定投标人编制投标文件所需的合理时间;但是,依法必须进行招标的项目,自招标文件开始发出之日起至投标人提交投标文件截止之日止,最短不得少于20日。

(四) 发布招标公告或投标邀请书

《招标投标法》规定,招标人采用公开招标方式的,应当发布招标公告。依法必须进行招标的项目的招标公告,应当通过国家指定的报刊、信息网络或者其他媒体发布。

招标公告应当载明招标人的名称和地址、招标项目的性质、数量、实施地点和时间以及获取招标文件的办法等事项。

招标人采用邀请招标方式的,应当向三个以上具备承担招标项目的能力、资信良好的特定的法人或者其他组织发出投标邀请书。

招标人可以根据招标项目本身的要求,在招标公告或者投标邀请书中,要求潜在投标人提供有关资质证明文件和业绩情况,并对潜在投标人进行资格审查;国家对投标人的资格条件有规定的,依照其规定。

招标人不得以不合理的条件限制或者排斥潜在投标人,不得对潜在投标人实行歧视待遇。

《建筑法》规定,建筑工程实行公开招标的,发包单位应当依照法定程序和方式,发布招标公告,提供载有招标工程的主要技术要求、主要的合同条款、评标的标准和方法以及开标、评标、定标的程序等内容的招标文件。

(五) 资格审查

资格审查分为资格预审和资格后审。

资格预审,是指投标前对潜在投标人进行的资格审查。采取资格预审的,招标人可以发布资格预审公告,在资格预审文件中载明资格预审的条件、标准和方法;采取资格后审的,招标人应当在招标文件中载明对投标人资格要求的条件、标准和方法。经资格预审后,招标人应当向资格预审合格的潜在投标人发出资格预审合格通知书,告知获得招标文件的时间、地点和方法,并同时向资格预审不合格的潜在投标人告知资格预审结果。资格预审不合格的潜在投标人不得参加投标。

资格后审,是指在开标后对投标人进行的资格审查。进行资格预审的,一般不再进行资格后审,但招标文件另有规定的除外。经资格后审不合格的投标人的投标应当作废标处理。

资格审查应主要审查潜在投标人或者投标人是否符合下列条件:

(1) 具有独立订立合同的权利;

(2) 具有履行合同的能力;包括专业、技术资格和能力,资金、设备和其他物质设施状况,管理能力,经验、信誉和相应的从业人员;

(3) 没有处于被责令停业,投标资格被取消,财产被接管、冻结,破产状态;

(4) 最近三年内没有骗取中标和严重违约及重大工程质量问题;

(5) 法律行政法规规定的其他资格条件。

资格审查时,招标人不得以不合理的条件限制、排斥潜在投标人或者投标人,不得对潜在投标人或者投标人实行歧视待遇。任何单位和个人不得以行政手段或者其他不合理方式限制投标人数量。

(六) 招标文件的出售

《工程建设项目施工招标投标办法》规定,招标人应当按照招标公告或者投标邀请书规定的时间、地点出售招标文件。自招标文件出售之日起至停止出售之日止,最短不得少于5个工作日。对招标文件的收费应当合理,不得以营利为目的。招标人在发布招标公告、发出投标邀请书后或者售出招标文件或资格预审文件后不得擅自终止招标。

(七) 组织现场踏勘和答疑

1. 组织现场踏勘

《工程建设项目施工招标投标办法》规定,招标人根据招标项目的具体情况,可以组织潜在投标人踏勘项目现场,向其介绍工程场地和相关环境的有关情况。潜在投标人依据招标人介绍的情况作出的判断和决策,由投标人自行负责。招标人不得单独或者分别组织任何一个投标人进行现场踏勘。

2. 招标文件答疑

《工程建设项目施工招标投标办法》规定,对于潜在投标人在阅读招标文件和现场踏勘中提出的疑问,招标人可以书面形式或召开投标预备会的方式解答,但需同时解答以书面的方式通知所有购买招标文件的潜在投标人。该解答的内容同样构成招标文件的组成部分。

【案例 4-3】

某建设单位经相关主管部门批准,组织某建设项目全过程总承包的公开招标工作。根据实际情况和建设单位要求,该工程工期定为两年,考虑到各种因素的影响,决定该工程在基本方案确定后即开始招标,确定的招标程序如下:

(1) 成立该工程招标领导机构;

(2) 委托招标代理机构代理招标;

(3) 发出投标邀请书;

(4) 对报名参加的投标人进行资格预审,并将结果通知合格的申请投标人;

(5) 向所有获得投标资格投标人发售招标文件;

(6) 召开投标预备会;

(7) 招标文件的澄清与修改;

(8) 开标;

(9) 组织评标;

(10) 决定中标单位;

(11) 发出中标通知书，签订承发包合同。

【问题】
1. 指出上述招标程序中的不妥之处。
2. 资格审查应主要审查潜在投标人或者投标人哪些条件？

【分析】
(1) 第（3）条发出投标邀请书不妥，应为发布招标公告。

第（4）条将资格预审结果仅通知合格的申请投标人不妥，资格预审的结果应通知所有的投标人。

第（6）条召开投标预备会之前应先组织投标人踏勘现场。

第（8）条制定标底和评标定标办法不妥，该工作应在发放招标文件之前进行。

(2) 资格审查应主要审查潜在投标人或者投标人是否符合下列条件：

① 具有独立订立合同的权利；
② 具有履行合同的能力；
③ 没有处于被责令停业，投标资格被取消，财产被接管、冻结，破产状态；
④ 最近三年内没有骗取中标和严重违约及重大工程质量问题；
⑤ 法律行政法规规定的其他资格条件。

第四节 建设工程投标

一、投标的要求

（一）投标人的资格要求

《招标投标法》规定，投标人是响应招标、参加投标竞争的法人或其他组织。投标人应当具备承担招标项目的能力；国家有关规定对投标人资格条件或者招标文件对投标人资格有规定的，投标人应当具备规定的资格条件。

《国家基本建设大中型项目实行招标投标的暂行规定》中规定，参加建设项目主体工程的设计、建筑安装和监理以及主要设备、材料供应等投标单位，必须具备以下条件：

(1) 具有招标条件要求的资格证书，并为独立的法人实体；
(2) 承担过类似建设项目的相关工作，并有较好的工作业绩和履约记录；
(3) 财产状况良好，没有被接管、破产或者其他关、停、并、转状态；
(4) 在最近三年内没有参与骗取合同以及其他经济方面的严重违法行为；
(5) 近几年有较好的安全记录，投标当年内没有发生重大质量、特大安全事故。

（二）投标文件

1. 投标文件的编制

《招标投标法》规定，投标人应当按照招标文件的要求编制投标文件。投标文件应当对招标文件提出的实质性要求和条件作出响应。招标项目属于建设施工项目的，投标文件的内容应当包括拟派出的项目负责人与主要技术人员的简历、业绩和拟用于完成招标项目的机械设备等。

《工程建设项目施工招标投标办法》规定，投标文件一般包括以下内容：

(1) 投标函；
(2) 投标报价；
(3) 施工组织设计；

(4) 商务和技术偏差表。

投标人根据招标文件载明的项目实际情况，拟在中标后将中标项目的部分非主体、非关键性工作进行分包的，应当在投标文件中载明。

2. 投标文件的提交

《招标投标法》规定，投标人应当在招标文件要求提交投标文件的截止时间前，将投标文件送达投标地点。招标人收到投标文件后，应当签收保存，不得开启。投标人少于三个的，招标人应当依法重新招标。招标文件要求提交投标文件的截止日期后送达的投标文件，招标人应当拒收。

3. 投标文件的补充、修改或撤回

《招标投标法》规定，投标人在招标文件要求提交投标文件的截止时间之前，可以补充、修改或撤回已提交的投标文件，并书面通知招标人。补充、修改的内容为投标文件的组成部分。

《工程建设项目施工招标投标办法》规定，在提交投标文件截止时间后到招标文件规定的投标有效期终止之前，投标人不得补充、修改、替代或者撤回其投标文件。投标人补充、修改、替代投标文件的，招标人不予接受；投标人撤回投标文件的，其投标保证金被没收。

二、投标保证金

（一）投标保证金的概念

投标保证金是由招标人在招标文件设定的一种担保形式，要求投标人向招标人出具的，以一定金额表示的投标责任担保。防止投标人在投标有效期内随意撤回标书或中标后不能提交履约保证金和签署合同。在发生下列情形时，招标人有权没收投标保证金：

(1) 投标人在投标有效期内撤回其投标文件；

(2) 中标人未能在规定期限内提交履约保证金或签署合同协议。

投标有效期是从投标人提交投标文件截止之日起计算，一般至中标通知书签发日期止。在此期限内，所有招标文件均保持有效。

（二）投标保证金的额度和有效期限

《工程建设项目施工招标投标办法》规定，招标人可以在招标文件中要求投标人提交投标保证金。投标保证金除现金外，可以是银行出具的银行保函、保兑支票、银行汇票或现金支票。

投标金额一般不得超过总投标价的 2%，但最高不得超过 80 万元人民币，投标保证金有效期应当超出投标有效期 30 天。投标人应当按照招标文件要求的金额和方式，将投标保证金随投标文件提交给招标人。

招标人与中标人签订合同后 5 个工作日内，应当向未中标的投标人退还投标保证金。

三、联合体投标

（一）联合体投标的概念

联合体投标指两个以上法人或者其他组织组成一个联合体，以一个投标人的身份共同投标。联合体投标可以实现优势互补，增强投标竞争力，联合体共同投标一般适用于大型建设项目和结构复杂的建设项目。联合体投标具有以下特点：

(1) 联合体有两个或者两个以上的投标人组成；

(2) 联合体是一个临时性的组织，不具有法人资格；

(3) 联合体各方以一个投标人的身份共同投标，中标后，招标人与联合体各方共同签订一个承包合同。

（二）联合体各方的资质要求

根据《招标投标法》的规定，对联合体各方资质条件有如下要求：

（1）联合体各方均应当具备承担招标项目的相应能力；

（2）国家有关规定或者招标文件对投标人资格条件有规定的，联合体各方均应当具备规定的相应资格条件；

（3）由同一专业的单位组成的联合体，按照资质等级较低的单位确定资质等级。

（三）联合体共同投标协议

《招标投标法》规定，联合体各方应当签订共同投标协议，明确约定各方拟承担的工作和责任，并将共同投标协议连同投标文件一并提交招标人。联合体中标的，联合体各方应当共同与招标人签订合同，就中标项目向招标人承担连带责任。

联合体各方必须指定牵头人，授权其代表所有联合体成员负责投标和合同实施阶段的主办和协调工作。

四、关于投标禁止性规定

（一）投标人之间相互串通投标

《招标投标法》规定，投标人不得相互串通投标报价，不得排挤其他投标人的公平竞争，不得损害招标人或者其他投标人的合法权益。

《工程建设项目施工招标投标办法》列举了以下几种表现形式：

（1）投标人之间相互约定抬高或降低投标报价；

（2）投标人之间相互约定，在招标项目中分别以高、中、低价位报价；

（3）投标人之间先行进行内部竞价，内定中标人，然后再参加投标；

（4）投标人之间其他串通投标报价的行为。

（二）投标人与招标人串通投标

《招标投标法》规定，投标人不得与招标人串通投标，损害国家利益、社会公共利益或者他人的合法权益。

《工程建设项目施工招标投标办法》列举了以下几种表现形式：

（1）招标人在开标之前开启投标文件，并将投标情况告知其他投标人，或者协助投标人撤换投标文件，更改报价；

（2）招标人向投标人泄露标底；

（3）招标人与投标人商定，投标时压低或抬高报价，更改报价，中标后再给投标人或者招标人额外补偿；

（4）招标人预先内定中标人；

（5）其他串通投标行为。

（三）投标人以行贿的手段谋取中标

《招标投标法》规定，禁止投标人以向招标人或者评标委员会成员行贿的手段谋取中标。投标人以行贿的手段谋取中标是违背招标投标法基本原则的行为，对其他参与竞争的投标人不公平，其法律后果是中标无效。有关责任人和单位还要承担相应的行政责任或刑事责任；给他人造成损失的，还应承担民事赔偿责任。

（四）投标人以低于成本的报价竞标

《招标投标法》规定，投标人不得以低于成本的报价竞标。投标人以低于成本的报价竞标，其目的主要是为了排挤对手，违反了《反不正当竞争法》。同时，低于成本的报价竞标不仅是不正当竞争行为，还容易导致中标后的偷工减料，影响工程质量。

（五）投标人以非法手段骗取中标

《招标投标法》规定，投标人不得以他人名义投标或者以其他方式弄虚作假，骗取中标。在工程实践中骗取中标的现象主要表现在以下几个方面：

(1) 投标人挂靠其他施工单位投标；
(2) 从其他单位通过转让或租借的方式获取资格或资格证书；
(3) 投标时递交虚假业绩证明、资格文件；
(4) 由其他单位及其法定代表人在自己编制的投标文件上加盖印章和签字等。

【案例4-4】

甲、乙施工单位组成投标联合体参与某项目的投标，招标文件明确规定，投标人的资质等级必须是施工总承包二级以上（包括二级），甲（施工总承包一级）、乙（施工总承包二级）组成联合体进行投标。联合体投标时按招标文件的要求提交投标保证金5万元，该联合体收到中标通知书，但尚未与招标人签订合同，此时甲、乙认为该项目盈利太少，于是决定放弃该项目。

【问题】
1. 甲、乙两家单位组成联合体投标是否符合规定？
2. 中标后不与招标人签订合同，将承担什么样的法律责任？

【分析】
(1) 甲、乙两家单位组成联合体投标符合规定。因为招标文件明确规定，投标人的资质等级必须是施工总承包二级以上（包括二级），而甲是施工总承包一级、乙是施工总承包二级，按资质等级低的乙公司的资质和招标文件的要求，可以组成联合体进行投标。
(2) 中标后不与招标人签订合同，将承担违约责任，没收其投标保证金5万元。

第五节　建设工程的开标、评标和中标

一、开标

开标就是招标人依据招标文件规定的时间和地点，开启投标人提交的投标文件，公开宣布投标人的名称、投标价格和投标文件中的其他主要内容。

《招标投标法》规定，开标应当在招标文件确定的提交投标文件截止时间的同一时间公开进行；开标地点应当为招标文件中预先确定的地点。

开标由招标人主持，邀请所有投标人参加。开标会议可邀请公证部门对开标全过程进行公证。开标过程应当记录，并存档备查。

开标的程序首先由投标人或者其推选的代表检查投标文件的密封情况，也可以由招标人委托的公证机构检查并公证；经确认无误后，由工作人员当众拆封，宣读投标人名称，投标人价格和投标文件的其他主要内容。招标人在招标文件要求提交投标文件的截止时间前收到的所有投标文件，开标时都应当当众予以拆封宣读。设有标底的，公布标底。投标人代表、招标人代表、监标人、记录人等有关人员在开标记录上签字确认。

《工程建设项目施工招标投标办法》规定，投标文件有下列情形之一的，招标人不予受理：

(1) 逾期送达的或者未送达指定地点的；
(2) 未按招标文件要求密封的。

 **【案例4-5】**

某市政工程建设项目向社会公开招标,招标文件中明确规定提交投标文件的截止时间为2010年6月1日上午9点,开标时间为2010年6月1日上午10点,开标由该市建设行政主管部门主持,邀请所有投标人参加,开标时,由投标人当众检查投标文件的密封情况,开标后,A投标单位因报价计算有误,要求撤回投标文件。

【问题】

1. 上述的开标程序有哪些问题?请指出。
2. A投标单位的投标文件可不可以撤回?撤回投标文件的后果是什么?

【分析】

(1) 上述的开标程序有两处错误:

① 开标时间应与投标截止时间相同,即2010年6月1日上午9点;

② 开标主持应由招标人主持,建设行政主管部门不能参与招投标活动,只能对其活动进行监督管理。

(2) A投标单位的投标文件不可以撤回,因为开标后,投标单位投标的投标属于要约行为,若违反将承担法律责任。撤回投标文件的后果是没收其投标保证金。

二、评标

(一) 评标委员会的组建

《招标投标法》规定,评标由招标人依法组建的评标委员会负责。评标委员会成员的名单在中标结果确定前应当保密。

1. 评标委员会的组成

依法必须进行招标的项目,其评标委员会由招标人的代表和有关技术,经济等方面的专家组成,成员人数为5人以上单数,其中技术、经济等方面的专家不得少于成员总数的三分之二。

评标委员会设负责人的,评标委员会负责人由评标委员会成员推举产生或者由招标人确定。评标委员会负责人与评标委员会的其他成员有同等的表决权。

2. 评标委员会专家的确定

(1) 从事相关领域工作满8年并具有高级职称或者具有同等专业水平;

(2) 熟悉有关招标投标的法律法规,并具有与招标项目相关的实践经验;

(3) 能够认真、公正、诚实、廉洁地履行职责;

(4) 身体健康,能承担评标工作。

评标委员会的专家成员应从省级以上人民政府有关部门提供的专家名册或招标代理机构的专家名册中确定。

评标专家的确定,可以采取随机抽取或者直接确定的方式。一般项目,可以采取随机抽取的方式;技术特别复杂、专业性要求特别高或者国家有特殊要求的招标项目,采取随机抽取方式确定的专家难以胜任的,可以由招标人直接确定。

3. 评标委员会成员的回避制度

《招标投标法》规定,与投标人有利害关系的人不得进入相关项目的评标委员会;已经进入的应当更换。《评标委员会和评标方法暂行规定》进一步规定,有下列情形之一者不得担任评标委员会成员,并应主动提出回避:

(1) 投标人或者投标主要负责人的近亲属;

(2) 项目主管部门或者行政监督部门的人员;

(3) 与投标人有经济利益关系,可能影响对投标公正评审的;

(4) 曾因在招标、评标以及其他与招标投标有关活动中从事违法行为而受到行政处罚或者刑事处罚的。

4. 评标委员会的保密义务和评标的工作要求

招标人应当采取必要的措施,保证评标在严格保密的情况下进行。任何单位和个人不得非法干预、影响评标的过程和结果。

评标委员会成员不得与任何投标人或者与招标结果有利害关系的人进行私下接触,不得收受投标人、中介人、其他利害关系人的财物或者其他好处。

评标委员会可以要求投标人对投标文件中含义不明确的内容作必要的澄清或说明,但是澄清或者说明不得超过投标文件的范围或改变投标文件的实质性内容。评标委员会应当按照招标文件确定评标标准和方法,对投标文件进行评审和比较;设有标底的,应当参考标底。评标委员会完成评标后,应当向招标人提出书面评标报告,并推荐合格的中标候选人。评标委员会经审评,认为所有投标都不符合招标文件要求的,可以否决所有投标。依法必须进行招标的项目的所有投标被否决,招标人应当依法重新招标。

《工程建设项目施工招标投标办法》规定,投标文件不响应招标文件的实质性要求和条件的,招标人应当拒绝,并不允许投标人通过修正或撤销其不符合要求的差异或保留,使之成为具有响应性的投标。

评标委员会在对实质性响应招标文件要求的投标进行报价评估时,除招标文件另有约定,应当按下述原则进行修正:

(1) 用数字表示的数额与用文字表示的数额不一致时,以文字数额为准;

(2) 单价与工程量的乘积与总价之间不一致时,以单价为准。若单价有明显的小数点错位,应以总价为准,并修改单价。

(二) 废标情况

《工程建设项目施工招标投标办法》规定,投标文件有下列情形之一的由评标委员会初审后按废标处理:

(1) 无单位盖章并无法定代表人或法定代表人授权的代理人签字或者盖章的;

(2) 未按规定的格式填写,内容不全或关键字模糊、无法辨认的;

(3) 投标人递交两份或者多份内容不同的投标文件,或者在一份投标文件中对同一招标项目报有两个或多个报价,且未声明哪一个有效,按招标文件规定提交备选投标方案的除外;

(4) 投标人名称或组织结构与资格预审时不一致的;

(5) 未按招标文件要求提交投标保证金的;

(6) 联合体投标未附联合体各方共同投标协议的。

(三) 评标的基本程序和方法

1. 评标的基本程序

《标准施工招标文件》规定,评标活动将按以下五个步骤进行:

(1) 评标准备;

(2) 初步评审;

(3) 详细评审;

(4) 澄清、说明或补正;

(5) 推荐中标候选人或者直接确定中标人及提交评标报告。

2. 评标方法

《评标委员会和评标方法暂行规定》规定：评标方法一般有经评审的最低投标价法、综合评估法或者法律、行政法规允许的其他评标方法。

(1) 经评审的最低投标价法　经评审的最低投标价法一般是用于具有通用技术、性能标准或者招标人对其技术、性能没有特殊要求的招标项目。

采用经评审的最低投标价法的，应当在投标文件能够满足招标文件实质性要求的投标人中，评审出投标价格最低的投标人，但投标价格低于其成本的除外。

(2) 综合评估法　不宜采用经评审的最低投标价法的招标项目，一般应当采取综合评估法进行评审。采用综合评估法评审的，应当对投标文件提出的工程质量、施工工期、投标价格、施工组织设计或者施工方案、投标人及项目经理业绩等，能否最大限度地满足招标文件中规定的各项要求和评价标准进行评审和比较。

三、中标

(一) 中标条件

1. 中标候选人

评标委员会推荐的中标候选人应当限制在一至三人，并表明排列顺序。《招标投标法》规定：中标人的投标应当符合下列条件之一：

(1) 能够最大限度地满足招标文件中规定的各项综合评价标准；

(2) 能够满足招标文件的实质性要求，并且经评审的投标价格最低；但是投标价格低于成本的除外。

2. 确定中标人

根据《招标投标法》和《工程建设项目施工招标投标办法》的有关规定，确定中标人应当遵守如下程序：

(1) 评标委员会提出书面评标报告后，招标人应当在 15 日内确定中标人，但最迟应当在投标有效期结束日三十个工作日前确定。

(2) 招标人应当接受评标委员会推荐的中标候选人，不得在评标委员会推荐的中标候选人之外确定中标人。

(3) 依法必须招标的项目，招标人应当确定排名第一的中标候选人为中标人。排名第一的中标候选人放弃中标、因不可抗力提出不能履行合同，或者招标文件规定应当提交履约保证金而在规定的期限内未能提交的，招标人可以确定排名第二的中标候选人为中标人，依此类推。

(4) 招标人可以授权评标委员会直接确定中标人。

(二) 中标通知书

中标人确定后，招标人应当向中标人发出中标通知书，并同时将中标结果通知所有的未中标的投标人。中标通知书对招标人和中标人具有法律效力。中标通知书发出后，招标人改变中标结果的，或中标人放弃中标项目的，应当依法承担法律责任。

(三) 签订合同

《招标投标法》规定，招标人和中标人应当自中标通知书发出之日起 30 日内，按照招标文件和中标人的投标文件订立书面合同。招标人和中标人不得再行订立背离合同的实质性内容的其他协议。

《工程建设项目施工招标投标办法》还规定，招标人不得向中标人提出压低报价、增加工作、缩短工期或其他违背中标人意愿的要求，以此作为发出中标通知书和签订合同的条件。

招标文件要求中标人提交履约保证金的，中标人应当提交。

招标人于中标人签订合同后5个工作日内，应当向未中标的投标人退还投标保证金。

依法必须进行招标的项目，招标人应当自确定中标人之日起15日内，向有关行政监督部门提交招标投标情况的书面报告。《工程建设项目施工招标投标办法》规定该书面报告应当至少包括下列内容：

（1）招标范围；
（2）招标方式和发布招标公告的媒体；
（3）招标文件中投标人须知、技术条款、评标标准和方法、合同主要条款等内容；
（4）评标委员会的组成和评标报告；
（5）中标结果。

【案例 4-6】

某政府投资的工程项目向社会公开招标，并成立了评标委员会，该项目技术特别复杂、专业性要求特别高，只有甲、乙、丙三家公司参加投标。甲的投标文件中的大写金额和小写金额不一致；乙的投标文件中有含义不明确的内容；丙未按招标文件要求提交投标保证金。投标有效期到2011年4月5日截止，评标委员会于2月15日提交了评标报告，招标人最终于3月1日确定甲为中标人，并于3月2日向甲发出中标通知书，3月4日甲收到中标通知书。

【问题】
1. 评标委员会的人员组成应符合哪些规定？
2. 针对甲、乙、丙三家投标人的问题，评标委员会该如何处理？
3. 签订合同的时间最迟应是什么时间？

【分析】
（1）评标委员会由招标人的代表和有关技术、经济等方面的专家组成，成员人数为5人以上单数，其中技术、经济等方面的专家不得少于成员总数的三分之二。与投标人有利害关系的人不得进入相关项目的评标委员会；已经进入的应当更换。

（2）甲的投标文件中的大写金额和小写金额不一致，以大写金额为准；乙的投标文件中有含义不明确的内容，评标委员会要求其对此作必要的澄清或者说明；丙未按招标文件要求提交投标保证金，评标委员会将丙的投标文件作为废标处理。

（3）双方应在2010年3月31日前订立书面合同。

第六节 建设工程招标投标法律责任

一、招标人的法律责任

《招标投标法》规定，有下列情况之一者，招标人应承担违法的法律责任。

（1）必须进行招标的项目而不招标的，将必须进行招标标的项目化整为零或者以其他任何方式规避招标的，责令限期改正，可以处项目合同金额千分之五以上千分之十以下的罚款；对全部或者部分使用国有资金的项目，可以暂停项目执行或者暂停资金拨付；对单位直接负责的主管人员和其他直接责任人员依法给予处分。

（2）招标人以不合理的条件限制或者排斥潜在投标人的，对潜在投标人实行歧视待遇的，强制要求投标人组成联合体共同投标的，或者限制投标人之间竞争的，责令改正，可以处一万元以上五万元以下的罚款。

（3）依法必须进行招标的项目的招标人向他人透露已获取招标文件的潜在投标人的名称、数量或者可能影响公平竞争的有关招标投标的其他情况的，或者泄露标底的，给予警告，可以处一万元以上十万元以下的罚款；对单位直接负责的主管人员和其他直接负责人员给予处分；构成犯罪的，依法追究刑事责任。影响中标结果的，中标无效。

（4）依法必须进行的招标的项目，招标人违反规定，与投标人就投标价格、投标方案等实质性内容进行谈判的，给予警告，对单位直接负责的主管人员和其他直接责任人员依法给予处分。影响中标结果的，中标无效。

（5）招标人在评标委员会依法推荐的中标候选人以外确定中标人的，依法必须进行招标的项目在所有投标被评标委员会否决后自行确定中标人的，中标无效。责令改正，可以处中标项目金额千分之五以上千分之十以下的罚款；对单位直接负责的主管人员和其他直接责任人员依法给予处分。

（6）招标人与中标人不按照招标文件和中标人的投标文件订立合同的，或者招标人、中标人订立背离合同实质性内容的协议的，责令改正；可以处中标项目金额千分之五以上千分之十以下的罚款。

二、招标代理机构的法律责任

《招标投标法》规定，招标代理机构违反规定，泄露应当保密的与招标投标活动有关的情况和资料的，或者与招标人、投标人串通损害国家利益、社会公共利益或者他人合法权益的，处五万元以上二十五万元以下的罚款，对单位直接负责的主管人员和其他直接责任人员处单位罚款数额百分之五以上百分之十以下的罚款；有违法所得的，并处没收违法所得；情节严重的，暂停直至取消招标代理资格；构成犯罪的，依法追究刑事责任。给他人造成损失的，依法承担赔偿责任。影响中标结果的，中标无效。

三、投标人的法律责任

《招标投标法》规定，有下列情况之一者，投标人应承担违法的法律责任。

（1）投标人相互串通投标或者与招标人串通投标的，投标人以向招标人或者评标委员会成员行贿的手段谋取中标的，中标无效，处中标项目金额千分之五以上千分之十以下的罚款，对单位直接负责的主管人员和其他直接责任人员处单位罚款数额百分之五以上百分之十以下的罚款；有违法所得的，并处没收违法所得；情节严重的取消其1年至2年内参加依法必须进行招标的项目的投标资格并予以公告，直至由工商行政管理机关吊销营业执照；构成犯罪的，依法追究刑事责任。给他人造成损失的，依法承担赔偿责任。

（2）投标人以他人名义投标或者以其他方式弄虚作假骗取中标的，中标无效，给招标人造成损失的，依法承担赔偿责任；构成犯罪的，依法追究刑事责任。依法必须进行招标的项目的投标人有以上所列行为尚未构成犯罪的，处中标金额千分之五以上千分之十以下的罚款，对单位直接负责的主管人员和其他直接责任人员处单位罚款数额百分之五以上百分之十以下的罚款；有违法所得的，并处没收违法所得；情节严重的，取消其1年至3年内参加依法必须进行招标的项目的投标资格并予以公告，直至由工商行政管理机关吊销营业执照。

四、评标委员会成员的法律责任

《招标投标法》规定，评标委员会成员收受投标人的财物或者其他好处的，评标委员会成员或者参加评标的有关工作人员向他人透露对投标文件评审和比较、中标候选人的推荐以及与评标有关的其他情况的，给予警告，没收收受的财物，可以并处三千元以上五万元以下的罚款，对有所列违法的行为的评标委员会成员取消担任评标委员会成员的资格，不得再参加任何依法必须进行招标的项目的评委；构成犯罪的，依法追究刑事责任。

五、中标人的法律责任

《招标投标法》规定，有下列情况之一者，中标人应承担违法的法律责任。

（1）中标人将中标项目转让给他人的，将中标项目肢解后分别转让他人的，违反本法规定将中标项目的部分主体、关键性工作分包给他人的，或者分包人再次分包的，转让、分包无效，处转让、分包项目金额千分之五以上千分之十以下的罚款；有违法所得的，并处没收违法所得；可以责令停业整顿；情节严重的，由工商行政管理机关吊销营业执照。

（2）中标人不履行与招标人订立的合同的，履约保证金不予退还，给招标人造成的损失超过履约保证金额的，还应当对超过部分予以赔偿；没有提交履约保证金的，应当对招标人的损失承担赔偿责任。中标人不按照与招标人订立的合同履行义务，情节严重的，取消其2年至5年内参加依法必须进行招标的项目的投标资格并予以公告，直至工商行政管理机关吊销营业执照。因不可抗力不能履约合同的，不适用以上规定。

六、国家机关工作人员的法律责任

《招标投标法》规定，对招标投标活动依法负有行政监督职责的国家机关工作人员徇私舞弊、滥用职权或者玩忽职守，构成犯罪的，依法追究刑事责任；不构成犯罪的，依法给予行政处分。

七、其他法律责任

《招标投标法》规定，任何单位违反本法规定，限制或者排斥本地区、本系统以外的法人或者其他组织参加投标的，为招标人指定招标代理机构的，强制招标人委托招标代理机构办理招标事宜的，或者以其他方式干涉招标投标活动的，责令改正；对单位直接负责的主管人员和其他直接责任人员依法给予警告、记过、记大过的处分，情节较重的，依法给予降级、撤职、开除的处分。个人利用职权进行以上违法行为的，依照以上规定追究责任。

依法必须进行招标的项目违反本法规定，中标无效的，应当依照本法规定的中标条件从其余投标人中重新确定中标人或者依照本法重新进行招标。

【案例 4-7】

甲公司投标中标承包了一个住宅小区的施工任务，由于工期紧，将其中两栋住宅楼的施工任务转让给了乙、丙两家公司，转让合同金额总共五千万元。对此，当地的建设行政主管部门按照《招标投标法》的规定，对甲公司进行了处罚。

【问题】
1. 甲公司违反了《招标投标法》的哪条规定？
2. 甲公司应该受到哪些处罚？

【分析】
（1）甲公司违反了《招标投标法》第四十八条规定："中标人应当按照合同约定履行义务，完成中标项目。中标人不得向他人转让中标项目，也不得将中标项目肢解后分别向他人转让"。

（2）甲公司将受到以下处罚：
① 被处以二十五万元以上五十万元以下的罚款；
② 没收其违法所得；

③ 可以责令停业整顿；

④ 情节严重的，由工商行政管理机关吊销营业执照。

 小知识　　　　　　　我国招标业的沿革

据史料记载，我国最早采用招商比价（招标投标）方式承包工程的是 1902 年张之洞创办的湖北制革厂，五家营造商参加开价比价，结果张同升以 1270.1 两白银的开价中标，并签订了以质量保证、施工工期、付款办法为主要内容的承包合同。嗣后，1918 年汉阳铁厂的两项扩建工程曾在汉口《新闻报》刊登广告，公开招标。到 1929 年，当时的武汉市采办委员会曾公布招标规则，规定公有建筑或一次采购物料大于 3000 元以上者，均须通过招标决定承办厂商。

1979 年，我国土木建筑企业最先参与国际市场竞争，以投标方式在中东、亚洲、非洲和港澳地区开展国际承包工程业务，取得了国际工程投标的经验与信誉。国务院在 1980 年 10 月颁布了《关于开展和保护社会主义竞争的暂行规定》，指出"对一些适宜于承包的生产建设项目和经营项目，可以试行招标、投标的办法。"世界银行在 1980 年提供给我国的第一笔贷款，即第一个大学发展项目时，便以国际竞争性招标方式在我国（委托）开展其项目采购与建设活动。自此之后，招标活动在我国境内得到了重视，并获得了广泛地应用于推广。国内建筑业招标于 1981 年首先在深圳试行，进而推广至全国各地。国内机电设备采购招标于 1983 年首先在武汉试行，继而在上海等地广泛推广。1985 年，国务院决定成立中国机电设备招标中心，并在主要城市建立招标机构，招标投标工作正式纳入政府职能。从那时起，用招标投标方式就迅速在各个行业发展起来。2000 年 1 月 1 日，《中华人民共和国招标投标法》正式施行，招标投标业进入了一个新的发展阶段。

本章小结

建设工程的承包与发包是指发包方通过合同委托承包方按合同规定为其完成某一工程的全部或部分工作并按合同的约定支付一定的报酬，双方权利义务关系，通过合同加以明确的交易行为。发承包的方式有招标发包和直接发包两种。

《建筑法》规定，承包建筑工程的单位应当持有依法取得的资质证书，并在其资质等级许可的业务范围内承揽工程。建设单位禁止肢解发包；允许承包单位分包，但不得转包。

《招标投标法》规定了招标投标活动必须遵循的基本原则，即"公开、公平、公正和诚实信用"的原则。招标方式分为公开招标和邀请招标。招标人具有编制招标文件和组织评标能力的，可以自行办理招标事宜。招标人不具备自行招标能力，应当委托具有相应的资格条件的专业招标代理机构，由其代理招标人进行招标。

《招标投标法》规定，投标人是响应招标、参加投标竞争的法人或其他组织。投标人应当具备承担招标项目的能力；国家有关规定对投标人资格条件或者招标文件对投标人资格有规定的，投标人应当具备规定的资格条件。

开标就是招标人依据招标文件规定的时间和地点，开启投标人提交的投标文件，公开宣布投标人的名称、投标价格和投标文件中的其他主要内容。评标就是依据招标文件的要求和规定，对投标文件进行审查、评审和比较，评标由招标人依法组建的评标委员会负责。评标委员会成员的名单在中标结果确定前应当保密。评标的方法有：经评审的最低投标价法和综合评估法两种。招标人根据评标委员会提出的书面评标报告和推荐的中标候选人确定中标人。招标人也可以授权评标委员会直接确定中标人。招标人和中标人应当自中标通知书发出之日起 30 日内，按照招标文件和中标人的投标文件订立书面合同。

在招标投标过程中，各方主体应当各自承担违反《招标投标法》相应的法律责任。

复习思考题

1. 什么是招标投标？《招标投标法》规定必须进行招标的建设工程项目有哪些？
2. 招标的方式有几种？各自适合哪些建设工程项目？
3. 建设工程招投标的招标程序有哪些？
4. 投标人必须具备哪些条件才能参加投标？投标文件包括哪些内容？
5. 联合体投标应具有哪些特点？
6. 投标人之间串标有哪些具体表现？
7. 什么是废标？投标人的哪些投标应当作废标处理？
8. 中标人中标应具备哪些条件？
9. 投标人违反《招标投标法》应承担哪些法律责任？

课后练习题

一、单项选择

1. 《招标投标法》规定的必须招标的工程建设项目范围内，项目总投资低于 3000 万元人民币的下列单项工程服务中，必须进行招标的是（　　）。
   A. 勘察、设计服务单项合同估算价五十万元以上
   B. 施工单项合同估算价达到一百八十万元
   C. 重要货物采购单项合同估算价接近 100 万元
   D. 监理服务单项合同估算价 30 万元

2. 依照《工程建设项目施工招标投标办法》的规定，下列工程项目中，依法应当公开招标的项目是（　　）。
   A. 国有企业利用自有资金投资的项目
   B. 使用各级政府财政预算资金的项目
   C. 民营企业控股的中外企业合资建设项目
   D. 外商投资的一般工业与民用项目

3. 应当公开招标的建设工程项目出现下列情形时，经批准可以进行邀请招标的是（　　）。
   A. 施工企业自建自用的工程　　　　　　　B. 拟进行公开招标的费用比较多
   C. 受自然地域限制的　　　　　　　　　　D. 抢险救灾的工程

4. 依法必须招标的项目，自招标文件开始发出之日起至投标人提交投标文件截止之日止，最短不得少于（　　）个工作日。
   A. 5　　　　　　　B. 7　　　　　　　C. 10　　　　　　　D. 20

5. 建设工程招标中，招标人可以没收投标人保证金的是（　　）。
   A. 投标文件的密封不符合招标文件的要求
   B. 投标文件中附有招标人不能接受的条件
   C. 在投标有效期内撤回其投标文件
   D. 拒绝评标委员会提出的降低报价的要求

6. 按照《招标投标法》及相关法规规定，下列评标定标行为中违法的是（　　）。
   A. 甲企业投标报价明显低于标底合理幅度，评标委员会要求其作出书面说明

B. 乙企业投标报价最低，但评标委员会认为该报价可能低于其企业成本，未作为中标候选人推荐
C. 招标人在评标委员会推荐的中标候选人之外确定了中标人
D. 由于排名第一的中标候选人未能按规定提交履约保证金，招标人将排名第二的候选人定为中标人

7. 某工程投标总价六千万元，则投标保证金最高不得超过（　　）万元。
   A. 30　　　　　B. 50　　　　　C. 80　　　　　D. 120

8. 下列不可以作投标保证金的是（　　）。
   A. 现金　　　　　　　　　　　B. 银行保函
   C. 银行汇票　　　　　　　　　D. 关系单位的信用担保

9. 关于招标单位对中标人发出的中标通知书，下列说法中正确的是（　　）。
   A. 中标通知书属于要约
   B. 中标通知书属于要约邀请
   C. 中标通知书对招标人不具有法律效力
   D. 中标通知书发出后，中标人放弃中标项目的，应当承担缔约过失责任

10. 甲、乙两个施工单位组成施工联合体投标某图书馆工程，甲为施工总承包一级资质，乙为施工总承包二级资质，则下列说法错误的是（　　）。
    A. 该施工联合体应按施工总承包二级资质确定等级
    B. 如果该施工联合体中标，甲、乙应就各自承担的工程与建设单位签订合同
    C. 如果该施工联合体中标，甲、乙应就中标项目向建设单位承担连带责任
    D. 以联合体牵头人名义提交的投标保证金，对其各方成员具有约束力

11. 下列使用国有资金的项目中，必须通过招标方式选择施工单位的是（　　）。
    A. 某水利工程，其单项施工合同估算价五百万元人民币
    B. 利用扶贫资金实行以工代赈需要使用农民工的项目
    C. 某军事工程，其重要设备的采购单项合同估算价二百万元人民币
    D. 某福利院工程，其单项施工合同估算价六百万元人民币且施工主要技术采用某专有技术

12. 评标委员会为（　　）人以上的单数。
    A. 3　　　　　B. 5　　　　　C. 7　　　　　D. 9

13. 政府投资建设某中学的教学楼，根据有关法律规定，其监理合同价在（　　）万元人民币以上必须招标。
    A. 25　　　　　B. 50　　　　　C. 120　　　　　D. 140

14. 对于中标通知书的法律效力下列说法正确的是（　　）。
    A. 中标通知书就是正式合同　　　　B. 中标通知书是要约邀请
    C. 中标通知书是要约　　　　　　　D. 中标通知书是承诺

15. 根据《招标投标法》有关规定，评标委员会中技术、经济等方面的专家不得少于成员总数的（　　）。
    A. 1/2　　　　　B. 2/3　　　　　C. 1/3　　　　　D. 1/4

16. 中标人将中标项目转包或者将中标项目肢解后转给他人的，可以处（　　）的罚款。
    A. 合同金额 0.5% 以上 1% 以下　　　B. 1 万元以上三万元以下
    C. 1 万元以上五万元以下　　　　　　D. 1 万元以上十万元以下

17. 根据《招标投标法》的有关规定，招标人和投标人应当自中标通知书发出之日起（　　）日内，签订书面合同。
    A. 10　　　　　B. 20　　　　　C. 30　　　　　D. 60

18. 某办公楼项目进行公开招标，投标人在提交投标文件截止时间后，招标人发现投标人少于三个，此时（　　）。
    A. 应正常开标　　　　　　　　B. 依法重新招标
    C. 可进行议标　　　　　　　　D. 可改为邀请招标

19. 某市政工程项目进行招标，按照招标投标法律法规的规定，开标后允许（　　）。
    A. 投标人更改投标书的内容和报价

B. 投标人再增加优惠条件
C. 评标委员要求投标人澄清问题
D. 招标人更改招标文件中说明的评标定标办法

20. 所谓投标有效期，是指（　　）的日期。
    A. 发售招标文件到投标截止时
    B. 发售招标文件到签发中标通知书之日
    C. 投标截止之日到签发中标通知书之日
    D. 投标人投送投标文件之日到投标保证金失效之日

21. 甲、乙、丙三家公司组成联合体投标中标了一栋大型商场工程，施工过程中因甲施工的工程质量问题而出现了赔偿责任，则建设单位（　　）。
    A. 可向甲、乙、丙任何一方赔偿
    B. 只能要求甲负责赔偿
    C. 只能与甲、乙、丙协商由谁赔偿
    D. 如向乙要求赔偿，乙有权拒绝

二、多项选择

1. 《招标投标法》规定，招标投标活动应当遵循（　　）的原则。
   A. 公开　　　　　　　　B. 公平　　　　　　　　C. 公正
   D. 平等　　　　　　　　E. 诚实信用

2. 下列工程建设项目中，依法应当进行公开招标的项目有（　　）。
   A. 国家和地方人民政府确定的重点项目
   B. 使用各级财政预算资金的项目
   C. 使用国有企业自有资金的项目
   D. 民间投资或控股的建设项目
   E. 纳入财政管理的各种政府性专项建设基金项目

3. 根据《招标投标法》，以下关于招标代理的表述正确的有（　　）。
   A. 招标代理机构是建设行政主管部门所属的专门负责招标投标代理工作的机构
   B. 招标代理机构是社会中介组织
   C. 招标代理机构应当具备经国家建设行政主管部门认定的资格条件
   D. 建设行政主管部门有权为招标人指定招标代理机构
   E. 所有的招标都必须委托招标代理机构进行

4. 《招标投标法》规定，两个以上法人或其他组织可以组成一个联合体，以一个投标人的身份投标。对此，下列说法正确的有（　　）。
   A. 联合体应具有法人资格
   B. 联合体的资格采取就高不就低的原则
   C. 联合体投标应有各方共同签署的共同投标协议，否则将按废标处理
   D. 中标的联合体各方应分别与招标人签约
   E. 联合体投标应以联合体或牵头人的名义提交投标保证金

5. 某市政建设项目向社会公开招标，招标文件中明确规定提交投标文件的截止时间为2011年5月5日上午10点，则下列说法正确的有（　　）。
   A. 开标时间为2011年5月5日上午10点
   B. 开标由该市建设行政主管部门主持
   C. 开标邀请所有投标人参加
   D. 开标时，由投标人当众检查投标文件的密封情况
   E. 招标人对2011年5月5日上午10点10分送达的投标文件不予受理

6. 评标委员会在对某工程项目评标过程中，发现个别投标文件中存在某些错误，则评标委员会的下列做法正确的有（　　）。
   A. 甲的投标文件中的大写金额和小写金额不一致，以大写金额为准
   B. 乙的投标文件中关键字模糊、无法辨认，评标委员会要求其改正

C. 丙未按招标文件要求提交投标保证金，评标委员会将丙的投标文件作为废标处理
D. 丁的投标文件中有含义不明确的内容，评标委员会要求其对此作必要的澄清或者说明
E. 戊的项目经理及组织结构与资格预审时的不一致，评标委员会将戊的投标文件作为废标处理

7. 某市政工程项目进行招标，在下列（　　）情形下，招标人有权没收投标人的投标保证金。
A. 投标人在投标有效期内撤回其投标文件
B. 投标人在投标日期截止前要求修改投标文件的内容
C. 中标后未能在规定期限内提交履约保证金或签署合同协议
D. 投标人的投标报价不符合招标文件要求
E. 投标文件中施工组织设计过于简单

8. 投标文件有下列（　　）情形的，招标人不予受理。
A. 未按要求密封递送的标书
B. 无单位盖章或法人代表签字
C. 逾期送达或未送达指定地点
D. 未按招标文件要求提交保证金
E. 联合体投标未附有联合体各方共同投标协议

9. 按照原建设部《关于培养发展工程总承包和工程项目管理企业的指导意见》，工程总承包的方式有（　　）总承包。
A. 设计采购施工（EPC）/交钥匙　　　　B. 设计施工（D-B）
C. 设计采购（E-P）　　　　　　　　　　D. 采购施工（P-C）
E. 项目管理（PM）

10. 按照《招标投标法》及相关法规的规定，中标人按合同约定或经招标人同意，可以将中标项目中的施工任务进行分包的有（　　）。
A. 部分非主体、非关键工程　　　　　　B. 专业工程
C. 自身缺乏施工经验的分部工程　　　　D. 劳务作业任务
E. 需要专有技术的分项工程

三、案例评析

某大型商场的招标人于2010年5月10日向社会发布了公开招标公告，其中说明：5月18～19日9:00～16:00时在该招标办总工程师室领取招标文件；6月5日上午10:00时为投标截止时间。公告发出后，有A、B、C、D、E共5家施工企业参加投标并购买了招标文件，按规定时间提交了投标文件。但投标单位A在送出了投标文件后发现投标报价有较严重的失误，于是赶在投标截止时间前10分钟递交了一份书面声明，撤回已经提交的投标文件。

开标时，由招标人委托的市公证处人员检查了投标文件的密封情况，确认无误后由工作人员当众拆封。由于投标单位A已撤回投标文件，故招标人有B、C、D、E共4家投标单位投标，并宣读了4家投标单位的投标价格、工期和其他主要内容。评标委员会由招标人直接确定，共7人组成，其中招标人代表2人、本系统技术专家2人、经济专家1人、外系统技术专家1人、经济专家1人。

在评标过程中，评标委员会要求B、D两投标人分别对施工方案作详细说明，并对若干技术要点和难点提出问题，要求其提出具体、可靠的实施措施。作为评标委员会的招标人代表希望投标单位B适当考虑一下降低报价的可能性。按照招标文件中确定的评标标准，4个投标人综合得分从高到低的依次顺序为B、D、C、E，故评标委员会确定投标单位B为中标人。由于投标单位B为外地企业，招标人于6月10日将中标通知以挂号信方式寄出，投标单位B于6月14日收到了中标通知书。

由于从报价情况来看，4个投标人的标价从低到高的依次顺序为D、C、B、E，因此，

从 6 月 16 日至 7 月 10 日招标人又与投标单位 B 就合同价格进行了多次谈判，结果投标单位 B 将价格降到略低于投标单位 C 的报价水平，最终双方于 7 月 12 日签订了书面合同。

【问题】
请指出该项目的开标评标过程中的错误之处？

【评析题】
从背景资料来看，本项目的开标评标过程中，有以下几个问题值得思考。

（1）投标单位 A 在投标截止时间前已撤回投标文件，在开标时是否还需宣读其名称？

（2）评标委员会如何组成的问题，是否全部由招标人直接确定？

（3）招标人是否可以要求投标单位 B 考虑降价并就合同价格进行了多次谈判？另外中标通知书发出后，能不能就价格等实质性问题进行谈判？

（4）本案例订立书面合同的时间为 32 天，是否合理？在我国招投标制度对此是否有详细要求？

建设工程合同法规

知识目标

- 了解合同的概念、订立原则与分类
- 了解合同的变更、转让和终止
- 熟悉合同订立的形式与内容
- 熟悉可撤销合同的法律规定
- 熟悉与建设工程有关的其他合同
- 掌握合同订立的程序
- 掌握无效合同、效力待定合同的法律规定
- 掌握建设工程施工合同内容及承发包双方的义务
- 掌握建设工程价款支付及赔偿损失的规定
- 掌握违约责任的承担方式

能力目标

- 能够区分有效合同、效力待定合同、无效合同和可撤销合同
- 能够在合同的履行过程中行使抗辩权
- 运用《合同法》解决建设工程中的合同纠纷

第一节 建设工程合同法原理

建设工程合同是承包人进行工程建设，发包人支付价款的合同。从完成的内容来看，建设工程合同可以分为建设工程勘察合同、建设工程设计合同和建设工程施工合同三类，对于施工管理人员来说，在工作中涉及的主要是建设工程施工合同，因此本章主要学习建设工程施工合同的内容。

一、合同的订立原则

《合同法》规定，合同是平等主体的自然人、法人、其他组织之间设立、变更、终止民事权利义务关系的协议。

（一）平等原则

《合同法》规定，合同当事人的法律地位平等，一方不得将自己的意志强加给对方。这一原则包括以下三个方面的内容。

（1）合同当事人的法律地位一律平等。合同当事人是平等的主体，没有高低、从属之分。不论所有制性质、单位大小和经济实力强弱，其法律地位都是平等的。

(2) 合同中的权利义务对等。就是说，享有权利的同时就应当承担义务，而且彼此的权利、义务都是平等的。

(3) 合同当事人必须就合同条款充分协商，在互利互惠基础上取得一致，合同方能成立。任何一方都不得将自己的意志强加给另一方，任何单位和个人不得非法干涉。

(二) 自愿原则

《合同法》规定，当事人依法享有自愿订立合同的权利，任何单位和个人不得非法干预。

自愿原则是合同法的重要基本原则，是民事法律关系区别于行政法律关系、刑事法律关系的特有原则。自愿原则贯穿于合同活动的全过程，包括：

(1) 订不订立合同自愿；

(2) 与谁订立合同自愿；

(3) 合同内容由当事人在不违法的情况下自愿约定；

(4) 在合同履行过程中当事人可以协议补充、协议变更有关内容；

(5) 双方也可以协议解除合同；

(6) 可以约定违约责任，在发生争议时，当事人可以自愿选择解决争议的方式。

总之，只要不违背法律、行政法规强制性的规定，合同当事人有权自愿决定，任何单位和个人不得非法干预。

(三) 公平原则

《合同法》规定，当事人应当遵循公平原则确定各方的权利和义务。

公平原则包括：

(1) 订立合同时，要根据公平原则确定双方的权利和义务，不得滥用权力，不得欺诈，不得假借合同恶意进行磋商；

(2) 根据公平原则确定风险的合理分配；

(3) 根据公平原则确定违约责任。

(四) 诚实信用原则

《合同法》规定，当事人行使权利、履行义务应当遵循诚实信用原则

诚实信用原则主要包括：

(1) 订立合同时，不得有欺诈或其他违背诚实信用的行为；

(2) 在履行合同义务时，当事人应当遵循诚实信用的原则，根据合同性质、目的和交易习惯，履行及时通知、协助、提供必要条件、防止损失扩大、保密等义务；

(3) 合同终止后，当事人也应当遵循诚实信用的原则，根据交易习惯，履行通知、协助、保密等义务，也称为后契约义务。

(五) 不得损害社会公共利益原则

《合同法》规定，当事人订立、履行合同，应当遵守法律、行政法规，尊重社会公德，不得扰乱社会经济秩序，损害社会公共利益。一般来讲，合同的订立和履行，属于合同当事人之间的民事权利义务关系，只要当事人的意思不与法律规范、社会公共利益和社会公德相抵触，即承认合同的法律效力。但是，合同绝不仅仅是当事人之间的问题，有可能涉及社会公共利益、社会公德和经济秩序。为此，对于损害社会公共利益、扰乱社会经济秩序的行为，国家应当予以干涉。

二、合同的分类

根据不同的标准，可以将合同划分为不同的种类。下面介绍几种与建设工程施工合同有关的合同。

1. 要式合同与不要式合同

根据法律对合同的形式是否采取一定形式为标准，可以将合同分为要式合同与不要式合同。

（1）要式合同　是指根据法律规定必须采取法定形式的合同。如《合同法》规定，建设工程合同应当采用书面形式。

（2）不要式合同　是指当事人订立的合同依法并不需要采取特定的形式。当事人可以采取口头方式，也可以采取书面形式或其他形式。

2. 双务合同与单务合同

根据合同当事人是否互付义务，可以将合同分为双务合同和单务合同。

（1）双务合同　是指当事人之间互相承担义务，或者说，当事人均承担义务的合同。例如，建设工程施工合同中，承包人有承建建设工程的义务，而发包人则有按约支付工程价款的义务。大部分合同都是双务合同。

（2）单务合同　是指合同当事人中仅有一方负担义务，而另一方只享有合同权利的合同。例如，在赠与合同中，受赠人有接受赠与物的权利，但不负担任何义务。无偿委托合同、无偿保管合同均属于单务合同。

3. 有名合同与无名合同

根据法律是否规定一定的名称并设有专门规范，可以将合同分为有名合同与无名合同。

（1）有名合同　又称典型合同，是指法律上已经规定了专门的名称及专门规范的合同。《合同法》中所规定的15类合同，都属于有名合同，如建设工程合同等。

（2）无名合同　又称非典型合同，是指法律上尚未规定专门的名称与专门规范的合同，合同当事人可以自由决定合同的内容。

4. 有偿合同与无偿合同

有偿合同和无偿合同根据合同当事人之间的权利义务是否存在对价关系，可以将合同分为有偿合同与无偿合同。

（1）有偿合同　是指当事人一方享有合同规定的权益，必须向另一方支付相应代价的合同，实践中绝大多数合同都是有偿的，如建设工程合同、买卖合同等。

（2）无偿合同　是指当事人享有合同规定的权益，对方取得该利益时并不支付任何代价的合同，如赠与合同。

5. 建设工程合同

《合同法》规定，建设工程合同是承包人进行工程建设，发包人支付价款的合同。

建设工程合同是《合同法》分则中特别规定的合同类型，也被称为"有名合同"。建设工程合同分为建设工程勘察合同、建设工程设计合同和建设工程施工合同。

建设工程施工合同是建设工程合同中的重要部分，是指施工人（承包人）根据发包人委托，完成建设工程项目的施工工作，发包人接收工作成果并支付报酬的合同。

施工合同的内容包括工程范围、建设工期、中间交工工程的开工和竣工时间、工程质量、工程造价、技术资料交付时间、材料和设备供应责任、拨款和结算、竣工验收、质量保修范围和质量保证期、双方相互协作等条款。

第二节　合同的订立

一、合同订立的形式

合同订立的形式，是指合同当事人双方对合同的内容、条款经过协商，作出共同的意思表示的具体方法。《合同法》规定:"当事人订立合同,有书面形式、口头形式和其他形式。"法律、行政法规规定的或者当事人约定采用书面形式的,应当采用书面形式。可以认为,《合同法》在合同形式上的要求是以不要式为原则的。这种合同形式的不要式原则符合市场经济的要求。尽管如此,书面形式的合同仍是应用最广泛的合同形式。

《合同法》规定,书面形式是指合同书、信件和数据电文(包括电报、电传、传真、电子数据交换和电子邮件)等可以有形地表现所载内容的形式。

二、合同成立

合同成立,是指当事人就合同主要条款达成了合意。《合同法》规定,承诺生效时合同成立。合同成立需具备下列条件:

(1) 订约主体需要双方或者多方当事人;
(2) 订约当事人对主要条款达成一致;
(3) 合同的成立一般要经过要约和承诺两个阶段。

三、合同订立的程序

(一) 要约

1. 要约的概念

《合同法》规定,要约是希望和他人订立合同的意思表示。不经过要约,合同不可能成立。

要约是希望和他人订立合同的意思表现,该意思表示应当符合下列规定。

(1) 内容具体确定。所谓具体,是指要约的内容需具有足以使合同成立的主要条款。如果没有包含合同的主要条款,受要约人难以作出承诺,即使作出承诺,也会因为双方的这种合意不具备合同的主要条款而使合同不能成立。所谓确定,是指要约的内容需明确,不能含糊不清,否则无法承诺。

(2) 表明经受要约人承诺,要约人即受该意思表示约束。要约需具有订立合同的意图,表明一经受要约人承诺,要约人即受该意思表示的约束。要约作为表达希望与他人订立合同的一种思想表达,其内容已经包含了可以得到履行的合同成立所需要具备的基本条件。

2. 要约邀请

《合同法》规定,要约邀请是希望他人向自己发出要约的意思表示。寄送的价目表、拍卖公告、招标公告、招股说明书、商业广告等为要约邀请。商业广告的内容符合要约规定的视为要约。

在建设工程招标投标活动中,招标文件是要约邀请,对招标人不具有法律约束力;投标文件是要约,应受自己作出的与他人订立合同的意思表示的约束。

3. 要约的生效、撤回和撤销

《合同法》规定,要约到达受要约人时生效。如投标人向招标人发出的投标文件,自到达招标人时起生效。生效的情形具体可表现为:

(1) 口头形式的要约自受要约人了解要约内容时发生效力;
(2) 书面形式的要约自到达受要约人时发生效力;
(3) 采用数据电子文件形式的要约,当收件人指定特定系统接收电文的,自该数据电文进入该特定系统的时间(视为到达时间),该要约发生效力;若收件人未指定特定系统接收电文的,自该数据电文进入收件人任何系统的首次时间(视为到达时间),该要约发生效力。

要约的撤回,指要约发生法律效力之前,要约人使其不发生法律效力而取消要约的行为。《合同法》规定:"要约可以撤回,但撤回要约的通知应当在要约到达受要约人之前或者与要约同时达到受要约人。"

要约的撤销，指要约发生法律效力之后，要约人使其不发生法律效力而取消要约的行为。《合同法》规定："要约可以撤销，但撤销要约的通知应当在受要约人发出承诺通知之前达到受要约人。"

《合同法》规定，有下列情形之一的，要约不得撤销：

(1) 要约人确定了承诺期限或者以其他形式明示要约不可撤销；

(2) 受要约人有理由认为要约是不可撤销的，并已经为履行合同作了准备工作。

4. 要约的失效

《合同法》规定，有下列情形之一的，要约失效。

(1) 拒绝要约的通知到达要约人　收到拒绝要约的通知后，要约人就可以不再遵守"经受要约人承诺，要约人受该意思表示约束"了。

(2) 要约人依法撤销要约　依法撤销后，要约自然就失效了。即使此时受要约人作出了承诺，要约人也可以自由选择是否接受。

(3) 承诺期限届满，受要约人未作出承诺　要约中可以约定承诺的期限，在约定的期限内，受要约人作出的承诺是有效的。超过了这个期限而作出的承诺是否有效决定权在要约人。

(4) 受要约人对要约的内容作出了实质性变更　实质性变更指的是将使要约的内容产生实质性变化的变更，如建设工程中的质量标准、建设工期和价款等内容。由于受要约人对要约进行了实质性变更，已经不是要约人自己的意思表示了，所以，要约人可以不受该意思表示的约束。

(二) 承诺

(1) 承诺的概念　《合同法》规定，承诺是受要约人同意要约的意思表示。如招标人向投标人发出的中标通知书，是承诺。

(2) 承诺的方式　承诺应当以通知的方式作出，但根据交易习惯或者要约表明可以通过行为作出承诺的除外。这里的行为通常是履行行为，如预付价款、工地上开始工作等。

(3) 承诺的生效　承诺通知到达要约人时生效。承诺不需要通知的，根据交易习惯或者要约的要求作出承诺的行为时生效。

采用数据电子文件形式订立合同的，当收件人指定特定系统接收电文的，自该数据电文进入该特定系统的时间，视为到达时间；若收件人未指定特定系统接收电文的，自该数据电文进入收件人任何系统的首次时间，视为到达时间。

(4) 承诺的变更　承诺的内容应当与要约的内容一致。受要约人对要约的内容作出实质性变更的，为新要约。有关合同标的、数量、质量、价款或者报酬、履行期限、履行地点和方式、违约责任和解决争议方法等的变更，是对要约内容的实质性变更。

四、合同的内容

合同的内容，即合同的当事人的权利、义务，除法律规定的以外，主要由合同的条款确定。合同的内容由当事人约定，一般包括以下条款。

(一) 当事人的名称或者姓名和住所

这是合同必备的条款，当事人的名称或者姓名是指法人或者其他组织的名称，住所是指他们的主要办事机构所在地。

(二) 标的

合同的标的是指合同的当事人双方权利义务的焦点：

(1) 有形财产　指具有价值和使用价值并且法律允许流通的有形物。

(2) 无形财产　指具有价值和使用价值并且法律允许流通的不以实物形态存在的智力成果，如商标、专利、著作权、技术秘密等。

(3) 劳务　指不以有形财产体现其成果的劳动与服务，如运输合同中承运人的运输行为。

(4) 工作成果　指在合同履行过程中产生的、体现履约行为的有形物或无形物，如承包人完成的建设工程项目。

（三）数量

数量是衡量合同标的的尺度，是以数字和其他计量单位表示的尺度。合同的数量要准确，选择使用共同接受的计量单位、计量方法和计量工具。

（四）质量

质量是标的的内在品质和外观形态的综合指标，是标的物性质差异的具体特征。因此，合同对质量标准的约定应当准确而具体。国家有强制性标准的，必须按照强制性标准执行。当事人可以约定质量检验方法、质量责任期限和条件、对质量提出异议的条件与期限等。

（五）价款或者报酬

价款或者报酬，是指一方当事人为取得对方出让的标的物或为其提供劳务，支付给对方的一定数量的货币。在合同中，应当规定清楚计算价款或报酬的方法。

（六）履行期限、地点和方式

履行期限，是指享有权利的一方要求义务向对方履行义务的时间范畴，如交付标的物、价款或者报酬，履行劳务完成工作的时间界限等。履行地点，是指当事人履行合同义务和对方当事人接受履行的地点。建设施工合同的履行地点是项目所在地。履行方式，是指当事人履行合同义务的具体做法。建设工程施工合同中的有关施工组织设计条款，即为履行方式的条款。

（七）违约责任

违约责任，是指当事人一方或者双方不履行合同或者不适当履行合同，依照法律规定或者合同约定应当承担的法律责任。为了保证合同义务的严格履行，及时解决合同纠纷，可以在合同中约定定金、违约金、赔偿金额以及赔偿金的计算方法等。

（八）解决争议的方法

解决争议的方法，是指合同当事人选择解决合同争议的方式和地点等，对合同条款发生争议时解决争议的途径主要有：双方协议和解；第三人调解；仲裁和诉讼。当事人可以约定解决争议的方法，实行"或裁或审制"。

【案例 5-1】

某建设工程发布了招标公告进行招标，投标人 A 编制了投标文件，并在投标截止期前投送了投标书，结果投标人 A 中标。A 与发包人以中标价签订了建设工程施工合同并履行备案手续后，发包人与 A 又签订了要求承包人在中标价格基础上让利 10% 的补充协议，结算时双方对工程价款发生争议，争论的焦点是应当以那一个合同作为结算工程价款的依据。

【问题】

1. 上文中提到的招标公告、投标文件和中标通知书在法律上具有哪些效力？
2. 结算时双方对工程价款发生争议时，应当以那一个合同作为结算工程价款的依据。

【分析】

(1) 在建设工程招标投标活动中，招标公告是要约邀请，对招标人不具有法律约束力；

投标文件是要约，投标人应受自己作出的与他人订立合同的意思表示的约束；招标人向投标人发出的中标通知书，是承诺。是受要约人同意要约的意思表示。

（2）本案例的工程合同和补充协议是属于典型的"阴阳"合同，按照《最高人民法院管理审理建设工程施工合同纠纷案件适用法律问题的解释》规定：当事人就同一建设工程另外订立的建设工程施工合同与经过备案的中标合同实质性内容不一致的，应当以备案的中标合同作为结算工程价款的依据。

第三节　合同的效力

一、合同的生效

（一）合同生效的概念

合同生效，是指合同当事人依据法律规定经协商一致，双方订立的合同即发生法律效力。我国《合同法》规定，依法成立的合同，自成立时生效。法律、行政法规规定应当办理批准、登记等手续生效的，依照其规定。

（二）合同生效的条件

合同生效一般应当具备下列条件：

（1）当事人具有相应的民事权利能力和民事行为能力；

（2）意思表示真实；

（3）不违反法律或者社会公共利益。

（三）合同生效的时间

依法成立的合同，自成立时生效。口头合同自受要约人承诺时生效；书面合同自当事人双方签字或者盖章时生效；法律规定应当采用书面形式的合同，当事人虽然未采用书面形式但已经履行全部或者主要义务的，可以视为合同生效。当事人可以对合同生效约定附条件或者约定附期限。

附条件合同，包括附生效条件的合同和附解除条件的合同两类。附生效条件的合同，自条件成就时生效；附解除条件的合同，自条件成就时失效。

附期限的合同有附生效期限和附终止期限两类。附生效期限的合同，届时生效；附终止期限的合同届满时失效。

二、效力待定合同

效力待定合同是指合同虽然已经成立，但因其不完全符合有关生效要件的规定，其合同效力能否发生尚未确定，一般须经有权人表示承认才能生效。

《合同法》规定的效力待定合同有三种，即限制行为能力人订立的合同，无权代理人订立的合同，无处分权人处分他人的财产订立的合同。

（一）限制行为能力人订立的合同

《合同法》规定，限制民事行为能力人订立的合同，经法定代理人追认后，该合同有效，但纯获利益的合同或者与其年龄、智力、精神健康状况相适应而订立的合同，不必经法定代理人追认。

相对人可以催告法定代理人在1个月内以追认。法定代理人未作表示的，视为拒绝追认。合同被追认之前，善意相对人有撤销的权利。撤销应当以通知的方式作出。

（二）无权代理人订立的合同

行为人没有代理权、超越代理权或者代理权终止后以被代理人名义订立合同，未经被代理人追认，对被代理人不发生效力，由行为人承担责任。

相对人可以催告法定代理人在 1 个月内以追认。被代理人未作表示的，视为拒绝追认。合同被追认之前，善意相对人有撤销的权利。撤销应当以通知的方式告知。

（三）无处分权人处分他人的财产订立的合同

无处分权人处分他人财产，经权利人追认或者无处分权的人订立合同后取得处分权的，该合同有效。

三、无效合同

（一）无效合同的概念

无效合同是指合同内容或者形式违反了法律、行政法规的强制性规定和社会公共利益，国家规定不承认其效力，不给予法律保护的合同。

无效合同的特征是：

(1) 具有违法性；

(2) 具有不可履行性；

(3) 自订立之时就不具有法律效力。

（二）无效合同的法律规定

(1) 一方以欺诈、胁迫的手段订立合同，损害国家利益

所谓欺诈，是指故意隐瞒事实情况或者告知对方虚假的情况，欺骗对方，诱使对方当事人做出错误的意思表示而与之订立合同。所谓胁迫，是指行为人以将要发生的损害或者以直接实施损害相威胁，使对方当事人产生恐惧而做出了违背真实意思的表示，并签订了合同。

(2) 恶意串通，损害国家、集体或者第三者利益

所谓恶意串通，是指合同双方当事人非法勾结，为谋求私利，损害国家、集体或者第三人利益而共同签订的合同。例如，甲施工企业承包了一建筑工程，为了追求更大的利润，与乙材料供应商签订了材料供应合同，购买劣质的水泥用于工程，然后向监理单位的人员行贿，按合格验收，这样就损害了国家和使用者的利益。施工企业与材料供应商签订的合同为无效合同。

(3) 以合法形式掩盖非法目的

又称伪装合同，当事人实施的形式上是合法的，但在内容上或者目的上是非法的。例如，当事人通过虚假的买卖行为达到隐匿财产，逃避债务的目的。

(4) 损害社会公共利益

损害社会公共利益的合同，实质上是违反了社会的公共道德，破坏了社会经济秩序和生活秩序。例如，与他人签订合同出租赌博场所。

(5) 违反法律、行政法规的强制性规定

法律、行政法规中包括强制性规定和任意性规定。强制性规定排除了合同当事人的意思自由，即当事人在合同中不得协议违反法律、行政法规的强制性规定，否则将构成无效合同；对于任意性规定，当事人可以约定排除，如当事人可以约定商品的价格等。

合同无效，应当以全国人大及其常委会颁布的法律，国务院颁布的法规为依据。仅违反地方规定的合同认定为无效是违法的。

（三）无效的免责条款

免责条款，是指当事人在合同中约定免除或者限制其未来责任的合同条款。合同中的下列免责条款无效：

(1) 造成对方人身伤害的；

(2) 因故意或者重大过失造成对方财产损失的。

(四) 建设工程无效施工合同的主要情形

施工合同具有下列情形之一的，应当根据《合同法》第五十二条第五项的规定（即违反法律、行政法规的强制性规定），认定无效：

(1) 承包人未取得建筑施工企业资质或者超越资质等级的；
(2) 没有资质的实际施工人借用有资质的建筑企业名义的；
(3) 建设工程必须进行招标而未招标或者中标无效的；
(4) 承包人非法转包、违法分包建设工程或者没有资质的实际施工人借用有资质的建筑施工企业名义与他人签订建设工程施工合同的行为无效。

四、可撤销合同

(一) 可撤销合同的概念及特征

可撤销、可变更合同，是指因意思表达有瑕疵，有撤销权的当事人可以对其予以撤销或者变更的合同。

可撤销合同不同于无效合同，它具有以下特征：

(1) 在合同成立后、被撤销前是有效的，只有在撤销权人行使撤销权后，才因被撤销而溯及到成立时无效；
(2) 只有有撤销权的当事人有权主张无效或者变更，其他任何人不能主张合同无效；
(3) 可以行使撤销权予以撤销或者变更。

(二) 可撤销合同的类型

有以下情形之一的，受害方有权请求人民法院或者仲裁机构变更或者撤销其合同。

(1) 因重大误解而订立的合同。重大误解，是指当事人一方因自己的过失，对合同的内容发生重大误解而订立合同的行为。
(2) 在订立合同时显失公平的合同。显失公平，是指当事人一方因缺乏经验而订立的明显对自身有重大不利的合同行为。
(3) 一方以欺诈、胁迫的手段或者乘人之危，使对方在违背真实意思的情况下订立的合同。

(三) 撤销权消灭

(1) 具有撤销权的当事人自知道或者应当知道撤销事由之日起一年内没有行使撤销权的；
(2) 具有撤销权的当事人知道撤销事由后明确表示或者以自己的行为放弃撤销权。

(四) 可撤销或无效合同的法律效力和后果

(1) 无效合同或者被撤销合同自始没有法律约束力。
(2) 合同部分无效，不影响其他部分的效力，其他部分仍然有效。
(3) 合同无效、被撤销或者终止时不影响合同中独立存在的有关解决争议方法的条款的效力。
(4) 可撤销或无效合同的法律后果：
① 返还财产；
② 赔偿损失；
③ 追缴财产，收归国有。

【案例 5-2】

甲建筑公司与某开发公司签订施工承包合同，承包住宅小区工程。之后，该建筑公司将住宅小区工程转包给乙建筑公司施工,双方签订了一份《劳务分包合同》,约定住宅小区工程由乙建筑公司负责施工,材料、设备也由乙建筑公司提供。合同中采取单方固定价包干。施工完毕时,产生结算矛盾。乙建筑公司主张:施工过程中工程设计变更较多,如按《劳动分包合同》中的包干价结算亏本,要求调高价款,据实结算。但甲建筑公司不予认可。

【问题】

1. 本案中《劳务分包合同》是否有效,其法律后果是什么?
2. 乙建筑公司应如何主张结算工程款?

【分析】

(1) 按照《最高人民法院关于审理建设工程施工合同纠纷案件适用法律问题的解释》第四条、《合同法》第五十六条规定,本案中的《劳务分包合同》,实质上是甲建筑公司的转包行为,在法律上是无效合同;该合同的法律后果,是对双方当事人没有法律约束力。

(2) 按照《最高人民法院关于审理建设工程施工合同纠纷案件适用法律问题的解释》第二条规定,该工程如果经竣工验收合格,承包人请求参照合同约定支付工程价款的,应予支持。

第四节 建设工程施工合同内容及承发包双方的义务

一、建设工程施工合同概述

(一) 建设工程施工合同的概念

建设工程施工合同即建筑安装工程承包合同,是发包人与承包人之间为完成商定的建设工程项目,确定双方权利和义务的协议。依据施工合同,承包方应完成一定的建筑、安装工程任务,发包人应提供必要的施工条件并支付工程价款。

建设工程施工合同是建设工程合同的一种,是其主要合同。是工程建设质量控制、进度控制、投资控制的主要依据,它与其他合同一样是一种双务合同,在订立时也应遵循自愿、公平、诚实信用的原则。

(二) 建设工程施工合同的当事人

施工合同的当事人是发包人和承包人,双方是平等的民事主体。承发包双方签订施工合同,必须具备相应的资质和履行合同的能力。对合同范围内的工程实施建设时,发包人应具备组织协调能力;承包人必须具备有关部门核定的资质等级并持有营业执照等证明文件。

1. 发包人

发包人可以是具备法人资格的国家机关、事业单位、国有企业、私营企业、经济联合体和社会团体,也可以是依法登记的个人合伙、个体经营户或个人,及一切以协议、法院判决或其他合法手续取得发包方资格,承认全部合同条件能够而且愿意履行合同规定义务的合同当事人。发包人既可以是建设单位,也可以是取得建设项目总承包资格的项目总承包单位。

2. 承包人

承包人应是具备与工程相应的资质和法人资格的并被发包人接受的合同当事人及其合法继承人。

二、建设工程施工合同的内容

《合同法》规定,施工合同的内容包括工程范围、建设工程、中间交工工程的开工和竣工时间、工程质量、工程造价、技术资料交付时间、材料和设备供应责任、拨款和结算、竣工验收、质量保修范围和质量保质期、双方相互协作条款等。

1. 工程范围

工程范围是指施工的界区,是施工人进行施工的工作范围。

2. 建设工期

建设工期是指施工人完成施工任务的期限。承包人在投标函中承诺的工期和计划开、竣工日期之间发生矛盾或者不一致时,以承包人承诺的工期为准。

3. 中间交工工程的开工和竣工时间

中间交工工程是指施工过程中的阶段性工程。为了保证工程各阶段的交接,顺利完成工程建设,当事人应当明确中间交工工程的开工和竣工时间。

4. 工程质量

工程质量要求是施工合同中的核心内容。工程质量标准为符合现行国家有关工程施工验收规范和标准以及特殊质量要求。施工人必须按照工程设计图纸和施工技术标准施工,不得擅自修改工程设计,不得偷工减料。发包人也不得明示或者暗示施工人违反工程建设强制性标准,降低建设工程质量。

5. 工程造价

工程造价是指进行工程建设所需的全部费用,包括人工费、材料费、施工机械使用费、管理费、措施费、规费和税金等。为了保护工程质量,双方当事人应当合理确定工程造价。

6. 技术资料交付时间

技术资料主要是指勘察、设计文件以及其他施工人据以施工所必需的基础资料。技术资料的交付是否及时往往影响到施工进度,因此,当事人应当在施工合同中明确技术资料的交付时间。

7. 材料和设备供应责任

材料和设备供应责任,是指由哪一方当事人提供工程所需材料设备及其应承担的责任。材料和设备的供应责任应当由双方当事人在合同中作出明确约定,有的由发包人负责提供,也可以由承包人负责采购。如果按照合同约定由发包人负责采购建筑材料、构配件和设备的,发包人应当保证建筑材料、构配件和设备符合设计文件和合同要求。承包人则须按照工程设计要求、施工技术标准和合同约定,对建筑材料、构配件和设备进行检验。

8. 拨款和结算

拨款是指工程款的拨付。结算是指工程交工后,施工人按照合同约定和已完成工程量向发包人办理工程款的清算。拨款和结算条款是施工人请求发包人支付工程款和报酬的依据。

9. 竣工验收

竣工验收是工程交付使用前的必经程序,也是发包人支付价款的前提。竣工验收条款一般应当包括验收范围与内容、验收标准与依据、验收人员组成、验收方式和日期内容。交付竣工验收的建筑工程,必须符合规定的建筑工程质量标准。

10. 质量保修范围和质量保质期

建设工程质量保修范围和质量保证期,应当按照《建设工程质量管理条例》的规定执行。

11. 双方相互协作条款

双方相互协作条款一般包括双方当事人在施工前的准备工作,施工人及时向发包人提出开工通知书、施工进度报告书、对发包人的监督检查提供必要的协助等。

三、建设工程施工合同发承包双方的主要义务

(一) 发包人主要义务

(1) 不得违法发包 《合同法》规定发包人不得将应当由一个承包人完成的建设工程肢

解成若干部分发包给几个承包人。

(2) 提供施工场地　发包人应当在发出的开工通知中载明的开工日期前具备施工条件并交给承包人。发包人最迟应当在移交施工场地的同时向承包人提供施工场地内的地下管线和地下设施等有关资料，并保证资料真实、准确和完整。

(3) 组织设计交底　发包人应当在合同条款约定的开工日期前组织设计人向承包人进行合同工程总体技术交底（包括图纸会审）。

(4) 组织工程验收　组织工程验收义务包括隐蔽工程验收和工程竣工验收。隐蔽工程隐蔽前发包人接到承包人的通知后应及时对其进行检查验收。验收工程竣工后，发包人应当根据施工图纸及说明书、国家颁发的施工验收规范和质量检验标准及时进行验收。

(5) 支付工程价款　发包人应当按照合同约定的时间、地点和方式等，向承包人支付工程价款。

(6) 汇总建设工程资料并移交　发包人应收集、整理、立卷、归档工程资料，并按规定的时间向建设行政主管部门或者城市建设档案管理机构移交规定的工程档案。

(二) 承包人的主要任务

(1) 不得转包和违法分包工程　禁止承包人将其承包的全部建设工程转包他人，禁止承包人将其承包的全部建设工程肢解以后以分包的名义分别转包给第三人。禁止承包人将工程分包给不具备相应资质条件的单位。禁止分包单位将其承包的工程再分包。

(2) 自行完成建设工程主体结构施工　建设工程主体结构的施工必须由承包人自行完成。承包人将建设工程主体结构的施工分包给他人的，该分包合同无效。

(3) 接受发包人有关检查　发包人在不妨碍承包人正常工作的情况下，可以随时对作业进度、质量进行检查。隐蔽工程在隐蔽以前，承包人应当通知发包人检查。

(4) 工程交付义务　建设工程竣工验收合格后，方可交付使用；未经验收或者验收不合格的，不得交付使用。

(5) 建设工程质量保修义务　因施工人的原因致使建设工程质量不符合约定的，发包人有权要求施工人在合理期限内无偿修理或返工、改建。在合同规定的保修期内，对属于承包方责任的工程质量问题，负责无偿修理。

【案例 5-3】

总包单位甲中标一栋写字楼工程，施工合同履行中，总包单位甲将土方开挖分包给了乙分包商，将基础部分分包给了丙分包商，但是乙分包商工期延误 10 天，使丙分包商工期拖延了 8 天，最后竣工时间推迟了 5 天。业主根据合同提出了索赔。

【问题】

1. 本工程竣工时间拖延了 5 天，总包单位甲和乙、丙分包商应承担什么样的责任？
2. 丙分包商就此事应向谁提出要求承担违约责任？

【分析】

(1)《建筑法》规定，建筑工程总承包单位按照总承包合同的约定对建设单位负责；分包单位按照分包合同的约定对总承包单位负责。总承包单位和分包单位就分包工程对建设单位承担连带责任。

(2)《合同法》规定：当事人一方因第三人原因造成违约的，应当向对方承担违约责任。本案例中，第三人是乙分包商，当事人一方是总包单位，现由于乙分包商违约，承担违约责任的自然是总包单位。因此，丙承包商就工期拖延8天的违约应向总包单位提出承担违约责任。

第五节 建设工程价款支付及赔偿损失的规定

一、工程价款的支付

按照合同约定的时间、金额和支付条件支付工程价款,是发包人的主要合同义务,也是承包人的主要合同权利。

《合同法》规定,合同生效后,当事人就质量、价款或者报酬、履行地点等内容没有约定或者约定不明确的,可以协议补充;不能达成补充协议的,按照合同有关条款或者交易习惯确定。

如果按照合同有关条款或者交易习惯仍不能确定的,《合同法》规定,价款或者报酬不明确的,按照订立合同时履行地的市场价格履行;依法应当执行政府定价或者政府指导价的,按照规定履行;履行期限不明确的,债务人可以随时履行,债权人也可以随时要求履行,但应当给对方必要的准备时间。

合同价款可以按照固定价格合同、可调价格合同、成本加酬金合同三种方式约定。

(一) 工程预付款的支付

双方应当在专用条款内约定发包人向承包人预付工程款的时间和数额,开工后按约定的时间和比例逐次扣回。预付时间应不迟于约定的开工日期前7天。发包人不按约定预付,承包人在约定预付时间7天后向发包人发出要求预付的通知,发包人收到通知后仍不能按要求预付,承包人可以在发出通知后7天停止施工,发包人应从约定应付之日起向承包方支付应付款的贷款利息,并承担违约责任。

(二) 工程款(进度款)支付

发包人应在双方计量确认后14天内,向承包人支付工程款(进度款)。同期用于工程上的发包人供应材料设备的价款,以及按约定时间发包人应按比例扣回的预付款,与工程款(进度款)同期结算。合同价款调整、设计变更调整的合同价款及追加的合同价款,应与工程款(进度款)同期调整支付。

(三) 竣工结算

(1) 工程竣工验收报告经发包人确认后28天,承包人向发包人递交竣工决算报告及完整的结算资料。

工程竣工验收报告经发包人确认后28天,承包人未能向发包人递交竣工决算报告及完整的结算资料,造成工程竣工结算不能正常进行或工程竣工结算价款不能及时支付,发包人要求交付工程的,承包人应当支付;发包人不要求交付工程的,承包人承担保管责任。

(2) 发包人的核实和支付 发包人自收到竣工结算报告及结算资料后28天内进行核实,确认后支付工程竣工结算价款。承包人收到竣工结算价款后14天内将竣工工程交付发包人。

(3) 发包人不支付结算价款的违约责任 发包人自收到竣工结算报告及结算资料后28天内无正当理由不支付工程竣工结算价款,从第29天起按承包人同期向银行贷款利率支付拖欠工程价款的利息,并承担违约责任。

二、赔偿损失的规定

(一) 赔偿损失概念和特征

赔偿损失,是指合同违约方因不履行或不完全履行合同义务而给对方造成的损失,依法或依据合同约定赔偿对方所蒙受损失的一种违约责任形式。

《合同法》规定,当事人一方不履行合同义务或者履行合同义务不符合约定,应当承担继续履行、采取补救措施或者赔偿损失等违约责任。

赔偿损失具体有以下特征。

(1) 赔偿损失是合同违约方违反合同义务所产生的责任形式。

(2) 赔偿损失具有补偿性，是强制违约方给非违约方所受损失的一种补偿。违约的赔偿损失一般是以违约所造成的损失为标准。

(3) 赔偿损失具有一定的任意性。当事人订立合同时，可以预先约定对违约的赔偿损失计算方法，或者直接的约定违约方付给非违约方一定数额的金钱。同时，当事人也可以事先约定免责的条款。

(4) 赔偿损失以赔偿非违约方实际遭受的全部损害为原则。

(二) 承担赔偿损失责任的构成要件

承担赔偿损失责任的构成要件是：

(1) 具有违约行为；

(2) 造成损失后果；

(3) 违约行为与财产等损失之间有因果关系；

(4) 违约人有过错，或者虽无过错，但法律规定应当赔偿。

(三) 建设工程施工合同中发包人应当承担的赔偿损失

1. 开工延迟的赔偿

因为发包人原因不能按照协议书约定的开工日期开工，工程师应该以书面形式通知承包人，推迟开工日期。发包人赔偿承包人因延期开工造成的损失，并相应顺延工期。

2. 暂停施工的赔偿

因发包人原因造成停工的，由发包人承担所发生的追加合同贷款，赔偿承包人由此造成的损失，相应顺延工期。因承包人原因造成停工的，由承包人承担发生的费用，工期不予顺延。

3. 未按照约定提供原材料、设备等造成的损失

发包人未按照约定的时间和要求提供原材料、设备、场地、资金、技术资料的，承包人可以顺延工程日期，并有权要求赔偿停工、窝工等损失。

4. 因发包人原因致使工程中途停建造成的损失

因发包人的原因致使工程中途停建的，发包人应当采取措施弥补或者减少损失，赔偿承包人因此造成的停工、窝工、倒运、机械设备调遣、材料和构建积压等损失和实际费用。

5. 提供图纸或者技术要求不合理且怠于答复等造成的损失

承包人发现发包人提供的图纸或者技术要求不合理的，应当及时通知发包人。因发包人怠于答复等原因造成承包人损失的，应当赔偿损失。

6. 中途变更承包人工作要求造成的的损失

发包人中途变更承包人工作的要求，造成承包人损失的，应当赔偿损失。

7. 要求压缩合同约定工期造成的损失

《建设工程安全生产管理条例》规定，建设单位要求施工单位压缩合同约定的工期的，发包人应当赔偿损失。

8. 验收违法行为造成的损失

《建设工程质量管理条例》规定，建设单位有下列行为之一，造成损失的，依法承担赔偿责任：

(1) 未组织竣工验收，擅自交付使用的；

(2) 验收不合格，擅自交付使用的；

(3) 对不合格的建设工程按照合格工程验收的。
(四) 建设工程施工合同中承包人应当承担的赔偿损失
(1) 偷工减料等造成的损失；
(2) 与监理单位串通造成的损失；
(3) 不履行保修义务造成的损失；
(4) 承包商所施工的工程质量有缺陷；
(5) 承包商不正当地放弃工程；
(6) 保管不善造成的损失。

【案例 5-4】

甲乙双方的施工合同约定工程应于 2011 年 5 月 10 日竣工，但是乙方因为管理不善导致工程拖期，在 5 月 20 日到 5 月 25 日该地区发生洪灾，造成工期一再拖延，最后竣工时间为 2011 年 5 月 31 日。甲方在支付乙方工程费用时，拟按照合同约定扣除因乙方工程拖期的违约费用。

【问题】
1. 工程竣工结算的前提是什么？
2. 甲方应该计算多少天的拖期违约损失？

【分析】
(1) 工程竣工验收报告经发包人确认后 28 天，承包人向发包人递交竣工决算报告及完整的结算资料进行结算。所以，工程竣工验收合格是工程竣工结算的前提。
(2) 本案例虽然发生了不可抗力，但是乙方因管理不善而导致工期拖延的违约责任是不能免除的。因为不可抗力的发生时间不是在合同的约定的施工期内，而是乙方违约后发生的，因此因不可抗力导致工期拖延的时间仍然是属于乙方工期的延误，因此拖期违约的损失应该是 5 月 31 日减去 5 月 10 日，即 21 天。

第六节 合同的履行、变更、转让和终止

一、合同的履行

（一）合同履行的概念

合同履行是指合同当事人双方依据合同条款的规定，实现各自享有的权利，并承担各自负有的义务，使双方的目的得以实现的行为。如交付约定的标的物，完成约定的工作并交付工作成果，提供约定的服务等。

（二）合同履行的原则

1. 全面履行的原则

全面履行是指合同当事人双方应当按照合同约定全面履行自己的义务，包括履行义务的主体、标的、数量、质量、价款或者报酬，以及履行的方式、地点、期限等。

2. 诚实信用的原则

合同的履行要讲诚实、守信用，信守商业道德，保守商业秘密，不歪曲合同条款，正当竞争。

3. 公平合理的原则

合同当事人双方自订立合同起，直到合同的履行、变更、转让以及对争端纠纷的解决，

都应依据公平合理的原则,根据合同的性质、目的和交易习惯,善意地履行通知、保密、协助等附随义务。

4. 不得擅自变更合同的原则

合同依法成立,即具有法律的约束力,当事人一方均不得擅自变更合同。《合同法》对此根据不同的情况作了明确规定。

(三) 合同履行的抗辩权

抗辩权,是指双方在合同的履行中,都应当履行自己的义务,一方不履行或者可能不履行时,另一方可以据此拒绝对方的履行要求。抗辩权包括同时履行抗辩权、先履行抗辩权和不安抗辩权。

需要指出的是,抗辩权的行使只能暂时拒绝对方的履行请求,即中止履行,而不能消灭对方的履行请求权。一旦抗辩权事由消失,原抗辩权人仍应当履行其债务。

1. 同时履行抗辩权

同时履行抗辩权,是指在没有规定履行顺序的双务合同中,当事人一方在当事人另一方未给付以前,有权拒绝先给付的权利。

《合同法》规定,当事人互负债务,没有先后履行顺序的,应当同时履行。一方在对方履行之前有权拒绝其履行要求。一方在对方履行债务不符合约定时,有权拒绝其相应的履行要求。例如,在施工承包合同中,施工单位有义务要修建工程,同时建设单位有义务要支付工程款。建设单位若不支付合同约定的工程款,施工单位可以请求,直至停止工程施工。

2. 先履行抗辩权

先履行抗辩权是指当事人互负义务,有先后履行顺序,先履行一方未履行债务或者履行债务不符合约定的,后履行一方有权拒绝先履行一方的履行请求。

《合同法》规定,当事人互负债务,有先后履行顺序,先履行一方未履行的,后履行一方有权拒绝其履行要求。先履行一方履行债务不符合约定的,后履行一方有权拒绝其相应的履行要求。

3. 不安抗辩权

不安抗辩权是指当事人互负债务,有先后履行顺序的,先履行的一方有确切证据表明另一方丧失履行债务能力时,在对方没有履行或者没有提供担保之前,有权中止合同履行的权利。规定不安抗辩权是为了切实保护当事人的合法权益,防止借合同进行欺诈,促使对方履行义务。

《合同法》规定,应当先履行债务的当事人,有确切证据证明对方有下列情形之一的,可以中止履行:

(1) 经营状况严重恶化;

(2) 转移财产、抽逃资金,以逃避债务;

(3) 丧失商业信誉;

(4) 有丧失或者可能丧失履行债务能力的其他情形。

当事人没有确切证据中止履行的,应当承担违约责任。

二、合同的变更

(一) 合同变更的概念

合同变更是指当事人对已经发生法律效力的合同,进行修改或者补充所达成的协议。如对原合同中规定的标的的数量、质量、履行期限、地点和方式、违约责任、解决争议的方法等作出的变更。

（二）合同变更的法律责任

《合同法》规定，如果双方当事人就变更事项达成一致意见，则可以变更原合同，当事人应当按照变更后的内容履行合同。如果一方当事人未经对方同意就改变合同的内容，不仅变更的内容对另一方没有约束力，其做法还是一种违约的行为，应当承担违约责任。

法律、行政法规规定变更合同事项应当办理批准、登记手续的，应当依法办理相应手续。如果没有履行法律程序，即使当事人已协议变更了合同，其变更内容也不发生法律效力。

合同变更的内容必须明确约定。如果当事人对于合同变更的内容约定不明确，则将被推定为未变更。任何一方不得要求对方履行约定不明确的变更内容。

《合同法》还规定，当事人因重大误解、显失公平、欺诈、胁迫或乘人之危而订立的合同，受害一方有权请求人民法院或者仲裁机构变更或撤销。

三、合同的转让和终止

（一）合同的转让

1. 合同转让的概念

合同转让，是指合同成立后，当事人依法可将合同中的全部权利、部分权利或者合同中的全部义务、部分义务转让或转移给第三人的法律行为。合同转让包括债权转让、债务转移及债权债务概括转让。

2. 债权转让

《合同法》规定，债权人可以将合同的权利全部或者部分转让给第三人，但有下列情形之一的除外：

（1）根据合同性质不得转让；

（2）按照当事人约定不得转让；

（3）根据合同性质不得转让。

《合同法》规定，债权人转让权利的，应当通知债权人。未经通知，该转让对债权人不发生效力。债权人转让权利的通知不得撤销，但经受让人同意的除外。需要说明的是，债权人转让权利应当通知债务人，未经通知的转让行为对债务人不发生效力，但债权人的转让无需得到债务人的同意。当债务人接到权利转让的通知后，权利转让即行生效，原债权人被新的债权人替代，或者新债权人的加入使原债权人不再完全享有原债权。

《合同法》规定，债权人转让权利的，受让人取得与债权有关的从权利，但该从权利专属于债权人自身的除外。

3. 债务转移

债务转移是指债务人将合同的义务全部或者部分转移给第三人的行为。债务人将合同的义务全部或者部分转移给第三人的，应当经债权人同意。债务人不论转移的是全部义务还是部分义务，都需要征得债权人同意。未经债权人同意，债务人转移合同义务的行为对债权人不发生效力。

4. 债权债务概括转让

债权债务概括转让是指合同当事人一方将其债权债务一并转移给第三人，由第三人概括地接受原当事人的债权债务的法律行为。

权利义务一并转让的后果，导致原合同关系的消灭，第三人取代了转让方的地位，产生出一种新的合同关系。只有经过对方当事人同意，才能将合同的权利和义务一并转让。如果未经对方同意，一方当事人擅自一并转让权利和义务的，其转让行为无效，对方有权就转让行为对自己造成的损害，追究转让方的违约责任。

(二) 合同的终止

1. 合同终止的概念

合同终止是指当一定的法律事实发生后，合同当事人双方的权利义务关系终止。

2. 合同终止的法律规定

(1) 债务已经按照约定履行；

(2) 合同解除；

(3) 债务相互抵消；

(4) 债务人依法将标的物提存；

(5) 债权人免除债务；

(6) 债权债务同归于一人；

(7) 法律规定或者当事人约定终止的其他情形。

3. 合同解除的法律规定

合同解除包括约定解除和法定解除，双方当事人除约定解除外，有下列情况之一者，当事人也可以解除合同：

(1) 因不可抗力致使不能实现合同目的；

(2) 在履行期限届满之前，当事人一方明确表示或者以自己的行为表明不履行主要债务；

(3) 当事人一方延迟履行主要债务，经催告后在合理期限内仍未履行；

(4) 当事人一方延迟履行债务或者有其他违约行为致使不能实现合同的目的；

(5) 法律规定的其他情形。

4. 建设工程合同的解除

《最高人民法院关于审理建设工程施工合同纠纷案件适用法律问题的解释》中规定了建设工程合同中双方当事人（承包人和发包人）可以行使解除权的情形。

(1) 发包人的解除权　承包人具有下列情形之一，发包人请求解除建设工程施工合同的，应予以支持：

① 明确表示或者以自己的行为表明不履行合同主要义务的；

② 合同约定的期限内没有完工，且在发包人催告的合理期限内仍未完工的；

③ 已经完成的建设工程质量不合格，并拒绝修复的；

④ 将承包的建设工程非法转包、违法分包的。

(2) 承包人的解除权　发包人具有下列情形之一，致使承包人无法施工，且在催告的合理期限内仍未履行相应义务，承包人请求解除建设工程施工合同的，应予以支持：

① 未按约定支付工程款的；

② 提供的主要建筑材料、建筑构配件和设备不符合强制性标准的；

③ 不履行合同约定的协助义务的。

(3) 建设工程合同解除的法律后果

建设工程合同解除后，已经完成的建设工程质量合格的，发包人应当按照约定支付相应的工程价款；已经完成的建设工程质量不合格，修复后的建设工程经竣工验收合格，发包人可以请求承包人承担修复费用；修复后的建设工程经竣工验收不合格，承包人不得请求支付工程价款。因建设工程不合格造成的损失，发包人有过错，也应当承担相应的民事责任。

因一方违约导致合同解除的，违约方应当赔偿因此而给对方造成的损失。

【案例 5-5】

承包人与材料供应商合同约定买卖钢材八百吨。由于施工内容的调整变化，发包人通知承包人可能要改变交货数量，但一直没有明确具体交货数额。交货期到达，供应商将八百吨钢筋交付承包人，承包人拒绝接受，理由是合同已协议变更。

【问题】

1. 承包商拒绝接受八百吨钢筋是否合理？
2. 若合同变更有效，那么合同变更的效力体现在哪方面？

【分析】

（1）当事人对合同变更的内容约定不明确，推定为未变更。本案例中双方对变更合同的交货数量属于约定不明确，应推定为未变更，供应商按照原合同约定执行合同，承包人拒绝接受，应承担违约责任。

（2）若合同变更有效，那么合同变更的效力体现在仅涉及变更的部分，未变更部分按原合同执行。

第七节 违约责任

一、违约责任的概念

违约责任是指合同当事人因违反合同义务所承担的责任。违约责任实行"严格责任原则"，严格责任原则是不以违约人有无过错为前提，只要违约人有违约行为就承担违约责任，只有不可抗力的原因可免责。

二、违约责任的特征

（1）违约责任的产生是以合同当事人不履行合同义务为条件的。

（2）违约责任具有相对性。

（3）违约责任具有补偿性，即旨在弥补或补偿因违约行为造成的损害后果。

（4）违约责任可以由合同当事人约定，但约定不符合法律要求的，将会被宣告无效或撤销。

（5）违约责任是民事责任的一种形式。

三、当事人承担违约责任的形式

（一）继续履行合同

继续履行合同时要求违约债务人按照合同的约定，切实履行承担合同的义务。《合同法》规定，当事人一不履行合同义务或者履行合同义务不符合约定的，对方可以要求履行，但有下列情况之一的除外：

（1）法律上或事实上不能履行；

（2）债务的标的不适于强制履行或者履行费用过高；

（3）债权人在合理的期限内未要求履行。

（二）采取补救措施

采取补救措施是指当事人违反合同的事实发生后，为防止损失发生或者扩大而由违反合同一方依照法律规定或者约定采取的修理、更换、重新制作、退货、减少价格或者报酬等措施，以给权利人弥补或者挽回损失的责任形式。采取补救措施的这种违约责任的方式，主要发生在质量不符合约定的时候。

（三）赔偿损失

赔偿损失是指合同当事人就其违约而给对方造成的损失给予补偿。根据《合同法》规定：当事人一方不履行合同义务或者履行合同义务不符合约定，给对方造成损失的，损失赔偿额应当相当于因违约所造成的损失，包括合同履行后可以获得的利益，但不得超过违反合同一方订立合同时预见到或者应当预见到的因违反合同可能造成的损失。

（四）违约金和定金

违约金有法定违约金和约定违约金两种：由法律规定的违约金为法定违约金；由当事人约定的违约金为约定违约金。

《合同法》规定，当事人可以约定一方违约时应当根据违约情况向对方支付一定数额的违约金，也可以约定因违约产生的损失赔偿额的计算方法。

约定的违约金低于造成的损失的，当事人可以请求人民法院或者仲裁机构予以增加；约定的违约金高于造成的损失的，当事人可以请求人民法院或者仲裁机构予以适当的减少。

定金是合同当事人一方预先支付给对方的款项，其目的在于担保合同债权的实现。给付定金的一方不履行约定的债务的，无权要求返还定金；收受定金的一方不履行约定的债务的，应当双倍返还定金。

当事人既约定违约金，又约定定金，一方违约时，对方可以选择适用违约金或者定金条款。

四、建设工程施工合同违约责任的免除

免责事由，是指当事人约定或者法律规定的债务人不履行合同时可以免除承担违约责任的条件和事项。

《合同法》规定，因不可抗力不能履行合同的，根据不可抗力的影响，部分或者全部免除责任，但法律另有规定的除外。当事人迟延履行后发生不可抗力的，不能免除责任。

本法所称不可抗力，是指不能预见、不能避免并不能克服的客观情况。不可抗力一般包括如下情况：

（1）自然事件，如地震、洪水、火山爆发、海啸等；
（2）社会事件，如战争、暴乱、骚乱、特定的政府行为等。

当事人一方因不可抗力不能履行合同的，应当及时通知对方，以减轻可能给对方造成的损失，并应当在合理期限内提供证明。

【案例 5-6】

甲与乙订立了一份材料购销合同，约定甲向乙交付相应的材料，货款为 80 万元，乙向甲支付定金 4 万元；同时约定任何一方不履行合同应支付违约金 6 万元。合同到期后，甲无法向乙交付材料，乙为了最大限度保护自己的利益，向乙方提出了索赔。

【问题】
1. 违约金和定金的赔偿原则是什么？
2. 甲方应支付乙方赔偿费？

【分析】

（1）违约金和定金的赔偿原则是：当事人既约定违约金，又约定定金，一方违约时，对方可以选择适用违约金或者定金条款。

（2）本案例中从乙方保护自己最大利益的角度出发，应该选择对方支付费用多的方式，也就是违约金 6 万元，至于定金 4 万元应该由甲返还，因为这本来就是乙方的费用。

第八节　与建设工程相关的其他合同

一、建设工程监理合同

（一）建设工程监理合同的概念

所谓建设工程委托监理合同，是指监理单位受项目法人委托，根据国家批准的工程项目建设文件、有关建设工程的法律、法规和相关合同，对建设工程质量、工期和建设资金使用等实施专业化监督和管理，由项目法人向监理单位支付约定报酬的协议。

建设工程委托监理合同，从性质上说是委托合同。《合同法》第二百七十六条规定："建设工程实施监理的，发包人应当与监理人采用书面形式订立委托监理合同。发包人与监理人的权利和义务以及法律责任，应当依照本法委托合同以及其他有关法律、行政法律的规定。"项目法人通过委托监理合同把建设工程项目的一部分管理权授予监理单位，委托其代为行使，符合委托合同的法律特征，因而属于委托合同。然而，建设工程委托监理合同较之传统的委托合同又有自己的独特特点，即项目法人的委托授权只是监理单位实施工程监理权力的来源之一，其另一部分权力则直接来自法律法规的授权，并由此监理单位在接受项目法人的授权同时，以自己的名义对施工单位的履约行为进行监督管理。

（二）建设工程监理合同具有的特征

1. 委托监理合同的标的是服务

工程建设实施阶段所签订的其他合同，如勘察设计合同、施工承包合同、物资采购合同、加工承揽合同的标的物是产生新的物质或信息成果，而监理合同的标的是服务，即监理工程师受业主委托，以自己的知识、经验、技能为项目业主所签订的建设工程合同的履行实施监督、管理和服务，以满足项目业主对项目管理的需求，他所获得的报酬实际是服务性报酬，是脑力劳动的报酬，也就是说工程建设监理是一种高智能的有偿技术服务。它的服务对象是委托方——业主，这种服务性的活动是按照工程建设监理合同来进行的，是受法律的约束和保护的。

2. 合同主体有特定主体资格及资质要求

监理合同的当事人双方应当是具有民事权利能力和民事行为能力，取得法人资格的企事业单位、其他社会组织，个人在法律允许范围内也可以成为合同当事人。作为委托人必须是有国家批准的建设项目，落实投资计划的企事业单位、其他社会组织及个人；被委托人除要求具备法人资格外，还要求其所承担的监理任务应与其资质等级和营业执照中批准的业务范围相一致，既不允许低资质的监理单位承接高等级工程的监理任务，也不允许承接虽然与其资质等级相适应但工作内容超越其监理能力和范围的工作，以保证监理任务的顺利实现。

3. 合同内包括有授权内容

建设监理具有明确的监理对象，监理单位的基本职责之一就是对承包单位在质量、工期和资金使用方面的监督，即实践中所谓的"三控"。因此在监理合同中业主对监理方有明确的授权范围，监理单位根据业主的委托及授权范围对项目实施管理和服务，并且该授权要向被监理单位披露。《建筑法》规定，实施建筑工程监理前，建设单位应当将委托的工程监理单位、监理的内容及监理权限，书面通知被监理的建筑施工企业。

二、建设工程勘察、设计合同

建设工程勘察、设计合同是建设工程合同中的一种，指承包人进行工程勘察、设计，发包人支付价款并明确相互权利和义务关系的合同。"承包人"是指在建设工程勘察、设计合同中负责设计任务的一方当事人（勘察、设计单位）；"发包人"是指在建设工程勘察设计合同中委托承包人进行勘察、设计任务的建设单位（业主）。在建设工程勘察、设计合同中，承包人的最主要任务是进行勘察、设计工作；发包人的最主要任务是向承包人支付相应的价款。

根据《建设工程勘察合同（示范文本）》（GF-2000-0203、GF-2000-0204），建设工程勘察合同一般应包括如下内容：工程概况；发包人向勘察人提供的有关资料文件；勘察人应向发包人交付的勘察成果资料；工期；收费标准及支付方式；发包人、勘察人义务；违约责任；勘察成果资料的检查验收；补充协议的法律效力；争议解决办法；合同生效与终止；其他约定事项等。

根据《建设工程设计合同（示范文本）》（GF-2000-0209、GF-2000-0210），建设工程设计合同一般应包括如下内容：合同签订依据；设计依据；合同文件的优先次序；发包人向设计人提交的有关资料、文件及时间；设计人向发包人交付的设计文件、份数、地点及时间；费用及支付方式；发包人、设计人的任务；违约责任；争议解决方式；合同的生效及终止等。

三、建设工程物资采集合同

建设工程物资采集合同是指平等主体的自然人、法人、其他组织之间，为实现建设工程物资买卖，设立、变更、终止相互权利义务关系的协议。

按照《合同法》的分类，材料采购合同属于买卖合同，国内物资购销合同的示范文本规定，建设工程物资采购合同的合同条款应包括的内容有：产品名称、商标、型号、生产厂家、订购数量、合同金额、供货时间及每次供应数量；质量要求的技术标准、供货方对质量负责的条件和期限；交（提）货地点、方式；运输方式及到站、港和费用的负担责任；合理损耗及计算方法；包装标准、包装物的供应与回收；验收标准、方法及提出异议的期限；随机备品、配件、工具数量及供应办法；结算方式及期限；如需提供担保另立合同担保书作为合同附件；违约责任；解决合同争议的方法；其他约定事项。

四、设备供应合同

设备采购合同是指采购方（通常为业主、也可能是承包人）与供货人（大多为生产厂家，也可能是供货商）为提供工程项目所需的大型复杂设备而签订的合同。设备采购合同的标的物可能是非标准产品，需要专门加工制作，也可能虽为标准产品但技术复杂而市场需求量较小，一般没有现货供应，待双方签订合同后由供货方专门进行加工制作，因此属于承揽合同的范畴。一个较为完备的采购合同，通常由合同条款和附件组成。

1. 合同条款的主要内容

当事人双方在合同内根据具体订购设备的特点和要求，约定以下几方面的内容：合同中的词语定义；合同标的；供货范围；合同价格；付款；交货和运输；包装和标记；技术服务；质量制造与检验；安装、调试、试运行和验收；保证与索赔；保险；税费；分包与外购；合同的变更、修改、中止和终止；不可抗力；合同争议的解决；其他。

2. 主要附件

为了对合同中某些约定条款涉及内容较多部分作出更为详细的说明，还需要编制一些附件作为合同的一个组成部分。附件通常可能包括：技术规范；供货范围；技术资料的内容和交付安排；交货进度；监造、检验和性能验收试验；价格表；技术服务的内容；分包和外购计划；大部件说明表等。

大型复杂设备的采购在合同内约定的供货方承包范围可能包括：按照采购方的要求对生产厂家定型设计图的局部修改；设备制造；提供配套的辅助设备；设备运输；设备安装（或指导安装）；设备调试和检验；提供备品、备件；对采购方运行的管理和操作人员的技术培训等。

小知识 　　　　　　FIDIC 简介

　　FIDIC 是国际咨询工程师联合会（Federation International Des Ingenieurs Conceils）的法文缩写。该联合会是被世界银行认可的国际咨询服务机构，总部设在瑞士洛桑。这个国际组织在每个国家只吸收一个独立的咨询工程师协会作为会员。从 1913 年由欧洲四个国家的咨询工程师协会组成 FIDIC，目前已形成专业委员会，如业主咨询工程师关系委员会（CCRC）、土木工程合同委员会（CECC）、职业责任委员会（PLC）等。FIDIC 不断总结国际工程承包活动的经验，规范国际工程承包活动的管理，先后发表过很多重要的管理性文件，编制了规范化的标准合同文件示范文本。这些文件不仅被 FIDIC 成员国采用，世界银行、亚洲开发银行等也要求在其贷款建设的工程项目中利用。

　　FIDIC《土木工程施工合同条件》是由国际咨询工程师联合会在英国土木工程师学会（ICE）的合同条款基础上为使技术、管理标准化而编制的合同文件范本。其内容包括通用条件、专用条件、标准化的附件等。

本章小结

　　本章主要阐述了建设工程合同法原理、合同的订立、合同的效力、建设工程施工合同的内容及承发包双方的义务、建设工程支付价款和赔偿损失的规定、合同的履行、变更、转让和终止、违约责任和与建设工程有关的其他合同等内容。

　　合同是平等主体的自然人、法人、其他组织之间确定的民事权利义务关系的协议。合同的订立必须遵循平等、自愿、公平和诚实信用、不得损害社会公共利益的原则。合同订立有书面形式、口头形式和其他形式。合同的订立要经过要约和承诺两个阶段，承诺生效，合同成立。合同成立后合同的效力包括：生效的合同、效力待定合同、无效合同和可撤销、可变更的合同。合同当事人应当全面适当履行合同，当合同当事人一方不履行合同或者履行合同不符合约定时，另一方可以行使抗辩权，保护当事人的合法权益。要求违约方承担支付违约金、采取补救措施或者赔偿损失等违约责任。

　　建设工程合同是承包人进行工程建设，发包人支付价款的合同。建设工程施工合同的主要内容包括工程范围、工程质量、建设工期和工程造价等内容及合同中约定的发承包双方的权利和义务。工程价款的支付有：工程预付款的支付；工程款（进度款）的支付；工程结算款的支付等。发包人若不支付工程款或承包人施工质量不符合约定的都应承担赔偿责任，赔偿按有关的规定执行。

复习思考题

1. 什么是建设工程合同？建设工程施工合同分为哪些类型？
2. 什么是要约？什么是要约邀请？要约和要约邀请有什么主要区别？
3. 合同的主要内容有哪些？
4. 什么是无效合同？无效合同的法律规定有哪些？
5. 什么是可撤销合同？可撤销合同有哪些类型？
6. 竣工结算的程序是什么？发包人如果不支付结算工程款将承担什么样的责任？
7. 什么是合同终止？合同终止有哪些法律规定？
8. 违约当事人承担违约责任的形式有哪些？
9. 什么是免责事由？《合同法》规定什么情况下违约者可以免责？
10. 什么是监理合同？监理合同有哪些特征？

课后练习题

一、单项选择

1. 下列合同订立的原则中，属于民事法律关系区别于行政法律关系、刑事法律关系特有原则的是（　　）。
   A. 平等原则　　　　　B. 自愿原则　　　　　C. 公平原则　　　　　D. 诚实信用原则
2. 下列选项中属于要约的是（　　）。
   A. 招股说明书　　　　B. 投标书　　　　　　C. 招标公告　　　　　D. 商品价目表
3. 下列文件中属于承诺的是（　　）。
   A. 招标公告　　　　　B. 投标书　　　　　　C. 中标通知书　　　　D. 合同书
4. 某工程招标时，甲施工单位委派的项目经理没有取得建造师的执业资格，所提供的资格证书复印件是伪造的。则甲施工单位违背了合同订立中的（　　）。
   A. 平等原则　　　　　B. 诚实信用原则　　　C. 公平原则　　　　　D. 自愿原则
5. 建设工程施工合同实质上是一种特殊的（　　）。
   A. 技术合同　　　　　B. 买卖合同　　　　　C. 委托合同　　　　　D. 承揽合同
6. 甲公司的张总经理到乙公司的李董事长的办公室，看到丙公司向乙公司发出的一分要约，很感兴趣，就向李董事长要了这份要约，并按照要约上的要求回复了丙公司，甲公司发出的文件属于（　　）。
   A. 要约邀请　　　　　B. 新要约　　　　　　C. 承诺　　　　　　　D. 承诺意向
7. 合同内容中，可作为发生纠纷后确定法院地域管辖依据的是（　　）。
   A. 合同标的　　　　　B. 履行期限　　　　　C. 解决争议的方法　　D. 履行地点
8. 在合同中，当事人可以约定解决争议的方法，如果通过（　　）方式解决争议则不用约定。
   A. 双方协商和解　　　　　　　　　　　　　　B. 第三人调解
   C. 仲裁第三人调解　　　　　　　　　　　　　D. 诉讼
9. 某建设工程施工合同中约定工期是从 2010 年 5 月 1 日到 2010 年 10 月 30 日，那么承包人的合同总承包天数是（　　）天。
   A. 180　　　　　　　　B. 184　　　　　　　　C. 170　　　　　　　　D. 168
10. 承包人取得竣工结算价款的前提条件是（　　）。
    A. 承包人已将合同约定的工程全部完成　　　　B. 工程经竣工验收合格
    C. 承包人提交了完整的结算报告　　　　　　　D. 发包方对结算报告已进行审核
11. 根据《合同法》规定，违约责任一般采取（　　）原则。
    A. 过错责任　　　　　B. 全面履行　　　　　C. 公平合理　　　　　D. 严格责任
12. 违约责任产生的根本原因是（　　）。
    A. 违约主观过错　　　B. 违约行为　　　　　C. 违约目的　　　　　D. 违约结果
13. 按照《合同法》规定，合同履行中如果价款或报酬不明确，应按照（　　）履行。
    A. 订立合同时履行地的政府定价　　　　　　　B. 订立合同时履行地的市场价格
    C. 履行合同时履行地的政府定价　　　　　　　D. 履行合同时履行地的市场价格
14. 不可抗力发生后，遭遇不可抗力的当事人一方首要义务应是（　　）。
    A. 采取措施，减少损失　　　　　　　　　　　B. 及时通知对方
    C. 搜集证据　　　　　　　　　　　　　　　　D. 向对方提出索赔
15. 乙方当事人的违约行为导致工程受到损失，甲方没有采取任何措施减损，导致损失扩大到 5 万元．甲方与乙方就此违约事实发生纠纷，经过鉴定机构鉴定，乙方的违约行为给甲方造成的损失是 2 万元，乙方应该向甲方赔偿损失（　　）万元。
    A. 1　　　　　　　　　B. 2　　　　　　　　　C. 3　　　　　　　　　D. 5
16. 无效合同从（　　）之日起就不具备法律效力。
    A. 确认　　　　　　　B. 订立　　　　　　　C. 履行　　　　　　　D. 谈判
17. 合同中具有相对独立性，效力不受合同无效、变更或者终止影响的条款是（　　）条款。

A. 违约责任　　　　B. 解决争议　　　　C. 价款或酬金　　　　D. 数量和质量

18. 下列情形中属于效力待定合同的有（　　）。
   A. 出租车司机借抢救重病人急需租车之机将车价提高10倍
   B. 10周岁的儿童因发明创造而接受奖金
   C. 成年人甲误将本为复制品的油画当成真品购买
   D. 10周岁的少年将自家的电脑卖给40岁的张某

19. 可撤销的合同，当事人必须从知道或者应当知道撤销事由之日起（　　）内行使撤销权。
   A. 1年　　　　　　B. 2年　　　　　　C. 3年　　　　　　D. 4年

20. 甲与乙订立了一份材料购销合同，约定甲向乙交付相应的材料，货款为八十万元，乙向甲支付定金四万元；同时约定任何一方不履行合同应支付违约金六万元．合同到期后，甲无法向乙交付材料，乙为了最大限度保护自己的利益，应该请求（　　）。
   A. 甲双倍返还定金八万元
   B. 甲双倍返还定金八万元，同时请求甲支付违约金六万元
   C. 甲支付违约金六万元，同时请求返还支付的定金四万元
   D. 甲支付违约金六万元

二、多项选择

1. 依据合同不同的分类标准，建设工程合同属于（　　）。
   A. 有名合同　　　　B. 双务合同　　　　C. 单务合同
   D. 无偿合同　　　　E. 有偿合同

2. 建设工程合同可以分为（　　）。
   A. 建设工程造价咨询合同　　B. 建设工程勘察合同　　C. 建设工程监理委托合同
   D. 建设工程设计合同　　　　E. 建设工程施工合同

3. 下列选项中不属于要约邀请的有（　　）。
   A. 商品价目表　　　　B. 投标书　　　　C. 招标公告
   D. 拍卖公告　　　　　E. 符合要约规定的售楼广告

4. 以下情况可能会造成工期延误，但经工程师确认，其中（　　）情况工期可相应地顺延。
   A. 一周内停水、停电累计超过8小时　　B. 设计变更和工程量增加
   C. 发包方未按合同约定提供图纸　　　　D. 不可抗力
   E. 承包方因质量不合格返工

5. 根据《合同法》的规定，下列合同中免责条款无效的有（　　）。
   A. 造成对方人身伤害的　　　　B. 因故意造成对方财产损失的
   C. 因过失造成对方财产损失的　　D. 因重大过失造成对方财产损失的
   E. 因不可抗力造成对方财产损失的

6. 下列合同中，属于无效合同的有（　　）。
   A. 一方以欺诈、胁迫手段订立的合同
   B. 恶意串通，损害国家、集体或者第三人利益的合同
   C. 以合法形式掩盖非法目的的合同
   D. 损害社会公共利益的合同
   E. 违反法律、行政法规规定的合同

7. 下列选项中，发包人可以请求解除建设工程施工合同的有（　　）。
   A. 承包人未按约定工期完工的
   B. 承包人完成工程质量不合格，并拒绝修复的
   C. 承包人擅自将专业工程分包的
   D. 承包人将工程转包的
   E. 未经发包人同意擅自将劳务部分分包的

8. 下列合同中，属于可撤销合同的有（　　）。

A. 因重大误解订立的合同　　　　　　　B. 违反法律的强制性规定的合同
   C. 一方以欺诈、胁迫手段订立的合同　　D. 订立合同时显失公平的合同
   E. 以合法行为掩盖非法目的的合同
9. 合同当事人承担违约责任的形式有（　　）。
   A. 合同继续履行　　　　　　　　　　　B. 采取补救措施
   C. 支付赔偿金　　　　　　　　　　　　D. 返还财产恢复原状
   E. 支付违约金
10. 在下列关于合同变更的表述中，正确的有（　　）。
   A. 合同当事人在合法的条件下，协商一致后可以变更合同
   B. 中外合作者在合作期内协商同意后就可以对合作合同作重大变更
   C. 设计合同中的设计变更属于合同的变更
   D. 建设工程施工中经工程师批准的工程变更属于合同变更
   E. 当事人对合同变更内容约定不明的，推定为未变更

三、案例评析

甲房地产开发公司（以下简称甲公司）将其开发的商品房工程发包给乙建筑工程有限公司（以下简称乙公司）承包施工，双方按照《建设工程施工合同（示范文本）》签订了施工合同。该工程于2010年1月1日经竣工验收合格。乙公司于2010年1月20日向甲公司递交了甲方结算书和结算资料，但甲公司一直未予审查，并于2010年5月1日向人民法院提起诉讼，要求乙公司立即交付已完工的工程。

【问题】
1. 乙公司是否及时启动了竣工结算程序？
2. 本案应是甲公司先支付价款，还是乙公司先交付工程？
3. 如果乙公司未及时启动结算程序，甲公司可否主张先交付工程？

【评析】
（1）双方系按照《建设工程施工合同（示范文本）》签订的合同，该合同第33条约定："工程竣工验收合格后28天内，承包人向发包人递交竣工结算报告及结算资料，""发包人在收到承包人结算书后28天内进行审核。"以此来判别是否及时启动了竣工结算程序。

（2）《合同法》第二百七十九条规定："工程验收合格的发包人应当按照约定支付价款，并接受该建设工程。"此外，《建设工程施工合同（示范文本）》第33.2条中约定："承包人收到竣工结算价款后14天内将竣工工程交付发包人。"按上述条例规定判别是甲公司先付款，还是乙公司先交付工程。

（3）《建设工程施工合同（示范文本）》第33.5条中约定："工程竣工验收合格后28天内，承包人未能向发包人递交竣工结算报告及资料的，造成工程竣工结算不能正常进行或竣工结算价款不能及时支付的，发包人要求交付工程的，承包人应当交付。发包人不要求交付工程的，承包人承担保管责任。"

建设管理及工程建设施工准备相关法规

知识目标
- 了解建筑法规立法宗旨、适用范围和基本原则
- 掌握建筑法规关于施工许可等基本法律制度及相关的法律责任
- 熟悉建设施工准备工作中的保险、劳动保护、监理、环境保护等主要内容

能力目标
- 能说出工程项目建设程序的概念、阶段划分及各阶段的主要内容
- 能说出施工许可证申领的范围,知道申领条件、时效性及办理程序
- 能够运用建筑法规的理论知识对典型案例做出分析和判断
- 能够按照工程中的保险制度、劳动保护规定、监理活动和环境保护要求等相关的法律规定依法从事工程建设活动

第一节 《建筑法》概述

一、《建筑法》的适用范围与基本制度

（一）建筑与建筑法

广义的建筑活动,包括各种土木工程的建造活动及有关设施、设备的安装活动,既包括各类房屋建筑的建造活动,也包括铁路、公路、机场、港口、矿业、水库、通信线路等专业建筑工程建造及其设备安装活动。

由于房屋建筑涉及千家万户和社会各个方面,实际中存在的问题也比较突出,建筑法的适用范围应当规定为适用于包括民用住宅、工业用房和作为公共活动场所的房屋建筑在内的各类房屋建筑及其附属设施的建造和与其配套的线路、管道、设备的安装活动,这样规定重点突出,针对性强。至于铁路、公路、机场、港口、矿井、水库、通信线路等各项专业建筑工程的建筑活动,可以依照本法规定的有关原则,根据各专业建筑活动的特点,由国务院另行制定具体适用办法。

因此,适用本法规定的建筑活动的范围限定为"是指各类房屋建筑及其附属设施的建造和与其配套的线路、管道、设备的安装活动。"

（二）《建筑法》的立法目的、适用范围和调整对象

《建筑法》于1997年11月1日由中华人民共和国第八届全国人民代表大会常务委员会第二十八次会议通过,自1998年3月1日起施行。

《建筑法》共八章，85条，包括总则、建筑许可、建筑工程发包与承包、建筑工程监理、建筑安全生产管理、建筑工程质量管理、法律责任及附则。

1. 立法目的

《建筑法》总则的第一条规定："为了加强对建筑活动的监督管理，维护建筑市场秩序，保证建筑工程的质量和安全，促进建筑业健康发展，制定本法。"

（1）加强对建筑活动的监督管理　建筑业是国民经济的基础产业之一，与工业、农业、商业、交通运输业共同构成国民经济的五大物质生产部门。建筑业在为其他各项建设事业的发展和人民群众生活水平的提高提供必要的物质条件的同时，也带动了其他相关产业的发展，成为我国国民经济的支柱产业。在我国建筑业的发展过程中，还存在一些不容忽视的问题，有些还相当严重。比如，在工程承发包活动中行贿受贿，或者将承揽的工程进行层层转包、层层扒皮，一批不具备从事建筑活动所应有的资质条件的包工队通过"挂靠"或其他违法手段承包工程，留下严重的建筑质量隐患，破坏了建筑市场的正常秩序；有的建设行政主管部门的工作人员不认真履行监督管理职责，玩忽职守，徇私舞弊，加重了建筑活动中的违法行为等等。因此，需要加强对建筑活动的监督管理，规范建筑市场，保障建筑业的正常健康发展。

（2）维护建筑市场秩序　"建筑市场"是指以建设工程项目的建设单位或称业主（发包方）和从事建设工程的勘察、设计、施工、监理等业务活动的法人或自然人（承包方）以及有关的中介机构为市场主体，以建设工程项目的勘察、设计、施工等建设活动的工作成果或者以工程监理的监理服务为市场交易客体的建设工程项目承发包交易活动的统称。它既包括已经建成的交易大厅和固定交易场地，专供发包方和承包方在其中进行承发包交易活动的有形的市场，也包括没有交易场所，发包方和承包方主要通过广告、通信、中介等方式进行承发包交易活动的无形市场。

建筑市场运行的主要基本规则如下。

① 进入规则。进入建筑市场从事建筑活动的施工企业、勘察单位、设计单位和工程建设单位，不论其规模大小或者所有制性质如何都必须具备法定的从业资格条件，并按其拥有的注册资本、专业技术人员、技术装备和已完成的建设工程业绩等资质条件，划分为不同的资质等级，经资质审查合格，取得相应等级的资质证书后，方可在其资质等级许可的业务范围内从事建筑活动。禁止任何未依法取得建筑业资质证书的单位或者个人以任何形式进入建筑市场从事建筑活动，违者将依法取缔，追究其法律责任。

② 竞争规则。在建筑活动中，除对不适于进行招标发包的建设工程可以直接发包外，其他绝大多数的建设工程都要依法实行招投标，这是实现竞争机制的有效途径。建设工程的发包与承包的招标投标活动，应当遵循公开、公正和平等竞争的原则，择优选择承包单位；禁止以贿赂、回扣等任何形式的不正当竞争手段承揽工程；政府及其所属部门不得滥用行政权力，限定发包单位将招标发包的建设工程发包给指定的承包单位；禁止转包和违法分包等等。

③ 交易规则。建设工程的发包方与承包方应当依法订立书面合同，明确双方的权利义务；建设工程的造价由发包方与承包方在合同中依法约定；发包单位不得违法指定承包单位购入用于工程的建筑材料、建筑构配件或者指定生产厂、供应商等等。

（3）保证建设工程的质量和安全，促进建筑业的健康发展　建设工程具有造价高，一旦建成后将长期存在、长期使用的特点，与其他产品相比，建设工程质量和安全对公众安全、社会财富、国民经济发展影响巨大。建设工程发生质量问题，特别是建筑物的主体结构或隐蔽工程发生质量问题，将因难以弥补而造成巨大的经济损失。同时，建设工程作为供人们居住或公众使用的场所，如果存在危及安全的质量问题，可能会造成重大的人身伤亡和财产损失，这方面国内外都有许多血的教训值得吸取。"百年大计、质量第一"，这是从事建筑活动必须始终坚持的基本准则。建筑物的质量反映了建筑市场秩序的状况，反映了工程管理和科技水平，反映了依法治业水平。因此，《建筑法》将保证工程的质量和安全作为贯穿建筑法的一条主线，确立从事建筑活动必须遵守的基本规范，依法加强对建筑过程的监督管理，促进建筑业的健康发展。

2. 适用范围和调整对象

法律的适用范围，也称法律的效力范围，包括法律的时间效力，空间效力和对人的效力。时间效力即法律从什么时候开始发生效力和什么时候失效；法律的空间效力，即法律适用的地域范围；法律对人的效力，即法律对什么人（指具有法律关系主体资格的自然人、法人和其他组织）适用。

（1）适用的地域范围 适用的地域范围是中华人民共和国境内。由于我国对香港、澳门特别行政区实行"一国两制"，根据《香港特别行政区基本法》与《澳门特别行政区基本法》的相关规定，《建筑法》不适用香港和澳门两个特别行政区。香港和澳门特别行政区有关建筑活动的立法，由这两个特别行政区的立法机关自行制定。

（2）适用的主体范围 主体范围包括一切从事建筑活动的主体和各级依法对建筑活动实施监督管理的政府机关。

① 一切从事本法所称的建筑活动的主体，包括从事建筑工程的勘察、设计、施工、监理等活动的国有企事业单位、私营企业、中外合资经营企业。以及从事建筑活动的个人，如注册建筑师、注册建造师、注册造价工程师、注册监理工程师等等。

② 各级依法对建筑活动实施监督管理的政府机关，包括建设行政主管部门和其他有关主管部门。包括对从事建筑活动的施工企业、勘察单位、设计单位和工程监理单位进行资质审查，依法办理资质等级证书；对建设工程的招标投标活动进行监督管理；以及对违反本法的行为实施行政处罚等政府机关。

（3）调整的对象 调整的对象是各类房屋建筑及其附属设施的建造和与其配套的线路、管道、设备的安装活动。

所谓"各类房屋建筑"，是指具有顶盖梁柱和墙壁，供人民生产生活等使用的建筑物，包括民用住宅、厂房、仓库、办公楼、影剧院、体育馆、学校校舍等各类房屋。建筑的"附属设施"，是指与房屋建筑配套建造的围墙、水塔、锅炉房等附属的建筑设施。"配套的线路、管道设备的安装活动"，是指与建筑配套的电气、通信、煤气、给水、排水、供热通风、电梯、消防等线路、管道和设备的安装活动。

小型房屋、临时性房屋、农民自建低层住宅、抢险救灾工程、古建筑修缮、军用房屋等工程因具有自身的特殊性，《建筑法》不能完全适应，在附则中作了一些补充。省、自治区、直辖市人民政府确定的小型房屋建筑工程的建筑活动，参照《建筑法》执行。依法核定作为文物保护的纪念建筑物和古建筑等的修缮，依照文物保护的有关法律规定执行。抢险救灾及其他临时性房屋建筑和农民自建低层住宅的建筑活动，不适用《建筑法》。

（三）《建筑法》中的基本制度

《建筑法》确立了建筑许可、建筑工程的发包与承包、建筑工程监理、建筑安全生产管理、建筑工程质量管理五项基本制度。

1. 建筑许可制度

建筑许可制度是建筑工程的许可制度和从事建筑活动的单位与个人从业资格制度所作的规定。实施建筑工程施工许可制度，既可以监督建设单位尽快建成拟建项目，防止土地闲置；又能保证建设项目开工后能够顺利进行，避免由于不具备条件而盲目开工，给参与建设的各方造成不必要的损失；同时也有助于建设行政主管部门对在建项目实施有效的监督管理。实行从事建筑活动的单位资质制度和个人资格制度，有利于从事建筑活动的单位和个人的素质提高，确保工程质量和投资效益。

2. 建筑工程的发包与承包制度

建筑工程发包与承包制度，对鼓励竞争，防止垄断，提高工程质量，控制工程造价和工期的市场经济建设起到了良好的促进作用。

3. 建筑工程监理制度

建筑工程监理，是指针对工程建设项目，具有相应资质的工程监理单位，接受建设单位的委托和授权，根据国家批准的工程项目建设文件，有关工程建设的法律、行政法规和工程建设委托监理合同、其他工程建设合同，承担项目管理工作，并代表建设单位对承建单位的建设行为进行监控的专业化的有偿技术服务活动。在发包商和承包商之间，引进第三方进行制约和监督对工程项目进行科学管理，对保证工程项目质量、工期、投资、安全目标的实现有着十分重要的意义。

4. 建筑安全生产管理制度

建筑安全生产管理，是指建设行政主管部门、建筑安全监督管理机构、建筑施工企业及其有关单位对建筑生产过程中的安全工作，包括施工现场的人身安全、财产设备等的安全，所进行的计划、组织、指挥、控制、监督等一系列的管理活动。目的是保证建筑工程安全和从业人员的人身安全。

5. 建筑工程质量管理制度

建筑工程质量管理一直是国家工程建设管理的重要内容，这种管理贯穿在工程的全过程和各个环节，包括规划、招投标、施工、验收等方面，以及发包单位和承包单位。建筑法中确立的建筑工程质量管理法律制度共涉及12个法律条文。建筑工程质量管理所涉及的主体包括了从事建筑活动的所有各方责任主体，包括建设单位、施工企业、勘察单位、设计单位和工程监理单位以及建筑材料构配件和设备供应单位。

二、建筑法中的主要法律责任

（一）建筑法律责任的概念

建筑法律责任是建筑法规中的重要组成部分。建筑法律责任是指在建筑法律关系中的主体违反了建筑法律制度，根据法律规定必须承担的消极的法律后果。建筑法律关系中的管理机关、建设单位、勘察设计单位、施工单位和监理单位等是承担建筑法律责任的主体。

（二）建筑法律责任的类型

法律责任是具有强制性的，建筑法律关系的主体不履行建筑法规中规定的义务，由国家司法机关、建设行政主管部门或其他有关主管部门等专门机构予以追究。

在建筑法律责任中，按照违法行为所违反法律的性质，可将建筑法律责任分为建筑民事法律责任、建筑行政法律责任、建筑刑事法律责任，其中以行政法律责任为最主要的责任形式。

（1）民事法律责任　是指民事主体因损害他人的合法权益，或者不按法律规定或合同约定履行民事义务，依照民事法律规范所应承担的法律后果。

（2）行政法律责任　是指当事人因为实施了违反有关行政管理的法律、法规或者规章的行为而引起的行政上必须承担的法律后果。

（3）刑事法律责任　是指因实施严重危害社会、依照刑事法律的规定构成犯罪的行为所应承担的法律后果。

(三) 建筑违法行为和法律责任

《建筑法》的第七章共17条，分别对下列建筑违法行为应承担的民事法律责任、行政法律责任作了规定；对其中构成犯罪的行为，要依法追究刑事法律责任。概要地说明如下。

1. 应承担民事法律责任的违法行为

民事法律责任的特点主要是以补偿性为主。建筑工程涉及的民事责任包括了勘察设计单位、施工单位、监理单位的民事责任，在责任形式上包括了赔偿损失、排除妨碍、消除危险、返工等，常有以下几种情况。

(1) 建筑施工企业转让、出借资质证书或以其他方式允许他人以本企业的名义承揽工程，对因该工程不符合规定的质量标准造成的损失，建筑施工企业与使用本企业名义的单位或个人应承担连带赔偿责任。

(2) 建筑承包单位擅自将工程转包或违法分包。对因转包工程或违法分包工程不符合规定的质量标准造成的损失，建筑承包单位应与转包或分包单位承担连带赔偿责任。

(3) 建筑施工企业在施工中偷工减料，使用不合格的建筑材料、构配件、设备的，或不按工程设计图纸或技术标准施工的行为，造成建筑工程质量不符合规定的质量标准，应承担返工、修理并赔偿因此造成的损失。

(4) 建筑施工企业不履行保修义务或拖延履行保修义务的，对在保修期内屋顶、墙面渗透、开裂等质量缺陷造成的损失，应承担赔偿责任。

(5) 涉及建筑主体和承重结构变动的建筑装修工程擅自施工，造成损失的，承担赔偿责任。

(6) 建筑设计单位不按照建筑工程质量、安全标准进行设计，造成损失的，应承担赔偿责任。

(7) 工程监理单位与建设单位或者施工单位串通，弄虚作假，降低工程质量，造成损失的，应承担连带赔偿责任。

(8) 负责颁发建筑工程施工许可证的部门及其工作人员对不符合施工条件的建筑工程颁发施工许可证，负责工程质量监督检查或竣工验收部门及其工作人员对不合格建筑工程出具质量合格文件或者按合格工程验收，造成损失的，由该部门承担相应的赔偿责任。

凡是因建筑工程质量不合格给他人造成的损害，包括人身伤害和财产损失，有关责任者都应当承担赔偿责任。

2. 应承担行政法律责任的违法行为

《建筑法》中规定的行政处罚有5类，即罚款；没收违法所得；责令停业整顿；降低资质等级；吊销资质证书。罚款和没收违法所得，由建设行政主管部门或者有关部门依照法律和国务院规定的职权范围决定。责令停业整顿、降低资质等级或吊销资质证书的行政处罚，由颁发资质证书的行政机关决定。

(1) 建筑施工企业转让、出借资质证书或者以其他方式允许他人以本企业的名义承揽工程的，责令其改正，没收违法所得，并处罚款，可以责令停业整顿，降低资质等级；情节严重的，吊销资质证书。

(2) 建筑施工企业对建筑安全事故隐患不采取措施予以消除的，责令改正，处以罚款；情节严重的，责令停业整顿，降低资质等级或者吊销资质证书。

(3) 建筑施工企业在施工中偷工减料的，使用不合格的建筑材料、建筑构配件和设备的，或者有其他不按照工程设计图纸或者施工技术标准施工的行为的，责令改正，处以罚款；情节严重的，责令停业整顿，降低其资质等级或者吊销资质证书。

"情节严重"，包括在建筑工程的主体或承重结构等关键部位进行偷工减料、使用不合格的建筑材料或者有其他不按设计图纸及施工技术标准进行施工，给工程留下严重质量隐患，甚至因此造成严重质量事故的；偷工减料或者使用不合格的建筑材料、建筑构配件和设备数额较大的；以及多次发生偷工减料、使用不合格的建筑材料、建筑构配件和设备的违法行为的情况。

（4）建筑施工企业不依法履行保修义务或者拖延履行保修义务的，责令改正，可以处以罚款。由有关行政执法机关根据其违法行为的情节轻重、影响大小等因素决定，可以处罚款，也可不予以处罚款。

（5）未取得施工许可证或者开工报告未经批准擅自施工的，责令改正，对不符合开工条件的，则应责令建设单位停止施工；可以处以罚款。是否处以罚款由本法规定的行政执法部门根据违法行为的情节、影响大小等具体情况决定。

（6）涉及建筑主体或者承重结构变动的装修工程擅自施工的，责令改正，处以罚款。

（7）负责颁发建筑工程施工许可证的部门及其工作人员对不符合施工条件的建筑工程颁发施工许可证，负责工程质量监督检查或者竣工验收的部门及其工作人员对不合格的建筑工程出具质量合格文件或者按合格工程验收的，由上级机关责令改正，对责任人员给予相应的行政处分。

（8）未取得资质证书承揽工程的行为的，予以取缔，并处以罚款；有违法所得的，予以没收。

（9）以欺骗手段取得资质证书的，吊销资质证书，处以罚款。

"以欺骗手段取得资质证书的"行为，是指建筑施工企业、勘察单位、设计单位和工程监理单位用瞒报、谎报其拥有的注册资金、专业技术人员、技术装备和已完成的建筑工程业绩等手段欺骗资质等级管理机关取得资质证书的行为。

3. 应承担刑事法律责任的违法行为

（1）建筑施工企业对建筑安全事故隐患不采取措施予以消除的，构成犯罪的，依法追究刑事责任。

（2）建筑施工企业的管理人员违章指挥、强令工人冒险作业，因而发生重大伤亡事故或者造成其他严重后果的，依法追究刑事责任。

（3）建筑施工企业在施工中偷工减料的，使用不合格的建筑材料、建筑构配件和设备的，或者有其他不按照工程设计图纸或者施工技术标准施工的行为的，构成犯罪的，依法追究刑事责任。

（4）工程监理单位与建设单位或者建筑施工企业串通，弄虚作假、降低工程质量的行为的，构成犯罪的，依法追究刑事责任。

（5）涉及建筑主体或者承重结构变动的装修工程擅自施工，构成犯罪的，依法追究刑事责任。

（6）建设单位违法要求建筑设计单位或者建筑施工企业违反建筑工程质量、安全标准，降低工程质量的，构成犯罪的，依法追究刑事责任。

（7）建筑设计单位不按照建筑工程质量、安全标准进行设计的，构成犯罪的，依法追究刑事责任。

（8）对不具备相应资质等级条件的单位颁发该等级资质证书，构成犯罪的，依法追究刑事责任。应分别依照《刑法》的有关规定追究刑事责任。

（9）负责颁发建筑工程施工许可证的部门及其工作人员对不符合施工条件的建筑工程颁发施工许可证，负责工程质量监督检查或者竣工验收的部门及其工作人员对不合格的建筑工程出具质量合格文件或者按合格工程验收，构成犯罪的，依法追究刑事责任。本条规定所涉及的犯罪，根据不同情况，主要可能构成滥用职权罪、玩忽职守罪和受贿罪。

(10) 在工程发包与承包中索贿、受贿、行贿，构成犯罪的，依法追究刑事责任。

【案例 6-1】

某建筑公司甲与医院乙于 2010 年 5 月 26 日签订一份建筑安装工程施工合同。合同规定：建筑公司甲为医院乙建设一幢面积为二万六千多平方米的住宅楼。甲按期完工，并向乙发出了竣工通知书。乙请质量监督部门对工程进行了验收，经验收合格后，乙接收了该住宅楼，并与甲按约定的方式和期限进行了工程决算，支付了全部工程款。但是乙单位职工搬入住宅楼的半年后，工程基础出现沉降现象，底层住户家中地板出现较大裂缝。乙认为这是由于甲施工水平低造成工程质量低劣，遂向市人民法院起诉，要求甲在规定期限内无偿返工或修理，并赔偿乙因此遭受的经济损失，承担违约责任。人民法院审理查明，乙单位住宅楼建设工程基础出现沉降现象，是由于提供施工图纸的该市设计院丙的设计不当所致。

【分析】

《建筑法》第五十六条规定："建筑工程的勘察、设计单位必须对其勘察、设计的质量负责。勘察、设计文件应当符合有关法律、行政法规的规定和建筑工程质量、安全标准、建筑工程勘察、设计技术规范以及合同的约定。设计文件选用的建筑材料、建筑构配件和设备，应当注明其规格、型号、性能等技术指标，其质量要求必须符合国家规定的标准"。在本案中，由于丙的设计人员的过错，未按合同的规定履行义务，没有为工程施工提供准确的技术资料和依据，直接导致医院住宅楼的基础出现沉降，给乙造成一定的经济损失。但是，工程设计人员的违约行为并没有导致人员伤亡和住宅楼倒塌等重大建筑事故，他们的违约行为符合民事法律责任的构成要件，只承担相应的民事法律责任。因此，乙有权要求丙完善施工图设计，解决工程出现的质量问题，并有权要求丙赔偿因住宅楼工程出现沉降现象给乙及其住户造成的经济损失。

第二节 建设程序与施工许可制度

一、工程项目建设程序及其重要性

(一) 工程建设相关概念

1. 工程建设的概念

工程建设是指投资建造固定资产和形成物质基础的经济活动。凡是固定资产扩大再生产的新建、扩建、改建、复建工程及与之相关的活动均称为工程建设。因此，工程建设的实质是形成新增固定资产的一项综合性的经济活动，其主要内容是把一定的物质资料如建筑材料、机械设备等通过购置、建造、安装和调试等活动转化为固定资产，形成新的生产能力或使用效益的过程。与之相关的其他工作，如征用土地、勘察设计、筹建机构和生产职工培训等，也属于工程建设的组成部分。

2. 工程建设的内容

工程建设是通过勘察、设计和施工等活动，以及与其他相关部门的经济活动来实现的。它包括从资源开发规划，确定工程建设规模、投资结构、建设布局、技术政策和技术结构、环境保护、项目决策，到建筑安装、生产准备、竣工验收、联动试车等一系列复杂的技术经济活动。工程建设的内容主要有：建筑工程、机械设备及工器具购置与安装工程，以及工程建设等其他相关工作。

(1) 建筑工程　建筑工程是指永久性和临时性的各种建筑物和构筑物。如厂房、仓库、住宅、学校、矿井、桥梁、电站、体育场等新建、扩建、改建或复建工程；各种民用管道和线路的敷设工程，设备基础、炉窑砌筑、金属结构件（如支柱、操作台、钢梯、钢栏杆等）工程，以及农田水利工程等。

(2) 机械设备及工器具购置　机械设备及工器具购置是指按设计文件规定，对用于生产或服务于生产达到固定资产标准的设备、工器具的加工、订购和采购。

(3) 安装工程　安装工程是指永久性和临时性生产、动力、起重、运输、传动和医疗、试验等设备的装配、安装工程，以及附属于被安装设备的管线敷设、绝缘、保温、刷油等工程。

(4) 工程建设等其他相关工作　工程建设等其他相关工作是指上述三项工作之外而与建设项目有关的各项工作。其内容因建设项目性质的不同而有所差异，以新建工作而言，主要包括：征地、拆迁、安置，建设场地准备（三通一平），勘察、设计招标，承建单位招标，生产人员培训，生产准备，竣工验收，试车等。

(二) 建设项目及其分类

1. 建设项目的概念

工程建设项目通常简称为建设项目。它是指按照一个总体设计进行施工，可以形成生产能力或使用价值的一个或几个单项工程的总体。它在行政上一般实行统一管理，在经济上实行统一核算。

凡属于一个总体设计中分期、分批进行建设的主体工程和附属配套工程、供水供电工程等都作为一个建设项目。按照一个总体设计方案和总投资文件在一个场地或者几个场地上进行建设的工程，也属于一个建设项目。

在工业建设中，一般以一个工厂为一个建设项目；在民用建设中，一般以一个事业单位，如一所学校、一家医院为一个建设项目。

2. 建设项目的分类

建设项目可以按不同标准进行分类。

(1) 按建设项目的建设性质分类　建设项目按建设性质可分为基本建设项目和更新改造项目。基本建设项目是投资建设用于进行扩大生产能力或增加工程效益为主要目的的工程，包括新建项目、扩建项目、迁建项目和复建项目。

① 新建项目。它是指从无到有的新建设的项目。按现行规定，对原有建设项目重新进行总体设计，经扩大建设规模后，其新增固定资产价值超过原有固定资产价值三倍以上的，也属新建项目。

② 扩建项目。它是指现有企业或事业单位为扩大生产能力或新增效益而增建的主要生产车间或其他工程项目。

③ 迁建项目。它是指现有企业或事业单位出于各种原因而搬迁到其他地点的建设项目。

④ 复建项目。它是指现有企业或事业单位原有固定资产因遭受自然灾害或人为灾害等原因造成全部或部分报废，尔后又重新建设的项目。

更新改造项目是指原有企业或事业单位为提高生产效益，改进产品质量等原因，对原有设备、工艺流程进行技术改造或固定资产更新，以及相应配套的辅助生产、生活福利等工程和有关工作。

(2) 按建设项目的用途分类　按建设项目在国民经济各部门中的作用，可分为生产性建设项目和非生产性建设项目。

① 生产性建设项目。它是指直接用于物质生产或满足物质生产需要的建设项目。它包括工业、农业、林业、水利、交通、商业、地质勘探等建设工程。

② 非生产性建设项目。它是指用于满足人们物质文化需要的建设项目。它包括办公楼、住宅、公共建筑和其他建设工程项目。

(3) 按建设项目规模分类　根据国家有关规定，基本建设项目可划分为大型建设项目、中型建设项目和小型建设项目；更新改造项目可划分为限额以上项目（能源、交通、原材料工业项目5000万元以上，其他项目总投资3000万元以上）和限额以下项目两类。

(4) 按行业性质和特点分类　按行业性质和特点建设项目可分为竞争性项目、基础性项目和公益性项目。

① 竞争性项目。它主要是指投资效益比较高、竞争性比较强的一般性建设项目。这类项目应以企业为基本投资对象，由企业自主决策、自担投资风险。

② 基础性项目。它主要是指具有自然垄断性、建设周期长、投资额大、收益低的基础设施和需要政府重点扶持的一部分基础工业项目，以及直接增强国力的符合经济规模的支柱产业项目。这类项目主要由政府集中必要的财力、物力，通过经济实体进行投资。

③ 公益性项目。它主要包括科技、文教、卫生、体育和环保等设施，公、检、法等政权机关以及政府机关、社会团体的办公设施等。公益性项目的投资主要由政府利用财政资金来安排。

(三) 建设项目的组成

建设项目按照建设管理和合理确定工程造价的需要，划分为建设项目、单项工程、单位工程、分部工程和分项工程五个项目层次。

1. 建设项目

建设项目一般是指具有设计任务书和总体规划，经济上实行独立核算，管理上具有独立组织形式的基本建设单位。如一座工厂、一所学校、一家医院等均为一个建设项目。

2. 单项工程

单项工程又叫工程项目，是建设项目的组成部分。一个建设项目可能是一个单项工程，也可能包括若干个单项工程。单项工程是指具有独立的设计文件，建成后可以独立发挥生产能力和使用效益的工程。如一所学校的教学楼、办公楼、图书馆等，一座工厂中的各个车间、办公楼等。

3. 单位工程

单位工程是单项工程的组成部分。单位工程是指具有独立的设计文件，可以独立组织施工，但建成后一般不能独立发挥生产能力和使用效益的工程。如办公楼是一个单项工程，该办公楼的土建工程、室内给排水工程、室内电气照明工程等，均属于单位工程。

4. 分部工程

分部工程是单位工程的组成部分。分部工程是指在一个单位工程中，按工程部位及使用材料和工种进一步划分的工程。如一般土建单位工程的土石方工程、桩基础工程、砌筑工程、混凝土和钢筋混凝土工程、金属结构工程、构件运输及安装工程、楼地面工程、屋面工程，均属于分部工程。

5. 分项工程

分项工程是分部工程的组成部分。分项工程是指在一个分部工程中，按不同的施工方法、不同的材料和规格，对分部工程进一步划分的，通过较为简单的施工过程就能完成，以适当的计量单位就可以计算其工程量的基本单元。如砌筑工程可划分为砖基础、内墙、外墙、空斗墙、空心砖墙、砖柱、钢筋砖过梁等分项工程。分项工程没有独立存在的意义，它只是为了便于计算建筑工程造价而分解出来的"假定产品"。

综上所述，一个建设项目通常是由一个或几个单项工程组成的，一个单项工程是由几个单位工程组成的，而一个单位工程又是由若干个分部工程组成的，一个分部工程可按照选用的施工方法、使用材料、结构构件规格的不同等因素划分为若干个分项工程。合理地划分概预算编制对象的分项工程，是正确编制工程概预算造价的一项十分重要的工作，同时也有利于项目的组织管理。

（四）工程项目建设的阶段划分及重要性

1. 工程项目建设的阶段划分

依据我国现行工程项目建设有关程序法规的规定，工程项目建设共分五个阶段：工程项目投资决策阶段、工程项目建设准备阶段、工程项目建设实施阶段、工程竣工验收与保修阶段、工程项目建设后评价阶段。每个阶段又各包含若干环节，这些阶段和环节各有其不同的工作内容，并有着客观的先后顺序。对于不同的工程建设项目，由于其性质不同、复杂程度不同、规模大小不同，以致在同一阶段内各环节的工作会有一些交叉，有些环节还可省略。因此，在具体执行时，根据各项目的特点，可在严格遵守工程项目建设程序的大前提下，灵活地开展各项工作。

2. 工程项目建设程序的重要性

工程项目建设具有固定性、建设周期长、资源占用多、建设过程工作量大、牵涉面广、内外协作关系错综复杂的特点，其要求在广阔的范围内严密配合，而各项工作又必须集中在一定的建设地点进行和完成。所以，一切工程在时间上都必然表现为一个生产周期较长的过程，本身就存在着各阶段、各步骤、各项工作之间一定的、不可破坏的先后联系与次序。例如，不管什么工程项目，一般都必须先调查研究而后立项，先选址、勘察而后设计，先设计而后施工等。前一阶段的工作是后一阶段工作的依据、基础或先决条件，没有完成前一阶段的工作，后一阶段的工作就不能进行或无法进行。这种工程项目建设过程中各项工作的先后次序是不可颠倒、不可违反的，如果违反了它，人为地将工程项目建设的顺序颠倒，就会造成严重的资源浪费和经济损失。

二、工程项目建设各阶段的内容

（一）工程项目投资决策阶段的内容

投资决策是对工程项目投资的合理性进行考察和对工程项目进行选择的阶段。它将从根本上决定其投资效益。在该阶段包含投资意向、投资机会分析、项目建议书、可行性研究和审批立项五个环节。

1. 投资意向

投资意向是投资主体发现社会存在合适的投资机会所产生的投资愿望，它是工程建设活动的起点。

2. 投资机会分析

投资机会分析是投资主体对投资机会所进行的初步考察和分析，在认为机会合适、有良好的预后效益时，则可进行下一步的行动。

3. 项目建议书

项目建议书又称立项报告，是要求建设某一具体工程项目的建议文件。主要是从宏观上来分析项目建设的必要性，同时初步分析建设的可能性，看其是否具备建设条件，是否值得投资。

（1）审批的管理　对于政府投资项目，建设项目建议书按要求编制完成后，应根据建设规模和限额划分分别报送有关部门审批。对于企业不使用政府资金投资建设的项目，政府不再进行投资决策性质的审批，项目实行核准制或登记备案制，企业不需要编制项目建议书而可直接编制可行性研究报告。经批准的项目建议书是编制可行性研究报告和作为拟建项目立项的依据。

(2) 建设项目建议书一般应包括以下内容

① 项目名称、承担单位、项目负责人。

② 投资项目提出的必要性。说明项目提出的背景，提出与项目有关的长远规划或行业、地区规划资料，说明项目建设的必要性。

③ 产品方案、拟建规模和建设地点的初步设想。对国内外同类产品的生产能力，销售情况进行分析和预测，初步分析产品销售方向和销售价格，确定产品的年产量，一次建成规模和分期建设的设想。分析拟建设地点的自然条件和社会条件，建设地点是否符合地区布局的要求。

④ 资源情况、建设条件、协作关系的初步分析。拟利用的资源供应的可能性和可靠性，项目拟建地点、水电及其他公用设施、地方材料的供应分析。拟引进国外技术，要说明引进的国别以及与国内技术的差距、技术来源、技术鉴定及转让等概况。

⑤ 投资估算和资金筹措设想。投资估算根据掌握数据的情况，可进行详细估算，也可以按单位生产能力或类似企业情况进行估算。投资估算中应包括建设期利息、投资方向调节税，并考虑一定时期内的涨价因素的影响，流动资金可参照同类型企业的情况进行估算。资金筹措计划中应说明资金来源，利用贷款需附贷款意向书，分析贷款条件及利率，说明偿还方式，测算偿还能力。

⑥ 项目大体进度安排。建设前期工作的安排，包括涉外项目的询价、考察、谈判、设计等计划；项目建设需要的时间。

⑦ 经济效益、社会效益和环境效益的初步评价。

4. 可行性研究

项目建议书一经批准，即可着手进行可行性研究，对项目在技术上是否可行和经济上是否合理进行科学的分析和论证。承担可行性研究工作的单位应是经过资格审定的规划、设计和工程咨询单位。通过对建设项目在技术、工程和经济上的合理性进行全面分析论证和多种方案比较，提出评价意见，所有基建项目都要在可行性研究通过的基础上，选择经济效益最好的方案编制可行性研究报告。

(1) 可行性研究的作用

① 作为经济主体投资决策的依据。这是项目投资建设的首要环节，项目主管机关主要根据项目可行性研究的评价结果，并结合国家财政经济条件和国民经济长远发展的需要，作出项目是否应该投资和如何投资的决定。

② 作为编制设计文件的依据。可行性研究报告一经审批通过，意味着项目已经批准立项，可以进行初步设计了。

③ 作为筹集资金和向银行申请贷款的依据，包括向国际金融组织贷款的依据。

④ 作为建设单位与协作单位签订合同或协议的依据。

⑤ 作为环保部门、地方政府和规划部门审批项目的依据。

⑥ 作为施工组织、工程进度安排及竣工验收的依据。

⑦ 作为项目后评价的依据。

(2) 可行性研究报告应包括以下几方面的内容

① 总论。综述项目概况，包括项目提出的背景、投资的必要性和经济意义，项目调查

研究的主要依据和工作范围，项目建议书及有关审批文件，可行性研究的主要结论和存在问题与建议。

② 市场分析和拟建规模。包括需求情况的预测，现有生产能力的估计，销售预测、价格分析、产品竞争能力，拟建项目的规模、产品方案和发展方向的技术经济比较和分析。

③ 资源、原材料、燃料及公用设施情况。包括资源的处理、品位、成分以及开采、利用条件，原料及燃料的种类、数量、来源和供应的可能，所需公用设施的数量和供应条件。

④ 建厂条件和厂址选择。建厂的地理位置、气象、水文、地质、地形条件和社会经济状况，交通、运输及水、电、气的现状和发展趋势，厂址方案比较与选择意见。

⑤ 项目设计方案。项目的构成范围、主要技术工艺和设备选型方案的比较，全厂布置方案的初步选择和土建工程量估算；厂内外交通运输方式的比较和初步选择。

⑥ 环境保护和劳动安全。主要包括环境现状调查，预测项目对环境的影响，环境保护和三废治理的初步方案；提出劳动保护、安全生产、防震、防洪、防空、文物保护等要求以及采取相应的措施方案。

⑦ 项目施工计划和进度要求。根据勘察设计、设备制造、工程施工、安装、试生产所需时间和进度要求，选择项目实施方案和总进度。

⑧ 投资估算和资金筹措。估算主体工程和协作配套工程所需的投资和生产流动资金，资金来源、筹措方式及贷款的偿还方式。

⑨ 项目的社会效益、经济效益和环境效益的评价。

⑩ 综合评价与结论、建议。运用各项数据，从技术、经济、社会、财务等方面综合论述项目的可行性，推荐一个或几个方案供决策参考，指出项目存在的问题及结论性意见和改进建议。

5. 审批立项

审批立项是有关部门对可行性研究报告的审查批准程序。审查通过后即予以立项，正式进入工程项目建设准备阶段。批准后的可行性研究报告不得随意修改和变更。经过批准的可行性研究报告，是确定建设项目、编制设计文件的依据。

（二）工程项目建设准备阶段的内容

在该阶段包含规划、获取土地使用权、拆迁和工程发包与承包四个环节。

1. 规划

在城市规划区内进行工程建设的，要依法先后领取城市规划行政主管部门核发的"选址意见书"、"建设用地规划许可证"、"建设工程规划许可证"方能进行获取土地使用权、设计、施工等相应建设活动。

2. 获取土地使用权

《中华人民共和国土地管理法》规定："城市市区的土地归国家所有，农村和城市郊区的土地除由法律规定属国家所有者外，属于农民集体所有。工程建设用地都必须通过国家对土地使用权的出让而取得，需在农民集体所有的土地上进行工程建设的，必须先由国家征用农民土地，然后再将土地使用权出让给建设单位或个人。"

3. 拆迁

2011年1月21日起施行的《国有土地上房屋征收与补偿条例》（原《城市房屋拆迁管理条例》废止）中规定，为了公共利益的需要，征收国有土地上单位、个人的房屋，应当对被征收房屋所有权人（以下称被征收人）给予公平补偿。对被征收房屋价值的补偿，不得低于房屋征收决定公告之日被征收房屋类似房地产的市场价格。因征收房屋造成搬迁的，房屋征收部门应当向被征收人支付搬迁费；选择房屋产权调换的，产权调换房屋交付前，房屋征收部门应当向被征收人支付临时安置费或者提供周转用房。房屋征收部门与被征收人就补偿方式、补偿金额和支付期限、用于产权调换房屋的地点和面积、搬迁费、临时安置费或者周转用房、停产停业损失、搬迁期限、过渡方式和过渡期限等事项，订立补偿协议。

4．工程发包与承包

建设项目被批准立项，根据规定对拟建工程进行招投标，以择优选定工程勘察设计单位、施工单位、总承包单位和监理单位。

（三）工程项目建设实施阶段的内容

在该阶段包含工程勘察设计、施工准备、工程施工和生产准备四个环节。

1．工程勘察设计

设计是工程项目建设的重要环节，设计文件是制订建设计划、组织施工和控制建设投资的依据，它直接关系着工程质量和将来的使用效果。设计与勘察是密不可分的，设计必须在进行工程勘察，取得足够的地质、水文等基础资料后才能进行。建设项目的设计过程一般划分为两个阶段，即初步设计和施工图设计。对重大项目和技术复杂项目，可根据不同行业的特点和需要，增加技术设计阶段。即分为初步设计、技术设计和施工图设计三个阶段。

未经原勘察设计单位同意，任何单位和个人不得擅自修改勘察设计文件。

2．施工准备

施工准备包括施工单位在技术、物资方面的准备和建设单位取得开工许可两方面内容。

施工单位技术、物资方面的准备是指：施工单位在接到施工图后，必须做细致的施工准备工作，以确保工程顺利完成。它包括熟悉、审查图纸，编制施工组织设计，向下属单位进行计划、技术、质量、安全、经济责任的交底，下达施工任务书，准备工程施工所需的设备、材料等活动。

取得开工许可是指建设单位具备申请施工许可证的条件后，可按国家有关规定向工程所在地县级以上人民政府建设行政主管部门申请领取施工许可证，未取得施工许可证的建设单位不得擅自组织开工。

3．工程施工

工程施工是施工队伍具体配置各种施工要素，将工程设计物化为建筑产品的过程，也是投入劳动量最大、耗费时间较长的工作。其管理水平的高低、工作质量的好坏对建设项目的质量和所产生的效益起着十分重要的作用。

4．生产准备

生产准备的内容很多，主要有：招收和培训人员，组织人员参加设备安装调试和工程验收；生产管理机构设置、管理制度的制订、生产人员配备；生产技术准备；落实原材料、外协产品、燃料、水、电的来源及其他需协作配合条件和生产物资的准备。

（四）工程竣工验收与保修阶段的内容

工程项目按设计文件规定的内容和标准全部建成，并按规定将工程内外全部清理完毕后称为竣工。竣工验收是工程建设过程的最后一环，是全面考核基本建设成果、检验设计和工程质量的重要步骤，也是基本建设转入生产或使用的标志。

工程验收合格后，方可交付使用。建设单位收到建设工程竣工报告后，应当组织设计、施工、监理等有关单位进行竣工验收。竣工验收的依据是已批准的可行性研究报告、初步设计或扩大初步设计、施工图和设备技术说明书以及现行施工技术验收的规范和主管部门（公司）有关审批、修改、调整的文件等。

交付使用后，在保修期内发生质量问题，施工单位实行质量保修制度。详细内容参见本书第八章。

(五) 工程项目建设后评价阶段的内容

工程项目建设后评价是工程项目竣工投产、生产运营一段时间后，再对项目的立项决策、设计施工、竣工投产、生产运营等全过程进行系统评价的一种技术经济活动，是固定资产投资管理的一项重要的内容，也是固定资产投资管理的最后一个环节。

通过建设项目后评价以达到肯定成绩、总结经验、研究问题、吸取教训、提出建议、改进工作、不断提高项目决策水平和投资效果的目的。我国目前开展的工程项目建设后评价一般是按三个层次组织实施，即项目单位的自我评价、项目所属行业（或地区）的评价和各级计划部门（或主要投资方）的评价。并不是所有的建设项目都要进行后评价，一般在投资额度大、专业性强、影响范围大和具有示范性的项目中开展。

三、施工许可制度

（一）施工许可证的申请时间与范围

1. 施工许可证的申请时间

根据《建筑法》第七条规定，施工许可证应在建筑工程开工前申请领取。建筑工程的新建、改建、扩建应当按立项批准、勘察设计、施工安装、竣工验收、交付使用的程序进行。施工安装阶段又可分为施工准备和组织施工两个阶段。建筑工程施工许可证应当在施工准备工作就绪后，组织施工之前申请领取。

2. 施工许可证的申请范围

（1）需要办理施工许可证的建设工程

根据《建筑法》第七条规定，建筑工程开工前，建设单位应当按照国家有关规定向工程所在地县级以上人民政府建设行政主管部门申请领取施工许可证；但是，国务院建设行政主管部门确定的限额以下的小型工程除外。

（2）不需要办理施工许可证的建设工程

① 限额以下的小型工程。《建筑工程施工许可管理办法》规定，工程投资额在30万元以下或者建筑面积在300平方米以下的建筑工程，可以不申请办理施工许可证。省、自治区、直辖市人民政府建设行政主管部门可以根据当地的实际情况，对限额进行调整，并报国务院建设行政主管部门备案。

② 抢险救灾等工程。《建筑法》规定，抢险救灾及其他临时性房屋建筑和农民自建低层住宅的建筑活动，不适用本法。这几类工程有其特殊性，应从实际出发，不需办理施工许可证。

军用房屋建筑工程是否实行施工许可由国务院、中央军委另行规定。除按照国务院规定的权限和程序批准开工报告的建筑工程外，均应申请领取施工许可证；未领取施工许可证，不得开工。限定领取施工许可证的建筑工程范围，一是考虑我国国情，突出管理重点。二是避免与开工报告重复审查、重复审批。

3. 施工许可证的申领主体

《建筑法》规定，建筑工程开工前，建设单位应当按照国家有关规定向工程所在地县级以上人民政府建设行政主管部门申请领取施工许可证。

这是因为，建设单位（又称业主或项目法人）是建设项目的投资者。如果是政府投资项目，则建设单位为该项目的管理单位或使用单位，为建设工程开工和施工单位进场做好各项前期准备工作，是建设单位应尽的义务。因此，施工许可证的申请领取，应该是由建设单位来负责，而不是施工单位或其他单位。

（二）申请领取施工许可证，应当具备下列条件。

1. 已经办理该建筑工程用地批准手续

根据《城市房地产管理法》、《土地管理法》的规定，建设单位取得建筑工程用地土地使用权，可以通过两种方式即出让和划拨。

2. 在城市规划区的建筑工程，已经取得规划许可证

根据《城市规划法》的规定，规划许可证包括：建设用地规划许可证和建设工程规划许可证。

3. 施工场地已经基本具备施工条件，需要拆迁的，其拆迁进度符合施工要求

这里的拆迁一般是指房屋拆迁。根据新实施的《国有土地上房屋征收与补偿条例》的规定，房屋征收部门与被征收人就补偿方式、补偿金额和支付期限、用于产权调换房屋的地点和面积、搬迁费、临时安置费或者周转用房、停产停业损失、搬迁期限、过渡方式和过渡期限等事项，订立补偿协议。拆迁是一项复杂的综合性工作，必须按计划和施工进度要求进行，过早过迟都会造成损失和浪费。需要先期进行拆迁的，拆迁进度必须能满足建设工程开始和连续施工的要求。这也是申办施工许可证的基本条件之一。

4. 已经确定施工企业

建设单位确定建筑施工企业应当通过公开招标或邀请招标，公平、公正进行开标、评标、决标，择优选定建筑施工企业。按照规定应该招标的工程没有招标，应该公开招标的工程没有公开招标，或者肢解发包工程，以及将工程发包给不具备相应资质条件的，所确定的施工企业无效。

5. 有满足施工需要的施工图纸及技术资料，施工图设计文件已按规定进行了审查

施工图纸是实现建筑工程的最根本的技术文件，也是在施工过程中保证施工质量的重要依据。这就要求设计单位按工程的施工顺序和施工进度安排好施工图纸的配套交付计划，保证施工的需要。因此，在建筑工程开工前，必须要有满足施工需要的施工图纸和技术资料。

技术资料包括地形、地质、水文、气象等自然条件资料和主要原材料、燃料来源、水电供应和运输条件等技术经济条件资料。技术资料可以通过勘察、调查等方式取得。

国家实施施工图设计文件审查制度。《建筑工程质量管理条例》规定，施工文件未经审查合格的，不得使用。

6. 有保证工程质量和安全的具体措施

工程质量和安全是工程建设的永恒主题。《建设工程质量管理条例》规定，建设单位在领取施工许可证或者开工报告前，应当按照国家有关规定办理工程质量监督手续。《建设工程安全生产管理条例》规定，建设单位在申请领取施工许可证时，应当提供建设工程有关安全施工措施的资料。建设行政主管部门在审核发放施工许可证时，应当对建设工程是否有安全施工措施进行审查，对没有安全施工措施的，不得颁发施工许可证。

据此，《建筑工程施工许可管理办法》中对"有保证工程质量和安全的具体措施"作了进一步的规定，施工企业编制的施工组织设计中有根据建筑工程特点制定的相应质量、安全技术措施，专业性较强的工程项目编制了专项质量、安全施工组织设计，并按照规定办理了工程质量、安全监督手续。

施工组织设计的编制是施工准备工作的中心环节，其编制的好坏直接影响建设工程质量和安全生产，影响组织施工能否顺利进行。因此，施工组织设计须在开工前编制完成。施工组织设计的重要内容就是要有保证建设工程质量和安全的具体措施。施工组织设计由施工企业负责编制，并按照其隶属关系及建设工程的性质、规模、技术简繁等进行审批。

7. 建设资金已经落实

建设资金的落实是建筑工程开工后顺利实施的关键。近年来，一些建设单位无视国家有关规定和自身的经济实力，在建设资金不落实或资金不足的情况下，盲目上建设项目，强行

要求施工企业垫资承包或施工，转嫁投资缺口，造成拖欠工程款的问题难以杜绝，不仅加重了施工企业的生产经营困难，影响了工程建设的正常进行，也扰乱了建设市场的秩序。许多"烂尾楼"工程等都是建设资金不到位的结果。因此，在建设工程开工前，建设资金必须足额落实。

《建筑工程施工许可管理办法》明确规定，建设工期不足1年的，到位资金原则上不得少于工程合同价的50%，建设工期超过1年的，到位资金原则上不得少于工程合同价的30%。建设单位应当提供银行出具的到位资金证明，有条件的可以实行银行付款保函或者其他第三方担保。

8. 法律、行政法规规定的其他条件

《建筑法》为今后法律、行政法规可能规定的施工许可证申领条件作了特别规定。需要说明的是，只有全国人大及其常委会制定的法律和国务院制定的行政法规，才有权增加施工许可证新的申领条件，其他如部门规章、地方性法规、地方规章等都不得规定增加施工许可证的申领条件。

目前，已增加的施工许可证申领条件主要是监理和消防设计审核。

（1）按照《建筑法》的规定，国务院可以规定实行强制监理的建筑工程的范围。为此，《建设工程质量管理条例》明确规定国家重点建设工程，大中型公用事业工程，成片开发建设的住宅小区工程，用外国政府或者国际组织贷款、援助资金的工程，国家规定必须实行监理的其他工程必须实行监理。

（2）《消防法》规定，依法应当经公安机关消防机构进行消防设计审核的建设工程，未经依法审核或者审核不合格的，负责审批该工程施工许可证的部门不得给予施工许可证，建设单位、施工单位不得施工；其他建设工程取得施工许可证后经依法抽查不合格的，应当停止施工。

需要注意的是，上述8个方面的法定条件必须同时具备，缺一不可。建设行政主管部门应当自收到申请之日起15日内，对符合条件的申请颁发施工许可证。此外，《建筑工程施工许可管理办法》还规定，任何单位和个人不得将应该申请领取施工许可证的工程项目分解为若干限额以下的工程项目，规避申请领取施工许可证。

（三）施工许可证的有效条件和延期的限制

根据《建筑法》第九条规定，施工许可证的有效条件和延期的限制包括以下几个方面。

1. 开工时间

建设单位应当自领取施工许可证之日起3个月内开工。所谓领取施工许可证之日，是指建设行政主管部门将施工许可证交给建设单位之日，自该日起3个月内开工。

2. 不得无故拖延开工

建设单位因客观原因可以延期，但不得无故拖延开工。这里的客观原因一般是指："三通一平"（通水、通电、通道路、场地平整）没有完成，材料、构件、必要的施工设备等没有按计划进场。

3. 延期的限制

延期最多两次，每次期限均不得超过3个月。延期必须有原因，原因应当是合理的，比如法律上规定的不可抗力的原因就是合理原因。延期最多为两次，延期最长6个月，再加上领取施工许可证之日起3个月内开工时间，建设单位开工期限最长时间为9个月。

建筑工程自颁发施工许可证之日起，不论何种原因，均须在9个月内开工，否则施工许可证自行废止。明确规定施工许可证的有效期限，可以督促建设单位及时开工，保证组织施工的顺利进行，有利于加强对建筑施工活动的监督管理，保护参与施工活动各方的合法权益，提高投资效益，维护施工许可证的严肃性。

4. 中止施工和恢复施工

（1）中止施工　指建筑工程开工后，在施工过程中，因特殊情况的发生而中途停止施工的一种行为。中止施工的时间一般都较长，恢复施工的日期难以在中止时确定。

中止施工的原因一般比较复杂，《建筑法》未作具体明确规定。在建筑施工过程中，造成中止施工的特殊情况主要有：

① 地震、洪水等法律规定的不可抗力事件；

② 宏观调控，压缩基建规模或项目停建缓建的建筑工程；

③ 建设单位资金不到位等。

（2）恢复施工　指建筑工程中止施工后，造成中断施工的情况消除，继续进行施工的一种行为。

恢复施工时，中止施工不满一年的，建设单位应当向该建筑工程颁发施工许可证的建设行政主管部门报告恢复施工的有关情况；中止施工满一年的建筑工程恢复施工前，建设单位应当报发证机关检验施工许可证，看是否具备施工条件，如不具备，则需重新办理施工许可证。

【案例6-2】

2010年，某房地产开发公司与某科技公司合作（合并称建设方），共同开发房地产项目。该项目其中一部分为纯住宅工程，另一部分为综合楼，住宅部分手续证件齐全，于2011年4月已经竣工验收。由于建设双方对综合楼的建设计划意见未统一，从而使综合楼建设工程的各项审批手续未能办理。由于住宅工程已竣工验收，配套工程急需跟上，在综合楼施工许可证未经审核批准的情况下开始施工。该行为被监督执法大队发现后及时制止，并责令停工。建设方在综合楼项目的建设中有何过错，应如何处理？

【分析】

本案中，建设方在综合楼项目的建设中违反了《建筑法》第七条规定："建筑工程开工前，建设单位应当按照国家有关规定向工程所在地县级以上人民政府建设行政主管部门申请领取施工许可证。"建设方在未取得施工许可证的情况下擅自开工的行为属于严重的违法行为。

《建设工程质量管理条例》第五十七条规定："建设单位未取得施工许可证或者开工报告未经批准，擅自施工的，责令停止施工，限期改正，处工程合同款百分之一以上百分之二以下的罚款。"

据此，该监督执法大队责令其停工的做法是正确的，并应当处以罚款。

第三节　工程建设中的保险制度

一、工程建设保险概述

（一）工程建设保险的概念

1. 保险的概念

保险是一种受法律保护的分散危险、消化损失的经济制度。

危险可分为财产危险、人身危险和法律责任危险三种。财产危险是指财产因意外事故或自然灾害而遭受毁损或灭失的危险；人身危险是指人们因意外事故和失业等原因而导致人身损失的危险；法律责任危险是指对他人的财产、人身实施违法侵害，依法应负赔偿责任的危险。

1995年6月30日第八届全国人民代表大会常务委员会第十四次会议通过了《中华人民共和国保险法》（以下简称《保险法》），并于1995年10月1日开始实施。该法第二条规定："本法所称保险，是指投保人根据合同约定，向保险人支付保险费，保险人对于合同约定的可能发生的事故因其发生所造成的财产损失承担赔偿保险金责任，或者当被保险人死亡、伤残、疾病或者达到合同约定的年龄、期限时承担给付保险金责任的商业保险行为。"

2. 工程建设保险

工程建设保险指业主或承包商为了工程建设项目顺利完成而对工程建设中可能产生的人身伤害或财产损失，向保险公司投保以化解风险的行为。

（二）工程建设保险的种类

工程建设保险主要有以下几种：

(1) 意外伤害险；

(2) 建筑工程一切险及安装工程一切险；

(3) 职业责任险；

(4) 信用保险。

二、建筑工程一切险

（一）建筑工程一切险概述

1. 概念

建筑工程一切险承保各类民用、工业和公用事业建筑工程项目，包括道路、水坝、桥梁、港埠等，在建造过程中因自然灾害或意外事故而引起的一切损失。

建筑工程一切险一般还加保第三者责任险，即保险人在承保某建筑工程的同时，还对该工程在保险期限内因发生意外事故造成的依法应由被保险人负责的工地及邻近的地区第三者的人身伤亡、疾病或财产损失，以及被保险人因此而支付的诉讼费用和事先经保险人书面同意支付的其他费用，负赔偿责任。

2. 被保险人

在工程保险中，保险公司可以在一张保险单上对所有参加该项工程的有关各方都给予所需的保险。即：凡在工程进行期间，对这项工程承担一定风险的有关各方，均可作为被保险人。

建筑工程一切险的被保险人包括：业主；承包商或分包商；技术顾问，包括业主聘用的建筑师、工程师及其他专业顾问。

由于被保险人不止一个，而且每个被保险人各有其本身的权益和责任，为了避免有关各方相互之间追偿责任，大部分保险单还增加了共保交叉责任条款。根据这一条款，每一个被保险人如同各自有一张单独的保单，其应负的那部分"责任"发生问题，财产遭受损失，就可以从保险人那里获得相应的赔偿。如果各个被保险人之间发生相互的责任事故，每一个负有责任的被保险人都可以在保单项下得到保障。即：这些责任事故造成的损失，都可由保险人负责赔偿，无须根据各自的责任相互进行追偿。

（二）承保的财产、危险与除外责任

1. 承保的财产

建筑工程一切险可承保的财产主要有如下几种：

(1) 合同规定的建筑工程，包括永久工程、临时工程以及在工地的物料；

(2) 建筑用机器、工具、设备和临时工房及其屋内存放的物件,均属履行工程合同所需要的,是被保险人所有的或为被保险人所负责的物件;

(3) 业主或承包商在工地的原有和其他财产;

(4) 安装工程项目;场地清理费;

(5) 工地内的现有建筑物。

2. 承保的危险

保险人对以下危险承担赔偿责任:

(1) 洪水、雷电、水灾、地震、海啸、暴雨、风暴、雪崩、山崩、冰雹及其他自然灾害;

(2) 火灾、爆炸;盗窃;工人、技术人员因缺乏经验、疏忽、过失、恶意行为等造成的事故;

(3) 飞机坠毁,飞机部件或物件坠落;

(4) 原材料缺陷或工艺不善所引起的事故;

(5) 除外责任以外的其他不可预料的自然灾害或意外事故。

3. 除外责任

建筑工程一切险的除外责任有:

(1) 被保险人的故意行为引起的损失;

(2) 战争、罢工、核污染的损失、自然磨损、停工、错误设计引起的损失、费用或责任;

(3) 换置、修理或矫正标的本身原材料缺陷或工艺不善所支付的费用;

(4) 非外力引起的机构或电气装置的损坏或建筑用机器、设备装置失灵;

(5) 领有公用运输用执照的车辆、船舶、飞机的损失;

(6) 文件、账簿、票据、现金、有价证券、图表资料的损失。

(三) 保险责任的起讫

保险单一般规定:保险责任自投保工程开工日起或自承保项目所用材料至工地时起开始。保险责任的终止,则按以下规定办理,以先发生者为准:

(1) 保险单规定的保险终止日期;

(2) 工程建筑或安装完毕,移交给工程的业主,或签发完证明时终止(如部分移交,则该移交部分的保险即行终止);

(3) 业主开始使用工程时,如部分使用,则该使用部分的保险责任即行终止。

如果加保保证期(缺陷责任期、保修期)的保险责任,即在工程完毕后,工程移交证书已签发,工程已移交给业主之后,对工程质量还有一个保证期,则保险期限可延长至保证期,但需加缴一定的保险费。

三、安装工程一切险

由于安装工程一切险与建设工程一切险有许多相似之处,因此对安装工程一切险只作简单介绍。

(一) 安装工程一切险概述

1. 概念

安装工程一切险是承保安装各种工厂用的机器、设备、储油罐、钢结构工程、起重机、吊车,以及包含机械工程因素的任何建设工程因自然灾害或意外事故而引起的一切损失。

由于目前机电设备价格日趋高昂、工艺和构造日趋复杂,这使安装工程的风险越来越高。因此，在国际保险市场上，安装工程一切险已发展成为一种保障比较广泛、专业性很强的综合性险种。

2. 投保人

安装工程一切险的投保人可以是业主，也可以是承包商或卖方（供货商或制造商）。在合同中，有关利益方，如所有人、承包人、供货人、制造人、技术顾问等其他有关方，都可被列为被保险人。

安装工程一切险也可以根据投保人的要求附加第三者责任险。在安装工程建设过程中因发生任何意外事故，造成在工地及邻近地区的第三者人身伤亡、致残或财产损失，依法应由被保险人承担赔偿责任时，保险人将负责赔偿并包括被保险人因此而支付的诉讼费用或事先经保险人同意支付的其他费用。

（二）保险期限与标的

1. 保险期限

安装工程一切险的保险期限，通常应以整个工期为保险期限。一般是从被保险项目被卸至施工地点时起生效到工程预计竣工验收交付使用之日止。如验收完毕先于保险单列明的终止日，则验收完毕时保险期亦即终止。若工期延长，被保险人应及时以书面通知保险人申请延长保险期，并按规定增缴保险费。

安装工程第三者责任保险作为安装工程一切险的附加险，其保险期限应当与安装工程一切险相同。

2. 保险标的

安装工程一切险的保险标的有：

（1）安装的机器及安装费，包括安装工程合同内要安装的机器、设备、装置、物料、基础工程（如地基、座基等）以及为安装工程所需的各种临时设施（如水电、照明、通信设备等）等；

（2）为安装工程使用的承包人的机器、设备；

（3）附带投保的土木建筑工程项目，其保额不得超过整个工程项目保额的20%；

（4）场地清理费用及业主或承包商在工地上的其他财产。

四、建筑职工意外伤害险

《建筑法》规定，建筑施工企业必须为从事危险作业的职工办理意外伤害保险，支付保险费。

《建设工程安全生产管理条例》（以下简称《安全生产管理条例》）进一步规定，施工单位应当为施工现场从事危险作业的人员办理意外伤害保险。意外伤害保险费由施工单位支付。实行施工总承包的，由总承包单位支付意外伤害保险费。意外伤害保险期限自建设工程开工之日起至竣工验收合格之日止。

（一）建筑职工意外伤害保险是法定的强制性保险

施工单位对施工现场从事危险作业的人员办理意外伤害保险是法定的强制性保险，是由施工单位为投保人直接或通过保险经纪公司与保险公司订立保险合同，支付保险费，以本单位从事危险作业的人员作为被保险人，当被保险人在施工作业中发生意外伤害事故时，保险公司必须依照合同约定向被保险人或者受益人支付保险金。

施工现场从事危险作业的人员，是指在施工现场从事高空作业、深基坑作业、爆破作业等危险性较大的岗位的作业人员。

2003年，建设部《关于加强建筑意外伤害保险工作的指导意见》中指出，建筑施工企业应当为施工现场从事施工作业和管理的人员，在施工活动过程中发生的人身意外伤亡事故提供保障，办理建筑意外伤害保险、支付保险费。范围应当覆盖工程项目。已在企业所在地参加工伤保险的人员，从事现场施工时仍可参加建筑意外伤害保险。

（二）意外伤害保险的保险期限和最低保险金额

保险期限应涵盖工程项目开工之日到工程竣工验收合格日。提前竣工的，保险责任自行终止。因延长工期的，应当办理保险顺延手续。

各地建设行政主管部门要结合本地区实际情况，确定合理的最低保险金额。最低保险金额要能够保障施工伤亡人员得到有效的经济补偿。施工企业办理建筑意外保险时，投保的保险金额不得低于标准。

（三）意外伤害保险的保险费及费率

保险费应当列入建筑安装工程费用。保险费由施工企业支付，施工企业不得向职工摊派。

施工企业和保险公司双方应本着平等协商的原则，根据各类风险因素商定建筑意外伤害保险费率，提倡差别费率和浮动费率。差别费率可与工程规模、类型、工程项目风险程度和施工现场环境等因素挂钩。浮动费率可与施工企业安全生产业绩、安全生产管理状况等因素挂钩。对重视安全生产管理、安全业绩好的企业可采用上浮费率。通过浮动费率机制，激励投保企业安全生产的积极性。

（四）意外伤害保险的投保

施工企业应在工程项目开工前，办理完投保手续。鉴于工程建设项目施工工艺流程中各工程调动频繁、用工流动性大，投保应实行不记名和不计人数的方式。工程项目中有分包单位的由总承包施工企业统一办理，分包单位合理承担投保费用。业主直接发包的工程项目由承包企业直接办理。

各级建设行政主管部门要强化监督管理，把在建设工程项目开工前是否投保建筑意外保险情况作为审查企业安全生产条件的重要内容之一；未投保的工程项目，不予发放施工许可证。

投保人办理投保手续后，应将投保有关信息以布告形式张贴于施工现场，告之被保险人。

（五）意外伤害保险的索赔

建筑意外伤害保险应规范和简化索赔程序，搞好索赔服务。各地建设行政主管部门要积极创造条件，引导投保企业在发生意外事故后即向保险公司提出索赔，使施工伤亡人员能够得到及时、足额的赔付。各级建设行政主管部门应设置专门电话接受举报，凡被保险人发生意外伤害事故，企业和工程项目负责人隐瞒不报、不索赔的，要严肃查处。

（六）意外伤害保险的安全服务

施工企业应当选择能够提供建筑安全生产风险管理、事故防范等安全服务和有保险能力的保险公司，以保证事故后能及时补偿与事故前能及时防范。目前还不能提供安全风险管理和事故预防的保险公司，应通过建筑安全服务中介组织向施工企业提供与建筑意外伤害保险相关的安全服务。建筑安全服务中介组织必须拥有一定数量、专业配套、具备建筑安全知识和管理经验的专业技术人员。

安全服务内容可包括施工现场风险评估、安全技术咨询、人员培训、防灾防损设备配置、安全技术研究等。施工企业在投保时可与保险机构商定具体服务内容。

第四节 劳动合同与劳动保护制度

一、劳动合同的基本内容

（一）劳动合同的概念

劳动合同是劳动者与用人单位确立劳动关系、明确双方权利和义务的协议。劳动合同是建立劳动关系的依据，我国《劳动法》规定："建立劳动关系应当订立劳动合同。"

（二）劳动合同的订立

订立劳动合同，应当遵循平等自愿、协商一致的原则，不得违反法律、行政法规的规定。劳动合同依法订立即具有法律约束力。劳动合同应当以书面形式订立，并具备以下条款：

(1) 劳动合同期限；
(2) 工作内容；
(3) 劳动保护和劳动条件；
(4) 劳动报酬；
(5) 劳动纪律；
(6) 劳动合同终止的条件；
(7) 违反劳动合同的责任。

劳动合同除前款规定的必备条款外，当事人可以协商约定其他内容，以使各自的权利、义务更加明确。

（三）劳动合同的效力

下列劳动合同无效：违反法律、行政法规的劳动合同；采取欺诈、威胁等手段订立的劳动合同。

无效的劳动合同，从订立的时候起，就没有法律约束力。确认劳动合同部分无效的，如果不影响其余部分的效力，其余部分仍然有效。劳动合同的无效，由劳动争议仲裁委员会或者人民法院确认。

二、劳动保护的内容与争议处理

（一）劳动安全卫生

1. 劳动安全卫生制度对用人单位的要求

(1) 劳动安全卫生制度对用人单位的总要求　用人单位必须建立、健全劳动安全卫生制度，严格执行国家劳动安全卫生规程和标准，对劳动者进行劳动安全卫生教育，防止劳动过程中的事故，减少职业危害。

(2) 劳动安全卫生设施　劳动安全卫生设施必须符合国家规定的标准。新建、改建、扩建工程的劳动安全卫生设施必须与主体工程同时设计、同时施工、同时投入生产和使用。

(3) 提供劳动安全卫生条件和劳动保护用品　用人单位必须为劳动者提供符合国家规定的劳动安全卫生条件和必要的劳动保护用品，对从事有职业危害作业的劳动者应当定期进行健康检查。

2. 劳动安全卫生制度对劳动者的要求

劳动者在劳动过程中必须严格遵守安全操作规程。劳动者对用人单位管理人员违章指挥、强令冒险作业，有权拒绝执行；对危害生命安全和身体健康的行为，有权提出批评、检举和控告。从事特种作业的劳动者必须经过专门培训并取得特种作业资格。

（二）对女职工和未成年工的特殊保护

1. 对女职工的特殊保护

（1）合理安排女职工的劳动　禁止安排女职工从事矿山井下、国家规定的第四级体力劳动强度的劳动和其他禁忌从事的劳动。

（2）女职工经期的特殊保护　不得安排女职工在经期从事高处、低温、冷水作业和国家规定的第三级体力劳动强度的劳动。

（3）女职工孕期的特殊保护　不得安排女职工在怀孕期间从事国家规定的第三级体力劳动强度的劳动和孕期禁忌从事的劳动。对怀孕七个月以上的女职工，不得安排其延长工作时间和夜班劳动。

（4）女职工产期的特殊保护　女职工生育享受不少于90天的产假。

（5）女职工哺乳期的特殊保护　不得安排女职工在哺乳未满一周岁的婴儿期间从事国家规定的第三级体力劳动强度的劳动和哺乳期禁忌从事的其他劳动，不得安排其延长工作时间和夜班劳动。

2. 对未成年工的特殊保护

未成年工是指年满十六周岁未满十八周岁的劳动者。不得安排未成年工从事矿山井下、有毒有害、国家规定的第四级体力劳动强度的劳动和其他禁忌从事的劳动。用人单位应当对未成年工定期进行健康检查。

（三）劳动争议的处理

1. 劳动争议的概念及解决原则

劳动争议是指劳动关系当事人之间因劳动权利与劳动义务而发生的争议。用人单位与劳动者发生劳动争议，解决劳动争议，应当根据合法、公正、及时处理的原则，依法维护劳动争议当事人的合法权益。

2. 劳动争议解决的途径

（1）调解　劳动争议发生后，当事人可以向本单位劳动争议调解委员会申请调解。

（2）仲裁　劳动争议调解不成，当事人一方要求仲裁的，可以向劳动争议仲裁委员会申请仲裁。仲裁裁决一般应在收到仲裁申请的60日内作出。对仲裁裁决无异议的，当事人必须履行。一方当事人在法定期限内不起诉又不履行仲裁裁决的，另一方当事人可以申请人民法院强制执行。

（3）诉讼　劳动争议当事人对仲裁裁决不服的，可以自收到仲裁裁决书之日起15日内向人民法院提起诉讼。

【案例6-3】

某中外合资公司与王某签订了为期3年的劳动合同。合同中约定，在合同的履行期间，如果本合同订立时所依据的客观情况发生变化，致使合同无法履行，经双方协商不能就本合同达成协议的，公司可以提前30天以书面形式通知王某解除劳动合同。两年后，该公司由一家中外合资企业变更为外商独资企业，公司的法定代表人也作了变更。该公司由于重组进行大规模的裁员，王某也在被裁人员名单中。随后，公司以企业名称、性质和法定代表人变更，属于合同订立时所依据的客观情况发生重大变化为由，书面通知王某解除劳动合同。王某不同意，认为自己的劳动合同没有到期，不能以企业法定代表人变更等为由随意解除劳动合同。

【问题】

该公司上述理由是否可以作为解除与王某劳动合同的依据？该公司与王某的合同是否继续有效？

【分析】

《劳动合同法》第三十三条规定："用人单位变更名称、法定代表人、主要负责人或者投资人等事项，不影响劳动合同的履行。"本案中，该公司虽然企业的名称、性质和法定代表人发生了变更，但并非属于法律上认定的"客观情况发生重大变化"，企业的正常经营并未因此而受到影响。因此，该公司以上述理由解除与王某的劳动合同是没有法律依据的。王某与该公司的劳动合同还没有到期，该合同依然有效。所以，双方应该继续履行劳动合同。

第五节　工程建设监理制度

一、工程建设监理制度概述

（一）工程建设监理的概念

我国自 1988 年推行建筑监理制度以来，取得了显著的效果和良好的社会效益。目前，全国各省、市、自治区和国务院各部门都已开展了监理工作，全国大多数大中型工程项目的建设，包括举世瞩目的三峡工程都实施了建设工程监理，并取得了显著成效。

1. 工程建设监理的含义

监理即监督和管理。建设工程监理也称工程建设监理，是指针对工程建设项目，由社会化、专业化的工程建设监理单位接受业主的委托和授权，根据国家批准的工程项目建设文件、有关工程建设的法律、法规和工程建设监理合同以及其他工程建设合同所进行的旨在实现项目投资目的的微观监督管理活动。

2. 我国工程建设监理制度的发展情况

我国推行工程监理制自 1988 年以来，经过了三个阶段，即工程监理试点阶段（1988—1993 年）、工程监理稳步推进阶段（1993—1995 年）、工程监理全面推进阶段（1996 年至今）。

在法律法规建设方面，1998 年 3 月 1 日实施的《中华人民共和国建筑法》专门列出了"建筑工程监理"一章，从第三十条至第三十五条，对建筑工程监理的性质、含义、作用、范围、任务以及责、权、利等，第一次以法律的形式做出了规定。同时在《建筑法》的第二章"建筑许可"及第七章"法律责任"中，对建筑工程监理单位和监理工程师的执业、法律责任等也做出了规定；2001 年，建设部发布了《工程监理企业资质管理规定》，2007 年又对该《规定》作了全面修订，《规定》对工程监理企业的资质等级、资质标准、申请与审批、业务范围等进行了规范。2001 年 5 月 1 日起实施的《建设工程监理规范》，总结了我国推行建设工程监理制 10 多年来的经验，对监理机构、监理规范、各阶段的监理工作等都作出了详细的规定。这些法律法规的颁布实施，对我国建设工程监理制度的推行和发展，对规范监理工作的行为，具有十分重要的意义。

（二）工程建设监理的性质

工程监理是一种特殊的与其他工程建设活动有着明显区别和差异的工程建设活动。

1. 服务性

这是由它的业务性质决定的，既不同于承包商的直接生产活动，也不同于业主的直接投资活动。它既不是工程承包活动，也不是工程发包活动。它不需要投入大量资金、材料、设备、劳动力。它只是在工程项目建设过程中，监理人员利用自己的工程建设方面的知识、技能和经验、信息以及必要的试验、检测手段为客户提供专业性、高智能的监督管理服务，以满足项目业主对项目管理的需要。但工程建设监理单位不能完全取代建设单位的管理活动。

2. 独立性

从事工程建设监理活动的监理单位是直接参与工程项目建设的"三方当事人"之一，它与项目业主、承包商之间的关系是平等的、横向的。为了保证工程建设监理行业的独立性，从事这一行业的监理单位和监理工程师必须与某些行业或单位断绝人事上的依附关系以及经济上的隶属或经营关系，也不能从事这些行业的工作。

3. 公正性

公正性是工程建设监理正常和顺利开展的基本条件。它是社会公认的职业准则，也是监理单位和监理工程师的基本职业道德准则。由于建设监理制度赋予了监理单位在工程项目建设中具有监督管理的权力。被监理方必须接受监理方面的监督管理。所以，要求监理单位能够办事公道，公正地开展工程建设监理活动。

4. 科学性

工程建设监理是一种专业性、高智能的技术服务，要求从事工程建设监理活动必须遵循科学准则。

由于工程建设监理提供的是技术服务，因此，要求监理单位和监理工程师在开展监理服务时能够提供科学含量高的服务，以创造更大的价值。由于工程项目建设牵扯到国计民生，关系到人民的生命和财产的安全，涉及公众利益。因此，监理单位和监理工程师需要以科学的态度，用科学方法来完成这项工作。

（三）工程建设监理与政府工程质量监督的区别

工程建设监理与政府工程质量监督都属于工程建设领域的监督管理活动。但是前者属于社会的、民间的行为，后者属于政府行为。工程建设监理发生在工程项目组织系统范围内的平等主体之间的横向监督管理，而政府工程质量监督则是项目组织系统外地监督管理主体对项目系统内的建设行为主体进行的一种纵向监督管理行为。因此，它们在性质、任务、范围、工作深度和广度以及方法、手段等多方面存在着明显差异。

二、工程建设监理的依据和工作内容

（一）工程建设监理的依据

国家或部门制定颁布的法律、法规、规章；国家现行的技术规范、技术标准、规程和工程质量验评标准；经审查批准的建设文件、设计文件和设计图纸；依法签订的各类工程合同文件等。

（二）工程建设强制监理的范围

根据原建设部 2001 年 1 月 17 日颁布的《建设工程监理范围和规模标准规定》，下列建设工程必须实行监理。

1. 国家重点建设工程

是指依据《国家重点建设项目管理办法》所确定的对国民经济和社会发展有重大影响的骨干项目。

2. 大中型公用事业工程

是指项目总投资额在 3000 万元以上的下列工程项目：

（1）供水、供电、供气、供热等市政工程项目；

（2）科技、教育、文化等项目；

(3) 体育、旅游、商业等项目；
(4) 卫生、社会、福利等项目；
(5) 其他公共事业项目。

3. 成片开发建设的住宅小区工程

其中，建筑面积在 5 万平方米以上的住宅建设工程必须实行监理；5 万平方米以下的住宅建设工程，可以实行监理，具体范围和规模标准，由省、自治区、直辖市人民政府建设行政主管部门规定；为了保证住宅质量，对高层住宅及地基、结构复杂的多层住宅应当实行监理。

4. 利用外国政府或者国际组织贷款、援助资金的工程

这类工程包括：
(1) 使用世界银行、亚洲开发银行等国际组织贷款资金的项目；
(2) 使用国外政府及其机构贷款资金的项目；
(3) 使用国际组织或者国外政府援助资金的项目。

5. 国家规定必须实行监理的其他工程项目

主要是指学校、影剧院、体育场馆项目以及总投资额在 3000 万元以上关系社会公共利益、公众安全的下列基础设施建设项目：
(1) 煤炭、石油、化工、天然气、电力、新能源等项目；
(2) 铁路、公路、管道、水运、民航以及其他交通运输业等项目；
(3) 邮政、电信枢纽、通信、信息网络等项目；
(4) 防洪、灌溉、排涝、发电、引（供）水、滩涂治理、水资源保护、水土保持等水利建设项目；
(5) 道路、桥梁、地铁和轻轨交通、污水排放等处理、垃圾处理、地下管道、公共停车场等城市基础设施项目；
(6) 生态环境保护项目；
(7) 其他基础设施项目。

工程建设监理的范围应包括整个工程建设的全过程，即工程立项、勘察、设计、施工、材料设备采供、设备安装调试环节，对工期、质量、造价、安全等诸方面进行监督管理。

(三) 工程建设监理的任务和权限

1. 工程建设监理的任务

工程建设监理的中心工作是进行项目目标控制，即投资、工期和质量的控制。在项目内部的管理主要是合同和信息管理，对项目外部主要是组织协调与监督。合同是控制、管理、协调的主要依据，概括起来建设工程监理的任务即"三控制、两管理、一协调"共六项任务。

(1) "三控制" "三控制"即质量控制、工期控制和投资控制。对任何一项工程监督来说，质量、工期和投资往往是相互矛盾的，但又是统一的。要达到高标准的工程质量，工期就要长一点，投资很有可能要增加一些。要缩短工期，质量就可能低一些，投资也可能多一点。一般来说，三项目标不可能同时达到最佳状态。工程建设监理的任务就是根据业主的不同侧重要求，尽力实现三项目标接近最佳状态的控制。

(2) "两管理" "两管理"指对工程建设承发包合同的管理和工程建设过程中有关信息的管理。

承发包合同管理是建设工程监理的主要工作内容，是实现三大目标控制的手段。其表现形式就是定期和不定期地核查承发包合同的实施情况，纠正实施中出现的偏差，提出新一阶

段执行承发包合同的预控性意见。

信息管理,是指信息收集、整理、存储、传递和应用等一系列工作的总称。信息管理包括四项内容:

① 制定采集信息的制度和方法;

② 建立信息编码系统;

③ 明确信息流程;

④ 信息的处理和应用。庞杂的信息管理必须依靠计算机才能较好地完成。信息管理的突出特点是"快"和"准"。

(3)"一协调" "一协调"是指协调参与某项工程建设的各方的工作关系。这项工作一般是通过定期和不定期召开会议的形式来完成的,或者通过分别沟通情况的方式,达到统一意见、协调一致的目的。

2. 建设工程监理的权限

《建筑法》规定了工程监理人员的监理权限和义务:

(1) 工程监理人员认为工程施工不符合工程设计要求、施工技术标准和合同约定的,有权要求建筑施工企业改正。

(2) 工程监理人员发现工程设计不符合建筑工程质量标准或者合同约定的质量要求的,应当报告建设单位要求设计单位改正。

(四)建设监理单位资质的等级与监理范围

《建筑法》第三十一条规定:"实行监理的建筑工程,由建设单位委托具有相应资质条件的工程监理单位监理"。第三十四条规定:"工程监理单位应在其资质等级许可的监理范围内,承担工程监理业务"。这是政府对从事工程监理的单位资质许可的强制性规定,也是从事监理活动的首要的原则。

1. 建设监理单位资质等级

根据人员素质、资金数量、专业技能、管理水平及监理业绩等,建设监理单位资质分为甲、乙、丙三级,并且各级均应由取得监理工程师资格证书的在职高级工程师、高级建筑师或者高级经济师作单位负责人;由取得监理工程师资格证书的在职高级工程师、高级建筑师作技术负责人。

2. 建设监理单位的监理范围

甲、乙、丙级资质监理企业的经营范围均不受国内地域限制,但甲级工程监理企业可以监理经核定的工程类别中一、二、三等工程;乙级工程监理企业只能监理经核定的工程类别中二、三等工程;丙级工程监理企业只能监理经核定的工程类别中三等工程。监理单位必须在核定的监理范围内从事监理活动,不得擅自越级承接建设监理业务。

三、监理单位的权利、义务和法律责任

(一)监理单位的权利

监理单位在建设单位委托的工程范围内,享有以下权利:

(1) 选择工程总承包人的建议权,选择工程分包人的认可权;

(2) 对工程建设有关事项包括工程规模、设计标准、规划设计、生产工艺设计和使用功能要求,向建设单位提出建议权。

(3) 对工程设计中的技术问题,按照安全和优化的原则,向设计单位提出建议。

(4) 审批工程施工组织设计和技术方案,按照保质量、保工期和降低成本的原则,向承包人提出建议,并向建设单位提出书面报告。

(5) 主持工程建设各有关协作单位的组织协调工作，重要协调事项应当事先向建设单位报告。

(6) 发布开工令、停工令、复工令，但应当事先向建设单位报告。

(7) 工程建设中使用的材料和施工质量的检验权、工程施工进度的检查、监督权，以及工程实际竣工日期提前或超过工程施工合同规定期限的签认权。

(8) 在工程施工合同约定的工程价格范围内，工程款支付的审核和签认权，以及工程结算确认权与否决权，未经总监理工程师签字确认，建设单位不支付工程款。

(9) 监理单位在建设单位授权下，可对任何承包人合同规定的义务提出变更。

(10) 在委托监理的工程范围内，建设单位或承包人对对方的任何意见和要求，必须首先向监理机构提出，由监理机构研究后提出处置意见，再同双方协商确定。

(二) 监理单位的义务

(1) 按合同约定派出监理工作需要的监理机构及监理人员；向建设单位报送委派的总监理工程师及其监理机构主要成员名单和监理规划；完成监理合同专用条件中约定的监理工程的监理业务；按合同约定定期向建设单位报告监理工作。

(2) 应当认真、勤奋地工作，为建设单位提供与其水平相应的咨询意见，公正维护建设各方的合法权益。

(3) 使用建设单位提供的设施和物品，在监理工作完成或中止时，其设施和剩余的物品按合同约定的时间和方式移交给建设单位。

(4) 无论在合同期内还是在合同终止后，未征得有关方同意，不得泄露与本工程、本业务有关的保密资料。

(三) 监理单位的法律责任

(1) 建设工程监理单位应当在资质等级许可的监理范围内，承担工程监理业务；应当根据建设单位的委托，客观、公正地执行监理任务。

(2) 建设工程监理单位与被监理工程的承包单位以及建筑材料、建筑构配件和设备供应单位不得有隶属关系或者其他利害关系。

(3) 建设工程监理单位不得转让工程监理业务。

(4) 建设工程监理单位不按照委托监理合同的约定履行监理义务，对应当监督检查的项目不检查或者不按规定检查，给建设单位造成损失的，应当承担相应的赔偿责任。

(5) 建设工程监理单位与承包单位串通，为承包单位牟取非法利益，给建设单位造成损失的，应当与承包单位承担连带赔偿责任。

第六节　工程建设中的环境保护法规

一、建设项目环境保护制度

环境保护是我国的一项基本国策。建设项目消耗大量资源，排放大量的废水、废气、废渣以及产生噪声，影响周围环境。为此，工程建设人员应当熟悉法律法规中与工程建设相关的内容。目前，我国制定的关于环境保护的主要法律法规有：《中华人民共和国环境保护法》，《中华人民共和国环境影响评价法》，《中华人民共和国水污染防治法》（以下简称《水污染防治法》），《中华人民共和国大气污染防治法》，《中华人民共和国固体废物污染防治法》（以下简称《固体废物污染防治法》），《建设项目环境保护管理条例》，《建设项目竣工环境保护验收管理办法》等。

（一）建设项目环境影响评价制度

1. 建设项目环境影响评价的概念

环境影响评价，指对规划和建设项目实施后可能造成的环境影响进行分析、预测和评估，提出预防或者减轻不良环境影响的对策和措施，进行跟踪监测的方法与制度。

2. 对建设项目的环境影响评价实行分类管理

建设单位应当按照下列规定组织编制环境影响评价文件：可能造成重大环境影响的，应当编制环境影响报告书，对产生的环境影响进行全面评价；可能造成轻度环境影响的，应当编制环境影响报告表，对产生的环境影响进行分析或者专项评价；对环境影响很小、不需要进行环境影响评价的应当填报环境影响登记表。

3. 环境影响报告书的基本内容

建设项目的环境影响报告书应当包括建设项目概况及周围环境现状；建设项目对环境可能造成影响的分析、预测和评估；环境保护措施及其技术、经济论证；对环境影响的经济损益分析；对建设项目实施环境监测的建议；环境影响评价的结论等内容。

4. 建设项目环境影响评价机构与文件审批管理

（1）接受委托为建设项目环境影响评价提供技术服务的机构，应当经国务院环境保护行政主管部门考核审查合格后，颁发资质证书，按照资质证书规定的等级和评价范围，从事环境影响评价服务，并对评价结论负责。

（2）建设项目的环境影响评价文件，由建设单位按照国务院的规定报有审批权的环境保护行政主管部门审批；建设项目有行业主管部门的，其环境影响报告书或者环境影响报告表应当经行业主管部门预审后，报有审批权的环境保护行政主管部门审批。

建设项目的环境影响评价文件经批准后，建设项目的性质、规模、地点、采用的生产工艺或者防治污染、防止生态破坏的措施发生重大变动的，建设单位应重新报批建设项目的环境影响评价文件。

（二）环境保护"三同时"制度

建设项目需要配套建设的环境保护设施，必须与主体工程实施"三同时"制度，即同时设计、同时施工、同时投产使用。

建设项目竣工后，建设单位应当向审批该建设项目环境影响报告书、环境影响报告表或者环境影响登记表的环境保护行政主管部门，申请该建设项目需要配套建设的环境保护设施竣工验收。环境保护设施竣工验收，应当与主体工程竣工验收同时进行。环境保护行政主管部门应当自收到环境保护设施竣工验收申请之日起30日内，完成验收。建设项目需要配套建设的环境保护设施经验收合格，该建设项目方可正式投入生产或者使用。

二、与工程建设有关的环保规定及防治措施

《建筑法》规定，建筑施工企业应当遵守有关环境保护和安全生产的法律、法规的规定，采取控制和处理施工现场的各种粉尘、废气、废水、固体废物以及噪声、振动对环境的污染和危害的措施。

《建设工程安全生产管理条例》进一步规定，施工单位应当遵守有关环境保护法律、法规的规定，在施工现场采取措施，防止或者减少粉尘、废气、废水、固体废物、噪声、振动和施工照明对人和环境的危害和污染。

（一）施工现场噪声污染防治

环境噪声，是指在工业生产、建筑施工、交通运输和社会生活中所产生的干扰周围生活环境的声音。环境噪声污染，则是指产生的环境噪声超过国家规定的环境噪声排放标准，并干扰他人正常生活、工作和学习的现象。

在工程建设领域，环境噪声污染的防治主要包括两个方面：一是建设项目环境噪声污染的防治；二是施工现场环境噪声污染的防治。前者主要是解决建设项目建成后使用过程中可能产生的环境噪声污染问题，后者则是要解决建设工程施工过程中产生的施工噪声污染问题。

1. 建设项目环境噪声污染的防治

《中华人民共和国环境噪声污染防治法》（以下简称《环境噪声污染防治法》）规定，新建、改建、扩建的建设项目，必须遵守国家有关建设项目环境保护管理的规定。

建设项目的环境噪声污染防治设施必须与主体工程同时设计、同时施工、同时投产使用。例如，建设经过已有的噪声敏感建筑物集中区域的高速公路和城市高架、轻轨道路，有可能造成环境噪声污染的，应当设置声屏障或者采取其他有效的控制环境噪声污染的措施；在已有的城市交通干线的两侧建设噪声敏感建筑物的，建设单位应当按照国家规定间隔一定距离，并采取减轻、避免交通噪声影响的措施等。

建设项目在投入生产或者使用之前，其环境噪声污染防治设施必须经原审批环境影响报告书的环境保护行政主管部门验收；达不到国家规定要求的，该建设项目不得投入生产或者使用。

2. 施工现场环境噪声污染的防治

施工噪声，是指在建设工程施工过程中产生的干扰周围生活环境的声音。在城市人口稠密地区的建设工程施工中产生的噪声污染，不仅影响周围居民的正常生活，而且损害城市的环境形象。施工单位与周围居民因噪声而引发的纠纷也时有发生，群众投诉日渐增多。因此，应当依法加强施工现场噪声管理，采取有效措施防治施工噪声污染。

（1）排放建筑施工噪声应当符合建筑施工场界环境噪声排放标准　按照《建筑施工场界噪声限值》（GB 12523—2011）的规定：土石方施工阶段（主要噪声源为推土机、挖掘机、装载机等），噪声限值是昼间75分贝，夜间55分贝；打桩施工阶段（主要噪声源为各种打桩机等），噪声限值是昼间85分贝，夜间禁止施工；结构施工阶段（主要噪声源为混凝土施工、振捣棒、电锯等），噪声限值是昼间70分贝，夜间55分贝；装修施工阶段（主要噪声源为吊车、升降机等），噪声限值是昼间62分贝，夜间35分贝。所谓夜间，是指晚22点至早6点之间的期间。

（2）使用机械设备可能产生环境噪声污染的申报　《环境噪声污染防治法》规定，在城市市区范围内，建筑施工过程中使用机械设备，可能产生环境噪声污染的，施工单位必须在工程开工15日以前向工程所在地县级以上地方人民政府环境保护行政主管部门申报该工程的项目名称、施工场所和期限、可能产生的环境噪声值以及所采取的环境噪声污染防治措施的情况。

3. 禁止夜间进行产生环境噪声污染施工作业的规定

《环境噪声污染防治法》规定，在城市市区噪声敏感建筑物集中区域内，禁止夜间进行产生环境噪声污染的建筑施工作业，但抢修、抢险作业和因生产工艺上的要求或者特殊需要必须连续作业的除外。因特殊需要必须连续作业的，必须有县级以上人民政府或者其有关主管部门的证明。以上规定的夜间作业，必须公告附近居民。

所谓噪声敏感建筑物集中区域，是指医疗区、文教研究区和以机关或者居民住宅为主的区域。所谓噪声敏感建筑物，是指医院、学校、机关、科研单位、住宅等需要保持安静的建筑物。

（二）施工现场废气污染防治的规定

施工现场大气污染的防治，重点是防治扬尘污染。对于扬尘控制，原建设部《绿色施工导则》中有如下规定。

（1）运送土方、垃圾、设备及建筑材料等，不污损场外道路。运输容易散落、飞扬、流漏的物料的车辆，必须采取措施封闭严密，保证车辆清洁。施工现场出口应设置洗车槽。

（2）土方作业阶段，采取洒水、覆盖等措施，达到作业区目测扬尘高度小于1.5m，不扩散到厂区外。

（3）对易产生扬尘的堆放材料应采取覆盖措施；对粉尘装材料应封闭存放；场区内可能引起扬尘的材料及建筑垃圾搬运应有降尘措施，如覆盖洒水等；浇筑混凝土前清理灰尘和垃圾时尽量使用吸尘器，避免使用吹风器等易产生扬尘的设备；机械剔凿作业时可用局部遮挡、掩盖、水淋等防护措施；高层或多层建筑清理垃圾应搭设封闭性临时专用道或采用容器吊运。

（4）构筑物爆破拆除前，做好扬尘控制计划。可采用清理积尘、淋湿地面、预湿墙体、屋面铺水袋、楼面蓄水、建筑外设高压喷雾状水系统、搭设防尘排栅和直升机投水弹等综合降尘。选择风力小的天气进行爆破作业等等。

三、施工现场水污染的防治

1. 《中华人民共和国水污染防治法》规定

排放水污染物，不得超过国家地方规定的水污染物排放标准和重点水污染物排放总量控制指标。

（1）禁止向水体排放油类、酸液、碱液或者剧毒废液。禁止在水体清洗装储过油类或者有毒污染物的车辆和容器。禁止向水体排放、倾倒放射性固体废物或者含有高放射性和中放射性物质的废水。

（2）禁止向水体排放、倾倒工业废渣、城镇垃圾和其他废弃物。禁止将含有汞、镉、砷、铬、铅、氰化物、黄磷等可溶性剧毒废渣向水体排放、倾倒或者直接埋入地下。存放可溶性剧毒废渣的场所，应当采取防水、防渗漏、防流失的措施。禁止江河、湖泊、运河、渠道、水库最高水位线以下的滩地和岸坡堆放、存储固体废弃物和其他污染物。

（3）在饮用水水源保护区内，禁止设置排污口。在风景名胜区水体、重要渔业水体和其他具有特殊经济文化价值的水体的保护区内，不得新建排污口。在保护区附近新建排污口，应当保证保护区水体不受污染。

（4）禁止利用渗井、渗坑、裂隙和溶洞排放、倾倒含有毒污染物的废水、含病原体的污水和其他废弃物。禁止利用无防渗漏措施的沟渠、坑塘等输送或者存储含有毒污染物的废水、含病原体的污水和其他废弃物。

（5）兴建地下工程设施或者进行地下勘探、采矿等活动，应当采取防护措施，防止地下水污染。人工回灌补给地下水，不得恶化地下水质。

2. 施工现场水污染防治

原建设部《绿色施工导则》规定，水污染防治措施有：

（1）施工现场污水排放应达到国家标准《污水综合排放标准》（GB 8978—2002）的要求；

（2）在施工现场应针对不同的污染水，设置相应的处理设施，如沉淀地、隔油地、化粪池等；

(3) 污水排放应委托有资质的单位进行废水水质检测，提供相应的污水检测报告；

(4) 保护地下水环境，采用隔水性能好的边坡支护技术，在缺水地区或地下水位持续下降的地区，基坑降水尽可能少地抽取地下水。当基坑开挖抽水量大于 50 万 m^3 时，应进行水回灌，并避免地下水被污染；

(5) 对于化学品等有毒材料、油料的储存地，应有严格的隔水层设计，做好渗漏液收集和处理。

四、施工现场固体废物污染的防治

施工现场的固体废物主要是建筑垃圾和生活垃圾。固体废物又分为一般固体废物和危险废物。所谓危险废物，是指列入国家危险废物名录或者根据国家规定的危险废物鉴别标准和鉴别方法认定的具有危险特性的固体废物。

1. 一般固体废物的防治

(1) 收集、储存、运输、利用、处置固体废物的单位和个人，必须采取防扬散、防渗漏、防流失或者其他防治污染环境的措施；不得擅自倾倒、堆放、丢弃、遗撒固体废物。禁止任何单位或者个人向江河、湖泊、运河、渠道、水库及其最高水位线以下的滩地和岸坡等法律、法规规定禁止倾倒、堆放废弃物的地点倾倒、堆放固体废物。

(2) 工程施工单位应当及时清运工程施工过程中产生的固体废物，并按照环境卫生行政主管部门的规定进行利用或者处置。

2. 关于危险废物污染环境的防治的特别规定

(1) 对危险废物的容器和包装物以及收集、储存、运输、利用、处置危险废物的设施、场所，必须设置危险废物识别标志。以填埋方式处置危险废物不符合国务院环境保护行政主管部门规定的，应当缴纳危险废物排污费。危险废物排污费用于污染环境的防治，不得挪作他用。

(2) 禁止将危险废物提供或者委托给无经营许可证的单位从事收集、储存、运输、利用、处置的经营活动。运输危险废物，必须采取防治污染环境的措施，并遵守国际有关危险货物运输管理的规定。禁止将危险废物与旅客在同一运输工具上载运。

(3) 收集、储存、运输、利用、处置危险废物的设施、场所、设备和容器、包装物及其他物品转作他用时，必须经过消除污染的处理，方可使用。

(4) 产生、收集、储存、运输、利用、处置危险废物的单位，应当制订意外事故的防范措施和应急预案，并向所在地县级以上地方人民政府环境保护行政主管部门备案；环境保护行政主管部门应当进行检查。因发生事故或者其他突发性事件，造成危险废物严重污染环境的单位，必须立即采取措施消除或者减轻对环境的污染危害，及时通报可能受到污染危害的单位和居民，并向所在地县级以上地方人民政府环境保护行政主管部门报告，接受调查处理。

3. 施工现场固体废物的减量化和回收再利用

《绿色施工导则》规定，制订建筑垃圾减量化计划，如住宅建筑，每万平方米的建筑垃圾不宜超过 400 吨。

加强建筑垃圾的回收再利用，力争建筑垃圾的再利用和回收率达到 30%，建筑物拆除产生的废弃物的再利用和回收率大于 40%。对于碎石类，土石方类建筑垃圾，可采用地基填埋、铺路等方式提高再利用率，力争再利用率大于 50%。

施工现场生活区设置封闭式垃圾容器，施工场地生活垃圾实行袋装化，及时清运。对建筑垃圾进行分类，并收集到现场封闭式垃圾站，集中运出。

【案例 6-4】

2007年6月10日,某市工地的一车建筑垃圾被倾倒在某市大街的道路两侧,污染面积75平方米,被该市环保局执法人员当场查获。经查,该工地已依法办理渣土消纳许可证,施工单位与某运输公司签订了建筑垃圾运输合同,约定由该运输公司按照渣土消纳许可证的要求,负责该工地的建筑垃圾渣土清运处置,在垃圾渣土清运过程中出现的问题由运输公司全权负责。但是,该运输公司没有取得从事建筑垃圾运输的核准证件。

【问题】

该建筑垃圾污染事件的责任主体是哪方?他们应受到何种处罚?

【分析】

(1)依据《固体废物污染环境防治法》第十七条:"收集、贮存、运输、利用、处置固体废物的单位和个人,必须采取防扬散、防渗漏、防流失或者其他防治污染环境的措施;不得擅自倾倒、堆放、丢弃、遗撒固体废物。"《城市建筑垃圾管理规定》第十四条规定:"处置建筑垃圾的单位在运输建筑垃圾时,应当随车携带建筑垃圾处置核准证件,按照城市及人民政府有关部门规定的运输线路、运行时间,不得丢弃、遗撒建筑垃圾,不得超过国家核准范围承运建筑垃圾。"

本案中,施工单位作为建筑垃圾的产生单位,已经依法办理了渣土消纳许可证,并要求运输公司按照渣土消纳许可证的要求,负责工地产生的建筑垃圾渣土的清运处置。运输公司违法将一车建筑垃圾倾倒在道路两侧,应当为建筑垃圾污染事件的责任主体。

(2)《固体废物污染环境防治法》第七十四条规定,"违反本法有关城市生活垃圾污染环境防治的规定,有下列行为之一,由县级以上人民政府责令停止违法行为,限期改正,处以罚款:在运输过程中沿途丢弃、遗撒生活垃圾的,处五千元以上五万元以下的罚款;《城市建筑垃圾管理规定》第二十二条规定,施工单位将建筑垃圾交给个人或者未经核准从事建筑垃圾运输的单位处置的,由城市人民政府市容环境卫生主管部门责令限期改正,给予警告,处一万元以上十万元以下罚款。"

据此,市环保局应当责令运输公司停止违法行为,限期改正,并可处五千元以上五万元以下的罚款;市容环境卫生主管部门责令施工单位限期改正,给予警告,处一万元以上十万元以下罚款。

小知识　　　　　　　　　标准化制度的历史

我国的标准化有着悠久的历史。春秋时期的《考工记》,就是一部著名的关于产品和工程技术的专著。秦始皇推行车同轨、书同文、统一货币、统一度量衡,是我国标准化的又一范例。宋代的《营造法式》、元代的《农桑辑要》和清代的《棉花图》等所记载的各种技术要素,是我国早期在建筑业、农业方面开展的主要历史典籍。现代标准化是近二三百年发展起来的。19世纪90年代,发动科学家承担建立公制计量制度的任务,这是较早涉及标准化领域的一项基础标准。1898年,美国成立了第一个行业性标准化组织——美国试验和材料学会(ASTM)。1901年世界上出现了第一个国家标准化团体——美国标准学会(BSI)。1906年和1947年先后成立了两个世界标准化组织——国际电工委员会(IEC)和国家标准化组织(ISO)。世界各国的标准化立法,对国家经济发展和科技水平的提高都发挥了重要作用。

本章小结

根据《建筑法》的规定，建筑许可包括三种制度，即：建筑工程的施工许可制度、从事建筑活动单位的资质制度、个人的资格制度。工程开工前，建设单位应当按照国家有关规定向工程所在地县级以上人民政府建设行政主管部门申请领取施工许可证，但是，国务院建设行政主管部门确定的限额以下的小型工程除外。

工程建设保险，指业主或承包商为了工程建设项目顺利完成而对工程建设中可能产生的人身伤害或财产损失，向保险公司投保以化解风险的行为。工程建设保险的种类主要有建筑工程一切险、安装工程一切险和建筑职工意外伤害险。

劳动合同是劳动者与用人单位确立劳动关系、明确双方权利和义务的协议。订立劳动合同，应当遵循平等自愿、协商一致的原则，不得违反法律、行政法规的规定。建筑施工企业应做好劳动安全卫生工作，对女职工和未成年工的使用应遵守有关的规定。劳动争议解决的方式有调解、仲裁和诉讼。

工程建设监理是指具有相应资质的工程监理单位，接受建设单位的委托和授权，根据国家批准的工程项目建设文件，有关工程建设的法律、法规和工程建设监理合同以及其他工程建设合同，承担其项目管理工作，并代表建设单位对承建单位的建设行为进行监控的专业化的服务活动。它具有服务性、独立性、科学性和公正性的性质。其工作任务是"三控两管一协调"。国家建设行政主管部门按"分级管理、统分结合"的原则对监理单位及其从业人员实行资质管理，并规定了监理单位相应的权利、义务和法律责任。

建筑施工企业在工程建设过程中，应按照我国有关法律、法规规定的环境保护基本原则、环境保护基本制度等采取措施控制施工现场的各种粉尘、固体废弃物、噪声对环境的污染和危害。

复习思考题

1. 《建筑法》中确立的基本制度有哪些？
2. 工程项目的建设程序是什么？
3. 简述工程施工许可证的申领时间、申领范围及时效性。
4. 申请领取工程施工许可证应具备哪些条件？
5. 建筑工程一切险承保的危险有哪些？
6. 什么是劳动合同？无效的劳动合同有哪几种情形？
7. 作为监理单位应做好哪些工作？
8. 如何做好施工现场环境保护的工作？

课后练习题

一、单项选择

1. 《建筑法》中确立的基本制度不包括（　　）。
   A. 建筑许可制度　　　　　　　　B. 建筑工程的发包与承包制度
   C. 工程建设的保险制度　　　　　D. 建筑工程质量管理制度
2. 下列违法行为应承担民事法律责任的是（　　）。

A. 承包单位擅自将工程转包或违法分包，对因转包工程或违法分包工程不符合规定的质量标准造成的损失的
B. 建筑施工企业对建筑安全事故隐患不采取措施予以消除的，构成犯罪的
C. 建筑设计单位不按照建筑工程质量、安全标准进行设计的，构成犯罪的
D. 建筑施工企业转让、出借资质证书或者以其他方式允许他人以本企业的名义承揽工程责令停业整顿的

3. 下列选项中哪一个不是工程项目投资决策阶段的内容（   ）。
   A. 编制项目建议书   B. 编制科研报告   C. 立项审批   D. 工程施工

4. 建筑工程一切险承保各类民用、工业和公用事业建筑工程项目，在建造过程中因（   ）而引起的一切损失。
   A. 自然灾害   B. 意外事故
   C. 人为破坏   D. 自然灾害或意外事故

5. 建筑工程开工前，（   ）应当按照国家有关规定申请领取施工许可证。
   A. 施工单位   B. 建设单位   C. 设计单位   D. 监理单位

6. 工程开工前，向工程所在地（   ）以上人民政府建设行政主管部门申领施工许可证。
   A. 乡级   B. 县级   C. 市级   D. 省级

7. 在建的建筑工程因故中止施工的，（   ）应当及时向施工许可证发证机关报告，并按规定做好建筑工程的维护管理工作。
   A. 施工单位   B. 建设单位   C. 设计单位   D. 监理单位

8. 建设单位应当自领取施工许可证之日起（   ）内开工。
   A. 1个月   B. 3个月   C. 6个月   D. 1年

9. 建设单位领取施工许可证后因故不能按期开工的，应当向发证机关申请延期，延期以（   ）为限。
   A. 1次   B. 3次   C. 6个月   D. 4次

10. （   ）不是领取施工许可证必须具备的条件。
    A. 已办理建筑工程用地批准手续   B. 建设资金已经落实
    C. 已经确定施工企业   D. 法律法规和规章规定的其他条件

11. 对于规划、建设后可能造成重大环境影响的项目，建设单位应当编制（   ）。
    A. 环境影响报告书   B. 环境影响报告表
    C. 环境影响登记表   D. 环境影响监测表

12. 所谓"三同时"制度，是指建设项目需要配套建设的环境保护措施，须与主体工程（   ）。
    A. 同时立项、同时审批、同时验收
    B. 同时设计、同时施工、同时投产使用
    C. 同时开工、同时施工、同时投产
    D. 同时发包、同时施工、同时竣工

二、多项选择

1. 下列选项中领取建筑工程施工许可证的法律后果有（   ）。
   A. 建设单位应当自领取施工许可证之日起3个月内开工
   B. 在建的建筑工程因故中止施工的，建设单位应当自中止施工之日起3个月内，向建筑工程施工许可证发证机关报告
   C. 中止施工满一年的工程恢复施工前，建设单位应当报建筑工程施工许可证发证机关核验施工许可证

2. 下列选项中属于建设单位领取施工许可证条件的选项是（   ）。
   A. 已经办理了建筑工程用地批准手续
   B. 在城市规划区的建筑工程，已经取得建设工程规划许可证
   C. 有满足施工需要的施工图纸及技术资料
   D. 已经确定施工企业
   E. 建设资金正在筹措

3. 作为建设项目的建设单位应当按照（　　）的规定，组织编制环境影响报告书、环境影响报告表或者填报环境影响登记表。
   A. 可能造成重大环境影响的，应当编制环境影响报告书，对产生的环境影响进行全面评价
   B. 可能造成轻度环境影响的，应当编制环境影响报告表，对产生的环境影响进行分析或者专项评价
   C. 对环境影响很小，不需要进行环境影响评价的，应当填报环境影响登记表
   D. 可能造成一定环境影响的，应当编制环境影响评价报告表，对产生的环境影响进行全面评价
   E. 可能造成较大环境影响的，应当编制环境影响报告书，对产生的环境影响进行专项评价

4. 建筑工程一切险的被保险人可以包括（　　）。
   A. 业主　　　　　　　　　　　　　B. 总承包商
   C. 分包商　　　　　　　　　　　　D. 业主聘用的监理工程师

5. 关于建筑工程一切险的保险期，下列说法正确的有（　　）。
   A. 建筑工程一切险自工程开工之日或在开工之前工程用料卸放于工地之日开始生效，两者以后发生者为准
   B. 建筑工程一切险自工程开工之日或在开工之前工程用料卸放于工地之日开始生效，两者以先发生者为准
   C. 无论地基是否在保险范围内，开工日均不包括打地基在内
   D. 施工机具保险自其卸放于工地之日起生效
   E. 保险终止日应为工程竣工验收之日或者保险单上列出的终止日

6. 根据《劳动法》，劳动合同应当具备以下条款（　　）。
   A. 劳动合同期限　　　　B. 工作内容　　　　C. 劳动保护和劳动条件
   D. 试用期限　　　　　　E. 劳动纪律

建设工程安全生产管理

- 熟悉建设工程安全生产管理的方针和原则
- 掌握建设工程生产安全的基本制度
- 了解建设单位、设计单位和工程监理企业的安全责任和义务
- 掌握施工企业安全责任和义务
- 掌握施工现场消防管理、安全防护管理
- 掌握施工现场生活区的作业区环境管理的内容
- 熟悉建筑装修和房屋拆除的安全生产管理内容
- 熟悉建设工程生产安全事故的等级；事故的调查程序和处理原则

能力目标

- 能够运用建设工程安全生产管理法规的理论知识解释和处理建设工程中的相关法律问题
- 能够按照建设工程安全生产管理法规依法从事工程建设活动

第一节 建设工程安全生产管理基本制度

由于建筑生产具有产品固定、人员流动、多为露天作业、高处作业等特点，造成施工条件差、不安全因素多，这些因素随工程的进展不断变化，导致生产规律性差、事故隐患多，使建筑业成为事故多发行业。但是，根据调查统计显示，生产过程中人的不安全行为是造成安全事故最主要也是最直接的原因。因此，建立完善的安全生产管理制度，加强对建筑生产活动的监督管理，是避免建筑生产事故、保护人身财产安全的最基本保证。

为了加强建设工程安全生产管理，预防和减少建筑业事故的发生，保障建筑职工及他人的人身安全和财产安全，国务院建设行政主管部门制定了一系列的工程建设安全生产法规和规范性文件。特别是《建筑法》和 2002 年 11 月 1 日施行的《中华人民共和国安全生产法》（以下简称《安全生产法》）两部法律。针对建设工程安全生产的具体情况，国务院于 2003 年 11 月 24 日又专门发布了《建设工程安全生产管理条例》（以下简称《安全生产管理条例》），加大了建筑安全生产管理方面的立法力度。上述"两法一条例"的发布与施行，对于加强建筑安全生产监督管理，保障人民群众生命和财产安全具有十分重要的意义。

一、建设工程安全生产管理方针与原则

（一）建设工程安全生产的概念

建设工程安全生产是指建筑生产过程中要避免人员、财产的损失及对周围环境的破坏。它包括建筑生产过程中施工现场的人身安全，财产设备安全，施工现场及附近的道路、管线和房屋的安全，施工现场和周围环境的保护及工程建成后的使用安全等方面的内容。生产与安全是既相互促进又相互制约的统一体。保证安全会增加生产成本，加大生产难度，但是，安全得到保证以后又会促进生产，增长经济效益。

（二）建设工程安全生产管理的方针

《建筑法》第三十六条和《安全生产管理条例》第三条规定，建设工程安全生产管理的方针是"安全第一、预防为主"，这是我国多年来安全生产工作长期经验的总结，可以说是用生命和鲜血换来的。"安全第一、预防为主"的方针，体现了国家在建设工程安全生产过程中"以人为本"的思想，也体现了国家对保护劳动者权益、保护社会生产力的高度重视。

安全第一，是从保护和发展生产力的角度，表明在生产范围内安全与生产的关系，肯定安全在建筑生产活动中的首要位置和重要性。

预防为主，是指在建设工程生产活动中，针对建设工程生产的特点，对生产要素采取管理措施，有效地控制不安全因素的发展与扩大，把可能发生的事故消灭在萌芽状态，以保证生产活动中人的安全与健康。

（三）建设工程安全生产管理原则

建设工程安全生产管理原则虽然在《建筑法》中没有明确规定，但是在其具体条文中已经包含。在我国长期的安全生产管理中形成的、国务院有关规定中明确的建设工程安全生产管理原则主要是"管生产必须管安全"和"谁主管谁负责"。

（1）"管生产必须管安全"是指安全寓于生产之中，把安全和生产统一起来。

（2）"谁主管谁负责"是指主管建设工程的单位和人员应对建设工程的安全负责。

安全生产第一责任人制度正是这一原则的体现。行政一把手是本地区建筑安全生产的第一责任人，对所辖区域建筑安全生产的行业管理负全面责任；企业法定代表人是本企业安全生产的第一责任人，对本企业的建筑安全生产负全面责任；项目经理是本项目的安全生产的第一责任人，对项目施工中贯彻落实安全生产的法规、标准负全面责任。

这两项原则是建设工程安全生产应遵循的基本原则，是建设工程安全生产的重要保证。

二、建设工程安全生产管理基本制度

（一）安全生产责任制度

《建筑法》第三十六条规定，要建立健全安全生产的责任制度和群防群治制度。

安全生产责任制度是建筑生产中最基本的安全管理制度，是所有安全规章制度的核心。安全生产责任制度是指将各种不同的安全责任落实到负有安全管理责任的人员和具体岗位人员身上的一种制度。安全责任制的主要内容如下。

（1）从事建筑活动主体的负责人的责任制。比如，施工单位的法定代表人要对本企业的安全负主要的安全责任。

（2）从事建筑活动主体的职能机构或职能处室负责人及其工作人员的安全生产责任制。比如，施工单位根据需要设置的安全处室或者专职安全人员要对安全负责。

（3）岗位人员的安全生产责任制。岗位人员必须对安全负责。

（二）群防群治制度

群防群治制度是职工群众进行预防和治理安全的一种制度。要求建筑企业职工在施工中

应当遵守有关生产的法律、法规和建筑行业安全规章、规程，不得违章作业；对于危及生命安全和身体健康的行为有权提出批评、检举和控告。

三、建筑安全生产认证制度

为了严格规范安全生产条件，进一步加强安全生产监督管理，防止和减少生产安全事故，国家和相关部门制定了一系列的安全生产认证制度。

(一) 安全生产许可证

2004年1月13日国务院发布了《安全生产许可证条例》，共包括24条，对安全生产许可证的颁发管理作出了规定。

《安全生产许可证条例》第二条规定：国家对矿山企业，建筑施工企业和危险化学品、烟花爆竹、民用爆破器材生产企业（以下统称企业）实行安全生产许可制度。企业未取得安全生产许可证的，不得从事生产活动。

1. 安全生产许可证的颁发和管理

国务院建设主管部门负责中央管理的建筑施工企业安全生产许可证的颁发和管理。省、自治区、直辖市人民政府建设主管部门负责国务院建设主管部门职责以外的建筑施工企业安全生产许可证的颁发和管理，并接受国务院建设主管部门的指导和监督。

2. 建筑施工企业取得安全生产许可证应具备的安全生产条件

2004年7月发布施行了《建筑施工企业安全生产许可证管理规定》，该规定所称建筑施工企业，是指从事土木工程、建筑工程、线路管道和设备安装工程及装修工程的新建、扩建、改建和拆除等有关活动的企业。建筑施工企业取得安全生产许可证（以下简称施工安全生产许可证）应当具备的安全生产条件具体有如下规定：

(1) 建立、健全安全生产责任制，制定完备的安全生产规章制度和操作规程；

(2) 保证本单位安全生产条例所需资金的投入；

(3) 设置安全生产管理机构，按照国家有关规定配备专职安全生产管理人员；

(4) 主要负责人、项目负责人、专职安全生产管理人员经建设主管部门或者其他有关部门考核合格；

(5) 特种作业人员经有关业务主管部门考核合格，取得特种作业操作资格证书；

(6) 管理人员和作业人员每年至少进行一次安全生产教育培训并考核合格；

(7) 依法参加工伤保险，依法为施工现场从事危险作业的人员办理意外伤害保险，为从业人员交纳保险费；

(8) 施工现场的办公、生活区及作业场所和安全防护用具、机械设备、施工机具及配件符合有关安全生产法律、法规、标准和规程的要求；

(9) 有职业危害防护措施，并为作业人员配备符合国家标准的或者行业标准的安全防护用具和安全防护服装；

(10) 有对危险性较大的分部分项工程及施工现场易发生重大事故的部位、环节的预防、监控措施和应急预案；

(11) 有生产安全事故应急救援预案、应急救援组织或者应急救援人员，配备必要应急救援器材、设备；

(12) 法律、法规规定的其他条件。

3. 施工安全生产许可证的申请

(1) 施工安全生产许可证申请需提交的材料　建筑施工企业从事建设施工活动前，应当依据规定向省级以上建设主管部门申请领取安全生产许可证。

中央管理的建筑施工企业（集团公司、总公司）应当向国务院建设主管部门申请领取安全生产许可证。

建筑施工企业申请安全生产许可证时，应当向建设主管部门提供如下材料：①建筑施工企业安全生产许可证申请表；②企业法人营业执照；③与申请安全生产许可证应当具备的安全生产条件相关的文件、材料。

建筑施工企业申请安全生产许可证，应当对申请材料实质内容的真实性负责，不得隐瞒有关情况或者提供虚假材料。

（2）施工安全生产许可证的有效期　安全生产许可证的有效期为3年。安全生产许可证有效期满需要延期的，企业应当于期满前3个月向原来生产许可证颁发管理机关办理延期手续。企业在安全生产许可证有效期内，严格遵守有关安全生产的法律法规，未发生死亡事故的，安全生产许可证有效期满时，经原安全生产许可证颁发管理机关同意，不再审查，安全生产许可证有效期延期3年。

（3）施工安全生产许可证的变更和注销

建筑施工企业变更名称、地址、法定代表人等，应当在变更后10日内，到原安全生产许可证颁发管理机关办理安全生产许可证变更手续。

建筑施工企业破产、倒闭、撤销的，应当立即将安全生产许可证交回原安全生产许可证颁发管理机关予以注销。

（二）建筑生产企业的其他安全认证

1．特殊专业队伍的安全认证

对特殊专业队伍的安全认证，主要是指对人工挖孔桩、地基基础、护壁支撑、搭吊装拆、井子架（龙门架）、特种脚手架搭设等施工队伍进行资格审查，经审查合格领取《专业施工安全许可证》后方可从事专业施工。

2．工程项目的安全认证

对工程项目的安全认证，主要是指开工前对安全条件的审查，其主要内容是：施工组织设计中有无针对性的安全技术措施和专项作业安全技术方案，安全员的配备情况，项目经理的安全资格条件，进入现场的机械、机具设施是否符合安全规定等。

3．防护用品、安全设施、机械设备等安全认证

对防护用品、安全设施、机械设备等进行安全认证，主要是指对进入施工现场使用的各类防护用品、电气产品、安全设施、架设机具、机械设备等要进行检验、检测，凡技术指标和安全性能不合格的，不得在施工现场中使用。

4．专职安全人员资格认证

建筑施工单位等主要负责人和安全生产管理人员，应当由有关主管部门对其安全生产知识和管理能力考核合格后方可任职。因此，对专职安全人员实行资格认证，主要是审查其工程建设及安全专业的知识和能力。不具备条件的，不能从事安全专职工作。

四、建筑安全生产教育培训制度

《建筑法》第四十六条规定，建筑施工企业应当建立健全安全生产教育培训制度，加强对职工的安全教育生产培训；未经安全生产教育培训的人员，不得上岗作业。

1．安全生产的法律、法规教育培训

企业要通过对职工进行有关安全生产的法律、法规和政策的教育，使职工能够正确理解和掌握有关安全生产方面的法律、法规和政策，并在建筑生产活动中严格遵守执行。

2．安全科学技术知识的教育培训

加强对企业职工的安全科学技术知识的教育培训。重点应当做好以下几方面的工作。

（1）新职工上岗前的教育培训。经教育培训并考试合格后，方可进入操作岗位。

（2）岗位安全培训，包括管理人员的岗位安全培训和特种作业人员的岗位安全培训，对特殊工种，应针对其工作特点进行专门的安全教育培训。

（3）当采用新技术、新工艺、新设备或调换工作岗位时，要对操作人员进行新技术操作和新岗位的安全教育培训，未经教育培训者不得上岗操作。

（4）变换工地的安全培训。

（5）年度安全教育培训。建筑施工企业的管理人员和作业人员每年至少接受一次安全教育培训。

3. 施工单位的主要负责人、项目负责人、专职安全生产管理人员的教育培训和考核

生产安全事故的分析及安全生产检查情况表明，一些企业责任人、项目经理等安全生产意识相当淡薄，缺乏安全生产的法治意识，更缺乏抓好安全生产的自觉性；有的安全生产管理和组织能力不强，指挥不当，调度不及时，措施不得力，造成施工现场安全管理混乱，安全隐患较多。因此，对上述人员要求其必须考核合格方可任职意义重大。

五、建筑安全生产检查制度

安全生产检查制度是上级管理部门或企业自身对安全生产状况进行定期或不定期检查的制度，通过检查可以发现问题，检查隐患，从而采取有效措施，发现问题，把事故消灭在发生之前，做到防患于未然，是"预防为主"的具体体现。通过检查，还可总结出好的经验加以推广，为进一步搞好安全工作打下基础，安全检查制度是安全生产的保障。

六、建筑安全生产意外伤害保险制度

《建筑法》第四十八条明确规定："建筑施工企业必须为从事危险作业的职工办理意外伤害保险，支付保险费。"

七、建筑安全伤亡事故报告制度

事故中发生事故时，建筑企业应当采取紧急措施减少人员伤亡和事故损失，并按照国家有关规定及时向有关部门报告。

八、建筑安全责任追究制度

建设单位、设计单位、施工单位、监理单位，由于没有履行职责造成人员伤亡和事故损失的，视情节予以相关处理；情节严重的，责令停业整顿，降低资质等级或吊销资质证书；构成犯罪的，依法追究刑事责任。

第二节 施工方的安全生产责任和教育培训制度

一、施工单位和施工项目负责人的安全生产责任

施工安全生产责任制和安全生产教育培训制度，是建设工程施工活动应该贯彻始终的法定基本制度。其中，安全生产责任制度是施工单位最基本的安全管理制度，是施工单位安全生产的核心和中心环节。

（一）施工单位主要负责人对安全生产工作全面负责

《建筑法》规定，建筑施工企业的法定代表人对本企业的安全生产负责。《建设工程安全生产管理条例》也规定，施工单位主要负责人依法对本单位的安全生产工作全面负责。

施工单位主要负责人要摆正安全与生产的关系，做到不安全不生产，生产必须安全，把

安全与生产真正统一起来,切实克服生产、安全"两张皮",重生产,轻安全的现象。

对于主要负责人的理解,应当依据施工单位的性质,以及不同施工单位的实际情况确定。总的原则是,对施工单位全面负责,有生产经营决策权的人,即为主要负责人。就是说,施工单位主要负责人可以是董事长,也可以是总经理或总裁等。

(二)施工单位安全生产管理机构和专职安全生产管理人员的责任

《安全生产管理条例》规定,施工单位应当设立安全生产管理机构,配备专职安全生产管理人员。专职安全生产管理人员负责对安全生产进行现场监督检查。发现安全事故隐患,应当及时向项目负责人和安全生产管理机构报告;对违章指挥、违章操作的,应当立即制止。

1. 安全生产管理机构

是指施工单位设置的负责安全生产管理工作的独立职能部门。

2. 专职安全生产管理人员

是指经建设主管部门或者其他有关部门安全生产考核合格取得安全生产考核合格证书,并在施工单位及其项目从事安全生产管理工作的专职人员。

3. 安全生产管理机构的主要职责

(1)宣传和贯彻国家有关安全生产法律法规和标准;编制并适时更新安全生产管理制度并监督实施;

(2)组织或参与企业生产安全事故应急救援预案的编制及演练;组织开展安全教育培训与交流;协调配备项目专职安全生产管理人员;

(3)制订企业安全生产检查计划并组织实施;监督在建项目安全生产费用的使用;参与危险性较大工程安全专项施工方案专家论证会;

(4)通报在建项目违规违章查处情况;组织开展安全生产评优评先表彰工作;建立企业在建项目安全生产管理档案;

(5)考核评价分包企业安全生产业绩及项目安全生产管理情况;参加生产安全事故的调查和处理工作;

(6)企业明确的其他安全生产管理职责。

4. 专职安全生产管理人员在施工现场检查过程中的职责

(1)查阅在建项目安全生产有关资料、核实有关情况;检查危险性较大工程安全专项施工方案落实情况;

(2)监督项目专职安全生产管理人员履行职责情况;监督作业人员安全防护用品的配备及使用情况;

(3)对发现的安全生产违章违规行为或安全隐患,有权当场予以纠正或作出处理决定;

(4)对不符合安全生产条件的设施、设备、器材,有权当场作出查封的处理决定;

(5)对施工现场存在的重大安全隐患有权越级报告或直接向建设主管部门报告;

(6)企业明确的其他安全生产管理职责。

(三)制定安全生产规章制度和操作规程并保证本单位安全生产条件所需资金的投入

(1)施工单位应当根据本单位的实际情况,按照法律、法规、规章和工程建设标准强制性条文的要求,制定有关施工安全生产的具体规章制度,如安全生产责任制度、安全技术措施制度、安全检查制度等,并针对每一个具体工艺、工种和岗位制定具体的操作规程,形成有效的督促、检查和贯彻落实机制。

施工单位对所承担的建设工程要进行定期和专项安全检查,并做好安全检查记录。

(2)安全生产必须有一定的资金投入。《安全生产管理条例》规定,施工单位对列入建设工程概算的安全作业环境及安全施工措施所需费用,应当用于施工安全防护用具及设施的采购和更新、安全施工措施的落实、安全生产条件的改善,不得挪作他用。为了保证安全生产所需资金的投入和使用,施工单位应当制订资金使用计划,并加强资金使用情况的监督检查,防止资金被挪用,以确保安全生产费用的有效使用。

(四)建立健全群防群治制度

搞好安全生产,必须充分发挥广大职工的积极性,加强群众性的监督检查工作。群防群治制度是职工群众参与预防和治理不安全因素的一种制度,是群众路线在安全工作中的具体体现,也是企业进行民主管理的重要内容。这一制度要求职工群众在施工中应当遵守有关安全生产的法律、法规和规章制度,不得违章作业;对于危及生命安全和身体健康的行为有权提出批评、检举和控告。

(五)施工项目负责人的安全生产责任

《安全生产管理条例》规定,施工单位的项目负责人应当由取得相应执业资格的人员担任,对建设工程项目的安全施工负责,落实安全生产责任制度、安全生产规章制度和操作规程,确保安全生产费用的有效使用,并根据工程的特点组织制订安全施工措施,消除安全事故隐患,如实报告生产安全事故。

1. 施工项目负责人

为了加强施工现场管理,施工单位都要对每个建设工程项目委派一名项目负责人即项目经理,由他对该项目的施工过程全面负责。经施工单位法定代表人授权,选调技术、生产、材料、成本等管理人员组成项目管理班子,代表施工单位在本工程项目上履行管理职责。由于项目负责人在该项目的施工组织管理中居于核心地位,因而必须对施工单位安全负起责任。

项目负责人还应依法有取得相应执业资格的人员担任。按照人事部、建设部《建造师执业资格制度暂行规定》,建造师经注册后,有权以建造师名义担任项目经理及从事其他施工活动的管理。

2. 项目负责人的安全生产责任

(1)对建设工程项目的安全施工负责;

(2)落实安全生产责任制度、安全生产规章制度和操作规程;

(3)确保安全生产费用的有效使用;

(4)根据工程的特点组织制定安全施工措施,消除安全事故隐患;

(5)及时、如实报告生产安全事故情况。

此外,《安全生产管理条例》还规定,建设工程施工前,施工单位负责项目管理的技术人员应当对有关安全施工的技术要求向施工作业班组、作业人员作出详细说明,并由双方签字确认。

这就是通常所说的交底制度。在施工前,施工单位负责项目管理的技术负责人要将工程概况、施工方法、安全技术措施等向作业班组、作业人员进行详细讲解和说明。这有助于作业班组和作业人员尽快了解将要进行施工的具体情况,掌握有关操作方法和注意事项,保护作业人员的人身安全,减少因伤亡事故而导致的经济损失。

二、施工总承包和分包单位的安全生产责任

《建筑法》规定,施工现场安全由建筑施工企业负责。实行施工总承包的,由施工单位对建设总承包单位负责。分包单位向总承包单位负责,服从总承包单位对施工现场的安全生产管理。

（一）总承包单位应当承担的法定安全生产责任

建设工程实行施工总承包的，由总承包单位对施工现场的安全生产负总责。由于施工总承包是由一个施工单位对建设工程的施工全面负责，因此总承包单位不仅要负责建设工程质量、建设工期、造价控制，还要对施工现场的施工组织和安全生产进行统一管理和全面负责。

1. 分包合同应当明确总分包双方的安全生产责任

《安全生产管理条例》规定，总承包单位依法将建设工程分包给其他单位的，分包合同中应当明确各自的安全生产方面的权利和义务。

施工总承包单位与分包单位的安全生产责任，可以分为法定责任和约定责任两种表现形式。所谓法定的安全生产责任，即法律、法规中明确规定的总承包单位、分包单位各自的安全生产责任。所谓约定的安全生产责任，即总承包单位与分包单位在分包合同中通过协商，约定各自应承担的安全生产责任。但是，这种约定不能违反法律、法规的强制性规定。

2. 统一组织编制建设工程生产安全应急救援预案

《安全生产管理条例》规定，施工单位应当根据建设工程施工的特点、范围，对施工现场易发生重大事故的部位、环节进行监控，制订施工现场生产安全事故应急救援预案。实行施工总承包的，由总承包单位统一组织编制建设工程生产安全事故应急救援预案，工程总承包单位和分包单位按照应急救援预案，各自建立应急救援组织或者配备应急救援人员，配备救援器材、设备，并定期组织演练。

高度重视并认真编制好安全生产事故应急救援预案，有助于加强对突发事故的处理，提高应急救援快速反应能力。建设工程实行施工总承包，由总承包单位对施工现场的安全生产负总责。所以，总承包单位要统一组织编制建设工程生产安全事故应急救援预案。

3. 负责向有关部门上报生产安全事故

《安全生产管理条例》规定，实行施工总承包的建设工程，由总承包单位负责上报事故。据此，一旦发生施工安全事故，施工总承包单位应当依法负起及时报告的义务。

4. 自行完成建设工程主体结构的施工

为了防止转包和违法分包等行为导致安全事故的发生，真正落实施工总承包单位的安全生产责任，《安全生产管理条例》在"施工单位的安全生产责任"中特别规定，总承包单位应当自行完成建设工程主体结构的施工。

5. 承担连带责任

《安全生产管理条例》规定，总承包单位和分包单位对分包工程的安全生产承担连带责任。这样规定，一方面是强化了总承包单位和分包单位的安全生产责任意识，另一方面也有利于保护受损害者的合法权益。

（二）分包单位应当承担的法定安全生产责任

《建筑法》规定，分包单位向总承包单位负责，服从总承包单位对施工现场的安全生产管理。《安全生产管理条例》进一步规定，分包单位应当服从总承包单位的安全生产管理，分包单位不服从管理导致生产安全事故的，由分包单位承担主要责任。

总承包单位依法要对施工现场的安全生产负总责，这就要求分包单位必须服从总承包单位的安全生产管理。由于施工现场的情况较复杂，往往一个工地会有若干不同的分包单位在施工，如果缺乏统一的组织和要求，极易发生安全事故。因此，分包单位要服从总承包单位对施工现场的安全生产管理，包括遵守安全生产责任制度及相关规章制度、岗位操作要求等。如果分包单位不服从总承包单位的管理，一旦发生事故，分包单位就要承担主要责任。

三、施工作业人员的安全生产权利和义务

《建筑法》规定，建筑施工企业和作业人员在施工过程中，应当遵守有关安全生产的法律、法规和建筑行业安全规章、规程，不得违背指挥或者违章作业。作业人员有权对影响人身健康的作业程序和作业条件提出改进意见，有权获得安全生产所需的防护用品。作业人员对危及生命安全和人身健康的行为有权提出批评、检举和控告。

施工作业人员应当依法享受其安全生产的权利，也应依法履行安全生产的义务。

（一）施工作业人员应当享有的安全生产权利

按照《建筑法》、《安全生产法》、《安全生产管理条例》等法律、行政法规的规定，施工作业人员主要享有以下安全生产权利。

1. 施工安全生产的知情权和建议权

《安全生产法》规定，生产经营单位的从业人员有权了解其作业场所和工作岗位存在的危险因素、防范措施及事故应急措施，有权对本单位的安全生产工作提出建议。《建筑法》规定，作业人员有权对影响人身健康的作业程序和作业条件提出改进意见。

职工是企业的主体，是企业物质财富的创造者。充分发挥职工在企业中的主人翁作用，是搞好安全生产的重要保障。因此，施工作业人员不仅对施工安全生产要有知情权，还应当享有改进工作的建议权。

2. 施工安全防护用品的获得权

《建筑法》规定，作业人员有权获得安全生产所需的防护用品。《安全生产法》还规定，生产经营单位必须为从业人员提供符合国家标准或者行业标准的劳动防护用品，并监督、教育从业人员按照使用规则佩戴、使用。《安全生产管理条例》进一步规定，施工单位应当向作业人员提供安全防护用具和安全防护服装。

施工安全防护用品，一般包括安全帽、安全带、安全网、安全绳及其他个人防护用品（如防护鞋、防护服装、防尘口罩）等。虽然是辅助性的用品，对于预防或减少伤亡事故的发生具有重要作用。因此，施工作业人员有权按规定获得安全生产所需的防护用品，施工单位必须按照规定发放。

3. 批评、检举、控告权及拒绝违章指挥权

《建筑法》规定，作业人员对危及生命安全和人身健康的行为有权提出批评、检举和控告。《安全生产法》还规定，从业人员有权对本单位安全生产工作中存在的问题提出批评、检举、控告；有权拒绝违章指挥和强令冒险作业。生产经营单位不得因从业人员对本单位安全生产工作提出批评、检举、控告或者拒绝违章指挥、强令冒险作业而降低其工资、福利等待遇或者解除与其订立的劳动合同。

作业人员的批评权，是指作业人员对施工单位的现场管理人员实施的危及生命安全和身体健康的行为提出批评的权利。

检举和控告权，是指作业人员对施工单位的现场管理人员实施的危及生命安全和身体健康的行为，有向政府主管部门和司法机关进行检举和控告的权利。

违章指挥则是指强迫作业人员违反法律、法规或者规章制度、操作规程进行作业的行为。法律赋予从业人员有拒绝违章指挥和强令冒险作业权利，不仅为了保护作业人员的人身安全，也是为了警示施工单位负责人和现场管理人员必须按照有关规章制度和操作规程进行指挥，并不得因作业人员拒绝违章指挥和强令冒险作业而对其进行打击报复。

4. 紧急避险权

《安全生产法》规定，从业人员发现直接危及人身安全的紧急情况时，有权停止作业或

者在采取可能的应急措施后撤离作业场所。生产经营单位不得因从业人员在前款紧急情况下停止作业或者采取紧急撤离措施而降低其工资、福利等待遇或者解除与其订立的劳动合同。

建设工程施工具有特殊性,发生紧急情况是不可预测的。因此,作业人员享有停止作业和紧急撤离的权利。但是,作业人员在行驶这项权利时也不能滥用:

(1) 危及作业人员人身安全的紧急情况必须有确实可靠的直接证据,仅凭个人猜测或者误判而实际并不属于危及人身安全的紧急情况除外;

(2) 紧急情况必须直接危及人身安全,间接或者可能危及人身安全的情况不应撤离,而应采取有效处理措施;

(3) 是出现危及人身安全的紧急情况时,首先是停止作业,然后要采取可能的应急措施,在采取应急措施无效时再撤离作业场所。

5. 获得意外伤害保险赔偿的权利

这项规定即是施工单位必须履行的义务,也是施工作业人员安全生产应当享有的权利。

6. 请求民事赔偿权

《安全生产法》规定,因生产安全事故受到损害的从业人员,除依法享有工伤社会保险外,依照有关民事法律尚有获得赔偿的权利,有权向本单位提出赔偿要求。

(二) 施工作业人员应当履行的安全生产义务

1. 守法遵章和正确使用安全防护用具等义务

施工单位要保障作业人员的安全,作业人员也必须遵守有关的规章制度,做到不违章作业。从已发生的施工生产安全事故分析,很多是不执行安全生产的规章制度和操作规程导致的。实践证明,作业人员严格遵守规章制度和操作规程,就能够大大减少事故隐患,降低事故的发生率。

2. 接受安全生产教育培训的义务

施工单位加强安全教育培训,提高从业人员素质,是控制和减少安全事故的关键措施。通过安全教育培训,必须是作业人员具备必要的安全生产知识,熟悉有关的安全生产规章制度和安全操作规程,掌握本岗位的安全操作技能。

3. 安全事故隐患报告的义务

安全事故的发生通常都是由事故隐患或者其他不安全因素所酿成的。所以,作业人员一旦发现事故隐患或者其他不安全因素,应当立即报告,以便及时采取措施,防患于未然。

四、施工管理、作业人员的教育培训制度

安全生产教育培训制度,是指对从业人员进行安全生产的教育和安全生产技能的培训,并将这种教育和培训制度化、规范化,以提高全体人员的安全意识和安全生产的管理水平,减少和防止生产事故的发生。

《建筑法》规定,建筑施工企业应当建立健全劳动安全生产教育培训制度,加强对职工安全生产的教育培训;未经安全教育培训的人员,不得上岗作业。

(一) 施工单位三类管理人员的考核

施工单位的主要负责人要对本单位的安全生产工作全面负责,项目负责人要对所负责的建设工程项目的安全生产工作全面负责,安全生产管理人员更是要直接地、具体地承担本单位日常的安全生产管理工作。因此,这三类人员在施工安全生产方面的知识水平和管理能力直接关系到本单位、本项目的安全生产管理水平。

多年来的惨痛教训表明,由于这三类人员缺乏基本的安全生产知识,安全生产管理和组织能力不强,甚至违章指挥,是导致事故发生的重要原因之一。因此,这三类人员必须经安全生产知识和管理能力考核合格后方可任职。

（二）每年至少进行一次全员安全生产教育培训

《安全生产管理条例》规定，施工单位应当对管理人员和作业人员每年至少进行一次安全生产教育培训，其教育培训情况记入个人工作档案。安全生产教育培训考核不合格的人员，不得上岗。

施工单位应当建立健全安全生产教育培训制度，制订教育培训计划，落实教育培训组织和经费，根据实际需要，对不同人员、不同岗位和不同工种进行因人、因材施教。安全教育培训可采取多种形式，包括安全报告会、事故分析会、安全技术交流会、安全奖惩会、安全竞赛及安全日（周、月）活动等。

（三）进入新的岗位或者新的施工现场前的安全生产教育培训

进入新岗位、新工地的作业人员往往是安全生产的薄弱环节。因此，施工单位必须对新录用的职工和转场的职工进行安全教育培训。

培训内容包括安全生产重要意义、施工工地特点及危险因素、有关法律法规及施工单位规章制度、安全技术操作规程、机械设备电气及高处作业安全知识、防火防毒防尘防爆知识、紧急情况安全处置与安全疏散知识、防护用品使用知识以及发生事故时自救、排险、抢救伤员、保护现场和及时报告等。

（四）采用新技术、新工艺、新设备、新材料前的安全教育培训

随着我国工程建设和科学技术的迅速发展，越来越多的新技术、新工艺、新设备、新材料被广泛应用于施工生产活动中，大大促进了施工生产效率和工程质量的提高，但也对施工作业人员的素质提出了更高要求。施工单位在采用新技术、新工艺、新设备、新材料时，必须对作业人员进行专门的安全生产教育培训，让其了解不安全因素，学会危险辨识，并采取保证安全的防护措施，以防止事故发生。

（五）特种作业人员的安全培训考核

特种作业是指容易发生事故，对操作者本人、他人的安全健康及设备、设施的安全可能造成重大危害的作业。特种作业人员则是指直接从事特种作业人员。对于特种作业人员，必须经过专门的安全生产培训，取得特种作业操作资格证书后，方可上岗作业。

根据国家安全生产监督管理总局《特种作业人员安全技术培训考核管理规定》的规定，特种作业的范围包括电工作业（不含电力系统进网作业）、焊接与热切割作业、高处作业、制冷与空调作业、煤矿安全作业、金属非金属矿山安全作业、石油天然气安全作业、冶金（有色）生产安全作业、危险化学品安全作业、烟花爆竹安全作业等。

（六）消防安全教育培训

公安部、住房和城乡建设部等9部委联合颁布的《社会消防安全教育培训规定》中规定，在建工程的施工单位应当开展下列消防安全教育工作：

（1）建设工程施工前应当对施工人员进行消防安全教育；

（2）在建设工地醒目位置、施工人员集中住宿场所设置消防安全宣传栏，悬挂消防安全挂图和消防安全警示标识；

（3）对明火作业人员进行经常性的消防安全教育；

（4）组织灭火和应急疏散演练。

五、违法行为应承担的法律责任

对于施工安全生产责任和安全生产教育培训违法行为应承担的主要法律责任如下。

（一）施工单位违法行为应承担的法律责任

《安全生产管理条例》规定，违反本条例的规定，施工单位有下列行为之一的，责令限

期改正；逾期未改正的，责令停业整顿，处以罚款；造成重大安全事故，构成犯罪的，对直接责任人员，依照刑法有关规定追究刑事责任：

（1）未设立安全生产管理机构、配备专职安全生产管理人员或者分部分项工程施工时无专职安全生产管理人员现场监督的；

（2）施工单位主要负责人、项目负责人、专职安全生产管理人员、作业人员或者特种人员，未经安全教育培训或者经考核不合格即从事相关工作的；

（3）未在施工现场的危险部位设置明显的安全警示标志，或者未按照国家有关规定在施工现场设置消防通道、消防水源、配备消防设施和灭火器材的；

（4）未向作业人员提供安全防护用具和安全防护服装的；

（5）未按照规定在施工起重机械和整体提升脚手架、模板等自升式架设设施验收合格后登记的；

（6）使用国家明令淘汰、禁止使用的危及施工安全的工艺、设备、材料的。

施工单位取得资质证书后，降低安全生产条件，责令限期改正的；经整改仍未达到与其资质等级相适应的安全生产条件的，责令停业整顿，降低其资质等级直至吊销资质证书。

施工单位挪用列入建设工程概算的安全生产作业环境及安全施工所需费用的，责令限期改正，处挪用费用20%以上50%以下的罚款；造成损失的，依法承担赔偿责任。造成重大安全事故的，对直接责任人员依法追究刑事责任。

（二）施工单位负责人、作业人员等有关人员的违法行为及法律责任

根据《安全生产管理条例》第六十六条，施工单位的主要负责人、项目负责人未履行安全生产管理职责的，责令限期改正；逾期未改正的，责令施工单位停业整顿；造成重大安全事故、重大伤亡事故或者其他严重后果，构成犯罪的，依照刑法有关规定追究刑事责任。

作业人员不服管理、违反规章制度和操作规程冒险作业造成重大伤亡事故或者其他严重后果，构成犯罪的，依照刑法有关规定追究刑事责任。

施工单位的主要负责人、项目负责人有上述违法行为，尚不够刑事处罚的，处二万元以上二十万元以下罚款或者按照管理权限给予撤职处分；自刑罚执行完毕或者受处分之日起，5年内不得担任任何施工单位的主要负责人、项目负责人。

（三）特种作业违法行为应承担的法律责任

（1）国务院《特种设备安全监察条例》规定，特种设备使用单位有下列情形之一的，由特种设备安全监督管理部门责令限期改正；逾期未改正的，责令停止使用或者停产停业整顿，处两千元以上两万元以下罚款：

① 未按规定设置特种设备安全管理机构或者配备专职、兼职的安全管理人员的；

② 从事特种设备作业的人员，未取得相应特种作业人员证书，上岗作业的；

③ 未对特种设备作业人员进行特种设备安全教育和培训的。

（2）国家安全生产监督管理总局《特种作业人员安全技术培训考核管理规定》中规定，生产经营单位未建立健全特种作业人员档案的，给予警告，并处一万元以下的罚款。

（3）生产经营单位使用未取得特种作业操作证的特种作业人员上岗作业，责令限期改正；逾期未改正的，责令停产停业整顿，可以并处两万元以下的罚款。

（4）生产经营单位非法印制、伪造、倒卖特种作业操作证，或者使用非法印刷、伪造、倒卖的特种作业操作证的，给予警告并处一万元以上三万元以下的罚款；构成犯罪的，依法追究刑事责任。

（5）特种作业人员伪造、涂改特种作业操作证或者使用伪造的特种作业操作证的，给予警告，并处五千元以上一万元以下的罚款。特种作业人员转接、转让、冒用特种作业操作证

的，给予警告，并处二千元以上一万元以下的罚款。

【案例 7-1】

某高层建筑，总建筑面积约 13 万平方米，地下 2 层，地上 18 层。业主与施工单位签订了施工总承包合同，并委托监理单位进行工程监理。开工前，施工单位进行了三级安全教育。在地下桩基施工中，由于是深基坑工程，项目经理部按照设计文件和施工技术标准编制了基坑支护及降水工程专项施工组织方案，经项目经理签字后组织施工。同时，项目经理安排负责质量检查的人员兼任安全工作。当土方开挖至坑底设计标高时，监理工程师发现基坑四周地表出现大量裂纹，坑边部分土石有滑落现象，即向现场作业人员发出口头通知，要求停止施工，撤离相关作业人员。但施工作业人员担心拖延施工进度，对监理通知不予理睬，继续施工。随后，基坑发生大面积坍塌，基坑下 6 名作业人员被埋，造成 3 人死亡、2 人重伤、1 人轻伤。事故发生后，经查施工单位未办理意外伤害保险。

【问题】 本案中，施工单位有哪些违法行为？

【分析】 本案中，施工单位存在如下违法问题：

（1）专项施工方案审批程序错误。《安全生产管理条例》第二十六条规定，施工单位对到达一定规模的危险性较大的分部分项工程编制专项施工方案后，须经施工单位技术负责人、总监理工程师签字后实施。而本案中的基坑支护和降水工程专项施工方案仅由项目经理签字后即组织施工，是违法的。

（2）安全生产管理环节严重缺失。《安全生产管理条例》第二十三条规定，"施工单位应当设立安全生产管理机构，配备专职安全生产管理人员。"第二十六条规定，对分部分项工程专项施工方案的实施，"由专职安全生产管理人员进行现场监督。"本案中，项目经理部安排质量检查人员兼任安全管理人员，明显违反了上述规定。

（3）施工作业人员安全生产自我保护意识不强。《安全生产管理条例》第三十二条规定："作业人员有权对施工现场的作业条件、作业程序和作业方式中存在的安全问题提出批评、检举和控告，有权拒绝违章指挥和强令冒险作业。在施工中发生危及人身安全的紧急情况时，作业人员有权立即停止作业或者采取必要的应急措施后撤离危险区域。"本案中，施工作业人员迫于施工进度压力冒险作业，也是造成安全事故的重要原因。

（4）施工单位未办理意外伤害保险。《安全生产管理条例》第三十八条规定："施工单位应当为施工现场从事危险作业的人员办理意外伤害保险。意外伤害保险费由施工单位支付。"意外伤害保险属于强制性保险，必须依法办理。

第三节 施工过程中的安全生产管理

一、施工现场的安全管理制度

《安全生产管理条例》第二十七条、第三十五条及有关法规对施工现场的安全生产管理制度作出了明确的规定。这些制度包括现场安全责任制度，现场安全技术交底制度，施工起重机械和整体提升脚手架、模板等自升式架设设施的检验、验收、登记备案制度和现场安全检查制度等。前面对其他的几种制度都阐述过，本节重点讲述施工现场安全技术交底制度，针对建设工程施工的特点，加强安全技术管理工作。

《建筑法》规定，建筑施工企业在编制施工组织设计时，应当根据建筑工程的特点制订相应的安全技术措施；对专业性较强的工程项目，应当编制专项安全施工组织设计，并采取安全技术措施。

（一）编制安全技术措施和施工现场临时用电方案

《安全生产管理条例》规定，施工单位应当在组织设计中编制安全技术措施和施工现场临时用电方案。

施工组织设计是规划和指导施工全过程的综合性技术经济文件，是施工准备工作的重要组成部分。它要保证施工准备阶段各项工作的顺利进行，各分包单位、各工种的有序衔接，以及各类材料、构件、机具等供应时间和顺序，并对一些关键部位和需要控制的部位提出相应的安全技术措施。

1. 安全技术措施

安全技术措施是为了实现安全生产，在防护上、技术上和管理上采取的措施。具体来说，就是在建设工程施工中，针对工程特点、施工现场环境、施工方法、劳动组织、作业方法、使用机械、动力设备、变配电设施、架设工具以及各项安全防护设施等指定的确保安全施工的措施。

（1）安全技术措施的内容　通常包括：根据基坑、地下室深度和地质资料，保证土石方边坡稳定的措施；脚手架、吊篮、安全网、各类洞口防止人员堕落的技术措施；外用电梯、井架以及塔吊等垂直运输机具的拉结要求及防倒塌的措施；安全用电和机电防短路、防触电的措施；有毒有害、易燃易爆作业的技术措施；施工现场周围通行道路及居民防护隔离等措施。

（2）安全技术措施的分类　安全技术措施可分为防止事故发生的安全技术措施和减少事故损失的安全技术措施。常用的防止事故发生的安全技术措施有：消除危险源、限制能量或危险物质、隔离、故障—安全设计、减少故障和失误等。

减少事故损失的安全技术措施是在事故发生后，迅速控制局面，防止事故扩大，避免引起二次事故发生，从而减少事故造成的损失。常用的减少事故损失的安全技术措施有隔离、个体防护、设置薄弱环节、避难与救援等。

2. 施工现场临时用电方案

为了防止施工现场人员触电和电气火灾事故发生，施工组织设计中还应当包括施工现场临时用电方案。

施工现场临时用电方案设计应包括下列内容：

（1）现场勘测；

（2）确定电源进线、变电所或配电室、配电装置、用电设备位置及线路走向；

（3）进行负荷计算；

（4）选择变压器；

（5）设计配电系统；

（6）涉及防雷装置；

（7）确定防护措施；

（8）制定安全用电措施和电气防火措施。临时用电工程图纸应单独绘制，临时用电工程应按图施工。

（二）编制安全生产专项施工方案

《建设工程安全生产管理条例》规定，对下列达到一定规模的危险性较大的分部分项工程编制专项施工方案，并附具安全验算结果，经施工单位技术负责人、总监理工程师签字后实施，有专职安全生产管理人员进行现场监督；

（1）基坑支护与降水工程；

(2) 土方开挖工程；

(3) 模板工程；

(4) 起重机吊装工程；

(5) 脚手架工程；

(6) 拆除、爆破工程；

(7) 国务院建设行政主管部门或者其他有关部门规定的其他危险性较大的工程。

对以上所列工程中所涉及深基坑、地下暗挖工程、高大模板工程的专项施工方案，施工单位还应组织专家进行论证、审查。

危险性较大的分部分项工程，是指建筑工程在施工过程中存在的、可能导致作业人员群死群伤或造成重大不良社会影响的分部分项工程。危险性较大的分部分项工程安全专项施工方案，是指施工单位在编制施工组织（总）设计的基础上，针对危险性较大的分部分项工程单独编制的安全技术措施文件。

1. 安全专项施工方案的编制

住房和城乡建设部《危险性较大的分部分项工程安全管理办法》规定，施工单位应当在危险性较大的分部分项工程前编制专项方案；对于超过一定规模的危险性较大的分部分项工程，施工单位应当组织专家对专项方案进行论证。

建筑工程施工实行施工总承包的，专项方案应当由施工总承包单位组织编制。其中，起重机械安装拆卸工程、深基坑工程、附着式升降脚手架等专业工程实行分包的，其专项方案可由专业承包单位组织编制。

专项方案编制应当包括以下内容：

(1) 工程概况：危险性较大的分部分项工程概况、施工平面布置、施工要求和技术保证条件。

(2) 编制依据：相关法律、法规、规范性文件、标准、规范及图纸（国标图集）、施工组织设计等。

(3) 施工计划：包括施工进度计划、材料与设备计划。

(4) 施工工艺技术：技术参数、工艺流程、施工方法、检查验收等。

(5) 施工安全保证措施：组织保障、技术措施、应急预案、监测监控等。

(6) 劳动力计划：专职安全生产管理人员、特种作业人员等。

(7) 计算书及相关图纸。

2. 安全专项施工方案的审核

专项方案应当由施工单位技术部门组织本单位施工技术、安全、质量等部门的专业技术人员进行审核。经审核合格的，由施工单位技术负责人签字。实行施工总承包的，专项方案应当由总承包单位技术负责人及相关专业承包单位技术负责人签字。不需专家论证的专项方案，经施工单位审核合格后报监理单位，由项目总监理工程师审核签字。

3. 安全专项施工方案的实施

对于按规定需要验收的危险性较大的分部分项工程，施工单位、监理单位应当组织有关人员进行验收。验收合格的，经施工单位项目技术负责人及项目总监理工程师签字后，方可进入下一道工序。

（三）安全施工技术交底

施工前对有关安全施工的技术要求作出详细说明，就是通常说的安全技术交底。这项制度有助于作业班组和作业人员尽快了解工程概况、施工方法、安全技术措施等具体情况、掌握操作方法和注意事项，保护作业人员的人身安全，减少因安全事故导致的经济损失。

1. 交底内容

安全技术交底通常包括：施工工种安全技术交底、分部分项工程施工安全技术交底、大型特殊工程单项安全技术交底、设备安装工程技术交底以及使用新工艺、新技术、新材料施工的安全技术交底等。

2. 交底方式

施工单位负责项目管理的技术人员与作业班组、作业人员进行安全技术交底后，应当由双方确认，确认的方式是填写安全技术措施交底单、主要内容应当包括工程名称、分部分项工程名称、安全技术措施交底内容、交底时间以及施工单位负责项目管理的技术人员签字、接受任务负责人签字等。

二、施工现场的安全防护规定

《建筑法》规定，建筑施工企业应当在施工现场采取维护安全、防范危险、预防火灾等措施；有条件的，应当对施工现场实行封闭管理。施工现场对毗邻的建筑物、构筑物和特殊作业环境可能造成损害的，建筑施工企业应当采取安全防护措施。

（一）危险部位设置安全警示标志

《安全生产管理条例》规定，施工单位应当在施工现场入口处、施工起重机械、临时用电设施、脚手架、出入通道口、楼梯口、电梯井口、孔洞口、桥梁口、隧道口、基坑边沿、爆破物及有害危险气体和液体存放处等危险部位，设置明显的安全警示标志。安全警示标志必须符合国家标准。

各种安全警示标志设置后，未经施工单位负责人批准，不得擅自移动或者拆除。

（二）根据不同施工阶段等采取相应的安全施工措施

《安全生产管理条例》规定，施工单位应当根据不同施工阶段和周围环境及季节、气候的变化，在施工现场采取相应的安全施工措施。施工现场暂时停止施工时，施工单位应当做好现场防护，所需费用由责任方承担，或者按合同约定执行。

例如，夏季要防暑降温，在特别高温的天气下，要调整施工时间、改变施工方式等；冬季要防寒防冻，防止煤气中毒，冬季施工还应专门制订保证工程质量和施工安全的安全技术措施；夜间施工应有足够的照明，在深坑、陡坡等危险地段应增设红灯标志，以防发生伤亡事故；雨期和冬季施工时，应对运输道路采取防滑措施，如加铺炉渣、砂子等，如有可能应避免在雨期、冬季和夜间施工；傍山沿河地区应制订防滑坡、防泥石流、防汛措施；大风、大雨期间应暂停施工等。

（三）施工现场临时设施的安全卫生要求

《安全生产管理条例》规定，施工单位应当将施工现场的办公、生活区与作业区分开设置，并保持安全距离；办公、生活区的选址应当符合安全性要求。职工的膳食、饮水、休息场所等应当符合卫生标准。施工单位不得在尚未竣工的建筑物内设置员工集体宿舍。施工现场临时搭建的建筑物应当符合安全使用要求，施工现场使用的装配式活动房屋应当具有产品合格证。

施工现场的办公区、生活区应当与作业区分开设置，并保持安全距离。此外，办公区和生活区的选址也要满足安全性要求，即必须建在安全地带，保证办公、生活用房不致因滑坡、泥石流等地质灾害而受到破坏，造成人员伤亡和财产损失。

由于施工是流动作业，为了保障职工身体健康，对职工的膳食、饮水、休息场所等，都应当符合卫生安全标准。

未竣工的建筑物内设置员工集体宿舍，将有很大的安全事故隐患。目前很多施工工地都采用装配式的活动房屋。这种房屋具有密封严密、隔热保温、防水防火、运输方便、使用周期长等优点。

（四）对施工现场周边的安全防护措施

《安全生产管理条例》规定，施工单位对因建设工程施工可能造成伤害的毗邻建筑物、构筑物和地下管线等，应当采取专项防护措施。在城市市区内的建设工程，施工单位应当对施工现场实行封闭围挡。

施工现场实行封闭管理，主要是解决"扰民"和"民扰"问题。施工现场采用密目式安全网、围墙、围栏等封闭起来，既可以防止施工中的不安全因素扩散到场外，也可以起到保护环境、美化市容、文明施工的作用，还可以防盗、防砸打损害物品等。

（五）危险作业的施工现场安全管理

爆破、吊装等作业具有较大的危险性，容易发生事故。因此，作业人员必须严格按照操作规程进行操作，施工单位也应当采取必要的防范措施，安排专门人员进行作业现场的安全管理。

（六）安全防护设备、机械设备等的安全管理

安全防护用具、机械设备、施工机具及配件质量的好坏，直接关系到施工作业人员的人身安全。因此，决不能让不合格的产品流入施工现场。同时，还要加强日常的检查、维修和保养，保障这些设备和产品的正常使用和运转。

（七）施工起重机械及设备等的安全使用管理

这些年来，由于对施工现场使用的起重机械、整体提升脚手架、模板（主要指提升或滑升模板）等自升式架设设施管理不善或使用不当等，造成的重大伤亡事故时有发生。因此，必须依法对其加强使用管理，特别是施工起重机械，是国务院《特种设备安全监察条例》所规定的特种设备，使用单位应当按照安全技术规范的定期检验要求，在安全检验合格有效期届满前1个月内向特种设备检验检测机构提出定期检验要求。未经定期检验或者检验不合格的特种设备，不得继续使用。

【案例 7-2】

2010年8月，某建筑公司按合同约定对其施工并已完工的路面进行维修，路面经铲挖后形成凹凸和小沟，路边堆有砂石料，但在施工路面和路两头均未设置任何提示过往行人及车辆注意安全的警示标志。2010年8月26日，张某骑摩托车经过此路段时，因不明路况，摩托车碰到路面上的施工材料而翻倒，造成10级伤残。张某受伤后多次要求该建筑公司赔偿，但建筑公司认为张某受伤与己方无关。张某将建筑公司起诉至人民法院。

【问题】 该建筑公司是否存在违法施工行为？是否应承担赔偿的民事法律责任？

【分析】

1. 《安全生产管理条例》第二十八条规定："施工单位应当在施工现场入口处、施工起重机械、临时用电设施、脚手架、出入通道口、楼梯口、电梯井口、孔洞口、桥梁口、隧道口、基坑边沿、爆破物及有害危险气体和液体存放处等危险部位，设置明显的安全警示标志。安全警示标志必须符合国家标准。"本案中的某建筑公司在施工时未设置任何提示过往行人及车辆注意安全的警示标志，明显违反了上述规定。

2. 法院经审理后认为，某建筑公司在进行路面维修时，致使路面凹凸不平，并未设置明显的警示标志和采取安全措施，造成原告伤残，按照《民法通则》第一百二十五条规定："在公共场所、道旁或者通道上挖坑、修缮安装地下设施等，没有设置明显标志和采取安全

措施造成他人伤害时，施工人应当承担民事责任。"判决建筑公司作为施工方应当承担民事赔偿责任。

三、施工现场的消防管理

《消防法》规定，机关、团体、企业、事业等单位应当履行下列消防安全职责：

（1）落实消防安全责任制，制定本单位的消防安全制度、消防安全操作规程，制定灭火和应急疏散方案；

（2）按照国家标准、行业标准配置消防设施、器材，设置消防安全标志，并定期组织检验、维修，确保完好有效；

（3）对建筑消防设施每年至少进行一次全面检测，确保完好有效，检查记录应当完整准确，存档备查；

（4）保障疏散通道、安全出口、消防车通道畅通，保证防火防烟分区，防火间距符合消防技术标准；

（5）组织防火检查，及时消除火灾隐患；

（6）组织进行有针对性的消防演练；

（7）法律、法规规定的其他消防安全职责。单位的主要负责人是本单位的消防安全责任人。

《安全生产管理条例》规定，施工单位应当在施工现场监理消防安全责任制度，确定消费安全责任人，制定用火、用电、使用易燃易爆材料等各项消防安全管理制度和操作规程，设置消防通道、消防水源，配备消防设施和灭火器材，并在施工现场入口处设置明显标志。

（一）在施工现场建立消防安全责任制，确定消防安全责任人

施工单位的主要负责人是本单位的消防安全责任人；项目负责人则是本项目施工现场的消防安全责任人。同时，要在施工现场实行和落实逐级防火责任制、岗位防火责任制，各部门、各班组负责人以及每个岗位人员都应当对自己管辖工作范围内的消防安全负责，切实做到"谁主管，谁负责；谁在岗，谁负责"。

重点工程的施工现场多定为消防安全重点单位，按照《消防法》的规定，除应当履行所有单位都应当履行的职责外，还应当履行下列消防安全职责：

（1）确定消防安全管理人，组织实施本单位的消防安全管理工作；

（2）建立消防档案，确定消防安全重点部位，设置防火标志，实行严格管理；

（3）实行每日防火巡查，并建立巡查记录；

（4）对职工进行岗前消防安全培训，定期组织消防安全培训和消防演练。

（二）制定各项消防安全管理制度和操作规程

近年来，施工现场的火灾时有发生，甚至出现了特大的恶性水灾事故。其原因主要是施工单位的消防安全管理制度和消防安全操作规程不健全，或者形同虚设。因此，施工单位必须制定消防安全管理制度和操作规程，如用火用电制度、易燃易爆危险物品管理制度、消防安全检查制度、消防设施维护保养制度、消防值班制度、消防教育培训制度等。同时，要结合施工现场的实际，制定施工过程中预防火灾的操作规程，确保消防安全。

施工现场大都存在可燃物和火源、电源，稍有不慎就会发生火灾。为此，要制定严格的用火用电制度，如禁止在具有火灾、爆炸危险的场所使用明火，包括焊接、切割、热处理、烘烤、熬炼等明火作业，也包括炉灶及灼热的炉体、烟筒、电热器以及吸烟、明火取暖、明火照明等。同时，不得擅自降低消防技术标准施工，不能使用防火性能不符合国家标准的建筑构件、材料（包括装饰装修材料）施工等。

易燃易爆危险物品具有较大的火灾危险性和破坏性,如果在存储、运输或者使用等过程中不严加管理,极易造成严重灾害事故,对于施工现场的这些物品,必须制定严格的安全管理制度和操作规程,作业人员要严格按照安全管理制度和操作规程的要求进行作业,保证安全施工。

(三)设置消防通道、消防水源、配备消防设施和灭火器材并在施工现场入口处设置明显标志

消防通道,是指供消防人员和消防车辆等消防装备进入施工现场能够通行的道路,消防通道应当保证道路的宽度、限高和道路的设置,满足消防车通行和灭火作业需要的基本要求。消防水源,是指市政消火栓、天然水源取水设施、消防蓄水池和消防供水管网等消防供水设施。消防供水设施应当保证设施数量、水量、水压等满足灭火需要,保证消防车到达火场后能够就近利用消防供水设施,及时扑救火灾,控制火势蔓延的基本要求。对于消防设施和器材应当定期组织检验、维修,确保其完好、有效,以发挥预防火灾和扑灭初期火灾的作用。

消防安全标志,是指用以表达与消防有关的安全信息的图形符号或者文字标志,包括火灾报警和手动控制标志、火灾时疏散途径标志、灭火设备标志、具有火灾爆炸物危险的物质或场所标志等。消防安全标志应当按照《消防安全标志设置要求》(GB 15630—1995)、《消防安全标志》(GB 13495—1992)的要求设置。

(四)施工现场消防安全违法行为应承担的法律责任

(1)建筑施工企业不按照消防设计文件和消防设计标准施工,降低消防施工质量的,责令改正或者停止施工,并处1万元以上10万元以下的罚款。

(2)单位违反本法规定,有下列行为之一的,责令改正,处5000元以上5万元以下罚款:

① 消防设施、器材或者安全标志的配置、设置不符合国家标准、行业标准,或者未保持完好有效的;

② 损坏、挪用或者擅自拆除、停业消防设施、器材的;

③ 占用、堵塞、封闭疏散通道、安全出口或者其他妨碍安全疏散行为的;

④ 埋压、圈占、遮挡消火栓或者占用防火间距的;

⑤ 占用、堵塞、封闭消防车通道,妨碍消防车通行的;

⑥ 人员密集场所在门窗上设置影响逃生和灭火救援的障碍物的;

⑦ 对火灾隐患经公安机关消防机构通知后不及时采取措施消除的。

(3)有下列行为之一,尚不构成犯罪的,处10日以上15日以下拘留,可以并处500元以下罚款;情节较轻的,处警告或者500元以下罚款:

① 指使或者强令他人违反消防安全规定,冒险作业的;

② 过失引起火灾的;

③ 在火灾发生后阻拦报警,或者负有报告职责的人员不及时报警的;

④ 扰乱火灾现场秩序,或者拒不执行火灾现场指挥员指挥,影响灭火救援的;

⑤ 故意破坏或者伪造火灾现场的;

⑥ 擅自拆封或者使用被公安机关消防机构查封的场所、部位的。

当事人逾期不执行停产停业、停止使用、停止施工决定的,由作出决定的公安机关消防机构强制执行。

四、建筑装修和房屋拆除的安全管理

(一)设计建筑主体和承重结构变动装修的安全管理

随着我国经济的发展和城乡居民生活条件的改善,房屋建筑的装饰装修活动规模不断扩

大，但也出现了随意拆改建筑主体结构和承重结构等危及建筑工程安全和人民生命财产安全的问题。因此，《建筑法》第四十九条对此作出了明确规定："实际建筑主体和承重结构变动的装修工程，建设单位应当在施工前委托原设计单位或者具有相应资质条件的设计单位提出设计方案；没有设计方案的，不得施工"。

1. 建筑主体

建筑主体是指砖混结构的墙体与楼板、钢筋混凝土结构的框架。承重结构是指建筑工程中的屋盖、楼盖、墙、柱、基础等。

2. 建筑装修

建筑装修是指为使建筑物、构筑物内、外空间达到一定的环境质量要求，使用装饰装修材料，对建筑物、构筑物外表和内部进行修饰处理的工程建筑活动。设计建筑主体和承重结构变动的装修，直接关系到建筑工程的安全性能。因此，涉及建筑主体和承重结构变动的装修工程的施工，必须有设计方案。

3. 建筑设计方案

建筑设计方案是根据建筑物的功能要求，具体确定建筑标准、结构形式、建筑物的空间和平面布置以及建筑群体的安排。设计方案是施工的依据，没有设计方案的，不得施工。

原设计单位对该项工程的情况、结构形式等比较熟悉，一般情况下应委托其进行该建筑工程的装修设计。在难以委托原设计单位的情况下，应委托与原设计单位有同等资质以上的设计单位承担设计任务。

（二）房屋拆除的安全管理

近年来，随着国民经济增长，旧城改造任务扩大，拆除工程逐渐增多。在房屋拆除作业中，因拆除施工造成的倒塌、伤亡事故时有发生。

1999 年 8 月，江苏省常州市十五中学 1 号教学楼 10 多个民工拆除旧房，在敲击一柱子时，大楼两边的三间房屋突然倒塌，将 3 名民工压在下面，造成两死一伤的悲剧；1997 年 4 月，在宁夏银川发生了因拆除旧体育馆而造成的倒塌、伤亡数十人的重大事故。这些事故给国家和人民群众的生命财产造成了很大损失，给社会带来了不良影响。造成事故的原因除了缺乏管理和技术安全措施外，主要是建设单位随意将工程发包给农民工。这些农民工不了解工程结构，也缺乏拆除工程的基本知识，为了加快进度，常常是冒险蛮干。

为了加强房屋拆除的安全管理，《建筑法》第五十条、《安全生产管理条例》第二十条都对此作了专门规定。

（1）房屋拆除由具备保证房屋拆除安全条件的建筑施工单位承担，不具备保证房屋拆除安全条件的建筑施工单位和非建筑施工单位不得承担房屋拆除任务。这里的安全条件主要包括：有编制房屋拆除安全技术措施的能力；有相应的专业技术人员；有相应的机械设备等。

（2）建筑施工单位负责人对房屋拆除的安全负责。建筑施工单位的负责人是建筑施工企业的行政管理人员，它不仅对拆除业务活动负责，还应当对拆除过程中的安全负责。为了保证安全，建筑施工企业必须执行国家的有关安全的规定；必须对拆除人员进行安全教育；必须为拆除人员准备防护用品等。在施工前，要组织技术人员和工人学习施工组织设计和安全操作规程，并且必须对拆除工程的施工进行统一领导和经常监督。

（3）对于一些需要爆破作业的特殊拆除工程，应当按照《中华人民共和国民用爆炸物品管理条例》的规定。进行大型爆破作业，或在城镇与其他居民聚居的地方、风景名胜区和重要工程设施附近进行控制爆破作业，施工单位必须事先将爆破作业方案，报县、市以上主管部门批准，并征得所在地县、市公安局同意，方准实施爆破作业。

第四节 生产安全事故的应急救援和调查处理

安全事故人命关天,任何的拖延和耽误都有可能导致生命和财产安全的威胁,都有可能导致损失的扩大。施工现场一旦发生生产安全事故,应当立即实施抢险救援特别是抢救人员,迅速控制事态,防止事故进一步扩大,并依法向有关部门报告事故。事故调查处理应当坚持实事求是、尊重科学的原则,及时、准确地查清事故经过、事故原因和事故损失。查明事故的性质,认定事故责任,总结事故教训,提出整改措施,并对事故责任者依法追究责任。

安全事故都是严重的责任事故、事故发生后,首先施工单位应按规定及时上报有关部门。实行总承包的项目,由总承包单位负责上报,接到报告的部门应按规定如实上报。在发生安全事故的现场,施工单位应当采取有效的措施。在调查清楚事故原因的基础上,对相关负责人的责任作出明确的界定,只有这样才能避免类似事故的重复发生。

一、生产安全事故的等级划分标准与应急救援预案的制定

(一) 生产安全事故的等级划分标准

明确生产安全事故的分级,区分不同事故级别所规定的报告和调查处理要求,是顺利开展生产安全事故报告和调查处理工作的前提,也是规范生产安全事故报告和调查处理的必然要求。

国务院《生产安全事故报告和调查处理条例》(2007年4月9日)规定,根据生产安全事故(以下简称事故)造成的人员伤亡或者直接经济损失,事故一般分为以下等级:

(1) 特别重大事故,是指造成30人以上死亡,或者100人以上重伤(包括急性工业中毒,下同),或者1亿元以上直接经济损失的事故;

(2) 重大事故,是指造成10人以上30人以下死亡,或者50人以上100人以下重伤,或者五千万元以上1亿元以下直接经济损失的事故;

(3) 较大事故,是指造成3人以上10人以下死亡,或者10人以上50人以下重伤,或者一千万元以上五千万元以下直接经济损失的事故;

(4) 一般事故,是指造成3人以下死亡,或者10人以下重伤,或者一千万元以下直接经济损失的事故。所称的"以上"包括本数,所称的"以下"不包括本数。

(二) 安全事故应急预案的制定

建设工程中生产安全事故的发生不可能完全杜绝,在加强施工安全监督管理、坚持预防为主的同时,为了减少建设工程安全事故中的人员伤亡和财产损失,还必须建立建设工程生产安全事故的应急救援制度。必须在事故发生以前,未雨绸缪,制定好应急救援的措施,一旦发生事故,可以在最短时间内,将损失降低到最小。

1. 政府相关部门应制定本行政区域内特大生产安全事故应急救援预案

《安全生产法》第六十八条和《安全生产管理条例》第四十七条均规定了县级以上地方各级人民政府有组织有关部门制定本行政区域内特大生产安全事故应急救援预案和建立应急救援体系的义务。

应急救援预案是指事先指定的关于特大生产安全事故发生时进行紧急救援的组织、程序、措施、责任以及协调等方面的方案和计划。

2. 施工单位生产安全事故应急救援预案的制定和责任的落实

(1) 施工单位生产安全事故应急救援预案的制定

《安全生产管理条例》第四十八条规定:"施工单位应当制定本单位生产安全事故应急救

援预案，建立应急救援组织或者配备应急救援人员，配备必要的应急救援器材、设备、并定期组织演练。"

① 所有的施工单位都应制定应急救援预案。

② 建立专门从事应急救援工作的组织机构。

③ 对一些施工规模较小、从业人员较少、发生事故时应急救援任务相对较轻的施工单位，可以配备兼职的能够胜任的应急救援人员，来保证应急救援预案的实施。

应急救援人员应经过培训和必要的演练，使其了解本行业安全生产的方针、政策和安全救护规程；掌握救援行动的方法、技能和注意事项；熟悉本单位安全生产情况；掌握应急救援器材、设备的性能、使用方法。

④ 施工单位要根据生产经营活动的性质、特点以及应急救援工作的实际需要，有针对性、有选择地配备应急救援器材、设备。

⑤ 对于不同的预案，要有计划地组织救援人员培训，定期进行演练，以使配备的应急救援物资、人员符合实战需要。

(2) 施工单位在施工现场落实应急预案责任的划分

施工单位应根据工程特点、施工范围，在开工前对施工过程进行安全策划，对可能出现的危险因素进行识别，列出重大危险源，制定消除或减小危险性的安全技术方案、措施。

对易发生重大事故的作业，脚手架、施工用电、基坑支护、模板支撑、起重吊装、塔吊、物料提升机及其他垂直运输设备，爆破、拆除工程等应有专项技术方案并落实控制措施进行监控；制定施工现场生产安全事故应急救援预案，对可能发生的事故及随之引发的伤害和其他影响采取抢救行动。

实行施工总承包的，施工总承包单位要对施工现场的施工组织和安全生产进行统一管理和全面负责。因此，工程项目的生产安全事故应急救援预案应由总承包单位统一组织、编制，分包单位应服从总承包单位的管理。总承包单位与分包单位按照事故应急救援预案，各自建立应急救援组织或配备应急救援人员。对配备的救援器材、设备，要定期维护保养，并定期组织培训演练。

二、生产安全事故的报告与调查处理制度

(一) 生产安全事故的报告

1. 生产安全事故报告制度

在建筑施工中发生事故时，建筑施工企业除必须依法立即采取减少人员伤亡和财产损失的紧急措施外，还必须按照国家有关规定及时向有关主管部门报告。国务院颁布的《生产安全事故报告和调查处理条例》对事故报告的时间及程序、事故报告的内容和接到事故报告后应采取的措施均作出了明确规定。

事故发生后，事故现场有关人员应当立即向本单位负责人报告；单位负责人接到报告后，应当于 1 小时内向事故发生地县级以上人民政府安全生产监督管理部门和负有安全生产监督管理职责的有关部门报告。

安全生产监督管理部门和负有安全生产监督管理职责的有关部门接到事故报告后，应当依照下列规定上报事故情况，并通知公安机关、劳动保障行政部门、工会和人民检察院。

(1) 特别重大事故、重大事故逐级上报至国务院安全生产监督管理部门和负有安全生产监督管理职责的有关部门。

（2）较大事故逐级上报至省、自治区、直辖市人民政府安全生产监督管理部门和负有安全生产监督管理职责的有关部门。

（3）一般事故上报至设区的市级人民政府安全生产监督管理部门和负有安全生产监督管理职责的有关部门。

安全生产监督管理部门和负有安全生产监督管理职责的有关部门逐级上报事故情况，每级上报的时间不得超过 2 小时。

实行施工总承包的，在总承包工程中发生伤亡事故，应由总承包单位负责统计上报事故情况。

2. 事故报告的内容

报告事故应当包括下列内容：

（1）事故发生单位概况；

（2）事故发生的时间、地点以及事故现场情况；

（3）事故的简要经过；

（4）事故已造成或者可能造成的伤亡人数（包括下落不明的人数）和初步估计的直接经济损失；

（5）已经采取的措施；

（6）其他应当报告的情况。

事故报告后出现新情况的，应当及时补报。新情况是指：

（1）自事故发生之日起 30 日内，事故造成的伤亡人数发生变化的；

（2）道路交通事故，火灾事故自发生之日起 7 日内，事故造成的伤亡人数发生变化的。

3. 接到事故报告后应采取的措施

（1）事故发生单位负责人接到事故报告后，应当立即启动事故相应应急预案，或者采取有效措施，组织抢救，防止事故扩大，减少人员伤亡和财产损失。

（2）事故发生地有关地方人民政府，安全生产监督管理部门和负有安全生产监督管理职责的有关部门接到事故报告后，其负责人应当立即赶赴事故现场，组织事故救援。

（3）事故发生后，有关单位和人员应当妥善保护事故现场以及相关证据，任何单位和个人不得破坏事故现场、毁灭相关证据。

施工单位应当采取措施防止事故扩大，保护事故现场，需要移动现场物品时，应当做出标记和书面记录，妥善保管有关证物。故意破坏事故现场、毁灭有关证据，为将来进行事故调查、确定事故责任制造障碍者，要承担相应的责任。分包单位要根据总承包单位统一组织的应急救援预案和各自的职责分工，投入抢救工作，防止事态扩大。

（4）因抢救人员、防止事故扩大以及疏通交通等原因，需要移动事故现场物件的，应当作出标志，绘制现场简图并作出书面记录，妥善保存事故现场重要痕迹、物证。

（5）事故发生地公安机关根据事故的情况，对涉嫌犯罪的人员，应当依法立案侦查，采取强制措施和侦查措施。犯罪嫌疑人逃匿的，公安机关应当迅速追捕归案。

（6）安全生产监督管理部门和负有安全生产监督管理职责的有关部门应当建立值班制度，并向社会公布值班电话，受理事故报告和举报。

（二）生产安全事故的调查

1. 事故调查的职权范围

特别重大事故由国务院或者国务院授权有关部门组织事故调查组进行调查。重大事故、较大事故、一般事故分别由事故发生地省级人民政府、设区的市级人民政府、县级人民政府负责调查，省级人民政府、设区的市级人民政府、县级人民政府可以直接组织事故调查组进行调查,也可以授权或者委托有关部门组织事故调查组进行调查。

未造成人员伤亡的一般事故,县级人民政府也可以委托事故发生单位组织事故调查组进行调查。

上级人民政府认为必要时,可以调查由下级人民政府负责调查的事故。

自事故发生之日起 30 日内(道路交通事故、火灾事故自发生之日起 7 日内)因事故伤亡人数变化导致事故等级发生变化,依照规定应当由上级人民政府负责调查的,上级人民政府可以另行组织事故调查组进行调查。

特别重大事故以下等级的事故,事故发生地与事故发生单位不在同一个县级以上行政区域的,由事故发生地人民政府负责调查,事故发生单位所在地人民政府应当派人参加。

2. 事故调查的实施

事故调查组有权向有关单位和个人了解与事故有关的情况,并要求其提供相关文件、资料,有关单位和个人不得拒绝。事故发生单位的负责人和有关人员在事故调查期间不得擅离职守,并应当随时接受事故调查组的询问,如实提供有关情况。事故调查中发现涉嫌犯罪的,事故调查组应当及时将有关材料或者其复印件移交司法机关处理。

事故调查中需要进行技术鉴定的,事故调查组应当委托具有国家规定资质的单位进行技术鉴定。必要时,事故调查组可以直接组织专家进行技术鉴定。技术鉴定所需时间不计入事故调查期限。

3. 事故调查报告

事故调查组应当自事故发生之日起 60 日内提交事故调查报告;特殊情况下,经负责事故调查的人民政府批准,提交事故调查报告的期限可以适当延长,但延长的期限最长不超过 60 日。

事故调查报告应当附具有关证据材料。事故调查组成员应当在事故调查报告上签名。事故调查报告报送负责事故调查的人民政府后,事故调查工作即告结束。事故调查的有关资料应当归档保存。

(三)生产安全事故的处理

重大事故、较大事故、一般事故,负责事故调查的人民政府应当自收到事故调查报告之日起 15 日内作出批复;特别重大事故,30 日内作出批复,特殊情况下,批复时间可以适当延长,但延长的时间不超过 30 日。

事故发生单位应当按照负责事故调查的人民政府的批复,对本单位负有事故责任的人员进行处理。负有事故责任的人员涉嫌犯罪的,依法追究刑事责任。

事故发生单位应当认真吸取事故教训,落实防范和整改措施,防止事故再次发生。

【案例 7-3】

2010 年 10 月 25 日,某建筑公司承建的某市电视台演播中心裙楼工地发生一起施工安全事故。大演播厅舞台在浇筑顶部混凝土施工中,因模板支撑系统失稳导致屋盖坍塌,造成在现场施工的民工和电视台工作人员 6 人死亡,35 人受伤(其中重伤 11 人),直接经济损失 70 余万元。事故发生后,该建筑公司项目经理向有关部门紧急报告事故情况。闻讯赶到的有关领导,指挥公安民警、武警战士和现场工人实施了紧急抢险工作,将伤者立即送往医院进行救治。

【问题】 本案中的施工安全事故应定为哪种等级的事故?事故发生后,施工单位应采取哪些措施?

【分析】

1. 应定位较大事故。《生产安全施工报告和调查处理条例》第三条规定,"较大事故,是指造成3人以上10人以下死亡,或者10人以上50人以下重伤,或者一千万元以上五千万元以下直接经济损失的事故。"

2. 事故发生后,依据《生产安全事故报告和调查处理条例》第九条、第十四条、第十六条的规定,施工单位应采取下列措施:

(1) 报告事故 事故发生后,事故现场有关人员应当立即向本单位负责人报告;单位负责人接到报告后,应当于1小时内向事故发生地县级以上人民政府安全生产监督管理部门和负有安全生产监督管理职责的有关部门报告。情况紧急时,事故现场有关人员可以直接向事故发生地县级以上人民政府安全生产监督管理部门和负有安全生产监督管理职责的有关部门报告。

(2) 启动事故应急预案 或者采取有效措施,组织抢救,防止事故扩大,减少人员伤亡和财产损失。

(3) 事故现场保护 有关单位和人员应当妥善保护事故现场以及相关证据,任何单位和个人不得破坏事故现场、毁灭相关证据。因抢救人员、防止事故扩大以及疏通交通等原因,需要移动事故现场物件的,应当作出标志,绘制现场简图并做出书面记录,妥善保存现场重要痕迹、物证。

第五节 建设单位和相关单位的建设工程安全责任制度

《建设工程安全生产管理条例》规定,建设单位、勘察单位、设计单位、施工单位、工程监理单位及其他与建设安全生产有关的单位,必须遵守安全生产法规、法规的规定,保证建设工程安全生产,依法承担建设工程安全生产责任。

建设工程安全生产的重点是施工现场,其主要负责单位是施工单位,但与施工活动密切相关单位的活动也都影响着施工安全。因此,有必要对所有与建设工程施工活动有关的单位的安全责任作出明确规定。

一、建设单位的安全责任

建设单位是建设工程项目的投资方或建设方,在整个工程建设中居于主导地位。但长期以来,对建设单位的监督管理不够重视,对其安全责任也没有明确规定,由于建设单位的行为不规范,直接或者间接导致安全事故的发生是有着不少惨痛教训的。因此,《安全生产管理条例》中明确规定,建设单位必须遵守安全生产、法规的规定,保证建设工程安全生产,依法承担建设工程安全生产责任。

(一) 依法办理有关批准手续

《建筑法》规定,有下列情形之一的,建设单位应当按照国家有关规定办理申请批准手续:

(1) 需要临时占用规划批准范围以外场地的;
(2) 可能损坏道路、管线、电力、邮电通信等公共设施的;
(3) 需要临时停水、停电、中断道路交通的;
(4) 需要进行爆破作业的;
(5) 法律、法规规定需要办理报批手续的其他情形。

为了保证因工程建设活动所涉及的有关重要设施的安全,避免因建设工程施工影响正常社会生活秩序，建设单位应当向有关部门申请办理批准手续。

（二）向施工单位提供真实、准确和完整的有关资料

建设单位应当向建筑施工企业提供与施工现场相关的地下管线、气象、水文、相邻建（构）筑物、地下工程等资料，以便建筑施工企业采取措施加以保护施工现场。并且，还要提供施工现场及毗邻区域内供水、排水、供电、供气、供热、通信、广播电视等地下管线的产权单位资料以及相邻建筑物和构筑物、地下工程的有关资料，并保证资料的真实、准确、完整。

（三）不得提出违法要求和随意压缩合同工期

建设单位对整个建设工程活动居于主导作用，但并不意味着建设单位可以想怎么干就怎么干。它必须遵守国家有关的法律、法规和强制性标准。由于市场竞争相当激烈，一些勘察、设计、施工、工程监理单位为了承揽业务，往往对建设单位提出的要求尽量满足，这就造成某些建设单位为了追求利益最大化而提出一些非法要求。安全生产费用是最容易被挤掉的。

合同约定的工期是建设单位与施工单位经过双方论证、磋商约定的或者通过招标投标确定的工期。建设单位不能为了早日发挥项目的效益，迫使承包单位大量增加人力、物力投入，简化施工程序，赶工期，损害承包单位的利益。实际工作中，盲目赶工期，简化工序，不按规程操作，诱发了很多施工安全事故和工程结构安全隐患，不仅损害了承包单位的利益，也损害了建设单位的根本利益，具有很大的危害性。所以，建设单位不得压缩合同约定的工期。

（四）编制工程概算时应当确定建设工程安全费用

建设单位在编制工程概算时，应当确定建设工程安全作业环境及安全施工措施所需费用。

多年的实践表明，忽略安全投入成本、淡化安全经济观是导致建设工程安全生产事故的重要原因之一。一些地方政府和建设单位、施工单位没有充分认识到安全投入成本与经济效益之间的关系，单纯追求经济效益，置安全生产于不顾。有研究成果显示，安全保障措施的预防性投入效果与事故整改效果关系比是1：5的关系。安全就是效益，这是所有企业管理者都应该建立的安全经济观。

（五）不得要求购买、租赁和使用不符合安全施工要求的用具设备等

建设单位不得明示或者暗示施工单位购买、租赁和使用不符合安全施工要求的安全防护用具、机械设备、施工机具及配件、消防设施和器材。这就要求建设单位与施工单位在合同中应当明确约定双方的权利义务，包括采用哪种供货方式等。无论施工单位在购买、租赁还是使用有关安全生产的材料设备时，建设单位都不得采用明示或者暗示的手段对施工单位施加影响，提出不符合安全施工条件的要求。

（六）申领施工许可证时应当提供有关安全施工的资料

建设单位在申领施工许可证时，应当提供的建设工程有关安全措施资料，一般包括：工程中标通知书，工程施工合同，施工现场总平面布置图，临时设施规划方案和已搭建情况，施工现场安全防护措施搭设（设置）计划、施工进度计划、安全措施费用计划，专项安全施工组织设计（方案、措施），拟进入施工现场使用的施工起重机械设备（塔式起重机、物料提升机、外用电梯）的型号、数量，工程项目负责人、安全管理人员及特种作业人员持证上岗情况，建设单位安全监督人员名册、工程监理单位人员名册，以及其他应提交材料。

（七）依法实施装修工程和拆除工程

《安全生产管理条例》规定，建设单位应当将拆除工程发包给具有相应资质等级的施工

单位。建设单位应当在拆除工程施工15日前，将下列资料报送给建设工程所在地的县级以上地方人民政府建设行政主管部门或者其他有关部门备案：

（1）施工单位资质等级证明；

（2）拟拆除建筑物、构筑物及可能危及毗邻建筑的说明；

（3）拆除施工组织方案；

（4）堆放、清除废弃物的措施。实施爆破作业的，应当遵守国家有关民用爆破物品管理的规定。

（八）建设单位违法行为应承担的法律责任

建设单位未将保证安全施工的措施或者拆除工程的有关资料报送有关部门备案的，责令限期整改，给予警告。

建设单位有下列行为之一的，责令限期整改，处20万元以上50万元以下的罚款；造成重大安全事故，构成犯罪的，对直接责任人员，依照刑法有关规定追究刑事责任；造成损失的，依法承担赔偿责任：

（1）对勘察、设计、施工、工程监理等单位提出不符合安全生产法律、法规和强制性标准规定的要求的；

（2）要求施工单位压缩合同约定的工期的；

（3）将拆除工程发包给不具有相应资质等级的施工单位的。

二、勘察、设计、工程监理单位的安全责任

建设工程安全生产是一个系统工程。工程勘察、设计作为工程建设的重要环节，对于保障安全施工有着重要影响。

（一）勘察单位的安全责任

工程勘察是工程建设的先行官。工程勘察成果是建设工程项目规划、选址、设计的重要依据，也是保证施工安全的重要因素和前提条件。因此，勘察单位必须按照法律、法规和强制性标准的要求进行勘察，并提供真实、准确的勘察文件，不能弄虚作假。勘察人员必须严格执行操作规程，还应当采取措施保证各类管线、设施和周边建筑物构筑物的安全。

（二）设计单位的安全责任

工程设计是工程建设的灵魂。在建设工程项目确定后，工程设计就成为工程建设中最重要、最关键的环节，对安全施工有着重要影响。

从一些生产安全事故的原因分析，涉及设计单位责任的，主要是没有按照强制性标准进行设计，由于设计的不合理导致施工过程中发生了安全事故。因此，设计单位在设计过程中必须考虑施工生产安全，严格执行强制性标准。

设计单位应当在设计中提出保障施工作业人员安全和预防生产安全事故的措施建议。在施工作业前，向施工单位技术交底，提出指导意见。

"谁设计，谁负责"，这是国际通行做法。建筑师、结构工程师等注册执业人员应当在设计文件上签字盖章，对设计文件负责，也要承担相应的法律责任。

（三）工程监理单位的安全责任

工程监理单位和监理工程师应当按照法律、法规和工程建设强制性标准实施监理，并对建设工程安全生产承担监理职责。包括对安全技术措施或专项施工方案进行审查；依法对施工安全施工隐患进行处理；对建设工程安全生产承担监理责任。

（四）勘察、设计、监理单位应承担的法律责任

1. 勘察单位、设计单位

勘察单位、设计单位有下列行为之一的，责令限期整改，处10万元以上30万元以下罚款；情节严重的，责令停业整顿，降低资质等级，直至吊销资质证书；造成重大安全事故，构成犯罪的，对直接责任人员，依照刑法有关规定追究刑事责任；造成损失的，依法承担赔偿责任：

（1）未按照法律、法规和工程建设强制性标准进行勘察、设计的；

（2）采用新结构、新材料、新工艺的建设工程和特殊结构的建设工程，设计单位未在设计中提出保障施工作业人员安全和预防生产安全事故的措施建议的。

注册执业人员未执行法律、法规和工程建设强制性标准的，责令停止执业3个月以上1年以下；情节严重的，吊销执业资格证书，5年内不予注册；造成重点安全事故的，终身不予注册；构成犯罪的，依法追究刑事责任。

2. 工程监理单位

工程监理单位有下列行为之一的，责令限期整改；逾期未改正的，责令停业整顿，并处10万元以上30万元以下罚款；情节严重的，责令停业整顿，降低资质等级，直至吊销资质证书；造成重大安全事故，构成犯罪的，对直接责任人员，依照刑法有关规定追究刑事责任；造成损失的，依法承担赔偿责任：

（1）未对施工组织设计中的安全技术措施或者专项施工方案进行审查的；

（2）发现安全事故隐患未及时要求施工单位整改或者暂时停止施工的；

（3）施工单位拒不整改或者不停止施工的，未及时向有关主管部门报告的；

（4）未依照法律、法规和工程建设强制性标准实施监理的。

三、其他相关单位的安全生产责任

（一）提供机械设备和配件单位的安全责任

《安全生产管理条例》规定，为建设工程提供机械设备和配件的单位，应当按照安全施工的要求配备齐全有效的保险、限位等安全设施和装置。为建设工程提供机械设备和配件的单位应当配齐有效的保险、限位等安全设施和装置，并保证灵敏可靠，以保障施工机械设备的安全使用，减少施工机械设备事故的发生。

（二）出租机械设备和施工机具及配件单位的安全责任

出租机械设备和施工机具及配件，应当具有生产（制造）许可证、产品合格证。出租单位应当对出租的机械设备和施工机具及配件的安全性能进行检测，在签订租赁协议时，应当出具检测合格证明。禁止出租检测不合格的机械设备和施工机具及配件。

（三）施工起重机械和自升式架设设施安装、拆卸单位的安全责任

施工起重机械，是指施工中用于垂直升降或者垂直升降并水平移动重物的机械设备，如塔式起重机、物料提升机、施工外用电梯等。自升式架设设施，是指通过自有装置可将自身升高的架设设施，如整体脚手架、模板等。

（1）安装、拆卸施工起重机械和自升式架设设施必须具有相应的资质；

（2）编制拆装方案、定制安全措施和现场监督；

（3）出具自检合格证明、进行安全使用说明、办理验收手续的责任；

（4）依法对施工起重机械和自升式架设设施进行检测。

（四）机械设备等单位违法行为应承担的法律责任

施工起重机械和整体脚手架、模板等自升式架设设施安装、拆卸单位有下列行为之一的，责令限期整改，处五万元以上十万元以下罚款；情节严重的，责令停业整顿，降低资质等级，直至吊销资质证书；造成损失的，依法承担赔偿责任：

(1) 未编制拆装方案、制定安全施工措施的；
(2) 未由专业技术人员现场监督的；
(3) 未出具自检合格证书或出具虚假证明的；
(4) 未向施工单位进行安全使用说明，办理移交手续的。

【案例 7-4】

某酒店公司决定对本酒店大楼进行拆改和重新装修。为了节省费用和赶在国庆节前重新开业，酒店公司在未办理施工备案手续的情况下，将酒店的门窗及内外装饰物拆除工程发包给包工头张某施工。2006年4月2日酒店公司与张某签订了拆除合同，约定合同总价二百万元，当年4月2日开工至同年5月2日完工。4月10日下午5点左右，张某现场指挥4名工人拆除4层户外铝合金玻璃窗时，玻璃窗扇不慎掉下，将一名正在进行地面清扫的工人砸成重伤。区建委接到事故报告后，立即组织对伤员进行医疗救治，同时展开事故调查。

【问题】 本案中建设单位有何违法行为，应承担哪些法律责任？

【分析】 酒店公司将拆除工程发包给不具有施工资质的自然人是违法行为。《安全生产管理条例》第十一条第一款规定："建设单位应当将拆除工程发包给具有相应资质等级的施工单位。"包工头张某不具备施工资质，酒店公司将拆除工程发包给张某，构成违法发包。根据《安全生产管理条例》第五十五条规定，建设单位将拆除工程发包给不具有相应资质等级的施工单位，"责令限期整改，处二十万元以上五十万元以下罚款；造成重大安全事故，构成犯罪的，对直接责任人员，依照刑法有关规定追究刑事责任；造成损失的，依法承担赔偿责任"。酒店公司未办理拆除工程施工前的备案手续。《安全生产管理条例》第十一条第二款规定，"建设单位应当在拆除工程施工15日前，将下列资料报送给建设工程所在地的县级以上地方人民政府建设行政主管部门或者其他有关部门备案……"由于酒店公司未办理拆除工程施工前的备案手续，依据《安全生产管理条例》第五十四条第二款规定，"建设单位未将保证安全施工的措施或者拆除工程的有关资料报送有关部门备案的，责令限期整改，给予警告"。

小知识　　　　　《建筑业安全卫生公约》简介

国际劳工组织大会，经国际劳工局理事会召集，于1998年6月1日在日内瓦举行其第七十五届会议，注意到有关的国际劳工公约和建议书，特别是1937年（建筑业）安全规定公约和建议书、（建筑业）预防事故合作建议书、1960年辐射防护公约和建议书、1963年机器防护公约和建议书，1967年最大负重量公约和建议书、1974年职业性癌公约和建议书、1977年工作环境（空气污染、噪声和振动）公约和建议书、1981年执业安全和卫生公约和建议书、1985年职业卫生服务系统公约和建议书等，决定采纳本届会议议程关于建筑业安全和卫生的提议，公约适用于一切建筑活动，即建造、土木工程、安装与拆卸工作，包括从工地准备工作直到项目完成的建筑工地上的一切工序、作业和运输。

本章小结

《安全生产法》的立法目的是为了加强安全生产监督管理，防止和减少生产安全事故，保障人民群众生命和财产安全，促进经济发展。

安全生产管理，坚持"安全第一、预防为主"的方针。建筑生产的特点使建筑业成为事故多发行业，但其主要原因还是人为的。为此所制定的工程建设安全生产管理基本制度包括：安全生产责任制度、群防群治制度、安全生产教育培训制度、安全生产检查制度、伤亡事故处理报告制度、安全生产追究制度。严格规定工程建设各方（建设单位、工程勘察设计单位、施工单位、监理单位及建设工程相关单位）对安全生产管理负有相应的责任和义务。此外，对安全生产责任事故的处理作出了明确规定。

复习思考题

1. 建设工程安全生产管理的方针和原则是什么？
2. 工程建设安全生产管理的基本制度有哪些？
3. 简述施工方的安全生产责任有哪些。
4. 简述施工现场消防管理与安全防护管理的内容。
5. 建设工程生产安全事故分为哪几个阶段？
6. 简述建设工程生产安全事故的报告程序和要求。

课后练习题

一、单项选择

1. 建设工程安全生产管理的方针是（　　）。
   A. 安全第一、预防为主　　B. 保障生产、兼顾安全　　C. 全面防护、确保安全　　D. 以人为本、全面防护
2. 建筑施工企业变更名称、地址、法定代表人等，应当在变更后（　　）日内，到原安全生产许可证颁发管理机关办理安全生产许可证变更手续。
   A. 1 日　　　　　　B. 5 日　　　　　　C. 10 日　　　　　D. 15 日
3. 国家安全生产监督管理总局《特种作业人员安全技术培训考核管理规定》中规定，生产经营单位未建立健全特种作业人员档案的，给予警告，并处（　　）万元以下的罚款。
   A. 一万元　　　　　B. 两万元　　　　　C. 三万元　　　　　D. 四万元
4. 生产经营单位使用未取得特种作业操作证的特种作业人员上岗作业，责令限期改正；逾期未改正，责令停产停业整顿，可以并处（　　）以下的罚款。
   A. 一万元　　　　　B. 两万元　　　　　C. 三万元　　　　　D. 四万元
5. （　　）由国务院或者国务院授权有关部门组织事故调查组进行调查。
   A. 特别重大事故　　B. 重大事故　　　　C. 较大事故　　　　D. 一般事故

二、多项选择

1. 建设工程安全生产管理的基本制度主要包括（　　）。
   A. 安全生产责任制度　　B. 应急管理制度　　C. 风险管理制度　　D. 群防群治制度
2. 建筑施工企业取得安全生产许可证应具备（　　）安全生产条件。
   A. 建立、健全安全生产责任制，制定完备的安全生产规章制度和操作规程
   B. 管理人员和作业人员每年至少进行一次安全生产教育培训并考核合格
   C. 依法参加工伤保险、依法为施工现场从事危险作业的人员办理意外伤害保险，为从业人员交纳保险费
   D. 设置安全生产管理机构，按照国家有关规定配备专职安全生产管理人员
   E. 保证本单位安全生产条例所需资金的投入
3. 项目负责人的安全生产责任包括（　　）。
   A. 对建设工程项目的安全施工负责
   B. 发现不安全行为行使罚款职责
   C. 落实安全生产责任制度、安全生产规章制度和操作规程

D. 确保安全生产费用的有效使用

E. 根据工程的特点组织制定安全施工措施，消除安全事故隐患

4. 国务院《特种设备安全监察条例》规定，特种设备使用单位有下列（　　）情形之一的，由特种设备安全监督管理部门责令限期改正；逾期未改正的，责令停止使用或者停产停业整顿，处2000元以上2万元以下罚款。

A. 未按规定保管和存放特种设备，导致特种设备失效的

B. 未按规定设置特种设备安全管理机构或者配备专职、兼职的安全管理人员

C. 从事特种设备作业的人员，未取得相应特种作业人员证书，上岗作业

D. 未对特种设备作业人员进行特种设备安全教育和培训

5. 按照《消防法》的规定，除应当履行所有单位都应当履行的职责外，还应当履行（　　）消防安全职责。

A. 确定消防安全管理人，组织实施本单位的消防安全管理工作

B. 建立消防档案，确定消防安全重点部位，设置防火标志，实行严格管理

C. 实行每日防火巡查，并建立巡查记录

D. 对职工进行岗前消防安全培训，定期组织消防安全培训和消防演练

建设工程质量管理法规

知识目标
- 了解工程验收、质量保修的概念及相关的主要法律、法规和规章
- 了解工程竣工验收备案管理的基本要求
- 了解我国的工程质量保修制度及其重要性
- 熟悉工程质量验收的基本要求、程序以及质量不符合要求时的处理方法
- 熟悉工程竣工验收的条件、程序
- 掌握工程质量保修的范围、期限及保修的实施

能力目标
- 能够运用建设工程质量管理法规的理论知识解释和处理建设工程中的相关法律问题
- 能够按照建设工程质量管理法规依法从事工程建设活动

建设工程作为一种特殊产品,是人们日常生活和生产、经营、工作等的主要场所。是人类赖以生存和发展的重要物质基础。建设工程一旦发生质量事故,特别是重大垮塌事故,将危及人民生命财产安全,甚至造成无可估量的损失。因此,"百年大计,质量第一",必须进一步提高建设工程质量水平,确保建设工程的安全可靠。

工程质量验收是工程质量控制的重要环节,竣工验收是防止质量不合格工程流入社会的最后一道关口。国家对此作出了严格的法律规定。为此,本章首先介绍有关工程验收及质量保修的基本知识,然后详细介绍工程质量验收、竣工验收及工程质量保修的具体规定,并着重介绍《建筑法》、《建设工程质量管理条例》和《工程建设标准强制性条例》等相关法律中的有关内容。

第一节 质量标准化管理制度

一、工程建设标准

(一)建设工程质量的管理体系

1. 建设工程质量的含义

建设工程质量有广义和狭义之分。

(1)从狭义上说,建设工程质量仅指工程实体质量,它是指在国家现行的有关法律、法规、技术标准、设计文件和合同中,对工程的安全、适用、经济、美观等特性的综合要求。

(2) 广义上的建设工程质量还包括工程建设参与者的服务质量和工作质量。它反映在他们的服务是否及时、主动,态度是否诚恳、守信,管理水平是否先进,工作效率是否很高等方面。

应该说,工程实体质量的好坏是决策、计划、勘察、设计、施工等单位各方面、各环节工作质量的综合反映。现在,国内外都趋向于从广义上来理解建筑工程质量,但本书中的建筑工程质量主要还是指工程本身的质量,即狭义上的建筑工程质量。

影响建设工程质量的因素很多,如决策、设计、材料、机械、地形、地质、水文、气象、施工工艺、操作方法、技术措施、人员素质、管理制度等等,但归纳起来,可分为五大方面,即通常所说的人、机械、材料、方法和环境,在工程建设全过程中严格控制好这五大因素,是保证建设工程质量的关键。

2. 建设工程质量管理体系

目前我国现行的建设工程质量管理体系包括纵向管理和横向管理两个方面。

(1) 纵向管理是国家对建设工程质量所进行的监督管理,它具体由建设行政主管部门及其授权机构实施,这种管理贯穿在工程建设的全过程和各个环节之中,它既对工程建设从计划、规划、土地管理、环保、消防等方面进行监督管理,又对工程建设的主体从资质认定和审查,成果质量检测、验证和奖惩等方面进行监督管理,还对工程建设中各种活动如工程建设招标投标、工程施工、验收、维修等方面进行监督管理。

(2) 横向管理又包括两个方面,一是工程承包单位,如勘察单位、设计单位、施工单位自己对所承担工作的质量管理。承包单位要按要求建立专门质检机构,配备相应的质检人员,监理相应的质量保证制度,如审核校对制、培训上岗制、质量抽检制、各级质量责任制和部门领导质量责任制等等。二是建设单位对所建设工程的管理。它可成立相应的机构和人员,对建设工程的质量进行监督管理,也可委托社会监理单位对工程建设的质量进行监理。

(二) 工程建设标准

1. 工程建设标准的概念

工程建设标准是指为在工程建设领域内获得最佳秩序,对建设工程的勘察、设计、施工、安装、验收、运营维护及管理等活动和结果需要协调统一的事项所制定的共同的、重复使用的技术依据和准则。

工程建设标准通过行之有效的标准规范,特别是工程建设强制性标准,为建设工程实施安全防范措施、消防安全隐患提供统一的技术要求,以确保在现有的技术、管理条件下尽可能地保障建设工程质量安全,从而最大限度地确保建设工程的建造者、使用者和所有者的生命财产安全以及人身健康安全。

国家陆续颁布了许多关于工程建设标准化的法律、法规、规章等。1992年12月30日原建设部颁布了《工程建设国家标准管理办法》和《工程建设行业标准管理办法》两部法规;2000年4月20日原建设部颁布了《工程建设标准强制性条例》等相关法规。

2. 工程建设标准的分类

工程建设标准从不同的角度可有不同的分类。

(1) 按标准的内容 工程建设标准可分为技术标准、经济标准和管理标准三类。

(2) 按标准的级别 工程建设标准可分为国家标准、行业标准、地方标准和企业标准四级。

① 工程建设国家标准是指在全国范围内统一的技术要求。如通用的质量标准、通用的术语、符号、代号、建筑模数等。

② 工程建设行业标准是指在工程建设活动中,在全国某个行业范围内同意的技术要求。

如行业专用的质量标准、专用的术语、符号、代号、专用的实验、检验、评定方法等。

③ 工程建设地方标准是指工程建设活动中，根据当地的气候、地质、资源、环境等条件，在省、自治区、直辖市范围内统一的技术要求，它不得低于相应的国家标准或行业标准。

④ 工程建设企业标准是指工程建设活动中，企业内部统一的技术要求。下级标准只能是上级标准的补充，它不得低于上级标准。当不同级别的标准发生矛盾时，以上级标准为准。国家鼓励企业制定优于国家标准、行业标准和地方标准的企业标准。

（3）按适用阶段　工程建设标准又分为设计标准和验收标准。

（4）按执行效力　工程建设标准可分为强制性标准和推荐性标准。

强制性标准是指必须执行的标准。根据原建设部《工程建设国家标准管理办法》和《工程建设行业标准管理办法》的规定，在工程建设国家标准、行业标准中，属于强制性标准的有：

① 工程建设勘察、规划、设计、施工（包括安装）及验收等的综合性标准和重要的质量标准；

② 工程建设中的有关安全、卫生和环境保护标准；

③ 工程建设重要的技术术语、符号、代号、量与单位、建筑模数和制图方法标准；

④ 工程建设重要的试验、检验和评定方法标准；

⑤ 国家或行业需要控制的其他工程建设标准。如工程建设勘察、规划、设计、施工及验收等通用的综合标准和质量标准等。

推荐性标准是指当事人自愿采用的标准，凡是强制性标准以外的标准皆为推荐性标准。

3. 工程建设国家标准的编号

工程建设国家标准的编号由国家标准代号、发布标准的顺序号和发布标准的年号组成。强制性国家标准的代号为"GB"，推荐性国家标准的代号为"GB/T"。例如：《建筑工程施工质量验收统一标准》（GB 50300—2001），其中 GB 表示为强制性国家标准，50300 表示标准发布顺序号，2001 表示是 2001 年批准发布；《工程建设施工企业质量管理规范》（GB/T 50430—2007），其中 GB/T 表示为推荐性国家标准，50430 表示标准发布顺序号，2007 表示是 2007 年批准发布。

需要说明的是，标准、规范、规程都是标准的表现方式，习惯上统称为标准。当针对产品、方法、符号、概念等基础标准时，一般采用"标准"，如《道路工程标准》、《建筑抗震鉴定标准》等；当针对工程勘察、规划、设计、施工等通用的技术事项作出规定时，一般采用"规范"，如《混凝土结构设计规范》、《住宅建筑设计规范》、《建筑设计防火规范》等；当针对操作、工艺、管理等专用技术要求时，一般采用"规程"，如《建筑安装工程工艺及操作规程》、《建筑机械使用安全操作规程》等。

二、工程建设强制性标准的实施规定

工程建设标准制定的目的在于实施。否则，再好的标准也是一纸空文。我国工程建设领域所出现的各类工程质量事故，大都是没有贯彻或没有严格贯彻强制性标准的结果。因此，《标准化法》规定，强制性标准，必须执行。《建筑法》规定，建筑活动应当确保建筑工程质量和安全，符合国家的建设工程安全标准。

（一）工程建设各方主体实施强制性标准的法律规定

《建筑法》和《建筑工程质量管理条例》规定，建设单位不得以任何理由，要求建筑设计单位或者建筑施工企业在工程设计或者施工作业中，违反法律、行政法规和建筑工程质量、安全标准，降低工程质量。建筑设计单位和建筑施工企业对建设单位违反规定提出的降低工程质量的要求,应当予以拒绝。

1. 勘察、设计单位

勘察、设计单位必须按照工程建设强制性标准进行勘察、设计,并对其勘察、设计的质量负责。建筑工程设计应当符合按照国家规定制定的建筑安全规范和技术规范,保证工程的安全性能。勘察、设计文件应当符合相关法律、行政法规的规定和建筑工程质量、安全标准、建筑工程勘察、设计技术规范以及合同的约定。设计文件选用的建筑材料、建筑结构配件和设备,应当注明其规格、型号、性能等技术指标,其质量要求必须符合国家规定的标准。

2. 施工单位

施工单位必须按照工程设计图纸和施工技术标准施工,不得擅自修改工程设计,不得偷工减料。施工单位必须按照工程设计要求、施工技术标准和合同约定,对建筑材料、建筑构配件、设备和商品混凝土进行检验,检验应当有书面记录和专人签字;未经检验或者检验不合格的,不得使用。

3. 建筑工程监理

建筑工程监理应当依照法律、行政法规及有关的技术标准、设计文件和建筑工程承包合同,对承包单位在施工质量、建设工期和建设资金使用等方面代表建设单位实施监督。工程监理人员认为工程施工不符合工程设计要求、施工技术标准和合同约定的,有权要求建筑施工企业改正。工程监理人员发现工程设计不符合建筑工程质量标准或者合同约定的质量要求的,应当报告建设单位要求设计单位改正。

(二) 工程建设标准强制性条文的实施

在工程建设标准的条文中,使用"必须"、"严禁"、"应"、"不应"、"不得"等属于强制性标准的用词,而使用"宜"、"不宜"、"可"等一般不是强制性标准的规定。但在工作实践中,强制性标准与推荐性标准的划分仍然存在一些困难。

为此,自2000年起,国务院建设行政主管部门(即原建设部,现为住房和城乡建设部)对工程建设强制性标准进行了改革,严格按照《标准化法》的规定,编制了《工程建设标准强制性条文》。对于今后新批准发布的工程建设标准,除明确其必须执行的强制性条文外,已经不再确定标准本身的强制性或推荐性。

《实施工程建设强制性标准监督规定》规定,在中华人民共和国境内从事新建、扩建、改建等工程建设活动,必须执行工程建设强制性标准。工程建设强制性标准是指直接涉及工程质量、安全、卫生及环境保护等方面的工程建设标准强制性条文。

在工程建设中,如果拟采用新的技术、新工艺、新材料不符合现行强制性标准规定的,应当由拟采用单位提请建设单位组织专题技术论证,报批准标准的建设行政主管部门或者国务院有关主管部门审定。工程建设中采用国际标准或者国外标准,而我国现行强制性标准未作规定的,建设单位应当向国务院建设行政主管部门或者国务院有关行政主管部门备案。

在对工程建设强制性标准实施改革后,我国目前实行的强制性标准包括三部分:

(1) 批准发布时已明确为强制性标准的;

(2) 批准发布时虽未明确为强制性标准,但其编号中不带"/T"的,仍为强制性标准;

(3) 自2000年后批准发布的标准,批准时虽未明确为强制性标准,但其中有必须严格执行的强制性条文(黑体字),编号也不带"/T"的,也应视为强制性标准。

(三) 对工程建设强制性标准的监督检查

1. 监督管理机构

《实施工程建设强制性标准监督规定》规定,国务院建设行政主管部门负责全国实施工程建设强制性标准的监督管理工作。国务院有关行政主管部门按照国务院的职能分工负责实施工程建设强制性标准的监督管理工作。县级以上地方人民政府建设行政主管部门负责本行政区域内实施工程建设强制性标准的监督管理工作。

建设项目规划审查机关应当对工程建设规划阶段执行强制性标准的情况实施监督；施工图设计文件审查单位应当对工程建设勘察、设计阶段执行强制性标准的情况实施监督；建筑安全监督管理机构应当对工程建设施工安全阶段执行施工安全强制性标准的情况实施监督；工程质量监督机构应当对工程建设施工、监理、验收等阶段执行强制性标准的情况实施监督。

2．监督检查的方式和内容

工程建设标准批准部门应当定期对建设项目规划审查机关、施工图设计文件审查单位、建筑安全监督管理机构、工程质量监督机构实施强制性标准的监督进行检查，对监督不力的单位和个人，给予通报批评，建议有关部门处理。

工程建设标准批准部门应当对工程项目执行强制性标准情况进行监督检查。监督检查可以采取重点检查、抽查和专项检查的方式。

第二节　施工单位的质量责任和义务

施工单位是工程建设的重要责任主体之一。施工阶段是建筑工程实物质量形成的阶段，勘察、设计工作质量均要在这一阶段得以实现。由于施工阶段影响质量稳定的因素和涉及的责任主体均较多，协调管理的难度较大，施工阶段的质量责任制度尤为重要。

一、施工单位对施工质量负责

（一）施工单位对施工质量负责

《建筑法》规定，建筑施工企业对工程的施工质量负责。《建设工程质量管理条例》进一步规定，施工单位对建设工程的施工质量负责。施工单位应当建立质量责任制，确定工程项目的项目经理、技术负责人和施工管理负责人。

对施工质量负责是施工单位法定的质量责任。施工单位是建设工程质量的重要责任主体，但不是唯一的责任主体。

建设工程质量要受到多方面因素的制约，在勘察、设计质量没有问题的前提下，整个建设工程的质量情况，最终将取决于施工质量。建设工程各方主体依法各司其职、各负其责，以使建设工程质量责任真正落到实处。

（二）总分包单位的质量责任

1．总承包单位要按照总包合同向建设单位负总体质量责任

《建筑法》规定，建筑工程实施总承包的，工程质量由工程总承包单位负责，总承包单位将建筑工程分包给其他单位的，应当对分包工程的质量与分包单位承担连带责任。分包单位应当接受总承包单位的质量管理。

《建筑工程质量管理条例》进一步规定，建筑工程实行总承包的，总承包单位应当对全部建筑工程质量负责；建设工程勘察、设计、施工、设备采购的一项或者多项实行总承包的，总承包单位应当对其承包的建设工程或者采购的设备的质量负责。总承包的单位依法将建设工程分包给其他单位的，分包单位应当按照分包合同的约定对其分包工程的质量向总承包单位负责，总承包单位与分包单位对分包工程的质量承担连带责任。

在总承包单位承担责任后，可以依据分包合同的约定，追究分包单位的质量责任包括追

偿经济损失。

2. 分包单位应当接受总承包单位的质量管理

总承包单位与分包单位对分包工程的质量还要依法承担连带责任。当分包工程发生质量问题时，建设单位或其他受害人既可以向分包单位请求赔偿，也可以向总承包单位请求赔偿；进行赔偿的一方，有权依据分包合同的约定，对不属于自己责任的那部分赔偿向对方追偿。

二、按照图纸和施工技术标准施工

《建筑法》和《建筑工程质量管理条例》都作出了规定，施工单位必须按照工程设计图纸和施工技术标准施工，不得擅自修改工程设计，不得偷工减料。施工单位在施工过程中发现设计文件和图纸有差错的，应当及时提出意见和建议。

1. 按图施工遵守标准

按工程设计图纸施工，是保证工程实现设计意图的前提，也是明确划分设计、施工单位质量责任的前提。如果施工单位不按图施工或不经原设计单位同意就擅自修改工程设计，其直接的后果往往是违反了原设计的意图，严重的将给工程结构安全留下隐患；间接的后果是在原设计有缺陷或出现工程质量事故的情况下，由于施工单位擅自修改了设计，将会混淆设计、施工单位各自的质量责任。所以，按图施工、不得擅自修改设计，是施工单位保证工程质量的最基本要求。

施工单位只有按照施工技术标准，特别是强制性标准的要求施工，才能保证工程的施工质量。

偷工减料则属于一种非法牟利的行为。如果在工程的一般部位，施工工序不严格按照标准要求，减少工料投入，简化操作程序，将会产生一般性的质量通病，影响工程外观质量或一般使用功能；但在关键部位，如结构中使用劣质钢筋、水泥，或是让不具备资格的人上特许岗位如充当电焊工等，将给工程留下严重的结构隐患。

2. 防止设计文件和图纸出现差错

施工人员特别是施工管理负责人、技术负责人以及项目经理等，均为有丰富实践经验的专业人员，对设计文件和图纸中存在的差错是有能力发现的。如果施工单位在施工过程中发现设计文件和图纸中确实存在差错，有义务及时向设计单位提出，避免造成不必要的损失和质量问题。这是施工单位应具备的职业道德，也是履行合同应尽的基本义务。

三、对建筑材料、设备进行检验检测的规定

由于建设工程属于特殊产品，其质量隐蔽性强、终检局限性大，在施工全过程质量控制中，必须严格执行法定的检验、检测制度。否则，将给工程建设造成难以逆转的先天性质量隐患，甚至导致质量安全事故。依法对建筑材料、设备等进行检验检测，是施工单位的一项重要法定义务。

（一）建筑材料、建筑构配件、设备和商品混凝土的检验制度

对进入施工现场的建筑材料、建筑构配件、设备和商品混凝土，施工单位应当严把两道关：一是谨慎选择生产供应商；二是实行进场二次检验。

检验结果要按规定的格式形成书面记录，并由相关的专业人员签字。这是为了促使检验工作严谨认真，以及未来必要时有据可查，方便管理，明确责任。

对于未经检验或检验不合格的，不得在施工中用于工程上。否则，将是一种违法行为，要追究擅自使用或批准使用人的责任。此外，对于混凝土构配件和商品混凝土的生产厂家，还应当按照《混凝土构件和商品混凝土生产企业资质管理规定》的要求，如果没有资质或相

应资质等级的,其提供的产品应视为不合格产品。

(二) 施工检测的见证取样和送检制度

1. 见证取样和送检

所谓见证取样和送检,是指在建设单位或工程监理单位人员的见证下,由施工单位的现场实验人员对工程中涉及结构安全的试块、试件和材料在现场取样,并送至具有法定资格的质量检测单位进行检测的活动。

《房屋建筑工程和市政基础设施工程实行见证取样和送检的规定》中规定,涉及结构安全的试块、试件和材料见证取样和送检的比例不得低于有关技术标准中规定应取样数量的30%。下列试块、试件和材料必须实施见证取样和送检:

(1) 用于承重结构的混凝土试块;
(2) 用于承重墙体的砌筑砂浆试块;
(3) 用于承重结构的钢筋及连接接头试件;
(4) 用于承重墙的砖和混凝土小型砌块;
(5) 用于拌制混凝土和砌筑砂浆的水泥;
(6) 用于承重结构的混凝土中使用的掺加剂;
(7) 地下、屋面、厕浴间使用的防水材料;
(8) 国家规定必须实行见证取样和送检的其他试块、试件和材料。

见证人员应由建设单位或该工程的监理单位中具备施工试验知识的专业技术人员担任,并由建设单位或该工程的监理单位书面通知施工单位、检测单位和负责该项工程的质量监督机构。

在施工过程中,见证人员应按照见证取样和送检计划,对施工现场的取样和送检进行见证。取样人员应在试样或其包装上作出标识、封志。标识和封志应标明工程名称、取样部位、取样日期、样品名称和样品数量,并由见证人员和取样人员签字。见证人员和取样人员应对试样的代表性和真实性负责。

2. 工程质量检测单位的资质和检测规定

《建设工程质量检测管理办法》规定,工程质量检测机构是具有独立法人资格的中介机构。按照其承担的检测业务内容分为专项检测机构资质和见证取样检测机构资质。检测机构未取得相应的资质证书,不得承担本办法规定的质量检测业务。

质量检测业务由工程项目建设单位委托具有相应资质的检测机构进行检测。委托方与被委托方应当签订书面合同。

检测机构完成检测业务后,应当及时出具检测报告。检测报告经检测人员签字、检测机构法定代表人或者授权的签字人签署,并加盖检测机构公章或者检测专用章后方可生效。

检测报告经建设单位或者工程监理单位确认后,由施工单位归档。任何单位和个人不得明示或者暗示检测机构出具虚假检测报告,不得篡改或者伪造检测报告。如果检测结果利害关系人对检测结果发生争议的,由双方共同认可的检测机构复检,复检结果由提出复检方报当地建设主管部门备案。

四、施工质量检验与返修

(一) 施工质量检验制度

《建设工程质量管理条例》规定,施工单位必须建立、健全施工质量的检验制度,严格工序管理,做好隐蔽工程的质量检查和记录。隐蔽工程在隐蔽前,施工单位应当通知建设单位和建设工程质量监督机构。

施工质量检验,通常是指工程施工过程中工序质量检验(或称为过程检验),包括预检、自检、交接检、分部工程中间检验以及隐蔽工程检验等。

1. 严格工序质量检验和管理

施工工序也可以称为过程。各个工序或过程之间横向和纵向的联系形成了工序网络或过程网络。任何一项过程的施工,都是通过一个由许多工序或过程组成的工序(或过程)网络来实现的。网络上的关键工序或过程都有可能对工程最终的施工质量产生决定性的影响。如焊接节点的破坏就可能引起桁架破坏,从而导致屋面坍塌。所以,施工单位要加强对施工工序或过程的质量控制,特别是要加强影响结构安全的地基和结构等关键施工过程的质量控制。

2. 强化隐蔽工程质量检查

隐蔽工程,是指在施工过程中某一道工序所完成的工程实物,被后一工序形成的工程实物所隐蔽,而且不可以逆向作业的那部分工程。例如,钢筋混凝土工程施工中,钢筋为混凝土所覆盖,前者即为隐蔽工程。

隐蔽工程在隐蔽前,施工单位除了要做好检查、检验并做好记录外,还应当及时通知建设单位(实施监理的工程为监理单位)和建设工程质量监督机构,以接受政府监督和向建设单位提供质量保证。

施工单位在隐蔽或中间验收前48小时以书面形式通知监理工程师验收。验收不合格的,施工单位在监理工程师限定的时间内修改并重新验收。如果工程质量符合标准规范和设计图纸等要求,验收24小时后,监理工程师没有在验收记录上签字的,视为已经批准,施工单位可继续进行隐蔽或施工。

对于整个工程所有隐蔽工程的验收活动,建设工程质量监督机构要保持一定的抽检频率。对于工程关键部位的隐蔽工程验收通常要到场,并对参加隐蔽工程验收的各方人员资格、验收程序以及工程实物进行监督检查,发现问题及时责成责任方予以纠正。

(二)建设工程的返修

《建筑法》规定,对已发现的质量缺陷,建筑施工企业应当修复。《建设工程质量管理条例》进一步规定,施工单位对施工中出现质量问题的建设工程或者竣工验收不合格的建设工程,应当负责返修。

返修作为施工单位的法定义务,其返修包括施工过程中出现质量问题的建设工程和竣工验收不合格的建设工程两种情形。

所谓返工,是指工程质量不符合规定的质量标准,而又无法修理的情况下重新进行施工;修理则是指工程质量不符合标准,而又有可能修复的情况下,对工程进行修补,使其达到质量标准的要求。不论是施工过程中出现质量问题的建设工程,还是竣工验收时发现质量问题的工程,施工单位都要负责返修。

对于非施工单位原因造成的质量问题,施工单位也应当负责返修,但是因此而造成的损失及返修费用由责任方负责。

五、违法行为应承担的责任

施工单位质量违法行为应承担的主要法律责任如下。

(一)违反资质管理规定和转包、违法分包造成质量问题应承担的法律责任

《建筑法》规定,建筑施工企业转让、出借资质证书或者以其他方式允许他人以本企业的名义承揽工程的,对因该项承揽工程不符合规定的质量标准造成的损失,建筑施工企业与使用本企业名义的单位或者个人承担连带赔偿责任。

承包单位将承包的工程转包的,或者违反本法规定进行分包的,对因转包工程或者违法分

包的工程不符合规定的质量标准造成的损失，与接受转包或者分包的单位承担连带赔偿责任。

（二）偷工减料等违法行为应承担的法律责任

《建筑法》规定，建筑施工企业在施工中偷工减料的，使用不合格的建筑材料、建筑构配件和设备的，或者有其他不按照工程设计图纸或者施工技术标准施工的行为的，责令改正，处以罚款；情节严重的，责令停业整顿，降低资质等级或者吊销资质证书；造成建筑工程质量不符合规定的质量标准的，负责返工、修理，并赔偿因此造成的损失；构成犯罪的，依法追究刑事责任。

《建设工程质量管理条例》规定，施工单位在施工中偷工减料的，使用不合格的建筑材料、建筑构配件和设备的，或者有不按照工程设计图纸或者施工技术标准施工的其他行为的，责令改正，处工程合同价款2%以上4%以下的罚款；造成建设工程质量不符合规定的质量标准的，负责返工、修理，并赔偿因此造成的损失；情节严重的，责令停业整顿，降低资质等级或者吊销资质证书。

（三）检验检测违法行为应承担的法律责任

《建设工程质量管理条例》规定，施工单位未对建筑材料、建筑构配件、设备和商品混凝土进行检验，或者未对涉及结构安全的试块、试件以及有关材料取样检测的，责令改正，处十万元以上二十万元以下的罚款；情节严重的，责令停业整顿，降低资质等级或者吊销资质证书；造成损失的，依法承担赔偿责任。

（四）构成犯罪的追究刑事责任

《建设工程质量管理条例》规定，建设单位、设计单位、施工单位、工程监理单位违反国家规定，降低工程质量标准，造成重大安全事故，构成犯罪的，对直接责任人员依法追究刑事责任。

建设、勘察、设计、施工、工程监理单位的工作人员因调动工作、退休等原因离开该单位后，被发现在该单位工作期间违反国家有关建设工程质量管理规定，造成重大工程质量事故的，仍应当依法追究刑事责任。

《刑法》第一百三十七条规定，建设单位、设计单位、施工单位、工程监理单位违反国家规定，降低工程质量标准造成重大安全事故的，对直接责任人员处5年以下有期徒刑或者拘役，并处罚金；后果特别严重的，处5年以上10年以下有期徒刑，并处罚金。

【案例 8-1】

2008年3月，承包商甲通过招标获得了某单位家属楼工程，后经发包单位同意，承包商甲将该家属楼的附属工程分包给杨某负责的工程队，并签订了分包合同。1年后，工程按期完成。但是，经工程质量监督机构检验发现，该家属楼附属工程存在严重的质量问题。发包单位便要求承包商甲承担责任。承包商甲却称该附属工程系经发包单位同意后分包给杨某负责的工程队，所以与己无关。发包单位又找到了分包人杨某，杨某亦以种种理由拒绝承担工程的质量责任。

【问题】

(1) 承包商甲是否应该对该家属楼附属工程的质量负责？

(2) 该质量问题应该如何解决？

【分析】

(1) 根据《建筑法》、《建筑工程质量管理条例》的规定，总承包单位应当对承包工程的质量负责，分包单位应当就分包工程的质量向总承包单位负责，总承包单位与分包单位对分包工程的质量承担连带责任。因此，承包商甲应该对该家属楼附属工程的质量负责。

（2）分包人杨某分包的该家属楼附属工程完工后，经检验发现存在严重的质量问题，根据《建筑工程质量管理条例》、《合同法》的规定应当负责返修。发包人有权要求杨某的工程队或承包商甲对该家属楼附属工程履行返修义务。如果是承包商甲进行返修，在返修后有权向杨某的工程队进行追偿。此外，如果因为返修而造成逾期交付的，依据《合同法》的规定，承包商甲与杨某的工程队还应当向发包人承担违约的连带责任。对本案中杨某的工程队还应当查有无相应的资质证书，如无，则应依据《建筑法》等定为违法分包，由政府主管部门依法作出处罚。

【案例 8-2】

2007 年 2 月 5 日，东北某制药公司与某施工单位签订了一份"建设工程施工承包合同"，双方约定由该施工单位承包制药公司的提取车间等约 1 万多平方米的建筑工程土建及配套附属工程。之后，施工单位不严格按设计图纸施工，且偷工减料。为此，制药公司曾多次向施工单位提出：对于工程质量不符合要求的部位要求返工处理。施工单位只是口头上承诺，但没有实际行动。2007 年 8 月 25 日，经质量监督机构检查并作出了"关于东北某制药有限公司提取车间的工程质量报告"。该报告称，经现场随机抽查，施工单位有明显的偷工减料行为，以上问题的存在影响了设备工艺的使用功能。

【问题】

（1）施工单位有哪些违法行为？
（2）对施工单位的违法行为应该怎样处理？

【分析】

（1）施工单位主要过错如下：

① 施工单位工程质量意识差，对施工质量没有认真负起责任，违反了《建设工程质量管理条例》第二十六条规定，"施工单位对建设工程的施工质量负责"；

② 施工单位不严格按设计图纸施工、偷工减料等行为，违反了《建设工程质量管理条例》第二十八条规定，"施工单位必须按照工程设计图纸和施工技术标准施工，不得擅自修改工程设计，不得偷工减料。"

③ 施工单位对于部分工程质量不符合要求的事实，一直不做返修处理，违反了《建设工程质量管理条例》第三十二条规定，"对施工中出现质量问题的建设工程或者竣工验收不合格的建设工程，应当负责返修"。

（2）对施工单位应做如下处理：根据《建筑法》第七十四条、《建设工程质量管理条例》第六十四条的规定，施工单位在施工中偷工减料的、使用不合格的建筑材料、建筑构配件和设备的，或者有不按照工程设计图纸或者施工技术标准施工的其他行为的，责令改正，处工程合同价款2%以上4%以下的罚款；造成建设工程质量不符合规定的质量标准的，负责返工、修理，并赔偿因此造成的损失；情节严重的，责令停业整顿，降低资质等级或者吊销资质证书。构成犯罪的，依法追究刑事责任。

据此，当地的建设行政主管部门应该根据处罚权限，责令施工单位对其违法行为立即整改，并在工程合同价款2%以上4%以下处以适当罚款；对于本案例中的"提取车间"工程质量不符合规定质量标准的，责令施工单位负责返修，并赔偿因此而造成的损失。如果情节严重，可以责令其停业整顿，由颁发资质证书的机关降低资质等级或者吊销资质证书；构成犯罪的，可以提请司法机关依法追究刑事责任。

第三节　建设单位及相关单位的质量责任和义务

建设工程质量责任制涵盖了多方主体的质量责任制，除施工单位外，还有建设单位，勘察、设计单位，工程监理单位的质量责任制。

一、建设单位的质量责任和义务

建设单位作为建设工程的投资人，是建设工程的重要责任主体。建设单位有权选择承包单位，有权对建设工程进行检查、控制，对建设工程进行验收，并要按时支付工程款和费用等，在整个建设活动中居于主导地位。因此要确保建设工程的质量，首先就要对建设单位的行为进行规范，对其质量责任予以明确。

（一）依法发包工程

《建设工程质量管理条例》规定，建设单位应当将工程发包给具有相应资质等级的单位。建设单位不得将建设工程肢解发包。建设单位应当依法对工程建设项目的勘察、设计、施工、监理以及与工程建设有关的重要设备、材料等的采购进行招标。

（1）原建设部颁布的《工程勘察和工程设计单位资格管理办法》、《建筑企业资质管理规定》、《工程建设监理单位资质管理试行办法》等，对工程勘察单位、工程设计单位、施工企业和工程监理单位的资质等级、资质标准、业务范围等作出了明确规定。如果建设单位将工程发包给没有资质等级或资质等级不符合条件的单位，不仅扰乱了建设市场秩序，更重要的将会因为承包单位不具备完成建设工程的技术能力、专业人员和资金，造成工程质量低劣，甚至使工程项目半途而废。

（2）建设单位发包工程时，应该根据工程特点，以有利于工程的质量、进度、成本控制为原则，合理划分标段，但不得肢解发包工程。如果将应当由一个承包单位完成的工程肢解成若干部分，分别发包给不同的承包单位，将使整个工程建设在管理和技术上缺乏应有的统筹协调，从而造成施工现场秩序的混乱，责任不清，严重影响建设工程质量，一旦出现问题也很难找到责任方。

（3）建设单位还要依照《招标投标法》等有关规定，对必须实行招标的工程项目进行招标，择优选定工程勘察、设计、施工、监理单位以及采购重要设备、材料等。

（二）依法向有关单位提供原始资料

《建设工程质量管理条例》规定，建设单位必须向有关的勘察、设计、施工、工程监理等单位提供与建设有关的原始资料。原始资料必须真实、准确、齐全。

（1）在工程实践中，建设单位根据委托任务必须向勘察单位提供如勘察任务书、项目规划总平面图、地下管线、地形地貌等在内的基础资料；

（2）向设计单位提供政府有关部门批准的项目建议书、可行性研究报告等立项文件，设计任务书，有关城市规划、专业规划设计条件，勘察成果及其他基础资料；

（3）向施工单位提供概算批准文件，建设项目正式列入国家、部门或地方的年度固定资产投资计划，建设用地的征用资料，施工图纸及技术资料，建设资金和主要建筑材料、设备的来源落实资料，建设项目所在地规划部门批准文件，施工现场完成"三通一平"的平面图等资料；

（4）向工程监理单位提供的原始资料，除包括给施工单位的资料外，还要有建设单位与施工单位签订的承包合同文本。

（三）限制不合理的干预行为

《建设工程质量管理条例》规定，建设工程发包单位，不得迫使承包方以低于成本的价格竞标，不得任意压缩合理工期。建设单位不得明示或者暗示设计单位或者施工单位违反工程建设强制性标准，降低建设工程质量。

建设单位也不得任意压缩合理工期。如果盲目要求赶工期，势必会简化工序，不按规程操作，从而导致建设工程出现质量等诸多问题。

建设单位更不得以任何理由，诸如建设资金不足、工期紧等，违反强制性标准的规定，要求设计单位降低设计标准，或者要求施工单位采用建设单位采购的不合格材料设备等。这种行为是法律决不允许的。

（四）依法报审施工图设计文件

《建设工程质量管理条例》规定，建设单位应当将施工图设计文件报县级以上人民政府建设行政主管部门或者其他有关部门审查。施工图设计文件未经审查批准的，不得使用。

施工图设计文件是设计文件的重要内容，是编制施工图预算、安排材料、设备订货和非标准设备制作，进行施工、安装和工程验收等工作的依据。施工图设计文件一经完成，建设工程最终要达到的质量，尤其是地基基础和结构的安全性就有了约束。因此，施工图设计文件的质量直接影响建设工程的质量。

（五）依法实行工程监理

《建设工程质量管理条例》规定，实行监理的建设工程建设单位应当委托具有相应资质等级的工程监理单位进行监理，也可以委托具有工程监理相应资质等级并与被监理工程的施工承包单位没有隶属关系或者其他利害关系的该工程的设计单位进行监理。

监理工作要求监理人员具有较高的技术水平和较丰富的工程经验，因此国家对开展工程监理工作的单位实行资质许可。工程监理单位的资质反映了该单位从事某项监理工作的资格和能力。为了保证监理工作的质量，建设单位必须将需要监理的工程委托给具有相应资质等级的工程监理单位进行监理。

（六）依法办理工程质量监督手续

办理工程质量监督手续是法定程序，不办理质量监督手续的，不发施工许可证，工程不得开工。因此，建设单位在领取施工许可证或者开工报告之前，应当依法到建设行政主管部门或者铁路、交通、水利等有关管理部门，或其委托的工程质量监督机构办理工程质量监督手续，接受政府主管部门的工程质量监督。

建设单位办理工程质量监督手续，应提供以下文件和资料：

(1) 工程规划许可证；
(2) 设计单位资质等级证书；
(3) 监理单位资质等级证书，监理合同及《工程项目监理登记表》；
(4) 施工单位资质等级证书及营业执照副本；
(5) 工程勘察设计文件；
(6) 中标通知书及施工承包合同等。

（七）依法保证建筑材料等符合要求

《建设工程质量管理条例》规定，按照合同规定，由建设单位采购建筑材料、建筑构配件和设备的，建设单位应当保证建筑材料、建筑构配件和设备符合设计文件和合同要求。建设单位不得明示或者暗示施工单位使用不合格的建筑材料、建筑构配件和设备。

在工程实践中，根据工程项目设计文件和合同要求的质量标准，哪些材料和设备由建设单位采购，哪些材料和设备由施工单位采购，应该在合同中明确约定，并且是谁采购、谁负责。对于建设单位负责供应的材料设备，在使用前施工单位应当按照规定对其进行检验和试验，如果不合格，不得在工程上使用，并应通知建设单位予以退还。

（八）依法进行装修工程

随意拆改建筑主体结构和承重结构等，会危及建设工程安全和人民生命财产安全。因此，《建设工程质量管理条例》规定，涉及建筑主体和承重结构变动的装修工程，建设单位应当在施工前委托原设计单位或者具有相应资质等级的设计单位提出设计方案；没有设计方案的，不得施工。房屋建筑使用者在装修过程中，不得擅自变动房屋建筑主体和承重结构。

房屋使用者在装修过程中，也不得擅自变动房屋建筑主体和承重结构，如拆除隔墙、窗洞改门洞等，都是不允许的。

（九）建设单位质量违法行为应承担的法律责任

《建设工程质量管理条例》规定，建设单位有下列行为之一的，责令改正，处二十万元以上五十万元以下的罚款：

(1) 迫使承包方以低于成本的价格竞标的；
(2) 任意压缩合理工期的；
(3) 明示或者暗示设计单位或者施工单位违反工程建设强制性标准，降低工程质量的；
(4) 施工图设计文件未经审查或者审查不合格的，擅自施工的；
(5) 建设项目必须实行工程监理而未实行工程监理的；
(6) 未按照国家规定办理工程质量监督手续的；
(7) 明示或者暗示施工单位使用不合格的建筑材料、建筑构配件和设备的；
(8) 未按照国家规定将竣工验收报告、有关认可文件或者准许使用文件报送备案的。

二、勘察、设计、监理单位相关的质量责任和义务

（一）勘察、设计单位的质量责任和义务

谁勘察设计谁负责，谁施工谁负责，这是国际上通行的做法。勘察、设计单位和执业注册人员是勘察设计质量的责任主体，也是整个工程质量的责任主体之一。勘察、设计质量实行单位与执业注册人员双重责任，即勘察、设计单位对其勘察、设计的质量负责，注册建筑师、注册结构工程师等专业人士对其签字的设计文件负责。

1. 遵守执业资质等级制度的责任

勘察设计单位必须在其资质等级允许范围内承揽工程勘察设计任务，不得擅自超越资质等级或以其他勘察、设计单位的名义承揽工程，不得允许其他单位或个人以本单位的名义承揽工程，也不得转包或违法分包自己所承揽的工程。

2. 建立质量保证体系的责任

勘察设计单位应建立健全质量保证体系，加强设计过程的质量控制，健全设计文件的审核会签制度。注册建筑师、注册结构工程师等执业人员应在设计文件上签字，对设计文件的质量负责。

3. 遵守国家工程建设强制性标准及有关规定的责任

工程勘察文件要反映工程地质、地形地貌、水文地质状况，其勘察成果必须真实准确，评价应准确可靠。设计单位要根据勘察成果文件进行设计，设计文件的深度应符合国家规定，满足相应设计阶段的技术要求，并注明工程合理使用年限；所完成的施工图应当配套，细部节点应交代清楚，标注说明应清晰、完整。凡设计所选用的建筑材料、建筑构配件和设备，应注明规格、型号、性能等技术指标，其质量必须符合国家规定的标准；除有特殊要求的建筑材料、专用设备、工艺生产线等以外，设计单位不得指定生产厂家或供应商。

4. 技术交底和事故处理责任

设计单位应就审查合格的施工图向施工单位作出详细说明，做好设计文件的技术交底工

作，对大中型建设工程、超高层建筑以及采用新技术、新结构的工程，设计单位还应向施工现场派驻设计代表。当其所设计的工程发生质量事故时，设计单位应参与质量事故分析，并对因设计造成的质量事故提出相应的技术处理方案。

5. 勘察、设计单位质量违法行为应承担的法律责任

《建设工程质量管理条例》规定，有下列行为之一的，责令改正，处十万元以上三十万元以下的罚款：

（1）勘察单位未按照工程建设强制性标准进行勘察的；
（2）设计单位未根据勘察成果文件进行工程设计的；
（3）设计单位指定建筑材料、建筑构配件的生产厂、供应商的；
（4）设计单位未按照工程建设强制性标准进行设计的。

有以上所列所为，造成工程质量事故的，责令停业整顿，降低资质等级；情节严重的，吊销资质证书；造成损失的，依法承担赔偿责任。

（二）监理单位的质量责任和义务

工程监理单位接受建设单位的委托，代表建设单位，对建设工程进行管理。因此，工程监理单位也是建设工程质量责任主体之一。

1. 依法承担工程监理业务

监理单位按照资质等级承担工程监理业务，是保证监理工作质量的前提。越级监理、允许其他单位或者个人以本单位的名义承担监理业务等，将使工程监理变得有名无实，最终会对工程质量造成危害。监理单位转让工程监理业务，与施工单位转包工程有着同样的危害性。

2. 对有隶属关系或其他利害关系的回避

由于工程监理单位与被监理工程的承包单位以及建筑材料、建筑构配件和设备供应单位之间，是一种监督与被监督的关系，为了保证客观、公正执行监理任务，工程监理单位与上述单位不能有隶属关系或者其他利害关系。如果有这种关系，工程监理单位在接受监理委托前，应当自行回避；对于没有回避而被发现的，建设单位可以依法解除委托关系。

3. 监理工作的监理责任

监理单位对施工质量承担监理责任，包括违约责任和违法责任两个方面：

（1）违约责任　如果监理单位不按照监理合同约定履行监理义务，给建设单位或其他单位造成损失的，应当承担相应的赔偿责任；

（2）违法责任　如果监理单位违法监理，或者降低工程质量标准，造成质量事故的，要承担相应的法律责任。

4. 工程监理的职责和权限

《建设工程质量管理条例》规定，工程监理单位应当选派具备相应资格的总监理工程师和监理工程师进驻施工现场。未经监理工程师签字，建筑材料、建筑构配件和设备不得在工程上使用或者安装，施工单位不得进行下一道工序的施工。未经总监理工程师签字，建设单位不拨付工程款，不进行竣工验收。

监理单位应根据所承担的监理任务，组建驻工地监理机构。监理机构一般由总监理工程师、监理工程师和其他监理人员组成。监理工程师拥有对建筑材料、建筑构配件和设备以及每道施工工序的检查权，对检查不合格的，有权决定是否允许在工程上使用或进行下一道工序的施工。工程监理实行总监理工程师负责制。总监理工程师依法和在授权范围内可以发布有关指令，全面负责受委托的监理工程。

5. 工程监理单位质量违法行为应承担的法律责任

《建设工程质量管理条例》规定，工程监理单位有下列行为之一的，责令改正，处五十

万元以上一百万元以下的罚款，降低资质等级或者吊销资质证书；有违法所得的予以没收；造成损失的，承担连带赔偿责任：

(1) 与建设单位或者施工单位串通、弄虚作假、降低工程质量的；

(2) 将不合格的建设工程、建筑材料、建筑构配件和设备按照合格签字的。

三、政府部门工程质量监督管理的规定

为了确保建设工程质量、保障公共安全和人民生命财产安全，政府必须加强对建设工程质量的监督管理。因此，建设工程质量管理条例规定，国家实行建设工程质量监督管理制度。

(一) 我国的建设工程质量监督管理体制

《建设工程质量管理条例》规定，国务院建设行政主管部门对全国的建设工程质量实施统一监督管理。国务院铁路、交通、水利等有关部门按照国务院规定的职责分工，负责对全国的有关专业建设工程质量的监督管理。

县级以上地方人民政府建设行政主管部门对本行政区域内的建设工程质量实施监督管理。县级以上地方人民政府交通、水利等有关部门在各自的职责范围内，负责对本行政区域内的专业建设工程质量的监督管理。

建设工程质量监督管理，可以由建设行政主管部门或者其他有关部门委托的建设工程质量监督机构具体实施。从事房屋建筑工程和市政基础设施工程质量监督的技工，必须按照国家有关规定经国务院建设行政主管部门或者省、自治区、直辖市人民政府建设行政主管部门考核；从事专业建设工程质量监督的机构，必须按照国家有关规定经国务院有关部门或者省、自治区、直辖市人民政府有关部门考核。经考核合格后，方可实施质量监督。

在政府加强监督的同时，还要发挥社会监督的巨大作用，即任何单位和个人对建设工程的质量事故、质量缺陷都有权检举、控告、投诉。

(二) 政府监督检查的内容和有权采取的措施

县级以上人民政府建设行政主管部门和其他有关部门履行监督检查职责时，有权采取下列措施：

(1) 要求被检查的单位提供有关工程质量的文件和资料；

(2) 进入被检查单位的施工现场进行检查；

(3) 发现有影响工程质量问题时，责令改正。

有关单位和个人对县级以上人民政府建设行政主管部门和其他有关部门进行的监督检查应当支持与配合，不得拒绝或者阻碍建设工程质量监督检查人员依法执行职务。

(三) 禁止滥用权力的行为

目前，有关部门或单位利用其管理职能或垄断地位指定生产厂家或产品的现象较多，如果建设单位或施工单位不采用，就在竣工验收时故意刁难或不予验收，不准投入使用。政府有关部门这种滥用职权的行为，是法律所不允许的。

(四) 建设工程质量事故报告制度

根据国务院《生产安全事故报告和调查处理条例》规定，特别重大事故、重大事故逐级上报至国务院安全生产监督管理部门和负有安全生产监督管理职责的有关部门。每级上报的时间不得超过2小时。必要时，安全生产监督管理部门和负有安全生产监督管理职责的有关部门可以越级上报事故情况。

(五) 有关质量违法行为应承担的法律责任

《建设工程质量管理条例》规定，发生重大工程质量事故隐瞒不报、谎报或者拖延报告

期限的，对直接负责的主管人员和其他责任人员依法给予行政处分。

供水、供电、供气、公安消防等部门或者单位明示或者暗示建设单位或者施工单位购买其指定的生产供应单位的建筑材料、建筑构配件和设备的，责令改正。

国家机关工作人员在建设工程质量监督管理工作中玩忽职守、滥用职权、徇私舞弊，构成犯罪的，依法追究刑事责任；尚不构成犯罪的，依法给予行政处分。

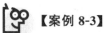
【案例8-3】

某化工厂在同一厂区建设第二个大型厂房时，为了节省投资，决定不做勘察，便将4年前为第一个大型厂房做的勘察成果提供给设计院作为设计依据，让其设计新厂房。设计院不同意。但是，在该化工厂的一再坚持下最终设计院妥协，答应使用旧的勘察成果。厂房建成后使用一年多就发现其北墙墙体多处开裂。该化工厂一纸诉状将施工单位告上法庭，请求判定施工单位承担工程质量责任。

【问题】
1. 本案中的质量责任应当由谁承担？
2. 工程中设计方是否有过错，违反了什么规定？

【分析】
（1）本案中的墙体开裂，经检测发现是设计方案对地基处理不当引起厂房不均匀沉陷所致。《建筑法》第五十四条规定："建设单位不得以任何理由，要求建筑设计单位或者建筑施工企业在工程设计或者施工作业中，违反法律、行政法规和建筑工程质量、安全标准，降低工程质量。"该化工厂为节省投资，坚持不做勘察，只向设计单位提供旧的勘察成果，违反了法律规定，对该工程的质量应该承担主要责任。

（2）设计方也有过错。《建筑法》第五十四条还规定，建筑设计单位和建筑施工企业对建设单位违反规定提出的降低工程质量的要求，应当予以拒绝。《建设工程质量管理条例》第二十一条规定："设计单位应当根据勘察成果文件进行建设工程设计。"因此，设计单位尽管开始不同意建设单位的做法，但后来没有坚持原则做了妥协，也应该对工程设计承担质量责任。

（3）法庭经审理，认定该工程的质量责任由该化工厂承担主要责任，由设计方承担次要责任。

第四节 建设工程竣工验收制度

竣工验收是工程建设过程的最后一环，是全面考核基本建设成果、检验设计和工程质量的重要步骤，也是基本建设转入生产或使用的标志。通过竣工验收，一是检验设计和工程质量，保证项目按设计要求的技术经济指标正常生产；二是有关部门和单位可以总结经验教训；三是建设单位对经验收合格的项目可以及时移交固定资产，使其由基础系统转入生产系统或投入使用。

一、竣工验收的条件和标准

（一）竣工验收的条件

根据《建筑法》第六十一条和《建设工程质量管理条例》第十六条的规定，交付竣工验收的建筑工程，应当符合以下条件。

1. 完成建设工程设计和合同约定的各项内容

建设工程设计和合同约定的内容，主要是指设计文件所确定的、在承包合同"承包人承揽工程项目一览表"中载明的工作范围，也包括监理工程师签发的变更通知单中所确定的工作内容。承包单位必须按合同约定，按质、按量、按时完成上述工作内容，使工程具有正常的使用功能。

2．有完整的技术档案和施工管理资料

工程技术档案和施工管理资料是工程竣工验收和质量保证的重要依据之一，主要包括以下档案和资料：

① 工程项目竣工报告；
② 分项、分部工程和单位工程技术人员名单；
③ 图纸会审和设计交底记录；
④ 设计变更通知单，技术变更核实单；
⑤ 工程质量事故发生后调查和处理资料；
⑥ 隐蔽验收记录及施工日志；
⑦ 竣工图；
⑧ 质量检验评定资料；
⑨ 合同约定的其他资料。

3．有材料、设备、构配件的质量合格证明资料和试验、检验报告

对建设工程使用的主要建筑材料、建筑构配件和设备的进场，除具有质量合格证明资料外，还应当有试验、检验报告。试验、检验报告中应当注明其规格、型号、用于工程的哪些部位、批量批次、性能等技术指标，其质量要求必须符合国家规定的标准。

4．有勘察、设计、施工、工程监理等单位分别签署的质量合格文件

勘察、设计、施工、工程监理等有关单位依据工程设计文件及承包合同所要求的质量标准，对竣工工程进行检查和评定，符合规定的，签署合格文件。竣工验收所依据的国家强制性标准有土建工程、安装工程、人防工程、管道工程、桥梁工程、电气工程及铁路建筑安装工程验收标准等。

5．有施工单位签署的工程质量保修书

工程质量保修是指建设工程在办理交工验收手续后，在规定的保修期限内，因勘察设计、施工、材料等原因造成的质量缺陷，由施工单位负责维修，由责任方承担维修费用并赔偿损失。

施工单位与建设单位应在竣工验收前签署工程质量保修书，保修书是施工合同的附合同。健全完善的工程保修制度，对于促进承包方加强质量管理，保护用户及消费者的合法权益起着重要的保障作用。

2000年6月30日原建设部颁布的《房屋建筑工程和市政基础设施工程验收暂行规定》对建筑工程竣工验收条件又作出了详细规定。工程符合下列要求方可进行竣工验收：

① 完成工程设计和合同约定的各项内容。
② 施工单位在工程完工后对工程质量进行了检查，确认工程质量符合有关法律、法规和工程建设强制性标准，符合设计文件及合同要求，并提出工程竣工报告。工程竣工报告应经项目经理和施工单位有关负责人审核签字。
③ 对于委托监理的工程项目，监理单位对工程进行了质量评估，具有完整的监理资料，并提出工程质量评估报告。工程质量评估报告应经总监理工程师和监理单位有关负责人审核签字。
④ 勘察、设计单位对勘察、设计文件及施工过程中由设计单位签署的设计变更通知书进行了检查，并提出质量检查报告。质量检查报告应经该项目勘察、设计负责人和勘察、设

计单位有关负责人审核签字。

⑤ 完整的技术档案和施工管理资料。

⑥ 具有工程使用的主要建筑材料、建筑构配件和设备的进场试验报告。

⑦ 建设单位已按合同约定支付工程款。

⑧ 具有施工单位签署的工程质量保修书。

⑨ 城乡规划行政主管部门对工程是否符合规划设计要求进行检查,并出具认可文件。

⑩ 有公安消防、环保等部门出具的认可文件或者准许使用文件。

⑪ 建设行政主管部门及其委托的工程质量监督机构等有关部门责令整改的问题全部整改完毕。

（二）竣工验收的类型

在工程实践中,竣工验收一般有两种类型。

1. 单项工程验收

是指在一个总体建设项目中,一个单项工程或一个车间已按设计要求建设完成,能满足生产要求或具备使用条件,且施工单位已预验,监理工程师已初验通过,在此条件下进行的正式验收。由几个施工单位负责施工的单项工程,当其中一个单位所负责的部分已按设计完成,也可组织正式验收,办理交工手续,交工时应请施工总承包单位参加。

对于建成的住宅可分幢进行正式验收,以便及早交付使用,提高投资效益。

2. 全部验收

是指整个建设项目已按设计要求全部建设完成,并已符合竣工验收标准,施工单位预验通过,监理工程师初验认可,由监理工程师组织以建设单位为主,有设计、施工等单位参加的正式验收。在整个项目进行全部验收时,对已验收过的单项工程,可以不再进行正式验收和办理验收手续,但应将单项工程验收单作为全部工程验收的附件而加以说明。

《建筑法》第六十一条第二款规定:"建筑工程竣工经验收合格后,方可交付使用;未经验收或者验收不合格的,不得交付使用。"因此,无论是单项工程提前交付使用（例如单幢住宅）,还是全部工程整体交付使用,都必须经过竣工验收这一环节,而且必须验收合格,否则,不能交付使用。

（三）竣工验收的范围和标准

1. 竣工验收的范围

根据国家现行规定,所有建设项目按照上级批准的设计文件所规定的内容和施工图纸的要求全部建成,工业项目经负荷试运转和试生产考核能够生产合格产品,非工业项目符合设计要求,能够正常使用,都要及时组织验收。

2. 竣工验收的标准

建设项目竣工验收、交付生产和使用,应达到下列标准:

（1）生产性工程和辅助公用设施已按设计要求建造完毕,能满足生产要求;

（2）主要工艺设备已安装配套,经联动负荷试车合格,构成生产线,形成生产能力,能够生产出设计文件中规定的产品;

（3）职工宿舍和其他必要的生产福利设施,能适应投产初期的需要;

（4）生产准备工作能适应投产初期的需要。

有的基本建设项目（工程）基本符合竣工验收标准,只是零星土建工程和少数非主要设备未按设计的内容全部建成,但不影响正常生产,亦应办理竣工验收手续。对剩余工程,应按设计留足投资,限期完成。有的项目投产初期一时不能达到设计能力所规定的产量,不应因此拖延办理验收和移交固定资产手续。国家规定,已具备竣工验收条件的项目（工程）,

三个月内不办理验收投产和移交固定资产手续的，取消企业和主管部门（或地方）的基建试车收入分成，由银行监督全部上缴财政。如三个月内办理竣工验收确有困难，经验收主管部门批准，可以适当延长期限。

二、竣工验收的程序

（一）申报竣工验收的准备工作

建设单位应认真做好竣工验收的准备工作，其主要内容如下。

1. 整理技术资料

各有关单位（包括设计、施工单位）应将技术资料进行系统整理，由建设单位分类立卷，交生产单位或使用单位统一保管。技术资料主要包括土建卷、安装卷及各种有关的文件、合同和试生产的情况报告等。

2. 绘制竣工图纸

与其他技术资料一样，竣工图纸是建设单位移交生产单位的重要资料，是生产单位必须长期保存的技术档案，也是国家的重要技术档案。竣工图必须准确、完整、符合归档要求，方能交工验收。

3. 编制竣工决算

建设单位必须及时清理所有财产、物资和未花完或应收回的资金，编制工程竣工决算，分析预（概）算执行情况，考核投资效益，报主管部门审查。编制竣工决算是基本建设管理工作的重要组成部分，竣工决算是反映建设项目实际造价和投资效益的文件，是办理交付使用新增固定资产的依据，是竣工验收报告的重要组成部分。

（二）竣工验收的程序

根据原建设部颁布的《房屋建筑工程和市政基础设施工程验收暂行规定》，工程竣工验收应当按以下程序进行。

（1）工程完工后，施工单位向建设单位提交工程竣工报告，申请工程竣工验收。实行监理的工程，工程竣工报告须经总监理工程师签署意见。

（2）建设单位收到工程竣工报告后，对符合竣工验收要求的工程，组织勘察、设计、施工、监理等单位和其他有关方面的专家组成验收组，制订验收方案。

（3）建设单位应当在工程竣工验收 7 个工作日前将验收的时间、地点及验收组名单书面通知负责监督该工程质量的监督机构。

（4）建设单位组织工程竣工验收，具体包括以下内容：

① 建设、勘察、设计、施工、监理单位分别汇报工程合同履约情况和在工程建设各个环节执行法律、法规和工程建设强制性标准的情况；

② 审阅建设、勘察、设计、施工、监理单位的工程档案资料；

③ 实地查验工程质量；

④ 对工程勘察、设计、施工、设备安装质量和各管理环节等方面作出全面评价，形成经验收组人员签署的工程竣工验收意见。

当参与工程竣工验收的建设、勘察、设计、施工、监理等各方不能形成一致意见时，应当协商提出解决的方法，待意见一致后，重新组织工程竣工验收。

工程竣工验收合格后，建设单位应当及时提出工程竣工验收报告。工程竣工验收报告主要包括工程概况，建设单位执行基本建设程序情况，对工程勘察、设计、施工、监理等方面的评价，工程竣工验收时间、程序、内容和组织形式，工程竣工验收意见等内容。

工程竣工验收报告还应附有下列文件：

① 施工许可证;
② 施工图设计文件审查意见;
③ 竣工验收条件所规定的文件;
④ 验收组人员签署的工程竣工验收意见;
⑤ 市政基础设施工程应附有质量检测和功能性试验资料;
⑥ 施工单位签署的工程质量保修书;
⑦ 法规、规章规定的其他有关文件。

(三) 竣工日期和投产日期

投产日期是指经验收合格、达到竣工验收标准、正式移交生产（或使用）的时间。在正常情况下，建设项目的全部投产日期应当同竣工日期是一致的，但实际上有些项目的竣工日期往往晚于全部投产日期，这是因为当建设项目设计规定的生产性工程的全部生产作用线建成，经试运转，验收鉴定合格，移交生产部门时，便可算为全部投产，而竣工则要求该项目的生产性、非生产性工程全部建成，投产项目遗留的收尾工程全部完工。

三、竣工验收备案管理制度

2000年4月7日原建设部以部令78号的形式发布了《房屋建筑工程和市政基础设施工程竣工验收备案管理暂行办法》，对房屋建筑工程和市政基础设施工程的竣工验收备案管理作出了具体规定。

国务院建设行政主管部门负责全国房屋建筑工程和市政基础设施工程（以下统称工程）的竣工验收备案管理工作。

县级以上地方人民政府建设行政主管部门负责本行政区域内工程的竣工验收备案管理工作。

1. 备案时间

建设单位应当自工程竣工验收合格之日起15日内，按照规定向工程所在地的县级以上地方人民政府建设行政主管部门（以下简称备案机关）备案。

2. 建设单位办理工程竣工验收备案应当提交的文件

(1) 工程竣工验收备案表;

(2) 工程竣工验收报告 竣工验收报告应当包括工程报建日期，施工许可证号，施工图设计文件审查意见，勘察、设计、施工、工程监理等单位分别签署的质量合格文件及验收人员签署的竣工验收原始文件，市政基础设施的有关质量检测和功能性试验资料以及备案机关认为需要提供的有关资料;

(3) 法律、行政法规规定应当由规划、公安消防、环保等部门出具的认可文件或者准许使用文件;

(4) 施工单位签署的工程质量保修书;

(5) 法规、规章规定必须提供的其他文件 如商品住宅还应当提交《住宅质量保证书》和《住宅使用说明书》。

备案机关收到建设单位报送的竣工验收备案文件，验证文件齐全后，应当在工程竣工验收备案表上签署文件收讫。

工程竣工验收备案表一式两份，一份由建设单位保存，一份留备案机关存档。

3. 备案实限

工程质量监督机构应当在工程竣工验收之日起5日内，向备案机关提交工程质量监督报告。

【案例 8-4】

某施工单位承接了一栋办公楼的施工任务。在进行二层楼面板施工时,施工单位在楼面钢筋、模板分项工程完工并自检后,准备报请监理方进行钢筋隐蔽工程验收。由于其楼面板钢筋中有一种用量较少(100 千克)的钢筋复检结果尚未出来,监理方的隐蔽验收便未通过。因为建设单位要求赶工期,在建设单位和监理方同意的情况下,施工单位浇筑了混凝土,进行了钢筋隐蔽。事后建设工程质量监督机构要求施工单位破除楼面,进行钢筋隐蔽验收。监理单位也提出同样的要求。与此同时,待检的少量钢筋复检结果显示钢筋质量不合格。显然,该钢筋隐蔽工程存在质量问题。后经设计验算,提出用碳纤维进行楼面加固,造成直接经济损失约 100 万元。为此,有关方对损失的费用由谁承担发生了争议。

【问题】

1. 施工单位有何过错?
2. 用碳纤维进行楼面加固的费用应由谁来承担?

【分析】

(1)《建设工程质量管理条例》第三十条规定:"施工单位必须建立、健全施工质量的检验制度,严格工序管理,做好隐蔽工程的质量检查和记录。隐蔽工程在隐蔽前,施工单位应当通知建设单位和建设工程质量监督机构。"显然,对于隐蔽工程,施工单位必须做好检查、检验和记录,并应当及时发出隐蔽通知。本案中,有一种钢筋复检结果尚未出来,应当还处于自检阶段,不具备隐蔽通知的条件。违反了《建筑工程质量管理条例》的规定,绕开了建设工程质量监督机构的监督,所以施工单位是有严重过错的。

(2)用碳纤维进行楼面加固是对钢筋隐蔽工程有质量问题的补救措施,应该由责任者承担加固的费用。具体而言,施工单位没有按照规定坚持原则,在建设单位和监理单位同意的情况下就进行了钢筋隐蔽,所以应该承担主要责任。建设单位敦促赶工期并和监理单位同意施工单位违规操作,也有一定的过错,也应当承担一定的责任。具体费用的负担,应当按照责任的大小分别来承担。

第五节　建设工程质量保修制度

建设工程质量保修制度,是指建设工程竣工经验收后,在规定的保修期限内,因勘察、设计、施工、材料等原因造成的质量缺陷,应当由施工承包单位负责维修、返工或更换,由责任单位负责赔偿损失的法律制度。建设工程质量保修制度对于促进建设各方加强质量管理,保护用户及消费者的合法权益可起到重要的保障作用。

一、质量保修书和最低保修期限的规定

(一)建设工程质量保修书的提交时间及主要内容

建设工程质量保修的承诺,应当由承包单位以建设工程质量保修书这一书面形式来体现。建设工程质量保修书是一项保修合同,是承包合同所约定双方权利义务的延续,也是施工单位对竣工验收的建设工程承担保修责任的法律文本。人们在日常生活中购买几十元数百元的商品,生产供应厂商往往都须出具质量保修书,而建设工程造价动辄几十万元、数百万元、数亿元甚至更多,如果没有保修的书面约定,那么对投资人和用户是不公平的,也不符合权利义务对等的市场经济准则。

建设工程承包单位应当依法在向建设单位提交工程竣工验收报告资料时,向建设单位出

具工程质量保修书。工程质量保修书包括如下主要内容。

1. 质量保修范围

建筑法规定,建筑工程的保修范围应当包括地基基础工程、主体结构工程、屋面防水工程和其他土建工程,以及电气管线、上下水管线的安装工程,供热、供冷系统工程等项目。当然不同类型的建设工程,其保修范围有所不同。

2. 质量保修期限

建筑法规定,保修的期限应当按照保证建筑物合理寿命年限内正常使用,维护使用者合法权益的原则确定。

3. 承诺质量保修责任

主要是施工单位向建设单位承诺保修范围、保修期限和有关具体实施保修的措施,如保修的方法、人员及联络办法,保修答复和处理时限,不履行保修责任的罚则等。

需要注意的是,施工单位在建设工程质量保修书中,应当对建设单位合理使用建设工程有所提示。如果是因建设单位或用户使用不当或擅自改动结构、设备位置以及不当装修等造成质量问题的,施工单位不承担保修责任;由此而造成的质量受损或其他用户损失,应当由责任人承担相应的责任。

(二)建设工程质量的最低保修期限

1. 《建设工程质量管理条例》中的规定

《建设工程质量管理条例》规定,在正常使用条件下,建设工程的最低保修期限为:

(1)基础设施工程、房屋建筑的地基基础工程和主体结构工程,为设计文件规定的该工程的合理使用年限;

(2)屋面防水工程、有防水要求的卫生间、房间和外墙面的防渗漏,为5年;

(3)供热与供冷系统,为2个采暖期、供冷期;

(4)电气管线、给排水管道、设备安装和装修工程,为2年。

其他项目的保修期限由发包方与承包方约定。

2. 地基基础工程和主体结构的保修期

基础设施工程、房屋建筑的地基基础工程和主体结构工程的质量,直接关系到基础设施工程和房屋建筑的整体安全可靠,必须在该工程的合理使用年限内予以保修,即实行终身负责制。可以说,工程合理使用年限就是该工程勘察、设计、施工等单位的质量责任年限。

3. 屋面防水工程、供热与供冷系统等的最低保修期

在《建设工程质量管理条例》中,对屋面防水工程、供热与供冷系统、电气管线、给排水管道、设备安装和装修工程等的最低保修期限分别作出了规定。如果建设单位与施工单位经平等协商另行签订保修合同的,其保修期限可以高于法定的最低保修期限,但不能低于最低保修期限,否则视作无效。

建设工程保修期的起始日是竣工验收合格之日。按照《建设工程质量管理条例》的规定,建设行政主管部门或者其他有关部门发现建设单位在竣工验收过程中有违反国家有关建设工程质量管理规定行为的,责令停止使用,重新组织竣工验收。对于重新组织竣工验收的工程,其保修期为各方都认可的重新组织竣工验收的日期。

4. 建设工程超过合理使用年限后需要继续使用的规定

《建设工程质量管理条例》规定,建设工程在超过合理使用年限后需要继续使用的,产权所有人应当委托具有相应资质等级的勘察、设计单位鉴定,并根据鉴定结果采取加固、维修等措施,重新界定使用期。

各类工程根据其重要程度、结构类型、质量要求和使用性能等所确定的使用年限是不同

的。确定建设工程的合理使用年限，并不意味着超过合理使用年限后，建设工程就一定要报废、拆除。对该建设工程经过具有相应资质等级的勘察、设计单位鉴定，提出技术加固措施，在设计文件中重新界定使用期，并经有相应资质等级的施工单位进行加固、维修和补强，达到能继续使用条件的可以继续使用。否则，如果违法继续使用的，所产生的后果由产权所有人负责。

二、质量责任的损失赔偿

《建设工程质量管理条例》规定，建设工程在保修范围和保修期限内发生质量问题的，施工单位应当履行保修义务，并对造成的损失承担赔偿责任。

1. 保修义务的责任落实与损失赔偿责任的承担

《最高人民法院关于审理建设施工合同适用法律问题的解释》规定，因保修人未及时履行保修义务，导致建筑物损毁或者造成人身、财产损毁的，保修人应当承担赔偿责任。保修人与建筑物所有人或者发包人对建筑物损毁均有过错的，各自承担相应的责任。

建设工程保修的质量问题是指在保修范围和保修期限内的质量问题。对于保修义务的承担和维修的经济责任承担应当按下述原则处理。

（1）施工单位未按照国家有关标准规范和设计要求施工所造成的质量缺陷，由施工单位负责返修并承担经济责任。

（2）由于设计问题造成的质量缺陷。先由施工单位负责维修，其经济责任按有关规定通过建设单位向设计单位索赔。

（3）因建筑材料、构配件和设备质量不合格引起的质量缺陷，先由施工单位负责维修，其经济责任属于施工单位采购的或经其验收同意的，由施工单位承担经济责任；属于建设单位采购的，由建设单位承担经济责任。

（4）因建设单位错误管理而造成的质量缺陷，先由施工单位负责维修，其经济责任由建设单位承担；如属监理单位责任，则由建设单位向监理单位索赔。

（5）因使用单位使用不当造成的损坏问题，先由施工单位负责维修，其经济责任由使用单位自行负责。

（6）因地震、台风、洪水等自然灾害或其他不可抗拒原因造成的损害问题，先由施工单位负责维修，建设参与各方再根据国家具体政策分担经济责任。

2. 建设工程质量保证金

2005年，原建设部、财政部规定，建设工程质量保证金是指发包人与承包人在建设工程承包合同中约定，从应付的工程款中预留，用以保证承包人在缺陷责任期内对建设工程出现的缺陷进行维修的资金。

（1）缺陷责任期的确定　所谓缺陷，是指建设工程质量不符合工程建设强制性标准、设计文件，以及承包合同的约定。缺陷责任期一般为6个月、12个月或24个月，具体可由发承包双方在合同中约定。

缺陷责任期从工程通过竣（交）工验收之日起计。由于承包人原因导致工程无法按规定期限进行竣（交）工验收的缺陷责任期从实际通过竣（交）工验收之日起计。由于发包人原因导致工程无法按规定期限进行竣（交）工验收的，在承包人提交竣（交）工验收报告90天后，工程自动进入缺陷责任期。

（2）预留保证金的比例　全部或者部分使用政府投资的建设项目，按工程价款结算总额5%左右的比例预留保证金。社会投资项目采用预留保证金方式的，预留保证金的比例可参照执行。

（3）质量保证金的返还　缺陷责任期内，承包人认真履行合同约定的责任，到期后，承包人向发包人申请返还保证金。

发包人在接到承包人返还保证金申请后,应于14日内会同承包人按照合同约定的内容进行核实。如无异议,发包人应当在核实后14日内将保证金返还给承包人。逾期支付的,从逾期之日起,按照同期银行贷款利率计付利息,并承担违约责任。发包人在接到承包人返还保证金申请后14天内不予答复,经催告后14日内仍不予答复,视同认可承包人的返还保证金申请。

发包人和承包人对保证金预留、返还以及工程维修质量、费用有争议,按承包合同约定的争议和纠纷解决程序处理。

三、违法行为应承担的法律责任

建设工程质量保修违法行为应承担的主要法律责任如下。

(1)《建筑法》规定,建筑施工企业违反本法规定,不履行保修义务的责令改正,可以处以罚款,并对在保修期内因屋顶、墙面渗漏、开裂等质量缺陷造成的损失,承担赔偿责任。

(2)《建设工程质量管理条例》规定,施工单位不履行保修义务或者拖延履行保修义务的责令改正,处十万元以上二十万元以下的罚款,并对在保修期内因质量缺陷造成的损失承担赔偿责任。

(3)《建设工程质量保证金管理暂行办法》规定,缺陷责任期内,由承包人原因造成的缺陷,承包人应负责维修,并承担鉴定及维修费用。如承包人不维修也不承担费用,发包人可按合同约定扣除保证金,并由承包人承担违约责任。承包人维修并承担相应费用后,不免除对工程的一般损失赔偿责任。

(4)《建筑业企业资质管理规定》规定,建筑业企业申请晋升资质等级或者主项资质以外的资质,在申请之日前1年内有未履行保修义务,造成严重后果的情形的,建设行政主管部门不予批准。

【案例 8-5】

原告:某大学

被告:某建筑公司

【基本案情】 2000年4月,某大学为建设学生公寓,与某建筑公司签订了一份建设工程合同。合同约定:工程采用固定总价合同形式,主体工程和内外承重砖一律使用国家标准砌块,每层加水泥圈梁;某大学可预付工程款(合同价款的10%);工程的全部费用于验收合格后一次付清;交付使用后,如果在6个月内发生严重质量问题,由承包人负责修复等。1年后,学生公寓如期完工,在某大学和某建筑公司共同进行竣工验收时,某大学发现工程3~5层的内承重墙体裂缝较多,要求某建筑公司修复后再验收,某建筑公司认为不影响使用而拒绝修复。因为很多新生急待入住,某大学接收了宿舍楼。在使用了8个月之后,公寓楼5层宿舍的内承重墙倒塌,致使1人死亡,3人受伤,其中1人致残。受害者与某大学要求某建筑公司赔偿损失,并修复倒塌工程。某建筑公司以使用不当且已过保修期为由拒绝赔偿。无奈之下,受害者与某大学诉至法院,请法院主持公道。

【案件审理】 法院在审理期间对工程事故原因进行了鉴定,鉴定结论为某建筑公司偷工减料致宿舍楼内承重墙倒塌。因此,法院对某建筑公司以保修期已过为由拒绝赔偿的主张不予支持,判决某建筑公司应当向受害者承担损害赔偿责任,并负责修复倒塌的部分工程。

【案例评析】《建设工程质量管理条例》第四十条规定:"在正常使用条件下,建设工程最低保修期限为：

（1）基础设施工程、房屋建筑的地基基础工程、主体结构工程，为设计文件规定的该工程的合理使用年限。

（2）屋面防水工程、有防水要求的卫生间、房间和外墙面的防渗漏，为5年。

（3）供热与供冷系统，为2个采暖期、供冷期。

（4）电气管线、给排水管道、设备安装和装修工程，为2年。

其他项目的保修期限由发包方与承包方约定。

建设工程的保修期，由竣工验收合格之日起计算。"

根据上述法律规定，建设工程的保修期限不能低于国家规定的最低保修期限，其中，对地基基础工程、主体结构工程实际规定为终身保修。

在本案中，某大学与某建筑公司虽然在合同中双方约定保修期限为6个月，但这一期限远远低于国家规定的最低期限，尤其是承重墙属主体结构，其最低保修期限依法应终身保修。双方的质量期限条款违反了国家强制性法律规定，因此是无效的。某建筑公司应当向受害者承担损害赔偿责任。承包人损害赔偿责任的内容应当包括：医疗费、因误工减少的收入、残废者生活补助费等。造成受害人死亡的，还应支付丧葬费、抚恤费、死者生前抚养的人必要的生活费用等。

此外，某建筑公司在施工中偷工减料，造成质量事故，有关主管部门应当依照《建筑法》第七十四条的有关规定对其进行法律制裁。

 小知识　　　　　　国际标准化组织（ISO）简介

ISO是一个组织的英语简称，其全称是International Organization for Standardization，翻译成中文就是"国际标准化组织"。ISO是世界上最大的国际标准化组织。它成立于1947年2月23日，它的前身是1928年成立的"国际标准化协会国际联合会"（简称ISA），其他的如IEC也比较大。IEC即"国际电工委员会"，1906年在英国伦敦成立，是世界上最早的国际标准化组织，主要负责电工、电子领域的标准化活动。ISO宣称它的宗旨是"在世界上促进标准化及其相关活动的发展，以便于商品和服务的国际交换，在智力、科学、技术和经济领域开展合作。"ISO现有117个成员，包括117个国家和地区。ISO的最高权力机构是每年一次的"全体大会"，其日常办事机构是中央秘书处，设在瑞士的日内瓦。中央秘书处现有170名职员，由秘书长领导。

本章小结

工程质量验收是工程质量控制的一个重要环节，做好质量验收工作对保证整个工程的质量至关重要。

工程建设标准通过行之有效的标准规范，特别是工程建设强制性标准，为建设工程实施安全防范措施、消除安全隐患提供统一的技术要求，以确保在现有的技术、管理条件下尽可能地保障建设工程质量安全。

建设工程质量责任制涵盖了多方主体的质量责任制，施工单位是工程建设的重要责任主体之一。由于施工阶段影响质量稳定的因素和涉及的责任主体均较多，协调管理的难度较大，施工阶段的质量责任制度尤为重要。除施工单位外，还有建设单位，勘察、设计单位，工程监理单位的质量责任制。

建筑工程的竣工验收是项目建设全过程的最后一道程序，是对工程质量实施控制的一个重要环节。交付竣工验收的工程，必须符合规定的工程质量标准，有完整的工程技术经济资料和经签署的工程保修书，并具备国家规定的其他竣工条件。工程竣工验收合格后，方可交付使用；未经验收或者验收不合格的，不得交付使用。

质量保修制度，指工程交付使用后的一定期限内发现的工程质量缺陷，由施工单位承担修复责任的制度。《建筑工程质量管理条例》、《房屋建筑质量保修办法》等法规，对质量保修的范围、期限、实施、保修费用的承担等方面均作出了明确的规定。

复习思考题

1. 工程建设强制性标准实施的规定有哪些？
2. 施工单位的质量责任有哪些？
3. 建设单位、监理单位的质量责任有哪些？
4. 工程竣工验收的法定条件有哪些？
5. 简述我国的竣工验收备案管理制度。
6. 简述工程质量保修的范围和最低保修期限。
7. 工程在保修期内出现质量缺陷时如何实施保修？
8. 简述工程质量保修费用的分担原则。

课后练习题

一、单项选择

1. 《建筑工程质量管理条例》规定，施工单位在施工中偷工减料的，使用不合格的建筑材料、建筑构配件和设备的，或者有不按照工程设计图纸或者施工技术标准施工的其他行为的，责令改正，处工程合同价款（　　）的罚款。
   A. 1%~2%　　　　B. 2%~4%　　　　C. 4%~5%　　　　D. 5%~6%

2. 《实施工程建设强制性标准监督规定》中规定，工程监理单位违反强制性标准规定，将不合格的建设工程以及建筑材料、建筑构配件和设备按照合格签字的，责令改正，处（　　）的罚款，降低资质等级或者吊销资质证书。
   A. 十万元~二十万元　　B. 二十万元~三十万元　　C. 三十万元~五十万元　　D. 五十万元~一百万元

3. 《房屋建筑工程和市政基础设施工程实行见证取样和送检的规定》中规定，涉及结构安全的试块、试件和材料见证取样和送检的比例不得低于有关技术标准中规定应取样数量的（　　）。
   A. 10%　　　　B. 20%　　　　C. 30%　　　　D. 40%

4. 建设单位应当自工程竣工验收合格之日起（　　）内，按照规定向工程所在地的县级以上地方人民政府建设行政主管部门（以下简称备案机关）备案。
   A. 5日　　　　B. 10日　　　　C. 15日　　　　D. 20日

5. 工程质量监督机构应当在工程竣工验收之日起（　　）内，向备案机关提交工程质量监督报告。
   A. 5日　　　　B. 10日　　　　C. 15日　　　　D. 20日

二、多项选择

1. 建设单位办理工程质量监督手续，应提供（　　）等文件和资料。
   A. 工程规划许可证
   B. 设计单位资质等级证书
   C. 监理单位资质等级证书，监理合同及《工程项目监理登记表》
   D. 施工单位资质等级证书及营业执照副本
   E. 工程勘察设计文件

2. 县级以上人民政府建设行政主管部门和其他有关部门履行监督检查职责时，有权采取（   ）措施。
    A. 要求被检查的单位提供有关工程质量的文件和资料
    B. 进入被检查单位的施工现场进行检查
    C. 发现有影响工程质量问题时，责令改正
    D. 限期停产
3. 工程技术档案和施工管理资料是工程竣工验收和质量保证的重要依据之一，主要包括（   ）档案和资料。
    A. 工程项目竣工报告
    B. 分项、分部工程和单位工程技术人员名单
    C. 图纸会审和设计交底记录
    D. 设计变更通知单，技术变更核实单
    E. 工程质量事故发生后调查和处理资料
    F. 竣工图
4. 工程竣工验收报告还应附有（   ）文件。
    A. 建设用地许可证
    B. 施工图设计文件审查意见
    C. 竣工验收条件所规定的文件
    D. 验收组人员签署的工程竣工验收意见
    E. 市政基础设施工程应附有质量检测和功能性试验资料
    F. 施工单位签署的工程质量保修书
5. 《建设工程质量管理条例》规定，建设单位有（   ）行为之一的，责令改正，处二十万元以上五十万元以下的罚款：
    A. 迫使承包方提高价格竞标并取得非法所得
    B. 不合理确定施工工期的
    C. 明示或者暗示设计单位或者施工单位违反工程建设强制性标准，降低工程质量的
    D. 施工图设计文件未经审查或者审查不合格，擅自施工的
    E. 建设项目必须实行工程监理而未实行工程监理的
    F. 未按照国家规定办理工程质量监督手续的

建设工程纠纷法规

- 了解民事纠纷的有关概念；熟悉建设工程纠纷的类型
- 了解仲裁与诉讼的程序
- 掌握建设工程纠纷的解决方式
- 了解证据的收集
- 熟悉建设工程纠纷处理的基本形式和特点
- 熟悉证据的种类
- 掌握证据的保全、提供与应用

能力目标

- 能区分常见的建设工程纠纷类型
- 能选择恰当的处理方式解决常见的建设工程纠纷

在整个工程建设实施阶段，特别是在工程施工过程中，很难避免出现建设工程纠纷，对于它的处理，国家制定了相应的法律法规。本章我们就工程中常用的纠纷处理方面的法律知识作一简单介绍。

第一节 建设工程纠纷主要种类和法律解决途径

所谓法律纠纷，是指公民、法人、其他组织之间因人身、财产或其他法律关系所发生的对抗冲突（或者争议），主要包括民事纠纷、行政纠纷、刑事纠纷。

民事纠纷是平等主体间的有关人身、财产权的纠纷；

行政纠纷是行政机关之间或行政机关公民、法人和其他组织之间由于行政行为而产生的纠纷；

刑事纠纷是因犯罪而产生的纠纷。

一、建设工程纠纷的主要种类

建设工程项目通常具有投资大、建造周期长、技术要求高、协作关系复杂和政府监管严格等特点，因而在建设工程领域里常见的是民事纠纷和行政纠纷。

（一）建设工程民事纠纷

建设工程民事纠纷，是在建设工程活动中平等主体之间发生的以民事权利义务法律关系为内容的争议。民事纠纷作为法律纠纷的一种，一般来说，是因为违反了民事法律规范而引起的。

1. 民事纠纷的分类

一类是财产关系方面的民事纠纷，如合同纠纷、损害赔偿纠纷等；另一类是人身关系的民事纠纷，如名誉权纠纷、继承权纠纷等。

2. 民事纠纷的特点

(1) 民事纠纷主体之间的法律地位平等；

(2) 民事纠纷的内容是对民事权利义务的争议；

(3) 民事纠纷的可处分性。这主要是针对有关财产关系的民事纠纷，而有关人身关系的民事纠纷多具有不可处分性。

3. 建设工程纠纷

在建设工程领域，较为普遍和重要的民事纠纷主要是合同纠纷、侵权纠纷。

(1) 合同纠纷　是指因合同的生效、解释、履行、变更、终止等行为引起的合同当事人之间的所有争议。合同纠纷的内容，主要表现在争议主体对于导致合同法律关系产生、变更与消灭的法律事实以及法律关系的内容有着不同的观点与看法。合同纠纷主要有工程总承包合同纠纷、工程勘察合同纠纷、工程设计合同纠纷、工程施工合同纠纷、工程监理合同纠纷、工程分包合同纠纷、材料设备采购合同纠纷以及劳动合同纠纷等。

(2) 侵权纠纷　是指一方当事人对另一方侵权而产生的纠纷。在建设工程领域也易发生侵权纠纷，如施工单位在施工中未采取相应防范措施造成对他方损害而产生的侵权纠纷，未经许可使用他方的专利、方法等而造成的知识产权侵权纠纷等。

发包人和承包人就有关工期、质量、造价等产生的建设工程合同争议，是建设工程领域最常见的民事纠纷。包括勘察设计合同纠纷、监理合同纠纷、施工合同纠纷、物资采购合同纠纷等，还有其他纠纷。在这些纠纷中施工合同纠纷表现得最为突出。

(二) 建设工程行政纠纷

1. 建设工程行政纠纷的概念

建设工程行政纠纷，是在建设工程活动中行政机关之间或行政机关同公民、法人和其他组织之间由于行政行为而引起的纠纷，包括行政争议和行政案件。

在各种行政纠纷中，既有因行政机关超越职权、滥用职权、行政不作为、违反法定程序、事实认定错误、适用法律错误等所引起纠纷，也有公民、法人或其他组织逃避监督管理、非法抗拒监督管理或误解法律规定等而产生的纠纷。

2. 行政纠纷的种类

在建设工程领域，行政机关易引发行政纠纷的具体行政纠纷主要有如下几种。

(1) 行政许可　即行政机关根据公民、法人或者其他组织的申请，经依法审查，准予其从事特定活动的行政管理行为，如施工许可、专业人员职业资格注册、企业资质等级核准、安全生产许可等。行政许可易引发的行政纠纷通常是行政机关的行政不作为、违反法定程序等。

(2) 行政处罚　即行政机关或其他行政主体依照法定职权、程序对于违法但尚未构成犯罪的相对人给予行政制裁的具体行政行为。常见的行政处罚为警告、罚款、没收违法所得、取消投资资格、责令停止施工、责令停业整顿、降低资质等级、吊销资质证书等。行政处罚易导致的行政纠纷，通常是行政处罚超越职权、滥用职权、违反法定程序、事实认定错误、使用法律错误等。

(3) 行政奖励　即行政机关依照条件和程序，对国家、社会和建设事业作出重大贡献的单位和个人,给予物质或精神鼓励的具体行政行为,如表彰建设系统先进集体、劳动模范和先进工作者等。行政奖励易引发的行政纠纷,通常是违反程序、滥用职权、行政不作为等。

(4) 行政裁决 即行政机关或法定授权的组织,依照法律授权,对平等主体之间发生的与行政管理活动密切相关的、特定的民事纠纷(争议)进行调查,并作出裁决的具体行政行为,如对特定的侵权纠纷、损害赔偿纠纷、权属纠纷、国有资产产权纠纷以及劳动工资、经济补偿纠纷等的裁决。行政裁决易引发的行政纠纷,通常是行政裁决违反法定程序、事实认定错误、适用法律错误等。

二、民事纠纷的法律解决途径

民事纠纷的法律解决途径主要有四种:和解、调解、仲裁和诉讼。

如《合同法》规定,当事人可以通过和解或者调解解决合同争议。

当事人不愿和解、调解或者和解、调解不成的,可以根据仲裁协议向仲裁机构申请仲裁。涉及合同的当事人可以根据仲裁协议向中国仲裁机构或者其他仲裁机构申请仲裁。当事人没有订立仲裁协议或者仲裁协议无效的,可以向人民法院起诉。当事人应当履行发生法律效力的判决、仲裁裁决、拒不履行的,对方可以请求人民法院执行。

(一) 和解

1. 和解的概念

和解是民事纠纷的当事人在自愿互谅的基础上,就已经发生的争执进行协商、妥协与让步并达成协议,自行(无第三方参与劝说)解决争议的一种方式。通常它不仅从形式上消除当事人之间的对抗,还从心理上消除对抗。

2. 和解的实行

和解可以在民事纠纷的任何阶段进行,无论是否已经进入诉讼或仲裁程序,只要终审裁判未生效或者仲裁裁决未作出,当事人均可自行和解。

例如,诉讼当事人之间为处理和结束诉讼而达成了解决争议问题的妥协或协议,其结果是撤回起诉或中止诉讼而无须判决。和解也可与仲裁、诉讼程序相组合:当事人达成和解协议的,已提请仲裁的,可以请求仲裁庭根据和解协议作出裁决书或调解书;已提起诉讼的,可以请求法庭在和解协议基础上制作调解书,或者由当事人双方达成和解协议,由法院记录在卷。

3. 和解的性质

需要注意的是,和解达成的协议不具有强制执行力,在性质上仍属于当事人之间的约定。如果一方当事人不按照和解协议执行,另一方当事人不可以请求法院强制执行,但可要求对方就不执行该和解协议承担违约责任。

(二) 调解

调解是指双方当事人以外的第三方应纠纷当事人的请求,以法律、法规和政策或合同约定以及社会公德为依据,对纠纷双方进行疏导、劝说,促使他们相互谅解,进行协商,自愿达成协议,解决纠纷的活动。

在我国,调解的主要方式是人民调解、行政调解、仲裁调解、司法调解、行为调解以及专业机构调解。

(三) 仲裁

1. 仲裁的概念

仲裁是当事人根据在纠纷发生前或纠纷发生后达成的协议,自愿将纠纷提交第三方(仲裁机构)作出裁决,纠纷各方都有义务执行该裁决的一种解决纠纷的方式。

(1) 仲裁机构和法院不同。法院行使国家所赋予的审判权,向法院起诉不需要双方当事人在诉讼前达成协议，只要一方当事人向有审判管辖权的法院起诉，经法院受理后，另一方必须应诉。

（2）仲裁机构通常是民间团体的性质，其受理案件的管辖权来自双方协议，没有协议就无权受理仲裁。但是，有效的仲裁协议可以排除法院的管辖权；纠纷发生后，一方当事人提起仲裁的，另一方必须仲裁。

（3）根据《仲裁法》的规定，该法的调解范围仅限于民商事仲裁，即"平等主体的公民、法人和其他组织之间发生的合同纠纷和其他财产权纠纷"；劳动争议仲裁等不受《仲裁法》的调整，依法应当由行政机关处理的行政争议等不能仲裁。

2. 仲裁的基本特点

（1）自愿性　当事人的自愿性是仲裁最突出的特点。

仲裁以当事人的自愿为前提，即是否将纠纷提交仲裁，向哪个仲裁委员会申请仲裁，仲裁庭如何组成，仲裁员的选择，以及仲裁的审理方式、开庭形式等，都是在当事人自愿的基础上，由当事人协商确定的。

（2）专业性　专家裁案，是民商事仲裁的重要特点之一。

如建设工程纠纷的处理不仅涉及与工程建设有关的法律法规，还常常需要运用大量的工程造价、工程质量方面的专业知识，以及熟悉建筑业自身特有的交易习惯和行业惯例。仲裁机构的仲裁员是来自各行业具有一定专业水平的专家，精通专业知识熟悉行业规则，对公正高效处理纠纷、确保仲裁结果公正准确发挥着关键作用。

（3）独立性　《仲裁法》规定，仲裁委员会独立于行政机关，与行政机关没有隶属关系。仲裁委员会之间也没有隶属关系。

在仲裁过程中，仲裁庭独立进行仲裁，不受任何行政机关、社会团体和个人的干涉，也不受其他仲裁机构的干涉，具有独立性。

（4）保密性　仲裁以不公开审理为原则。同时，当事人及其代理人、证人、翻译、仲裁员、仲裁庭咨询的专家和指定的鉴定人、仲裁委员会有关工作人员也要遵守保密义务，不得对外界透露案件实体和程序的有关情况。因此，可以有效地保护当事人的商业秘密和商业信誉。

（5）快捷性　仲裁实行一裁终局制度，仲裁裁决一经作出即发生法律效力。仲裁裁决不能上诉，这使得当事人之间的纠纷能够迅速得以解决。

（6）裁决在国际上得到承认和执行。截至2010年10月，已有145个国家和地区加入了《承认和执行外国仲裁裁决公约》（也简称《纽约公约》）。根据该公约，仲裁裁决可以在这些缔约国得到承认和执行。该公约与1987年4月22日对中国生效。

（四）诉讼

民事诉讼是指人民法院在当事人和其他诉讼参与人的参加下，以审理、裁判、执行等方式解决民事纠纷的活动，以及由此产生的各种诉讼关系的总和。

诉讼参与人包括原告、被告、第三人、证人、鉴定人、勘验人等。

在我国，《民事诉讼法》是调整和规范法院及诉讼参与人的各种民事诉讼活动的基本法律。民事诉讼的基本特征如下。

（1）公权性　民事诉讼主要是法院与纠纷当事人之间的关系，但也涉及其他诉讼参与人，包括证人、鉴定人、翻译人员、专家辅助人员协助执行人等；在诉讼和解时还表现为纠纷当事人之间的关系。

（2）程序性　民事诉讼是依照法定程序进行的诉讼活动，无论是法院还是当事人和其他诉讼参与人，都需要严格按照法律规定的程序和方式实施诉讼行为。

民事诉讼分为一审程序、二审程序和执行程序三大诉讼阶段。并非每个案件都要经过这三个阶段,有的案件一审就终结,有的不需要启动执行程序。但如果案件要经历诉讼全过程,就要按照上述顺序依次进行。

(3)强制性　民事诉讼的强制性既表现在案件的受理上,也反映在裁判的执行上。调解、仲裁均建立在当事人自愿的基础上,只要有一方当事人不愿意进行调解、仲裁。则调解和仲裁将不会发生。

除上述4种民事纠纷解决方式外,由于建设工程活动及其纠纷的专业性、复杂性,我国在建设工程法律实践中还在探索其他解决纠纷的新方式,如争议评审机制。

三、行政纠纷的法律解决途径

行政纠纷的法律解决途径主要有两种,即行政复议和行政诉讼。

(一)行政复议

行政复议是公民、法人或其他组织(作为行政相对人)认为行政机关的具体行政行为侵犯其合法权益,依法请求法定的行政复议机关审查该具体行政行为的合法性、适当性,该复议机关依照法定程序对该具体行政行为进行审查,并作出行政复议决定的法律制度。这是公民、法人或其他组织通过行政救济途径解决行政争议的一种方法。

(二)行政诉讼

行政诉讼是公民、法人或其他组织依法请求法院对行政机关具体行政行为的合法性进行审查并依法裁判的法律制度。

除法律、法规规定必须先申请行政复议的以外,行政纠纷当事人可以自主选择申请行政复议还是提起行政诉讼。行政纠结当事人对行政复议决定不服的,除法律规定行政复议决定为最终裁决的以外,可以依照《行政诉讼法》的规定向人民法院提起行政诉讼。

【案例 9-1】

甲公司开发某商业地产项目,乙建筑公司(以下简称乙公司)经过邀请招标程序中标并签订了施工总承包合同。施工中,乙公司将水电安装工程分包给丙水电设备建筑安装公司(以下简称丙公司)。丙公司又将部分水电安装的施工劳务作业违法分包给包工头蔡某。施工中,因甲公司拖欠乙公司工程款,继而乙公司拖欠丙公司工程款,丙公司拖欠蔡某的劳务费。当蔡某知道这个情况后,在起诉丙公司的同时,将甲公司也起诉到法院,要求支付被拖欠的劳务费。甲公司认为自己与蔡某没有合同关系,遂提出诉讼主体异议;丙公司认为蔡某没有劳务施工资质,不具备签约能力,合同无效,也不能成为原告。

【问题】　蔡某可否在起诉丙公司的同时,也起诉甲公司即发包方?

【分析】　根据《最高人民法院关于审理建设工程施工合同纠纷案件适用法律问题的解释》第二十六条规定,"实际施工人以转包人、违法分包人为被告起诉的,人民法院应当依法受理。实际施工人以发包人为被告主张权利的,人民法院可以追加转包人或者违法分包人为本案当事人。发包人只在欠付工程价款范围内对实际施工人承担责任。"据此,本案中蔡某作为实际施工人,不仅可以起诉违法分包的丙公司,也可以起诉作为发包人的甲公司。但甲公司只在欠付工程价款范围内对实际施工人蔡某承担责任。

第二节　民事诉讼制度

一、民事诉讼的法院管辖

民事诉讼中的管辖是指各级法院之间和同级法院之间受理第一审民事案件的分工和

权限。

(一) 级别管辖

级别管辖，是指按照一定的标准，划分上下级法院之间受理第一审民事案件的分工和权限。我国法院有四级，分别是：基层人民法院、中级人民法院、高级人民法院和最高人民法院，每一级均受理一审民事案件。我国《民事诉讼法》主要根据案件的性质、复杂程度和案件影响来确定级别管辖。在实践中，争议标的金额的大小，往往是确定级别管辖的重要依据，但各地人民法院确定的级别管辖争议标的数额标准不尽相同。

根据《全国各省、自治区、直辖市高级人民法院和中级人民法院管辖第一审民商事案件标准》，高级人民法院管辖下列第一审民商事案件。

广东高级人民法院，可管辖诉讼标的额在3亿元以上的第一审民商事案件，以及诉讼标的额在2亿元以上且当事人一方住所地不在本辖区或者涉外、涉港澳台的第一审民商事案件。

北京、上海、江苏、浙江高级人民法院，可管辖诉讼标的额在2亿元以上的第一审民商事案件，以及诉讼标的额在1亿元以上且当事人一方住所地不在本辖区或者涉外、涉港澳台的第一审民商事案件。

天津、重庆、山东、福建、湖北、湖南、河南、辽宁、吉林、黑龙江、广西、安徽、江西、四川、陕西、河北、山西、海南、云南高级人民法院，可管辖诉讼标的额在1亿元以上的第一审民商事案件，以及诉讼标的额在五千万元以上且当事人一方住所地不在本辖区或者涉外、涉港澳台的第一审民商事案件。

甘肃、贵州、新疆、内蒙古高级人民法院和新疆生产建设兵团分院，可管辖诉讼标的额在五千万元以上的第一审民商事案件，以及诉讼标的额在二千万元以上且当事人一方住所地不在本辖区或者涉外、涉港澳台的第一审民商事案件。

青海、宁夏高级人民法院可管辖诉讼标的额在二千万元以上的第一审民商事案件，以及诉讼标的额在一千万元以上且当事人一方住所地不在本辖区或者涉外、涉港澳台的第一审民商事案件。

西藏高级人民法院可管辖诉讼标的额在二千万元以上的第一审民商事案件，以及诉讼标的额在五百万元以上且当事人一方住所地不在本辖区或者涉外、涉港澳台的第一审民商事案件。

中级人民法院管辖的第一审民商事案件由高级人民法院自行确定，并经最高人民法院批准。

(二) 地域管辖

地域管辖是指按照各法院的辖区和民事案件的隶属关系，划分同级法院受理第一审民事案件的分工和权限。地域管辖实际上是以法院与当事人、诉讼标的以及法律事实之间的隶属关系和关联关系来确定的，主要包括如下几种情况。

1. 一般地域管辖

一般地域管辖，是以当事人与法院的隶属关系来确定诉讼管辖，通常实行"原告就被告"原则，即以被告住所地作为确定管辖的标准。根据《民事诉讼法》第二十二条规定：

(1) 对公民提起的民事诉讼，由被告住所地人民法院管辖；被告住所地与经常居住地不一致的，由经常居住地人民法院管辖。其中，公民的住所地是指该公民的户籍所在地。经常居住地是指公民离开住所至起诉时已连续居住满1年的地方，但公民住院就医的地方除外。

(2) 对法人或者其他组织提起的民事诉讼，由被告住所地人民法院管辖。被告住所地是指法人或者其他组织的主要办事机构所在地或者主要营业地。

2. 特殊地域管辖

特殊地域管辖，是指以被告住所地、诉讼标的所在地、法律事实所在地为标准确定的管辖。《中华人民共和国民事诉讼法》（以下简称《民事诉讼法》）规定了9种特殊地域管辖的诉讼，其中与工程建设领域关系最为密切的是因合同纠纷提起的诉讼。

《民事诉讼法》规定："因合同纠纷提起的诉讼，由被告住所地或者合同履行地人民法院管辖。"合同履行地是指合同约定的履行义务的地点，主要是指合同标的交付地点。合同履行地应当在合同中明确约定，没有约定或约定不明的，当事人既不能协商确定，又不能按照合同有关条款和交易习惯确定的，按照《合同法》第六十二条的有关规定确定。对于购销合同纠纷，《最高人民法院关于在确定经济纠纷案件管辖中如何确定购销合同履行地的规定》中规定："对当事人在合同中明确约定履行地点的，以约定的履行地点为合同履行地。当事人在合同中未明确约定履行地点的，以约定的交货地点为合同履行地。合同中约定的货物到达地、到站地、验收地、安装调试地等，均不应视为合同履行地。"对于建设工程施工合同纠纷，《最高人民法院关于审理建设工程施工合同纠纷案件适用法律问题的解释》中规定："建设工程施工合同纠纷以施工行为地为合同履行地。"

发生合同纠纷的，《民事诉讼法》还规定了协议管辖制度。所谓协议管辖，是指合同当事人在纠纷发生前后，在法律允许的范围内，以书面形式约定案件的管辖法院。协议管辖仅适用于合同纠纷。《民事诉讼法》规定，合同的当事人可以在书面合同中协议选择被告住所地、合同履行地、合同签订地、原告住所地、标的物所在地人民法院管辖，但不得违反本法对级别管辖和专属管辖的规定。

3. 专属管辖

专属管辖，是指法律规定某些特殊类型的案件专门由特定的法院管辖。专属管辖是排他性管辖，排除了诉讼当事人协议选择管辖法院的权利。专属管辖与一般地域管辖和特殊地域的关系是：凡法律规定为专属管辖的诉讼，均适用专属管辖。

《民事诉讼法》中规定了3种适用专属管辖的案件，其中因不动产纠纷提起的诉讼，由不动产所在地人民法院管辖，如房屋买卖纠纷、土地使用权转让纠纷等。应当注意的是，根据《最高人民法院关于审理建设工程施工合同纠纷案件适用法律问题的解释》的规定，建设工程施工合同纠纷不适用专属管辖，而应当按照《民事诉讼法》第二十四条的规定，适用合同纠纷的地域管辖原则，即由被告住所地或合同履行地人民法院管辖。发包人和承包人也可根据《民事诉讼法》的规定，在发包人住所地、承包人住所地、合同签订地、施工行为地（工程所在地）的范围内，通过协议确定管辖法院。

（三）移送管辖和指定管辖

1. 移送管辖

人民法院发现受理的案件不属于本院管辖的，应当移送有管辖权的人民法院，受移送的人民法院应当受理。受移送的人民法院认为受移送的案件依照规定不属于本院管辖的，应当报请上级人民法院指定管辖，不得再自行移送。

2. 指定管辖

有管辖权的人民法院由于特殊原因，不能行使管辖权的，由上级人民法院指定管辖。人民法院之间因管辖权发生争议，由争议双方协商解决；协商解决不了的，报请其共同上级人民法院指定管辖。

（四）管辖权异议

管辖权异议是指当事人向受诉法院提出的该法院对案件无管辖权的主张。《民事诉讼法》规定，人民法院受理案件后，当事人对管辖权有异议的，应当在提交答辩状期间提出。人民法院对当事人提出的异议，应当审查。异议成立的，裁定将案件移交有管辖权的人民法院；异议不成立的，裁定驳回。根据《最高人民法院关于审理民事级别管辖异议案件若干问题的规定》，受诉人民法院应当在受理异议之日起 15 日内作出裁定，对人民法院就级别管辖异议作出的裁定，当事人不服提起上诉的，第二审人民法院应当依法审理并作出裁定。

二、民事诉讼当事人和代理人的规定

（一）当事人

民事诉讼中的当事人，是指因民事权利和义务发生争议，以自己的名义进行诉讼，请求人民法院进行裁判的公民、法人或其他组织。狭义的民事诉讼当事人包括原告和被告。广义的民事诉讼当事人包括原告、被告、共同诉讼人和第三人。

1. 原告和被告

原告，是指维护自己的权益或自己所管理的他人权益，以自己名义起诉，从而引起民事诉讼程序的当事人。被告，是指原告诉称侵犯原告民事权益而由法院通知其应诉的当事人。

《民事诉讼法》规定，公民、法人和其他组织可以作为民事诉讼的当事人。法人由其法定代表人进行诉讼。其他组织由其主要负责人进行诉讼。

公民、法人和其他组织虽然都可以成为民事诉讼中的原告或被告，但在实践中，情况还是比较复杂的，需要进一步结合《最高人民法院关于适用〈中华人民共和国民事诉讼法〉若干问题的意见》及相关规定进行正确认定。

2. 共同诉讼人

共同诉讼人，是指当事人一方或双方为 2 人以上（含 2 人），诉讼标的是共同的，或者诉讼标的是同一种类、人民法院认为可以合并审理并经当事人同意，一同在人民法院进行诉讼的人。

3. 第三人

第三人，是指对他人争议的诉讼标的有独立的请求权，或者虽无独立的请求权，但案件的处理结果与其有法律上的利害关系，而参加到原告、被告已经开始的诉讼中进行诉讼的人。

（二）诉讼代理人

诉讼代理人，是指根据法律规定或当事人的委托，代理当事人进行民事诉讼活动的人。与代理分为法定代理、委托代理和指定代理相一致，诉讼代理人通常也可分为法定诉讼代理人、委托诉讼代理人和指定诉讼代理人。在建设工程领域，最常见的是委托诉讼代理人。

《民事诉讼法》规定，当事人、法定代理人可以委托一至二人作为诉讼代理人。律师、当事人的近亲属、有关的社会团体或者所在单位推荐的人、经人民法院许可的其他公民，都可以被委托为诉讼代理人。

委托他人代为诉讼的，须向人民法院提交由委托人签名或盖章的授权委托书，授权委托书必须记明委托事项和权限。《民事诉讼法》规定，"诉讼代理人代为承认、放弃、变更诉讼请求，进行和解、提起反诉或者上诉，必须有委托人的特别授权。"针对实践中经常出现的授权委托书仅写"全权代理"而无具体授权的情形，最高人民法院还特别规定，在这种情况下不能认定为诉讼代理人已获得特别授权，即诉讼代理人无权代为承认、放弃、变更诉讼请求，进行和解、提起反诉或者上诉。

三、民事诉讼证据的种类、保全和应用

证据，是指在诉讼中能够证明案件真实情况的各种资料。当事人要证明自己提出的主张，需要向法院提供相应的证据资料。

掌握证据的种类才能正确收集证据；掌握证据的保全才能不使对自己有利的证据灭失；掌握证据的应用才能真正发挥证据的作用。

（一）证据的种类

根据《民事诉讼法》的规定，根据表现形式的不同，民事证据有以下 7 种，分别是：书证、物证、视听资料、证人证言、当事人的陈述、鉴定结论、勘验笔录。

1. 书证和物证

（1）书证　是指以所载文字、符号、图案等方式所表达的思想内容来证明案件事实的书面材料或者其他物品。书证在民事诉讼和仲裁中普遍存在，大量运用，具有非常重要的作用。书证一般表现为各种书面形式文件或纸面文字材料（但非纸类材料亦可成为书证载体），如合同文件、各种信函、会议纪要、电报、传真、电子邮件、图纸、图表等。

（2）物证　则是指能够证明案件事实的物品及其痕迹，凡是以其存在的外形、重量、规格、损坏程度等物体的内部或者外部特征来证明待证事实的一部分或者全部的物品及痕迹，均属于物证范畴。例如，在工程实践中，在对建筑材料、设备以及工程质量进行鉴定的过程中所涉及的各种证据，往往表现为物证这种形式。

在民事诉讼和仲裁过程中，应当遵循"优先提供原件或者原物"原则。《民事诉讼法》规定，"书证应当提交原件。物证应当提交原物。提交原件或者原物确有困难的，可以提交复制品、照片、副本、节录本。"需要说明的是，根据《最高人民法院关于民事诉讼证据的若干规定》的有关规定，当事人"如需自己保存证据原件、原物或者提供原件、原物确有困难的，可以提供经人民法院核对无异的复制件或者复制品"。但是，无法与原件、原物核对的复印件、复制品，不能单独作为认定案件事实的依据。

2. 视听资料

视听资料，是指利用录音、录像等技术手段反映的声音、图像以及电子计算机储存的数据证明案件事实的证据。在实践中，常见的视听资料包括录像带、录音带、胶卷、电话录音、雷达扫描资料以及储存于软盘、硬盘或光盘中的电脑数据等。

视听资料虽然具有易于保存、生动逼真等优点，但另一方面，视听资料也有容易通过技术手段被篡改的缺点。因此，《最高人民法院关于民事诉讼证据的若干规定》中规定，存有疑点的视听资料，不能单独作为认定案件事实的依据。

此外，对于未经对方当事人同意私自录制其谈话取得的资料，根据《最高人民法院关于民事诉讼证据的若干规定》，只要不是以侵害他人合法权益（如侵害隐私）或者违反法律禁止性规定的方法（如窃听）取得的，仍可以作为认定案件事实的依据。

3. 证人证言和当事人陈述

（1）证人证言　证人，是指了解案件情况并向法院、仲裁机构或当事人提供证词的人。证人就案件情况所作的陈述即为证人证言。

《民事诉讼法》规定，凡是知道案件情况的单位和个人，都有义务出庭作证。有关单位的负责人应当支持证人作证。证人确有困难不能出庭的，经人民法院许可，可以提交书面证言。不能正确表达意志的人，不能作证。《最高人民法院关于民事诉讼证据的若干规定》还规定，与一方当事人或者其代理人有利害关系的证人出具的证言，以及无正当理由未出庭作证的证人证言，不能单独作为认定案件事实的依据。

（2）当事人陈述　当事人陈述，是指当事人在诉讼或仲裁中，就本案的事实向法院或仲裁机构所作的陈述。《民事诉讼法》规定，人民法院对当事人的陈述，应当结合本案的其他证据，审查确定能否作为认定事实的根据。《最高人民法院关于民事诉讼证据的若干规定》还规定，当事人对自己的主张，只有本人陈述而不能提出其他相关证据的，其主张不予支持。但对方当事人认可的除外。

4. 鉴定结论和勘验笔录

（1）鉴定结论　在对建设工程领域诸如工程质量、造价等方面的纠纷进行处理的过程中，针对有关的专业问题，由法院或仲裁机构委托具有相应资格的专业鉴定机构进行鉴定，并出具相应鉴定结论，是法院或仲裁机构据以查明案件事实、进行裁判的重要手段之一。因此，鉴定结论作为我国民事证据的一种，在建设工程纠纷的处理过程中，具有特殊的重要性。

当事人申请鉴定，应当注意在举证期限内提出。根据《最高人民法院关于民事诉讼证据的若干规定》，对需要鉴定的事项负有举证责任的当事人，在人民法院指定的期限内无正当理由不提出鉴定申请，应当对该事实承担举证不能的法律后果。当事人申请鉴定经人民法院同意后，由双方当事人协商确定有鉴定资格的鉴定机构、鉴定人员，协商不成的，由人民法院指定。

当事人对人民法院委托的鉴定部门作出的鉴定结论有异议申请重新鉴定，提出证据证明存在下列情形之一的，人民法院应予准许：

① 鉴定机构或者鉴定人员不具备相关的鉴定资格的；

② 鉴定程序严重违法的；

③ 鉴定结论明显依据不足的；

④ 经过质证认定不能作为证据使用的其他情形。

对于有缺陷的鉴定结论，可以通过补充鉴定、重新质证或者补充质证等方法解决的，不予重新鉴定。

一方当事人自行委托有关部门作出的鉴定结论，另一方当事人有证据足以反驳并申请重新鉴定的，人民法院应予准许。

（2）勘验笔录　勘验笔录，是指人民法院为了查明案件的事实，指派勘验人员对与案件争议有关的现场、物品或物体进行查验、拍照、测量，并将查验的情况与结果制成的笔录。《民事诉讼法》规定，勘验物证或者现场，勘验人必须出示人民法院的证件，并邀请当地基层组织或者当事人所在单位派人参加。当事人或者当事人的成年家属应当到场，拒不到场的，不影响勘验的进行。勘验笔录应由勘验人、当事人和被邀参加人签名或者盖章。

（二）证据的保全

解决纠纷的过程就是证明的过程。在诉讼或仲裁中，哪些事实需要证据证明，哪些无须证明；这些事实由谁证明；靠什么证明；怎么证明；证明到什么程度。这五个问题构成了证据应用的全部内容，即证明对象、举证责任、证据收集、证明过程、证明标准。证据保全是重要的证据固定措施。

1. 证据保全的概念和作用

所谓证据保全，是指在证据可能灭失或以后难以取得的情况下，法院根据申请人的申请或依职权，对证据加以固定和保护的制度。

民事诉讼或仲裁均是以证据为基础展开的。依据有关证据，当事人和法院、仲裁机构才能够了解或查明案件真相，确定争议的原因，从而正确地处理纠纷。但是，从纠纷的产生直至案件开庭审理必然有一个时间间隔。在这段时间内，有些证据由于自然原因或人为原因，可能会灭失或难以取得。为了防止这种情况可能给当事人的举证以及法院、仲裁机构的审理带来困难，《民事诉讼法》规定，在证据可能灭失或者以后难以取得的情况下，诉讼参加人可以向人民法院申请保全证据，人民法院也可以主动采取保全措施。

2. 证据保全的申请

《最高人民法院关于民事诉讼证据的若干规定》中规定，当事人依据《民事诉讼法》的规定向人民法院申请保全证据的,不得迟于举证期限届满前7日。当事人申请保全证据的,人民法院可以要求其提供相应的担保。

《仲裁法》也规定,在证据可能灭失或者以后难以获得的情况下,当事人可以申请证据保全。当事人申请证据保全的,仲裁委员会应当将当事人的申请提交证据所在地的基层人民法院。

3. 证据保全的实施

《最高人民法院关于民事诉讼证据的若干规定》中规定,人民法院进行证据保全,可以根据具体情况,采用查封、扣押、拍照、录音、录像、复制、鉴定、勘验、制作笔录等方法。人民法院进行证据保全,可以要求当事人或者诉讼代理人到场。

（三）证据的应用

1. 举证时限

所谓举证时限,是指法律规定或法院、仲裁机构指定的当事人能够有效举证的期限。

举证时限是一种限制当事人诉讼行为的制度,其主要目的在于促使当事人积极举证,提高诉讼效率,防止当事人违背诚实信用原则,在证据上搞"突然袭击"或拖延诉讼。举证时限制度对当事人举证的有效性和法院裁判有很大的影响。如果当事人没有在法律规定或法院、仲裁机构指定的期限内提交证据,将视为当事人放弃举证权利,法院、仲裁机构有权利不组织质证或不予接受,当事人将承担举证不能的法律后果。

《最高人民法院关于民事诉讼证据的若干规定》中规定,人民法院在送达案件受理通知书和应诉通知书的同时向当事人送达举证通知书,举证通知书应载明人民法院根据案件情况指定的举证期限以及逾期提供证据的法律后果。《最高人民法院关于适用〈关于民事诉讼证据的若干规定〉中有关举证时限规定的通知》还规定,在适用一审普通程序审理民事案件时,人民法院指定当事人提供证据证明其主张的基础事实的期限,该期限不得少于30日。但是人民法院在征得双方当事人同意后,指定的举证期限可以少于30日。前述规定的举证期限届满后,针对某一特定事实或特定证据或者基于特定原因,人民法院可以根据案件的具体情况,酌情指定当事人提供证据或者反证的期限,该期限不受不得少于30日的限制；适用简易程序审理的案件,人民法院指定的举证期限可以少于30日。

当事人应当在举证期限内向法院提交证据材料,当事人在举证期限内不提交的,视为放弃举证权利。对于当事人逾期提交的证据材料,法院审理时不组织质证,但对方当事人同意质证的除外。当事人增加、变更诉讼请求或者提起反诉的,也应当在举证期限届满前提出。当事人在举证期限内提交证据材料确有困难的,应在举证期限内申请延期举证,经法院批准,可以适当延长举证期限。

2. 证据交换

我国民事诉讼中的证据交换,是指在诉讼答辩期届满后开庭审理前,在法院的主持下,当事人之间相互明示其持有证据的过程。证据交换制度的设立,有利于当事人之间明确争议焦点,集中辩论；有利于法院尽快了解案件争议焦点,集中审理；有利于当事人尽快了解对方的事实依据,促进当事人进行和解和调解。

《最高人民法院关于民事诉讼证据的若干规定》中规定,法院对于证据较多或者复杂疑难的案件,应当组织当事人在答辩期届满后、开庭审理前交换证据。法院组织当事人交换证据的,交换证据之日举证期限届满。当事人申请延期举证经法院准许的,证据交换日相应顺延。

证据交换应当在审判人员的主持下进行。在证据交换的过程中,审判人员对当事人无异议的事实、证据应当记录在卷,对有异议的证据,按照需要证明的事实分类记录在卷,记载异议的理由。通过证据交换，确定双方当事人争议的主要问题。

3. 质证

质证，是指当事人在法庭的主持下，围绕证据的真实性、合法性、关联性，针对证据证明力有无以及证明力大小，进行质疑、说明与辩驳的过程。《最高人民法院关于民事诉讼证据的若干规定》中规定，证据应当在法庭上出示，由当事人质证。未经质证的证据，不能作为认定案件事实的依据。

（1）书证、物证、视听资料的质证 《最高人民法院关于民事诉讼证据的若干规定》中规定，对书证、物证、视听资料进行质证时，当事人有权要求出示证据的原件或者原物，但有下列情况之一的除外：

① 出示原件或者原物确有困难并经法院准许出示复制件或者复制品的；

② 原件或者原物已不存在，但有证据证明复制件、复制品与原件或原物一致的。

（2）证人、鉴定人和勘验人的质证 《最高人民法院关于民事诉讼证据的若干规定》中规定，证人应当出庭作证。证人确有困难不能出庭的，经法院许可，证人可以提交书面证言或者视听资料或者通过双向视听传输技术手段作证。审判人员和当事人可以对证人进行询问。证人不得旁听法庭审理；询问证人时，其他证人不得在场。法院认为有必要的，可以让证人进行对质。

鉴定人应当出庭接受当事人质询。鉴定人确因特殊原因无法出庭的，经法院准许，可以书面答复当事人的质询。经法庭许可，当事人可以向证人、鉴定人、勘验人发问。

4. 认证

认证，即证据的审核认定，是指法院对经过质证或当事人在证据交换中认可的各种证据材料作出审查判断，确认其能否作为认定案件事实的根据。认证是正确认定案件事实的前提和基础，其具体内容是对证据有无证明力和证明力大小进行审查确认。

法院及审判人员对证据的审核认定遵循如下规则。

（1）对单一证据的审核认定

① 证据原件、原物，复印件、复制品与原件、原物是否相符；

② 证据与本案事实是否相关；

③ 证据的形式、来源是否符合法律规定；

④ 证据的内容是否真实；

⑤ 证人或者提供证据的人，与当事人有无利害关系。

审判人员对案件的全部证据，将从各证据与案件事实的关联程度、各证据之间的联系等方面进行综合审查判断。

（2）不能作为或不能单独作为认定案件事实依据的证据

① 在诉讼中，当事人为达成调解协议或者和解目的作出妥协所涉及的对案件事实的认可，不得在其后的诉讼中作为对其不利的证据；

② 以侵害他人合法权益或者违反法律禁止性规定的方法取得的证据，不能作为认定案件事实的依据；

③ 不能单独作为认定案件事实的证据的有如下情况，未成年人所作的与其年龄和智力状况不相当的证言；与一方当事人或者其代理人有利害关系的证人出具的证言；存有疑点的视听资料；无法与原件、原物核对的复印件、复制品；无正当理由未出庭作证的证人证言。

④ 当事人对自己的主张，只有本人陈述而不能提出其他相关证据的，其主张不予支持（但对方当事人认可的除外）。

(3) 可以作为认定案件事实依据的证据

① 一方当事人提出的下列证据，对方当事人提出异议但没有足以反驳的相反证据的，法院应当确认其证明力：书证原件或者与书证原件核对无误的复印件、照片、副本、节录本；物证原物或者与物证原物核对无误的复制件、照片、录像资料等；有其他证据佐证并以合法手段取得的，无疑点的视听资料或者与视听资料核对无误的复制件；一方当事人申请法院依照法定程序制作的对物证或者现场的勘验笔录。

② 法院委托鉴定部门作出的鉴定结论，当事人没有足以反驳的相反证据和理由的，可以认定其证明力。

③ 一方当事人提出的证据，另一方当事人认可或者提出的相反证据不足以反驳的，法院可以确认其证明力。

④ 诉讼过程中，当事人在起诉状、答辩状、陈述及其委托代理人的代理词中承认的对己方不利的事实和认可的证据，法院应当予以确认，但当事人反悔并有相反证据足以推翻的除外。

⑤ 有证据证明一方当事人持有证据无正当理由拒不提供，如果对方当事人主张该证据的内容不利于证据持有人，可以推定该主张成立。

(4) 数个证据对同一事实的证明力

① 国家机关、社会团体依职权制作的公文书证的证明力一般大于其他书证；

② 物证、档案、鉴定结论、勘验笔录或者经过公证、登记的书证，其证明力一般大于其他书证、视听资料和证人证言；

③ 证人提供的对与其亲属或者其他密切关系的当事人有利的证言，其证明力一般小于其他证人证言。

四、民事诉讼时效的规定

(一) 诉讼时效的概念

诉讼时效，是指权利人在法定的时效期间内，未向法院提起诉讼请求保护其权利时，依据法律规定消灭其胜诉权的制度。

超过诉讼时效期间，在法律上发生的效力是权利人的胜诉权消灭。超过诉讼时效期间权利人起诉，如果符合《民事诉讼法》规定的起诉条件，法院仍然应当受理。如果法院经受理后查明无中止、中断、延长事由的，判决驳回诉讼请求。但是，依照《最高人民法院关于审理民事案件适用诉讼时效制度若干问题的规定》，当事人未提出诉讼时效抗辩，法院不应对诉讼时效问题进行释明及主动适用诉讼时效的规定进行裁判。当事人违反法律规定，约定延长或者缩短诉讼时效期间、预先放弃诉讼时效利益的，法院不予认可。

应当注意的是，根据《民法通则》的规定，超过诉讼时效期间，当事人自愿履行的，不受诉讼时效限制。《最高人民法院关于贯彻执行〈中华人民共和国民法通则〉若干问题的意见（试行）》中规定，超过诉讼时效期间，义务人履行义务后又以超过诉讼时效为由反悔的，不予支持。

(二) 不适用于诉讼时效的情形

当事人可以对债权请求权提出诉讼时效抗辩，但对下列债权请求权提出诉讼时效抗辩的，法院不予支持：

(1) 支付存款本金及利息请求权；

(2) 兑付国债、金融债券以及向不特定对象发行的企业债券本息请求权；

(3) 基于投资关系产生的缴付出资请求权；

（4）其他依法不适用诉讼时效规定的债权请求权。

（三）诉讼时效期间的种类

根据我国《民法通则》及有关法律的规定，诉讼时效期间通常可划分为4类。

（1）普通诉讼时效 即向人民法院请求保护民事权利的期间。普通诉讼时效期间通常为2年。

（2）短期诉讼时效 下列诉讼时效期间为1年：身体受到伤害要求赔偿的；延付或拒付租金的；出售质量不合格的商品未声明的；寄存财物被丢失或损毁的。

（3）特殊诉讼时效 特殊诉讼时效不是由民法规定的，而是由特别法规定的诉讼时效。例如，《合同法》规定，因国际货物买卖合同和技术进出口合同争议的时效期间为4年；《海商法》规定，就海上货物运输向承运人要求赔偿的请求权，时效期间为1年。

（4）权利的最长保护期限 诉讼时效期间从知道或应当知道权利被侵害时起计算。但是，从权利被侵害之日起超过20年的，法院不予保护。

（四）诉讼时效期间的起算

《民法通则》规定，诉讼时效期间从知道或者应当知道权利被侵害时起计算。

《最高人民法院关于贯彻执行〈民法通则〉若干问题的意见（试行）》和《最高人民法院关于审理民事案件适用诉讼时效制度若干问题的规定》中规定，在下列情况下，诉讼时效期间的计算方法是：

（1）人身损害赔偿的诉讼时效期间，伤害明显的，从受伤害之日起算；伤害当时未曾发现，后经检查确诊并能证明是由侵害引起的，从伤势确诊之日起算。

（2）当事人约定同一债务分期履行的，诉讼时效期间从最后一期履行期限届满之日起计算。

（3）未约定履行期限的合同，依照《合同法》第六十一条、第六十二条的规定，可以确定履行期限的，诉讼时效期间从履行期限届满之日起计算；不能确定履行期限的，诉讼时效期间从债权人要求债务人履行义务的宽限期届满之日起计算，但债务人在债权人第一次向其主张权利之时明确表示不履行义务的，诉讼时效期间从债务人明确表示不履行义务之日起计算。

（4）享有撤销权的当事人一方请求撤销合同的，应适用《合同法》第五十五条关于1年除斥期间❶的规定。

对方当事人对撤销合同请求权提出诉讼时效抗辩的，法院不予支持。合同被撤销，返还财产、赔偿损失请求权的，诉讼时效期间从合同被撤销之日起计算。

（5）返还不当得利请求权的诉讼时效期间，从当事人一方知道或者应当知道不当得利事实及对方当事人之日起计算。

（6）管理人因无因管理❷行为产生的给付必要管理费用、赔偿损失请求权的诉讼时效期间，从无因管理行为结束并且管理人知道或者应当知道本人之日起计算。

本人因不当无因管理行为产生的赔偿损失请求权的诉讼时效期间，从其知道或者应当知道管理人及损害事实之日起计算。

---

❶ 除斥期间指民法对形成权行使的时间限制，其与诉讼时效存在相似之处，但又有根本的不同，必须严格区别两者的界限。

❷ 无因管理，是没有法定或者约定义务，为避免造成损失（损失即包括自己也包括他人，或者仅为他人），主动管理他人事务或为他人提供服务的行为。管理他人事务的人，为管理人；事务被管理的人，为本人。

(五) 诉讼时效的中止

《民法通则》规定,在诉讼时效期间的最后 6 个月内,因不可抗力或者其他障碍不能行使请求权的,诉讼时效中止。从中止时效的原因消除之日起,诉讼时效期间继续计算。根据上述规定,诉讼时效中止,应当同时满足两个条件:

(1) 权利人由于不可抗力或者其他障碍,不能行使请求权;

(2) 导致权利人不能行使请求权的事由发生在诉讼时效期间的最后 6 个月内。

诉讼时效中止,即诉讼时效期间暂时停止计算。在导致诉讼时效中止的原因消除后,也就是权利人开始可以行使请求权时起,诉讼时效期间继续计算。

(六) 诉讼时效的中断

《民法通则》规定,诉讼时效因提起诉讼、当事人一方提出要求或者同意履行义务而中断。从中断时起,诉讼时效期间重新计算。

《最高人民法院关于审理民事案件适用诉讼时效制度若干问题的规定》中规定了诉讼时效中断的特殊情形:

(1) 具有下列情形之一的,应当认定为《民法通则》第一百四十条规定的"当事人一方提出要求",产生诉讼时效中断的效力:

① 当事人一方直接向对方当事人送交主张权利文书,对方当事人在文书上签字、盖章或者虽未签字、盖章但能够以其他方式证明该文书到达对方当事人的;

② 当事人一方以发送信件或者数据电文方式主张权利,信件或者数据电文到达或者应当到达对方当事人的;

③ 当事人一方为金融机构,依照法律规定或者当事人约定从对方当事人账户中扣收欠款本息的;

④ 当事人一方下落不明,对方当事人在国家级或者下落不明的当事人一方住所地的省级有影响的媒体上刊登具有主张权利内容的公告的,但法律和司法解释另有特别规定的,适用其规定。

(2) 权利人对同一债权中的部分债权主张权利,诉讼时效中断的效力基于剩余债权,但权利人明确表示放弃剩余债权的情形除外。

(3) 当事人一方向法院提交起诉状或者口头起诉的,诉讼时效从提交起诉状或者口头起诉之日起中断。

(4) 下列事项之一,法院应当认定与提起诉讼具有同等诉讼时效中断的效力:

① 申请仲裁;

② 申请支付令;

③ 申请破产、申报破产债权;

④ 为主张权利而申请宣告义务人失踪或死亡;

⑤ 申请诉前财产保全、诉前临时禁令等诉前措施;

⑥ 申请强制执行;

⑦ 申请追加当事人或者被通知参加诉讼;

⑧ 在诉讼中主张抵消;

⑨ 其他与提起诉讼具有同等诉讼时效中断效力的事项。

(5) 权利人向人民调解委员会以及其他依法有权解决相关民事纠纷的国家机关、事业单位、社会团体等社会组织提出保护相应民事权利的请求,诉讼时效从提出请求之日起中断。

(6) 权利人向公安机关、人民检察院、人民法院报案或者控告,请求保护其民事权利的,诉讼时效从其报案或者控告之日起中断。上述机关决定不立案、撤销案件、不起诉的,诉讼时效期间从权利人知道或者应当知道不立案、撤销案件或者不起诉之日起重新计算；刑事案件进入审理阶段，诉讼时效期间从刑事裁判文书生效之日起重新计算。

（7）义务人作出分期履行、部分履行、提供担保、请求延期履行、制订清偿债务计划等承诺或者行为的，应当认定为《民法通则》第一百四十条规定的当事人一方"同意履行义务。"

（8）对于连带债权人中的一人发生诉讼时效中断效力的事由，应认定对其他连带债权人也发生诉讼时效中断的效力。

（9）债权人提起代位权诉讼的，应当认定对债权人的债务人的债权均发生诉讼时效中断的效力。

（10）债权转让的，应当认定诉讼时效从债权转让通知到达债务人之日起中断。债务承担情形下，构成原债务人对债务承认的，应当认定诉讼时效从债务承担意思表示到达债权人之日起中断。

此外，《最高人民法院关于贯彻执行〈民法通则〉若干问题的意见（试行）》也规定，诉讼时效因权利人主张权利或者义务人同意履行义务而中断后，权利人在新的诉讼时效期间内，再次主张权利或者义务人再次同意履行义务的，可以认定为诉讼时效再次中断。权利人向债务保证人、债务人的代理人或者财产代管人主张权利的，可以认定诉讼时效中断。

五、民事诉讼的审判程序

审判程序是人民法院审理案件适用的程序，可以分为一审程序、二审程序和审判监督程序。

（一）一审程序

一审程序包括普通程序和简易程序。普通程序是《民事诉讼法》规定的民事诉讼当事人进行第一审民事诉讼和人民法院审理第一审民事案件所通常适用的诉讼程序。

1. 起诉

《民事诉讼法》规定，起诉必须符合下列条件：

（1）原告是与本案有直接利害关系的公民、法人和其他组织；

（2）有明确的被告；

（3）有具体的诉讼请求、事实和理由；

（4）属于人民法院受理民事诉讼的范围和受诉人民法院管辖。

起诉方式，应当以书面起诉为原则，口头起诉为例外。在工程实践中，基本都是采用书面起诉方式。《民事诉讼法》规定，起诉应当向人民法院提交起诉状，并按照被告人数提出副本。

起诉状应当记明下列事项：

（1）当事人的姓名、性别、年龄、民族、职业、工作单位和住所，法人或者其他组织的名称、住所和法定代表人或者主要负责人的姓名、职务；

（2）诉讼请求和所根据的事实和理由；

（3）证据和证据来源，证人姓名和住所。

起诉状中最好写明案由。民事案件案由是民事诉讼案件的名称，反映案件所涉及的民事法律关系的性质，是法院将诉讼争议所包含的法律关系进行的概括。根据最高人民法院《民事案件案由规定》，工程实践中常用的有两类：一类是购买建筑材料可能遇到的买卖合同纠纷，包括分期付款买卖合同纠纷、凭样品买卖合同纠纷、试用买卖合同纠纷、互易纠纷、国际货物买卖合同纠纷等；另一类是工程中可能遇到的各种合同纠纷，包括建设工程勘察合同纠纷、建设工程设计合同纠纷、建设工程施工合同纠纷、建设工程分包合同纠纷、建设工程监理合同纠纷、装饰装修合同纠纷。

2. 受理

《民事诉讼法》规定，法院收到起诉状，经审查，认为符合起诉条件的，应当在7日内立案并通知当事人。认为不符合起诉条件的，应当在7日内裁定不予受理。原告对裁定不服的，可以提起上诉。审理前的主要准备工作如下。

（1）送达起诉状副本和提出答辩状　诉讼文书送达方式有6种：

① 直接送达，是最常用的一种送达方式；

② 留置送达，是指在向受送达人或有资格接受送达的人送交需送达的法律文书时，受送达人或有资格接受送达的人拒绝签收，送达人将诉讼文书依法留放在受送达人住所的送达方式；

③ 委托送达，是指受诉法院直接送达确有困难，委托其他法院将需要送达的法律文书送交受送达人的送达方式；

④ 邮寄送达，根据《最高人民法院关于以法院专递方式邮寄送达民事诉讼文书的若干规定》，签收人是受送达人本人或者是受送达人的法定代表人、主要负责人、法定代理人、诉讼代理人的，签收人应当当场核对邮件内容；签收人发现邮件内容与回执上的文书名称不一致的，应当当场向邮政机构的投递员提出，由投递员在回执上记明情况后将邮件退回人民法院；签收人是受送达人办公室、收发室和值班室的工作人员或者是与受送达人同住成年家属，受送达人发现邮件内容与回执上的文书名称不一致的，应当在收到邮件后的3日内将该邮件退回人民法院，并以书面方式说明退回的理由；

⑤ 转交送达，适用转交送达的受送达人是军人、被监禁人员、被劳动教养人员，由该受送达人所在单位转交送达；

⑥ 公告送达，根据《最高人民法院关于依据原告起诉时提供的被告住址无法送达应如何处理问题的批复》，法院依据原告起诉时所提供的被告住址无法直接送达或者留置；送达，应当要求原告补充材料。原告因客观原因不能补充或者依据原告补充的材料仍不能确定被告住址的，法院应当依法向被告公告送达诉讼文书。

《民事诉讼法》规定，人民法院应当在立案之日起5日内将起诉状副本发送被告，被告在收到之日起15日内提出答辩状。被告提出答辩状的，人民法院应当在收到之日起5日内将答辩状副本发送原告。被告不提出答辩状的，不影响人民法院审理。

（2）告知当事人诉讼权利义务及组成合议庭　人民法院对决定受理的案件，应当在受理案件通知书和应诉通知书中向当事人告知有关的权利和义务，或者口头告知。

普通程序的审判组织应当采用合议制。合议庭组成人员确定后，应当在3日内告知当事人。

3. 开庭审理

（1）法庭调查　法庭调查，是在法庭上出示与案件有关的全部证据，对案件事实进行全面调查并有当事人进行质证的程序。

法庭调查按照下列程序进行：

① 当事人陈述；

② 告知证人的权利义务，证人作证，宣读未到庭的证人证言；

③ 出示书证、物证和视听资料；

④ 宣读鉴定结论；

⑤ 宣读勘验笔录。

(2) 法庭辩论　法庭辩论，是当事人及其诉讼代理人在法庭上行使辩论权，针对有争议的事实和法律问题进行辩论的程序。法庭辩论的目的，是通过当事人及其诉讼代理人的辩论，对有争议的问题逐一进行审查和核实，借此查明案件的真实情况和正确适用法律。

(3) 法庭笔录　书记员应当将法庭审理的全部活动记入笔录，由审判人员和书记员签名。

法庭笔录应当当庭宣读，也可以告知当事人和其他诉讼参与人当庭或者在5日内阅读。当事人和其他诉讼参与人认为对自己的陈述记录有遗漏或者差错的，有权申请补正。如果不予补正，应当将申请记录在案。法庭笔录由当事人和其他诉讼参与人签名或者盖章。

(4) 宣判　法庭辩论终结，应当依法作出判决。据《民事诉讼法》的规定，判决前能够调解，还可以进行调解。调解书经双方当事人签收后，即具有法律效力。调解不成的，如调解未达成协议或者调解书送达前一方反悔的，法院应当及时判决。

原告经传票传唤，无正当理由拒不到庭的，或者未经法庭许可中途退庭的，可以按撤诉处理，被告反诉的，可以缺席判决。被告经传票传唤，无正当理由拒不到庭的，或者未经法庭许可中途退庭的，可以缺席判决。

法院一律公开宣告判决，同时必须告知当事人上诉权利、上诉期限和上诉的法院。最高人民法院的判决、裁定，以及超过上诉期没有上诉的判决、裁定，是发生法律效力判决、裁定。

(二) 第二审程序

第二审程序（又称上诉程序或终审程序），是指由于民事诉讼当事人不服地方各级人民法院尚未生效的第一审判决或裁定，在法定上诉期间内，向上一级人民法院提起上诉而引起的诉讼程序。由于我国实行两审终审制，上诉案件经二审法院审理后作出的判决、裁定为终审的判决、裁定，诉讼程序即告终结。

1. 上诉期间

当事人不服地方人民法院第一审判决的，有权在判决书送达之日起15日内向上一级人民法院提起上诉；不服地方人民法院第一审裁定的，有权在裁定书送达之日起10日内向上一级人民法院提起上诉。

2. 上诉状

当事人提起上诉，应当递交上诉状。上诉状应当通过原审法院提出，并按照对方当事人的人数提出副本。

3. 二审法院对上诉案件的处理

第二审人民法院对上诉案件，经过审理，按照下列情形，分别处理：

(1) 原判决认定事实清楚，适用法律正确的，判决驳回上诉，维持原判决；

(2) 原判决适用法律错误的，依法改判；

(3) 原判决认定事实错误，或者原判决认定事实不清，证据不足，裁定撤销原判决，发回原审人民法院重审，或者查清事实后改判；

(4) 原判决违反法定程序，可能影响案件正确判决的，裁定撤销原判决，发回原审人民法院重审。

第二审法院作出的具有给付内容的判决，具有强制执行力。如果有履行义务的当事人拒不履行，对方当事人有权向法院申请强制执行。

对于发回原审法院重审的案件，原审法院仍将按照一审程序进行审理。因此，当事人对重审案件的判决、裁定，仍然可以上诉。

(三) 审判监督程序

审判监督程序即再审程序,是指由有审判监督权的法定机关和人员提起,或由当事人申请,由人民法院对发生法律效力的判决、裁定、调解书再次审理的程序。

1. 人民法院提起再审的程序

人民法院提起再审,必须是已经发生法律效力的判决裁定确有错误。其程序为:各级人民法院院长对本院已经发生法律效力的判决、裁定,发现确有错误,认为需要再审的,应当提交审判委员会讨论决定。最高人民法院对地方各级人民法院已经生效的判决、裁定,上级人民法院对下级人民法院已生效的判决、裁定,发现确有错误的,有权提审或指令下级人民法院再审。按照审判监督程序决定再审的案件,裁定中止原判决的执行。

人民法院按照审判监督程序再审的案件,发生法律效力的判决、裁定是由第一审法院作出的,按照第一审程序审理,对所作的判决、裁定,当事人可以上诉;发生法律效力的判决、裁定是由第二审法院作出的,按照第二审程序审理,所作的判决、裁定是发生法律效力的判决、裁定;上级人民法院按照审判监督程序提审的,按照第二审程序审理,所作的判决、裁定是发生法律效力的判决、裁定。《最高人民法院关于适用〈民事诉讼法〉审判监督程序若干问题的解释》中规定,人民法院审理再审案件应当开庭审理。但按照第二审程序审理的,双方当事人已经其他方式充分表达意见,且书面同意不开庭审理的除外。

2. 当事人申请再审的程序

当事人申请不一定引起审判监督程序,法院依法决定,才可以启动再审程序。

(1) 当事人申请再审的条件　只有在同时符合下列条件的前提下,由人民法院当事人对已经发生法律效力的判决、裁定,认为有错误的,可以向上一级人民法院申请再审,但不停止判决、裁定的执行。当事人的申请符合下列情形之一的,人民法院应当再审:

① 有新的证据,足以推翻原判决、裁定的;

② 原判决、裁定认定的基本事实缺乏证据证明的;

③ 原判决、裁定认定事实的主要证据是伪造的;

④ 原判决、裁定认定事实的主要证据未经质证的;

⑤ 对审理案件需要的证据,当事人因客观原因不能自行收集,书面申请人民法院调查收集,人民法院未调查收集的;

⑥ 原判决、裁定适用法律确有错误的;

⑦ 违反法律规定,管辖错误的;

⑧ 审判组织的组成不合法或者依法应当回避的审判人员没有回避的;

⑨ 无诉讼行为能力人未经法定代理人代为诉讼或者应当参加诉讼的当事人,因不能归责于本人或者其诉讼代理人的事由,未参加诉讼的;

⑩ 违反法律规定,剥夺当事人辩论权利的;

⑪ 未经传票传唤,缺席判决的;

⑫ 原判决、裁定遗漏或者超出诉讼请求的;

⑬ 据以作出原判决、裁定的法律文书被撤销或者变更的。

对违反法定程序可能影响案件正确判决、裁定的情形,或者审判人员在审理该案件时有贪污受贿,徇私舞弊,枉法裁判行为的,人民法院应当再审。

(2) 当事人可以申请再审的时间　当事人申请再审,应当在判决、裁定发生法律效力后两年内提出,两年后据以作出原判决、裁定的法律文书被撤销或者变更,以及发现审判人员在审理该案件时有贪污受贿,徇私舞弊,枉法裁判行为的,自知道或者应当知道之日起3个月内提出;《最高人民法院关于适用〈中华人民共和国民事诉讼法〉审判监督程序若干问题的解释》中规定，申请再审期间不适用中止、中断和延长的规定。

3. 人民检察院的抗诉

抗诉是指人民检察院对人民法院发生法律效力的判决、裁定，发现有提起抗诉的法定情形，提请人民法院对案件重新审理。

最高人民检察院对各级人民法院已经发生法律效力的判决、裁定，上级人民检察院对下级人民法院已经发生法律效力的判决、裁定，发现有符合当事人可以申请再审情形之一的，应当按照审判监督程序提起抗诉。地方各级人民检察院对同级人民法院已经发生法律效力的判决、裁定，发现有符合当事人可以申请再审情形之一的，应当提请上级人民检察院向同级人民法院提出抗诉。

六、民事诉讼的执行程序

审判程序与执行程序是并列的独立程序。审判程序是产生裁判书的过程，执行程序是实现裁判书内容的过程。

执行程序，是指人民法院的执行机构依照法定的程序，对发生法律效力并具有给付内容的法律文书，以国家强制力为后盾，依法采取强制措施，迫使具有给付义务的当事人履行其给付义务的行为。

（一）执行根据与执行案件的管辖

1. 执行根据

执行根据是当事人申请执行，人民法院移交执行以及人民法院采取强制措施的依据。执行根据是执行程序发生的基础，没有执行根据，当事人不能向人民法院申请执行，人民法院也不得采取强制措施。

执行依据主要有：

（1）人民法院制作的发生法律效力的民事判决书、裁定书以及生效的调解书等；

（2）人民法院作出的具有财产给付内容的发生法律效力的刑事判决书、裁定书；

（3）仲裁机构制作的依法由人民法院执行的生效仲裁裁决书、仲裁调解书；

（4）公证机关依法作出的赋予强制执行效力的公证债权文书；

（5）人民法院作出的先予执行的裁定、执行回转的裁定以及承认并协助执行外国判决、裁定或裁决的裁定；

（6）我国行政机关作出的法律明确规定由人民法院执行的行政决定。

2. 执行案件的管辖

发生法律效力的民事判决、裁定，以及刑事判决、裁定中的财产部分，由第一审人民法院或者与第一审人民法院同级的被执行的财产所在地人民法院执行。《最高人民法院关于适用〈中华人民共和国民事诉讼法〉执行程序若干问题的解释》中规定，申请执行人向被执行的财产所在地人民法院申请执行的，应当提供该人民法院辖区有可供执行财产的证明材料。

人民法院受理执行申请后，当事人对管辖权有异议的，应当自收到执行通知书之日起10日内提出。

（二）执行程序

1. 申请

人民法院作出的判决、裁定等法律文书，当事人必须履行。如果无故不履行，另一方当事人可向有管辖权的人民法院申请强制执行。申请强制执行应提交申请强制执行书，并附作为执行根据的法律文书。申请强制执行，还须遵守申请执行期限。申请执行的期间为两年。申请执行时效的中止、中断，适用法律有关诉讼时效中止、中断的规定。这里的期间，从法律文书规定履行期间的最后 1 日起计算；法律文书规定分期履行的，从规定的每次履行期间的最后 1 日起计算；法律文书未规定履行期间的，从法律文书生效之日起计算。

2. 执行

对于具有执行内容的生效裁判文书，由审判该案的审判人员将案件直接交付执行人员，随即开始执行程序。提交执行的案件有三类：

（1）具有给付或者履行内容的生效民事判决、裁定（包括先予执行的抚恤金、医疗费用等）；

（2）具有财产执行内容的刑事判决书、裁定书；

（3）审判人员认为涉及国家、集体或公民重大利益的案件。

3. 向上一级人民法院申请执行

人民法院自收到申请执行书之日起超过 6 个月未执行的，申请执行人可以向上一级人民法院申请执行。上一级人民法院经审查，可以责令原人民法院在一定期限内执行，也可以决定由本院执行或者指令其他人民法院执行。

有下列情形之一的，上一级人民法院可以根据申请执行人的申请，责令执行法院限期执行或者变更执行法院：

（1）债权人申请执行时被执行人有可供执行的财产，执行法院自收到申请执行书之日起超过 6 个月对该财产未执行完结的；

（2）执行过程中发现被执行人可供执行的财产，执行法院自发现财产之日起超过 6 个月对该财产未执行完结的；

（3）对法律文书确定的行为义务的执行，执行法院自收到申请执行书之日起超过 6 个月未依法采取相应执行措施的；

（4）其他有条件执行超过 6 个月未执行的。

（三）执行中的其他问题

1. 委托执行

《民事诉讼法》规定，被执行人或被执行的财产在外地的，可以委托当地人民法院代为执行。受委托人民法院收到委托函件后，必须在 15 日内开始执行，不得拒绝。

2. 执行异议

（1）当事人、利害关系人提出的异议　当事人、利害关系人认为执行行为违反法律规定的，可以向负责执行的人民法院提出书面异议。当事人、利害关系人提出书面异议的，人民法院应当自收到书面异议之日起 15 日内审查，理由成立的，裁定撤销或者改正；理由不成立的，裁定驳回。当事人、利害关系人对裁定不服的，可以自裁定送达之日起 10 日内向上一级人民法院申请复议。《最高人民法院关于适用〈中华人民共和国民事诉讼法〉执行程序若干问题的解释》中规定当事人、利害关系人申请复议的书面材料，可以通过执行法院转交，也可以直接向执行法院的上一级人民法院提交。上一级人民法院应当自收到复议申请之日起 30 日内审查完毕，并作出裁定。有特殊情况需要延长的，经本院院长批准，可以延长，延长的期限不得超过 30 日。执行异议审查和复议期间，不停止执行。被执行人、利害关系人提供充分、有效的担保请求停止相应处分措施的，人民法院可以准许；申请执行人提供充分、有效的担保请求继续执行的，应当继续执行。

（2）案外人提出的异议　执行过程中，案外人对执行标的提出书面异议的，人民法院应当自收到书面异议之日起 15 日内审查，理由成立的，裁定中止对该标的的执行；理由不成立的，裁定驳回。案外人、当事人对裁定不服，认为原判决、裁定错误的，依照审判监督程序办理；与原判决、裁定无关的，可以自裁定送达之日起 15 日内向人民法院提起诉讼。案外人提起诉讼，对执行标的主张实体权利，并请求对执行标的停止执行的，应当以申请执行人为被告；被执行人反对案外人对执行标的所主张的实体权利的，应当以申请执行人和被执行人为共同被告。该诉讼由执行法院管辖，诉讼期间不停止执行。

3. 执行和解

在执行中，双方当事人自行和解达成协议的，执行员应当将协议内容记入笔录，由双方当事人签名或者盖章。一方当事人不履行和解协议的，人民法院可以根据对方当事人的申请，恢复对原生效法律文书的执行。

（四）执行措施

执行措施是指人民法院依照法定程序强制执行生效法律文书的方法和手段。在执行中，执行措施和执行程序是合为一体的。执行员接到申请执行书或者移交执行书，应当向被执行人发出执行通知，责令其在指定的期间履行，逾期不履行的，强制执行。被执行人不履行法律文书确定的义务，并有可能隐匿、转移财产的，执行员可以立即采取强制执行措施。

执行措施主要有：

① 查封、冻结、划拨被执行人的存款；
② 扣留、提取被执行人的收入；
③ 查封、扣押、拍卖、变卖被执行人的财产；
④ 对被执行人及其住所或财产隐匿地进行搜查；
⑤ 强制被执行人和有关单位、公民交付法律文书指定的财物或票证；
⑥ 强制被执行人迁出房屋或退出土地；
⑦ 强制被执行人履行法律文书指定的行为；
⑧ 办理财产权证照转移手续；
⑨ 强制被执行人支付迟延履行期间的债务利息或迟延履行金；
⑩ 依申请执行人申请，通知对被执行人负有到期债务的第三人向申请执行人履行债务。

第十届全国人民代表大会常务委员会第 30 次会议通过的《关于修改〈中华人民共和国民事诉讼法〉的决定》、《最高人民法院关于适用〈中华人民共和国民事诉讼法〉执行程序若干问题的解释》以及《最高人民法院关于限制被执行人高消费的若干规定》，对于执行措施增加了如下内容：

（1）被执行人未按执行通知履行法律文书确定的义务，应当书面报告当前以及收到执行通知之日前一年的财产情况，具体包括：

① 收入、银行存款、现金、有价证券；
② 土地使用权、房屋等不动产；
③ 交通运输工具、机器设备、产品、原材料等动产；
④ 债权、股权、投资权益、基金、知识产权等财产性权利；
⑤ 其他应当报告的财产。

被执行人报告财产后，其财产情况发生变动，影响申请执行人债权实现的，应当自财产变动之日起 10 日内向人民法院补充报告。对被执行人报告的财产情况，申请执行人请求查询的，人民法院应当准许。申请执行人对查询的被执行人财产情况，应当保密。对被执行人报告的财产情况，执行法院可以依申请执行人的申请或者依职权调查核实。

被执行人拒绝报告或者虚假报告的，人民法院可以根据情节轻重对被执行人或者其法定代理人、有关单位的主要负责人或者直接责任人员予以罚款、拘留。

（2）被执行人不履行法律文书确定的义务的，人民法院可以对其采取或者通知有关单位协助采取限制出境，在征信系统记录、通过媒体公布不履行义务信息以及法律规定的其他措施。对被执行人限制出境的，应当由申请执行人向执行法院提出书面申请，必要时，执行法院可以依职权决定。向媒体公布被执行人不履行义务信息，执行法院可以依职权或者依申请执行人的申请，有关费用由被执行人负担；申请执行人申请在媒体公布的，应当垫付有关费用。

（3）被执行人未按执行通知书指定的期间履行生效法律文书确定的给付义务的，人民法院可以限制其高消费。被执行人为自然人的，被限制高消费后，不得有以下以其财产支付费用的行为：

① 乘坐交通工具时，选择飞机、列车软卧、轮船二等以上舱位；
② 在星级以上宾馆、酒店、夜总会、高尔夫球场等场所进行高消费；
③ 购买不动产或者新建、扩建、高档装修房屋；
④ 租赁高档写字楼、宾馆、公寓等场所办公；
⑤ 购买非经营必需车辆；
⑥ 旅游、度假；
⑦ 子女就读高收费私立学校；
⑧ 支付高额保费购买保险理财产品；
⑨ 其他非生活和工作必需的高消费行为。

被执行人为单位的，被限制高消费后，禁止被执行人及其法定代表人、主要负责人、影响债务履行的直接责任人员以单位财产实施上述规定的行为。

限制高消费一般由申请执行人提出书面申请，经人民法院审查决定；必要时人民法院可以依职权决定。被执行人违反限制高消费令进行消费的行为属于拒不履行人民法院已经发生法律效力的判决、裁定的行为，经查证属实的，依照《民事诉讼法》第一百零二条的规定，予以拘留、罚款；情节严重，构成犯罪的，追究其刑事责任。

（五）执行中止和终结

1. 执行中止

执行中止是指在执行过程中，因发生特殊情况，需要暂时停止执行程序。有下列情况之一的，人民法院应裁定中止执行：

（1）申请人表示可以延期执行的；
（2）案外人对执行标的提出确有理由异议的；
（3）作为一方当事人的公民死亡，需要等待继承人继承权利或承担义务的；
（4）作为一方当事人的法人或其他组织终止，尚未确定权利义务承受人的；
（5）人民法院认为应当中止执行的其他情形，如被执行人确无财产可供执行等。中止的情形消失后，恢复执行。

2. 执行终结

在执行过程中，由于出现某些特殊情况，执行工作无法继续进行或没有必要继续进行的，结束执行程序。有下列情况之一的，人民法院应当裁定终结执行：

（1）申请人撤销申请的；
（2）据以执行的法律文书被撤销的；
（3）作为被执行人的公民死亡，无遗产可供执行，又无义务承担人的；
（4）追索赡养费、扶养费、抚育费案件的权利人死亡的；
（5）作为被执行人的公民因生活困难无力偿还借款，无收入来源，又丧失劳动能力的；
（6）人民法院认为应当终结执行的其他情形。

【案例 9-2】

某建筑公司诉某开发公司施工合同纠纷一案，法院终审判决开发公司应在 2008 年 11 月 12 日前一次性支付所欠工程款三百万元，建筑公司胜诉。但开发公司没有在规定的履行期限内支付欠款。2010 年 9 月，建筑公司的领导要求公司有关人员向法院申请强制执行时，有关人员汇报说：公司现在才申请强制执行，已超过规定的 6 个月申请强制执行期限，法院不会再受理了，只能与开发公司协商解决。

【问题】 建筑公司有关人员的说法是否正确，该公司还能否对开发公司的欠款向法院申请强制执行？

【分析】 建筑公司依然可以向法院申请强制执行。原《民事诉讼法（试行）》的规定是 6 个月，但根据新修订的《民事诉讼法》第二百一十五条规定，申请执行的期间为两年。两年执行期间，从法律文书规定履行期间的最后 1 日起计算；法律文书规定分期履行的，从规定的每次履行期间的最后 1 日起计算，法律文书未规定履行期间的，从法律文书生效之日起计算。

如果本案没有《民事诉讼法》第二百一十五条第一款规定的申请执行时效中止、中断的情形，该建筑公司申请强制执行的两年期间应于 2010 年 11 月 11 日截止，即建筑公司应当在此前向法院提出强制执行申请。

第三节 仲裁制度

仲裁是解决民商事纠纷的重要方式之一。《中华人民共和国仲裁法》（以下简称《仲裁法》），颁布施行后，最高人民法院又发布了《关于适用〈中华人民共和国仲裁法〉若干问题的解释》（以下简称《仲裁法》司法解释）。此外，《承认和执行外国仲裁裁决公约》是有关仲裁裁决的国际公约，该公约为执行外国仲裁裁决提供了保证和便利。

仲裁有下列三项基本制度。

1. 协议仲裁制度

仲裁协议是当事人仲裁自愿的体现，当事人申请仲裁，仲裁委员会受理仲裁、仲裁庭对仲裁案件的审理和裁决，都必须以当事人依法订立的仲裁协议为前提。《仲裁法》规定，没有仲裁协议，一方申请仲裁的，仲裁委员会不予受理。

2. 或裁或审制度

仲裁和诉讼是两种不同的争议解决方式，当事人只能选用其中的一种。《仲裁法》规定，"当事人达成仲裁协议，一方向人民法院起诉的，人民法院不予受理，但仲裁协议无效的除外。"因此，有效的仲裁协议可以排除法院对案件的司法管辖权，只有在没有仲裁协议或者仲裁协议无效的情况下，法院才可以对当事人的纠纷予以受理。

3. 一裁终局制度

仲裁实行一裁终局的制度。裁决作出后，当事人就同一纠纷再申请仲裁或者向人民法院起诉的，仲裁委员会或者人民法院不予受理。

一、仲裁协议的规定

（一）仲裁协议的形式

仲裁协议是指当事人自愿将已经发生或者可能发生的争议通过仲裁解决的书面协议。

《仲裁法》规定："仲裁协议包括合同中订立的仲裁条款和其他以书面形式在纠纷发生前

或者纠纷发生后达成的请求仲裁的协议。"据此，仲裁协议应当采用书面形式，口头方式达成的仲裁意思表示无效。仲裁协议既可以表现为合同中的仲裁条款，也可以表现为独立于合同而存在的仲裁协议书。在实践中，合同中的仲裁条款是最常见的仲裁协议形式。《仲裁法》司法解释规定："仲裁法第十六条规定的'其他书面形式'的仲裁协议，包括以合同书、信件和数据电文（包括电报、电传、传真、电子数据交换和电子邮件）等形式达成的请求仲裁的协议。"此外，《电子签名法》还规定，能够有形地表现所载内容，并可以随时调取查用的数据电文，视为符合法律、法规要求的书面形式；可靠的电子签名与手写签名或者盖章具有同等的法律效力。

（二）仲裁协议的内容

仲裁协议应当具有下列内容：

(1) 请求仲裁的意思表示；

(2) 仲裁事项；

(3) 选定的仲裁委员会。这三项内容必须同时具备，仲裁协议才能有效。

请求仲裁的意思表示，是指条款中应该有"仲裁"两字，表明当事人的仲裁意愿。该意愿应当是确定的，而不是模棱两可的。有的当事人在合同中约定发生争议可以提交仲裁，也可以提交诉讼，根据这种约定就无法判定当事人有明确的仲裁意愿。因此，《仲裁法》司法解释规定，这样的仲裁协议无效。

仲裁事项，可以是当事人之间合同履行过程中的或与合同有关的一切争议，也可以是合同中某一特定问题的争议；既可以是事实问题的争议，也可以是法律问题的争议，其范围取决于当事人的约定。

选定的仲裁委员会，是指仲裁委员会的名称应该准确。《仲裁法》司法解释规定，仲裁协议约定的仲裁机构名称不准确，但能够确定具体的仲裁机构的，应当认定选定了仲裁机构。仲裁协议约定两个以上仲裁机构的，当事人可以协议选择其中的一个仲裁机构申请仲裁；当事人不能就仲裁机构选择达成一致的，仲裁协议无效。仲裁协议约定由某地的仲裁机构仲裁且该地仅有一个仲裁机构的，该仲裁机构视为约定的仲裁机构。该地有两个以上仲裁机构的，当事人可以协议选择其中的一个仲裁机构申请仲裁；当事人不能就仲裁机构选择达成一致的，仲裁协议无效。

（三）仲裁协议的效力

1. 对当事人的法律效力

仲裁协议一经有效成立，即对当事人产生法律约束力。发生纠纷后，当事人只能向仲裁协议中所约定的仲裁机构申请仲裁，而不能就该纠纷向法院提起诉讼。

2. 对法院的约束力

有效的仲裁协议排除法院的司法管辖权。《仲裁法》规定，当事人达成仲裁协议。一方向人民法院起诉未声明有仲裁协议，人民法院受理后，另一方在首次开庭前提交仲裁协议的，人民法院应当驳回起诉，但仲裁协议无效的除外。

3. 对仲裁机构的法律效力

仲裁协议是仲裁委员会受理仲裁案件的基础，是仲裁庭审理和裁决案件的依据。没有有效的仲裁协议，仲裁委员会就不能获得仲裁案件的管辖权。同时，仲裁委员会只能对当事人在仲裁协议中约定的争议事项进行仲裁，对超出仲裁协议约定范围的其他争议无权仲裁。

4. 仲裁协议的独立性

仲裁协议独立存在，合同的变更、解除、终止或者无效，不影响仲裁协议的效力。

【案例9-3】

上海某公司和张家港某公司于2003年8月4日签订的《设备购销合同》（下称《合同》）中有关仲裁条款为："在本合同下或与本合同相关的任何以及所有无法友好解决的争议应通过仲裁解决。仲裁应根据中国国际经济贸易仲裁委员会调解和仲裁规则进行。仲裁应在北京进行。仲裁结果应为终局性的，对双方均有约束力。"在《合同》履行期间，双方就有关事项发生争议。上海某公司（下称申请人）向中国国际经济贸易仲裁委员会（下称仲裁委员会）申请仲裁。

仲裁委员会受理本案后，向双方当事人发出仲裁通知。张家港某公司（下称被申请人）收到仲裁通知后，向仲裁委员会提出管辖异议称：申请人和被申请人签订的本案合同中虽然涉及了仲裁约定，但对具体仲裁机构的约定不明确。本案合同中只是约定了争议可以通过仲裁解决及仲裁适用的规则，并且明确了"仲裁应在北京进行"，却没有明确具体的仲裁机构。根据相关法律的规定，如果要仲裁的话，必须双方明确约定并选择特定的仲裁机构，但本案合同双方却未能予以明确。因此，该纠纷应当移送被告所在地或合同履行地法院管辖。

申请人认为被申请人的抗辩理由不能成立。因为，根据合同中的仲裁条款，申请人和被申请人均明确表达了其通过仲裁的方式解决双方争议的意愿。本案合同项下的争议应当提交中国国际经济贸易仲裁委员会仲裁解决，被申请人所谓的双方就仲裁机构约定不明确的主张缺乏合同和法律依据。

【问题】 本案中的中国国际经济贸易仲裁委员会对此案是否具有管辖权？

【分析】《仲裁法》第十六条规定，当事人在仲裁协议中应当具有选定的仲裁委员会。在该合同中，虽没有写明具体的仲裁机构，但是根据该合同第九章第二款的约定："仲裁应根据中国国际经济贸易仲裁委员会调解和仲裁规则进行"，双方约定了仲裁适用的仲裁规则。根据《仲裁法》司法解释第四条的规定："仲裁协议仅约定纠纷适用的仲裁规则的，视为未约定仲裁机构，但当事人达成补充协议或者按照约定的仲裁规则能够确定仲裁机构的除外。"中国国际经济贸易仲裁委员会2005年5月1日施行的《仲裁规则》第四条第三款规定："凡当事人约定按照本规则进行仲裁但未约定仲裁机构的，均视为同意将争议提交仲裁委员会仲裁。"

综上所述，本案中能够根据该合同约定的仲裁规则确定仲裁机构。因此，中国国际经济贸易仲裁委员会对本案具有管辖权。

二、仲裁的申请、受理、开庭和裁决

（一）仲裁的申请

1. 仲裁的申请条件

当事人申请仲裁，应当符合下列条件：（1）有仲裁协议；（2）有具体的仲裁请求和事实、理由；（3）属于仲裁委员会的受理范围。

2. 申请仲裁的方式

当事人申请仲裁，应当向仲裁委员会递交仲裁协议、仲裁申请书及副本。其中，仲裁申请书应当载明下列事项：（1）当事人的姓名、性别、年龄、职业、工作单位和住所，法人或者其他组织的名称、住所和法定代表人或者主要负责人的姓名、职务；（2）仲裁请求和所依据的事实、理由；（3）证据和证据来源、证人姓名和住所。

对于申请仲裁的具体文件内容，各仲裁机构在《仲裁法》规定的范围内，会有不同的要求和审查标准，一般可以登录其网站进行查询。

（二）审查与受理

1. 仲裁的受理

仲裁委员会收到仲裁申请书之日起5日内，认为符合受理条件的应当受理，并通知当事人；认为不符合受理条件的，应当书面通知当事人不予受理，并说明理由。

仲裁委员会受理仲裁申请后，应当在仲裁规则规定的期限内将仲裁规则和仲裁员名册送达申请人，并将仲裁申请书副本和仲裁规则、仲裁员名册送达被申请人。被申请人收到仲裁申请书副本后，应当在仲裁规则规定的期限内向仲裁委员会提交答辩书。仲裁委员会收到答辩书后，应当在仲裁规则规定的期限内将答辩书副本送达申请人。被申请人未提交答辩书的，不影响仲裁程序的进行。被申请人有权提出反请求。

2. 财产保全和证据保全

为保证仲裁程序顺利进行、仲裁案件公正审理以及仲裁裁决有效执行，当事人有权申请财产保全和证据保全。

当事人要求采取财产保全及/或证据保全措施的，应向仲裁委员会提出书面申请，由仲裁委员会将当事人的申请转交被申请人住所地或其财产所在地及/或证据所在地有管辖权的人民法院作出裁定。

（三）仲裁的开庭

1. 仲裁庭的组成

仲裁庭的组成形式包括合议仲裁庭和独任仲裁庭两种，即仲裁庭可以由3名仲裁员或者1名仲裁员组成。

（1）合议仲裁庭　当事人约定由3名仲裁员组成仲裁庭的，应当各自选定或者各自委托仲裁委员会主任指定1名仲裁员，第3名仲裁员由当事人共同选定或者共同委托仲裁委员会主任指定。第3名仲裁员是首席仲裁员。

（2）独任仲裁庭　当事人约定1名仲裁员成立仲裁庭的，应当由当事人共同选定或者共同委托仲裁委员会主任指定仲裁员。但是，当事人没有在仲裁规定的期限内约定仲裁庭的组成方式或者选定仲裁员的，由仲裁委员会主任指定。

仲裁员有下列情形之一的，必须回避，当事人也有权提出回避申请：

① 是本案当事人或者当事人、代理人的近亲属；

② 与本案有利害关系；

③ 与本案当事人、代理人有其他关系，可能影响公正仲裁的；

④ 私自会见当事人、代理人，或者接受当事人、代理人的请客送礼的。

当事人提出回避申请，应当说明理由，在首次开庭前提出。回避事由在首次开庭后知道的，可以在最后一次开庭结束前提出。

2. 开庭和审理

仲裁应当开庭进行，当事人可以协议不开庭。当事人应当对自己的主张提供证据。仲裁庭认为有必要收集的证据，可以自行收集。证据应当在开庭时出示，当事人可以质证。当事人在仲裁过程中有权进行辩论。

仲裁庭可以作出缺席裁决。申请人无正当理由开庭时不到庭的，或在开庭审理时未经仲裁庭许可中途退庭的，视为撤回仲裁申请，如果被申请人提出了反请求，不影响仲裁庭就反请求进行审理，并作出裁决。被申请人无正当理由开庭时不到庭的，或在开庭审理时未经仲裁庭许可中途退庭的，仲裁庭可以进行缺席审理，并作出裁决；如果被申请人提出了反请求，视为撤回反请求。

为了保护当事人的商业秘密和商业信誉，仲裁不公开进行。当事人协议公开的，可以公开进行，但涉及国家秘密的除外。

（四）仲裁的裁决

1. 仲裁中的和解与调解

当事人申请仲裁后，可以自行和解。达成和解协议的，可以请求仲裁庭根据和解协议作出裁决书，也可以撤回仲裁申请。当事人达成和解协议，撤回仲裁申请后反悔的，仍可以根据仲裁协议申请仲裁。

仲裁庭在作出裁决前，可以先行调解。当事人自愿调解的，仲裁庭应当调解。调解不成的，应当及时作出裁决。调解达成协议的，仲裁庭应当制作调解书或者根据协议的结果制作裁决书。调解书与裁决书具有同等法律效力。调解书经双方当事人签收后，即发生法律效力。在调解书签收前当事人反悔的，仲裁庭应当及时作出裁决。

2. 仲裁裁决

仲裁裁决应当按照多数仲裁员的意见作出，少数仲裁员的不同意见可以记入笔录。仲裁庭不能形成多数意见时，裁决应当按照首席仲裁员的意见作出。裁决书自作出之日起发生法律效力。

裁决书的效力是：

（1）裁决书一裁终局，当事人不得就已经裁决的事项再申请仲裁，也不得就此提起诉讼；

（2）仲裁裁决具有强制执行力，一方当事人不履行的，对方当事人可以到法院申请强制执行；

（3）仲裁裁决在所有《承认和执行外国仲裁裁决公约》缔约国（或地区）可以得到承认和执行。

（五）申请撤销裁决

仲裁的本质属性为契约性；同时，在立法规范和司法实践中又具有司法性。依据《民事诉讼法》和《仲裁法》的规定，人民法院对仲裁进行司法监督。

人民法院的司法监督有以下 3 个特点。

（1）事后审查，即在仲裁的终局裁决作出后，经当事人申请执行或申请撤销、不予执行时，有管辖权的人民法院才可对相关裁决进行审查。

（2）"双启动"审查。人民法院司法审查的启动，一般情况下为被动审查，即需在仲裁"当事人"以法定理由向人民法院提出申请之后，人民法院才启动司法审查程序，且只审查申请人申请审查的内容。同时，人民法院也可以仲裁裁决违反我国社会公共利益为理由而主动依职权启动司法审查程序。被动审查与主动审查相结合，但以被动审查为主，以维护仲裁的契约性，尊重当事人的意思自治，避免过多的司法干预。

（3）"双轨制"审查。人民法院依据当事人的申请，对国内仲裁裁决的程序事项和实体问题进行审查，其中审查实体问题的范围为仲裁认定事实的证据真伪、足够与否和适用法律之对错。对涉外仲裁裁决和国外仲裁裁决仅对其程序事项进行审查，且当事人不得以裁决书的实体错误为由提出不予执行和撤销的申请；人民法院也不得审查其实体问题。

1. 申请撤销仲裁裁决的法定事由

当事人提出证据证明裁决有下列情形之一的，可以向仲裁委员会所在地的中级人民法院申请撤销裁决：

（1）没有仲裁协议的；

（2）裁决的事项不属于仲裁协议的范围或者仲裁委员会无权仲裁的；

（3）仲裁庭的组成或者仲裁的程序违反法定程序的；

(4) 裁决所依据的证据是伪造的；
(5) 对方当事人隐瞒了足以影响公正裁决的证据的；
(6) 仲裁员在仲裁该案时有索贿受贿，徇私舞弊，枉法裁决行为的。

当事人申请撤销裁决的，应当自收到裁决书之日起6个月内向仲裁机构所在地的中级人民法院提出。

2. 仲裁裁决被撤销的法律后果

仲裁裁决被人民法院依法撤销后，当事人之间的纠纷并未解决。根据《仲裁法》的规定，当事人就该纠纷可以根据双方重新达成的仲裁协议申请仲裁，也可以向人民法院起诉。

（六）仲裁裁决的执行

1. 仲裁裁决的强制执行力

《仲裁法》规定，仲裁裁决作出后，当事人应当履行裁决。一方当事人不履行的，另一方当事人可以依照民事诉讼法的有关规定，向人民法院申请执行。

仲裁裁决的强制执行应当向有管辖权的法院提出申请。被执行人在中国境内的，国内仲裁裁决由被执行人住所地或被执行人财产所在地的人民法院执行；涉外仲裁裁决，由被执行人住所地或被执行人财产所在地的中级人民法院执行。

申请仲裁裁决强制执行必须在法律规定的期限内提出。根据《民事诉讼法》（2007）第215条的规定，申请执行的期间为两年。申请执行时效的中止、中断，适用法律有关诉讼时效中止、中断的规定。申请仲裁裁决强制执行的期限，自仲裁裁决书规定履行期限或仲裁机构的仲裁规则规定履行期间的最后1日起计算。仲裁裁决书规定分期履行的，依规定的每次履行期间的最后1日起计算。

2. 仲裁裁决的不予执行

根据《仲裁法》、《民事诉讼法》的规定，被申请提出证据证明裁决有下列情形之一的，经人民法院组成合议庭审查核实，裁定不予执行：
(1) 当事人在合同中没有仲裁条款或者事后没有达成书面仲裁协议的；
(2) 裁决的事项不属于仲裁协议的范围或者仲裁机构无权仲裁的；
(3) 仲裁庭的组成或者仲裁的程序违反法定程序的；
(4) 认定事实的主要证据不足的；
(5) 适用法律确有错误的；
(6) 仲裁员在仲裁该案时有索贿受贿、徇私舞弊、枉法裁决行为的。

仲裁裁决被法院依法裁定不予执行的，当事人就该纠纷可以重新达成仲裁协议，并依据该仲裁协议申请仲裁，也可以向法院提起诉讼。

三、涉外仲裁的特别规定

（一）涉外仲裁的基本类型

涉外仲裁是指具有涉外因素的仲裁。《最高人民法院关于贯彻执行〈中华人民共和国民法通则〉若干问题的意见（试行）》中规定，凡民事关系的一方或者双方当事人是外国人、无国籍人、外国法人的，民事关系的标的物在外国领域内的；产生、变更或者消灭民事权利义务关系的法律事实发生在国外的，均为涉外民事关系。

在我国，就主体而言，涉外仲裁基本包括3种类型：
(1) 一方当事人是中国公司企业、另一方是外国公司的仲裁；
(2) 双方当事人都是外国公司的仲裁；
(3) 涉及港澳台的案件参照涉外案件处理。《仲裁法》规定，涉外经济贸易、运输和海事中发生的纠纷的仲裁，适用关于涉外仲裁的特别规定。

我国建筑业企业对外承接工程日益增多，建设工程纠纷中涉外案件的数量也不断增长，涉外仲裁将发挥更加重要的作用。

（二）涉外仲裁机构

《仲裁法》规定，涉外仲裁委员会可以由中国国际商会组织设立。

我国依据《仲裁法》设立的涉外仲裁机构是中国国际经济贸易仲裁委员会和中国海事仲裁委员会。目前，中国境内的涉外案件主要由中国国际经济贸易仲裁委员会受理。该仲裁委员会自2000年起也开始受理国内案件。

1995年之后，按照《仲裁法》的规定，在直辖市和省、自治区人民政府所在地的市以及其他设区的市也设立或重新组建了一批常设仲裁机构。国务院办公厅《关于贯彻实施〈中华人民共和国仲裁法〉需要明确的几个问题的通知》中规定，新组建的仲裁委员会的主要职责是受理国内仲裁案件；涉外仲裁案件的当事人自愿选择新组建的仲裁委员会仲裁的，新组建的仲裁委员会可以受理。

（三）涉外仲裁案件的证据、财产保全

《民事诉讼法》规定，当事人申请采取财产保全的，中华人民共和国的涉外仲裁机构应当将当事人的申请，提交被申请人住所地或者财产所在地的中级人民法院裁定。

《最高人民法院关于人民法院执行工作若干问题的规定（试行）》中规定："在涉外仲裁过程中，当事人申请财产保全，经仲裁机构提交人民法院的，由被申请人住所地或被申请保全的财产所在地的中级人民法院裁定并执行；申请证据保全的，由证据所在地的中级人民法院裁定并执行。"据此，与国内仲裁案件不同，涉外仲裁案件的财产、证据保全均是由有管辖权的中级人民法院裁定并执行。

（四）涉外仲裁案件裁决的执行

《仲裁法》规定，涉外仲裁委员会作出的发生法律效力的仲裁裁决，当事人请求执行的，如果被执行人或者其财产不在中华人民共和国领域内，应当由当事人直接向有管辖权的外国法院申请承认和执行。

《承认和执行外国仲裁裁决公约》规定，成员国要保证和承认任何公约成员国做出的仲裁裁决。我国1986年12月加入该公约，1987年4月22日该公约正式对我国生效。该公约目前已有140多个缔约国家和地区，外国执行中国的涉外裁决将依据该公约规定的条件办理。在执行程序上各国依其国内法律的规定，但对裁决的审查都限于该公约第5条规定的理由。

被申请执行人所属国家不是《承认和执行外国仲裁裁决公约》成员国的，如果双方存在双边条约或协定，则根据双边条约或双边协定中订立的有关相互承认和执行仲裁裁决的内容进行。我国已同世界上140多个国家和地区订有双边贸易协定，在这些协定中一般都含有关于通过仲裁方式解决贸易争议的规定，并且大多约定缔约双方都应设法保证由被申请执行仲裁裁决的国家主管部门根据适用的法律规定，承认并执行仲裁裁决。此外，我国与60多个国家和地区也订立了双边投资保护协定，在这些双边协定中大多都规定了相互承认和执行仲裁裁决。我国还与许多国家签订了有关民商事司法互助的协定，在这些司法互助协定中往往也涉及相互承认和执行在对方境内作出的裁决问题。

如果我国与某一国家签订的双边贸易协定、双边投资保护协议或者司法互助协定中有关裁决的承认和执行的条件比《承认和执行外国仲裁裁决公约》规定的条件更为优惠，即使双方均是该公约的缔约国，裁决的承认和执行仍可依据有关协定以更便利的方式执行。

1999年6月21日中国内地和香港签署了《关于内地与香港特别行政区相互执行仲裁裁决的安排》。这是两地司法协助的重要组成部分，是一个主权国家内不同法律区域间的司法安排。

第四节 仲裁的调解、和解制度与争议评审

一、调解、和解的规定
我国的调解方式主要有人民调解、行政调解、仲裁调解、法院调解和专业机构调解等。

（一）人民调解
《中华人民共和国人民调解法》（以下简称《人民调解法》）规定，人民调解"是指人民调解委员会通过说服、疏导等方式，促使当事人在平等协商基础上自愿达成调解协议，解决民间纠纷的活动"。人民调解制度作为一种司法辅助制度，是人民群众自己解决纠纷的法律制度，也是一种具有中国特色的司法制度。

1. 人民调解的原则和人员机构

人民调解的基本原则是：

（1）当事人自愿原则；

（2）当事人平等原则；

（3）合法原则；

（4）尊重当事人权利原则。

人民调解的组织形式是人民调解委员会。《人民调解法》规定，人民调解委员会是村民委员会和居民委员会下设的调解民间纠纷的群众性自治组织，在人民政府和基层人民法院指导下进行工作。人民调解委员会由3至9人组成，设主任1人，必要时可以设副主任若干人。

人民调解员由人民调解委员会委员和人民调解委员会聘任的人员担任。人民调解员应当具备的基本条件是：

（1）公道正派；

（2）热心人民调解工作；

（3）具有一定文化水平；

（4）有一定的法律知识和政策水平；

（5）成年公民。

2. 人民调解的程序和调解协议

人民调解应当遵循的程序主要是：

（1）当事人申请调解；

（2）人民调解委员会主动调解；

（3）指定调解员或由当事人选定调解员进行调解；

（4）达成协议；

（5）调解结束。

经人民调解委员会调解达成调解协议的，可以制作调解协议书。当事人认为无须制作调解协议的，可以采取口头协议的方式，人民调解员应当记录协议内容。经人民调解委员会调解达成的调解协议具有法律约束力，当事人应当按照约定履行。当事人就调解协议的履行或者调解协议的内容发生争议的，一方当事人可以向法院提起诉讼。

经人民调解委员会调解达成调解协议后，双方当事人认为有必要的，可以自调解协议生效之日起30日内共同向人民法院申请司法确认。人民法院依法确认调解协议有效，一方当事人拒绝履行或者未全部履行的，对方当事人可以向人民法院申请强制执行。

（二）行政调解

行政调解是指国家行政机关应纠纷当事人的请求，依据法律、法规和政策，对属于其职权管辖范围内的纠纷，通过耐心的说服教育，使纠纷的双方当事人互相谅解，在平等协商的基础上达成一致协议，促成当事人解决纠纷。

行政调解分为两种：

（1）基层人民政府，即乡、镇人民政府对一般民间纠纷的调解；

（2）国家行政机关依照法律规定对某些特定民事纠纷或经济纠纷或劳动纠纷等进行的调解。

行政调解属于诉讼外调解。行政调解达成的协议也不具有强制约束力。

（三）仲裁调解

仲裁调解是仲裁机构对受理的仲裁案件进行的调解。

仲裁庭在作出裁决前，可以先行调解。当事人自愿调解的，仲裁庭应当调解。调解不成的，应当及时作出裁决。调解达成协议的，仲裁庭应当制作调解书或者根据协议的结果制作裁决书。调解书与裁决书具有同等法律效力。调解书经双方当事人签收后，即发生法律效力。在调解书签收前当事人反悔的，仲裁庭应当及时作出裁决。

调解可以在仲裁程序中进行，即在征得当事人同意后，仲裁庭在仲裁程序进行过程中担任调解员的角色，对其审理的案件进行调解，以解决当事人之间的争议。

仲裁与调解相结合是中国仲裁制度的特点。该做法将仲裁和调解各自的优点紧密结合起来，不仅有助于解决当事人之间的争议，还有助于保持当事人的友好合作关系，具有很大的灵活性和便利性。

（四）法院调解

《民事诉讼法》规定："人民法院审理民事案件，根据当事人自愿的原则，在事实清楚的基础上，分清是非，进行调解。"法院调解是人民法院对受理的民事案件、经济纠纷案件和轻微刑事案件在双方当事人自愿的基础上进行的调解，是诉讼内调解。法院调解书经双方当事人签收后，即具有法律效力，效力与判决书相同。在民事诉讼中，除适用特别程序的案件和当事人有严重违法行为，需给予行政处罚的经济纠纷案件的情形外，各案件均可适用调解。

1. 调解方法

《民事诉讼法》规定，人民法院进行调解，可以由审判员一人主持，也可以由合议庭主持，并尽可能就地进行。人民法院进行调解，可以用简便方式通知当事人、证人到庭。

人民法院进行调解，可以邀请有关单位和个人协助。被邀请的单位和个人，应当协助人民法院进行调解。

2. 调解协议

调解达成协议，必须双方自愿，不得强迫。调解协议的内容不得违反法律规定。

调解达成协议，人民法院应当制作调解书。调解书应当写明诉讼请求、案件的事实和调解结果。调解书由审判员、书记员署名，加盖人民法院印章，送达双方当事人。调解书经双方当事人签收后，即具有法律效力。

但是，下列案件调解达成协议，人民法院可以不制作调解书：

（1）调解和好的离婚案件；

（2）调解维持收养关系的案件；

（3）能够即时履行的案件；

（4）其他不需要制作调解书的案件。对不需要制作调解书的协议，应当记入笔录，由双方当事人、审判人员、书记员签名或者盖章后，即具有法律效力。

调解未达成协议或者调解书送达前一方反悔的，人民法院应当及时判决。

(五) 专业机构调解

近年来，我国出现了以处理民商事法律纠纷的专业调解机构，如中国国际商会（中国贸促会）调解中心和北京仲裁委员会。专业机构调解是当事人在发生争议前或争议后，协议约定由指定的具有独立调解规则的机构按照其调解规则进行调解。所谓调解规则，是指调解机构、调解员以及调解当事人之间在调解过程中所应遵守的程序性规范。专业调解机构进行调解达成的调解协议对当事人双方均有约束力。目前，具有独立调解规则的专业调解机构并不多。

专业调解机构备有调解员名单，供当事人在个案中指定。调解员由专业调解机构聘请经济、贸易、金融、投资、知识产权、工程承包、运输、保险、法律等领域里具有专门知识及实际经验、公道正派的人士担任。

【案例 9-4】

某施工企业承接某高校实验楼的改造工程，后因工程款发生纠纷。施工企业按照合同的约定提起仲裁，索要其认为的尚欠工程款。由于期间实验楼因实施规划要求已被拆除，很难通过造价鉴定对工程款数额作出认定。仲裁庭在审理期间主持调解。双方均接受调解结果，并当庭签署调解协议。

【问题】

(1) 当事人不愿调解的，仲裁庭可否强制调解？
(2) 仲裁庭调解不成的应该怎么办？
(3) 调解书的法律效力如何？
(4) 调解书何时发生法律效力？

【分析】

(1) 按照《仲裁法》第五十一条第一款规定："仲裁庭在作出裁决前，可以先行调解。当事人自愿调解的，仲裁庭应当调解。"但是，仲裁庭不能强行调解。

(2) 按照《仲裁法》的规定，调解不成的，应当及时作出裁决。

(3) 《仲裁法》第五十一条第二款规定："调解达成协议的，仲裁庭应当制作调解书或者根据协议的结果制作裁决书。调解书与裁决书具有同等法律效力。"

(4) 按照《仲裁法》的规定，调解书经双方当事人签收后，即发生法律效力。

(六) 和解的规定

和解与调解的区别在于：和解是当事人之间自愿协商，达成协议，没有第三人参加，而调解是在第三人主持下进行疏导、劝说，使之相互谅解，自愿达成协议。

1. 和解的类型

和解的应用很灵活，可以在多种情形下达成和解协议。

(1) 诉讼前的和解　诉讼前的和解是指发生诉讼以前，双方当事人互相协商达成协议，解决双方的争执。这是一种民事法律行为，是当事人依法处分自己民事实体权利的表现。和解成立后，当事人所争执的权利即归确定，所抛弃的权利随即消失，当事人不得任意反悔要求撤销。但是，如果和解所依据的文件，事后发现是伪造或涂改的；和解事件已为法院判决所确定，而当事人于和解时不知情的；当事人对重要的争执有重大误解而达成协议的，当事人都可以要求撤销和解。

(2) 诉讼中的和解　诉讼中的和解是当事人在诉讼进行中互相协商，达成协议，解决双方的争执。《民事诉讼法》规定："双方当事人可以自行和解。"这种和解在法院作出判决前，当事人都可以进行。当事人可以就整个诉讼标的达成协议，也可以就诉讼的个别问题达成协议。诉讼阶段的和解没有法律效力。当事人和解后，可以请求法院调解，制作调解书，经当事人签名盖章产生法律效力，从而结束诉讼程序的全部或一部。结束全部程序的，即视为当事人撤销诉讼。

（3）执行中的和解　执行中的和解是在发生法律效力的民事判决、裁定后，法院在执行中，当事人互相协商，达成协议，解决双方的争执。《民事诉讼法》规定，在执行中，双方当事人自行和解达成协议的，执行员应当将协议内容记入笔录，由双方当事人签名或者盖章。一方当事人不履行和解协议的，人民法院可以根据对方当事人的申请，恢复对原生效法律文书的执行。

（4）仲裁中的和解　《仲裁法》规定，当事人申请仲裁后，可以自行和解。和解是双方当事人的自愿行为，不需要仲裁庭的参与。达成和解协议的，可以请求仲裁庭根据和解协议作出裁决书，也可以撤回仲裁申请。当事人达成和解协议，撤回仲裁申请后又反悔的，可以根据仲裁协议申请仲裁。

2. 和解的效力

和解达成的协议不具有强制约束力，如果一方当事人不按照和解协议执行，另一方当事人不可以请求人民法院强制执行，但可以向法院提起诉讼，也可以根据约定申请仲裁。

法院或仲裁庭通过对和解协议的审查，对于意思真实而又不违反法律强制性或禁止性规定的和解协议予以支持，也可以支持遵守协议方要求违反协议方就不执行该和解协议承担违约责任的请求。但是，对于一方非自愿作出的或违反法律强制性或禁止性规定的和解协议不予支持。

【案例 9-5】

某施工企业承接某开发商的住宅工程项目，在工程竣工后双方因结算款发生纠纷。施工企业按照合同的约定提起诉讼，索要其认为尚欠的结算款。开发商在法院作出判决之前，与施工企业就其起诉的所有事宜达成一致。

【问题】

（1）当事人能否在诉讼期间自行和解？

（2）诉讼阶段的和解如何才能产生法律效力？

（3）当事人就诉讼的所有事宜均已达成和解，诉讼程序该如何继续？

【分析】

（1）《民事诉讼法》第五十一条规定："双方当事人可以自行和解。"这种和解在法院作出判决前，当事人都可以进行。

（2）诉讼阶段的和解没有法律效力。本案中的开发商与施工企业和解后，可以请求法院调解。《民事诉讼法》第八十九条规定："调解达成协议，人民法院应当制作调解书。""调解书经双方当事人签收后，即具有法律效力。"

（3）本案中，开发商与施工企业就诉讼的全部事宜达成和解并经法院制作调解书，经当事人签名盖章后产生法律效力，即结束诉讼程序的全部，视为当事人撤销诉讼。

二、争议评审机制的规定

建设工程争议评审（以下简称争议评审），是指在工程开始时或工程进行过程中当事人选择的独立于任何一方当事人的争议评审专家（通常是3人，小型工程1人）组成评审小组，就当事人发生的争议及时提出解决问题的建议或者作出决定的实时争议解决方式。当事人通过协议授权评审组调查、听证、建议或者裁决。一个评审组在工程进程中可能会持续解决很多的争议。如果当事人不接受评审组的建议或者裁决，仍可通过仲裁或者诉讼的方式解决争议。

采用争议评审的方式，有利于及时化解争议，防止争议扩大与拖延而造成不必要的损失或浪费，保障建设工程的顺利进行。

（一）争议评审制度的起源与发展

1. 争议评审制度的起源

争议评审制度起源于美国，其概念在20世纪60年代美国华盛顿州Boundary大坝工程中首次应用，当时的联合技术质询针针对一些争议问题提出了建议。但这还不是真正意义上的争议评审。建设工程争议评审委员会（Dispute Review Board，现称Dispute Resolu-tion Board，简称DRB）制度最早在1975年美国科罗拉多州艾森豪威尔隧道工程中采用，取得了成功。这条隧道的土建、电气和装修三个合同共计1.28亿美元，都采用了争议评审的方式解决争议，在4年工期内有28次不同的争议听证和评审，而DRB的意见都得到了双方尊重而未发生仲裁或诉讼，在美国赢得了较大的正面效应。美国由14个建筑业有关机构和代表组成的美国建筑争议解决委员会，协助美国仲裁协会（AAA）制定了一种可供应建筑业选择使用的非诉讼纠纷解决程序（Alternative DisputeResolution，简称ADR）。

世界银行关注到美国的实践，逐渐在其贷款项目中试用。1980年至1986年由世界银行和泛美开发银行贷款的洪都拉斯EL Cajon大坝项目首次在国际项目工程中采用争议评审机制。该项目金额高达2030万美元的5次争议均由DRB调解成功并为争议双方所接受，工程按期完工，DRB费用仅为30万美元。至2006年，有超过2000宗国际性项目使用或计划使用争议评审为纠纷解决机制，项目建设总值超过1000亿美元。

2. 争议评审制度的发展

据DRB网站的统计，采用争议评审的项目提交法院或仲裁解决的争议数量评价为每个项目1.2件，远远少于未来用争议评审的项目最终提交法院或仲裁解决争议的数量。争议评审是一种相对较为理想的纠纷解决机制。如果项目争议事项不大，则花费可低至项目最终建设合同造价的0.05%。当然，如果项目难度高且存在重大争议，则费用可达合同造价0.25%。

1995年1月，世界银行开始在其招标文件中强制要求其贷款的项目必须采用争议评审制度。同年，国际咨询工程师协会（FIDIC）在《设计—建造于交钥匙工程合同条件》中提出了"争议评审"的概念，并相继在其他类型合同条件中引入"争议评审"机制。2004年9月1日，国际商会（ICC）推出《争议小组规则》，明确规定了争议小组的2种类型：①争议裁决组（Dispute Review Board，简称DRB），其决定具有约束力，当事人在另行达成协议或决定被裁决或判决推翻之前要遵照执行；②组合争议组（Combined Dispute Board，简称CDB），可以根据争议的性质和当事人的意识表示就争议做出建议或有约束力的决定。2005年5月，世界银行推出的标准招标文件统一规定为争议小组（Dispute Board，DB），该小组作出决定对双方当事人均有约束力，除非被友好争议解决或仲裁裁决推翻外，当事人应当遵照执行。

争议评审与其他争议解决机制相比的优势是：专业性、快速反应、现场解决问题、创造良好气氛、争议双方不需要律师的介入，以及双方最终仍保留诉讼或仲裁的解决途径。

（二）我国争议评审制度的实践

在我国，争议评审制度的运用还较少，只有一些世界银行贷款项目如二滩水电站工程项目、黄河小浪底水利枢纽项目、万家寨水利工程项目、昆明掌鸠河引水供水工程等运用了争议评审机制，均取得良好效果。

（三）我国对争议评审的规定

2007年11月1日国家发改委、建设部、信息产业部等9部门联合颁布了《中华人民共和国标准施工招标文件》（以下简称《标准施工招标文件》），其中"通用合同条款"的争议解决条款部分规定了争议评审内容，即当事人之间的争议在提交仲裁或者诉讼前可以申请由专家组成的评审组进行评审。

《标准施工招标文件》中规定：采用争议评审的，发包人和承包人应在开工日后的28天内或在争议发生后，协商成立争议评审组。争议评审组由有合同管理和工程实践经验的专家组成。

合同双方的争议，应首先由申请人向争议评审组提交一份详细的评审申请报告，并附必要的文件、图纸和证明材料，申请人还应将上述报告的副本同时提交给被申请人和监理人。被申请人在收到申请人评审申请报告副本后的28天内，向争议评审组提交一份答辩报告，并附证明材料。被申请人应将答辩报告的副本同时提交给申请人和监理人。除专用合同条款另有约定外，争议评审组在收到合同双方报告后的14天内，邀请双方代表和有关人员举行调查会，向双方调查争议细节；必要时争议评审组可要求双方进一步提供补充材料。除专用合同条款另有约定外，在调查会结束后的14天内，争议评审组应在不受任何干扰的情况下进行独立、公正的评审，作出书面评审意见，并说明理由。在争议评审期间，争议双方暂按总监理工程师的确定执行。

发包人和承包人接受评审意见的，由监理人根据评审意见拟定执行协议，经争议双方签字后作为合同的补充文件，并遵照执行。发包人或承包人不接受评审意见，并要求提交仲裁或提起诉讼的，应在收到评审意见后的14天内将仲裁或起诉意向书面通知另一方，并抄送监理人，但在仲裁或诉讼结束前应暂按总监理工程师的确定执行。为了促进我国工程建设领域的当事人运用争议评审机制，及时化解纠纷，保障建设工程顺利进行，中国国际经济贸易仲裁委员会和北京仲裁委员会都依据《标准施工招标文件》，并参考国际商会的《争议小组规则》以及FIDIC合同条件中的相关规定，制定了各自的建设工程争议评审规则。

【案例9-6】

某施工企业承接某高速公路施工项目。该合同的争议解决条款部分，按照2007年11月1日国家发改委、建设部、信息产业部等9部门联合颁布的《标准施工招标文件》中"通用合同条款"的规定，约定了争议评审机制。在合同签订后，双方就争议评审组的组成及工作签署了协议，确定评审组的建议对双方不具有约束力。双方在合同中约定了仲裁条款。在施工过程中，评审组就施工企业提出的争议事宜做出了评审意见，发包方对评审意见不予认可，予以拒绝。

【问题】

1. 发包方可以拒绝执行评审组的意见吗？
2. 若发包方不接受评审组的意见，施工企业还有其他的解决途径吗？
3. 按照2007年11月1日国家发改委、建设部、信息产业部等9部门联合颁布的《标准施工招标文件》中的"通用合同条款"的争议解决条款部分约定的争议评审机制，评审组的意见怎样才能产生效力？

【分析】

（1）按照国家发改委、建设部、信息产业部等9部门联合颁布的《标准施工招标文件》

中的"通用合同条款"的争议解决条款部分约定的争议评审机制,评审组的意见不具有法律效力。发包方可以拒绝执行评审组的意见。

（2）当事人一方不接受评审意见,可按照合同的约定,将争议提交仲裁或者诉讼。

（3）按照《标准施工招标文件》中的"通用合同条款"的争议解决条款部分约定的争议评审机制,发包人和承包人接受评审意见的,由监理人根据评审意见拟定执行协议,经争议双方签字后作为合同的补充文件,即发生法律效力。

第五节 行政复议和行政诉讼制度

行政复议、行政诉讼处理和解决的都是行政争议,但二者又有着明显区别。行政复议,是指行政机关根据上级行政机关对下级行政机关的监督权,在当事人的申请和参加下,按照行政复议程序对具体行政行为进行合法性和适当性审查,并作出决定以解决行政侵权争议的活动。行政诉讼,是指人民法院应当事人的请求,通过审查具体行政行为合法性的方式,解决特定范围内行政争议的活动。行政诉讼和民事诉讼、刑事诉讼构成我国的基本诉讼制度。

此外,行政复议以具体行政行为为审查对象,但可应当事人的申请,依法附带审查该具体行政行为所依据的行政机关相关规定（即抽象行政行为）的合法性,而行政诉讼只对具体行政行为进行审查;行政复议不仅审查具体行政行为的合法性,也审查具体行政行为的适当性,行政诉讼只审查具体行政行为的合法性;具体行政行为经行政复议后,对行政复议不服的,绝大多数情况下还可依法再提起行政诉讼,但不允许经行政诉讼裁判生效后就同一行政纠纷再提行政复议。

一、行政复议的有关规定

（一）行政复议范围

行政复议的目的,是为了防止和纠正违法的或者不当的具体行政行为,保护公民、法人和其他组织的合法权益,保障和监督行政机关依法行使职权。因此,只要是公民、法人或者其他组织认为行政机关的具体行政行为侵犯其合法权益,就有权向行政机关提出行政复议申请。

根据《行政复议法》的规定,有11项可申请行政复议的具体行政行为,结合建设工程实践,其中7种尤为重要:

（1）对行政机关作出的警告、罚款、没收违法所得、没收非法财物、责令停产停业、暂扣或者吊销许可证、暂扣或者吊销执照、行政拘留等行政处罚决定不服的;

（2）对行政机关作出的限制人身自由或者查封、扣押、冻结财产等行政强制措施决定不服的;

（3）行政机关作出的有关许可证、执照、资质证、资格证等证书变更、中止、撤销的决定不服的;

（4）认为行政机关侵犯合法的经营自主权的;

（5）认为行政机关违法集资、征收财物、摊派费用或者违法要求履行其他义务的;

（6）认为符合法定条件,申请行政机关颁发许可证、执照、资质证、资格证等证书,或者申请行政机关审批、登记有关事项,行政机关没有依法办理的;

（7）认为行政机关的其他具体行政行为侵犯其合法权益的。

此外,公民、法人或者其他组织认为行政机关的具体行政行为所依据的下列规定不合法,在对具体行政行为申请行政复议时,可以一并向行政复议机关提出对该规定的审查申请：

(1) 国务院部门的规定；

(2) 县级以上地方各级人民政府及其工作部门的规定；

(3) 乡、镇人民政府的规定。

但以上规定不含国务院部、委员会规章和地方人民政府规章。规章的审查依照法律、行政法规办理。

下列事项应按规定的纠纷处理方式解决，不能提起行政复议：

(1) 不服行政机关作出的行政处分或者其他人事处理决定的，应当依照有关法律、行政法规的规定提起申诉；

(2) 不服行政机关对民事纠纷作出的调解或者其他处理，应当依法申请仲裁或者向法院提起诉讼。

（二）行政复议申请

公民、法人或者其他组织认为具体行政行为侵犯其合法权益的，可以自知道该具体行政行为之日起 60 日内提出行政复议申请；但法律规定的申请期限超过 60 日的除外。因不可抗力或者其他正当理由耽误法定申请期限的，申请期限自障碍消除之日起继续计算。

依法申请行政复议的公民、法人或者其他组织是申请人。作出具体行政行为的行政机关是被申请人。申请人可以委托代理人代为参加行政复议。申请人申请行政复议，可以书面申请，也可以口头申请。

对于行政复议，应当按照《行政复议法》的规定向有权受理的行政机关申请，如"对县级以上地方各级人民政府工作部门的具体行政行为不服的，由申请人选择，可以向该部门的本级人民政府申请行政复议，也可以向上一级主管部门申请行政复议"。

申请行政复议，凡行政复议机关已经依法受理的，或者法律、法规规定应当先向行政复议机关申请行政复议、对行政复议决定不服再向人民法院提起行政诉讼的，在法定行政复议期限内不得向人民法院提起行政诉讼。公民、法人或者其他组织向人民法院提起行政诉讼。人民法院已经依法受理的，不得申请行政复议。

（三）行政复议受理

行政复议机关收到行政复议申请后，应当在 5 日内进行审查，依法决定是否受理，并书面告知申请人；对符合行政复议申请条件，但不属于本机关受理范围的，应当告知申请人向有关行政复议机关提出。

在行政复议期间，行政机关不停止执行该具体行政行为，但有下列情形之一的，可以停止执行：

(1) 被申请人认为需要停止执行的；

(2) 行政复议机关认为需要停止执行的；

(3) 申请人申请停止执行，行政复议机关认为其要求合理，决定停止执行的；

(4) 法律规定停止执行的。

（四）行政复议决定

行政复议原则上采取书面审查的办法，但申请人提出要求或者行政复议机关负责法制工作的机构认为有必要时，可以向有关组织和人员调查情况，听取申请人、被申请人和第三人的意见。行政复议决定作出前，申请人要求撤回行政复议申请的，经说明理由，可以撤回，撤回行政复议申请的，行政复议终止。

行政复议机关应当在受理行政复议申请之日起 60 日内作出行政复议决定，其主要类型如下。

(1) 对于具体行政行为认定事实清楚，证据确凿，适用依据正确，程序合法，内容适当的,决定维持。

(2) 对于被申请人不履行法定职责的,决定其在一定期限内履行。

(3) 对于具体行政行为有下列情形之一的,决定撤销、变更或者确认该具体行政行为违法:

① 主要事实不清、证据不足的;
② 适用依据错误的;
③ 违反法定程序的;
④ 超越或者滥用职权的;
⑤ 具体行政行为明显不当的。

对于决定撤销或者确认该具体行政行为违法的,可以责令被申请人在一定期限内重新作出具体行政行为。申请人在申请行政复议时可以一并提出行政赔偿请求,行政复议机关对符合国家赔偿法有关规定应当给予赔偿的,在决定撤销、变更具体行政行为或者确认具体行政行为违法时,应同时决定被申请人依法给予赔偿。

二、行政诉讼的有关规定

(一) 行政诉讼受案范围

行政诉讼受案范围是指哪些行政争议可以进入行政诉讼加以解决。该受案范围确定了行政机关行政行为受司法监督的限度,以及公民、法人或其他组织获得司法救济的范围。

《行政诉讼法》规定,法院受理公民、法人和其他组织对下列具体行政行为不服提起的诉讼:

(1) 对拘留、罚款、吊销许可证和执照、责令停产停业、没收财物等行政处罚不服的;

(2) 对限制人身自由(如强制隔离、强制约束)或者对财产的查封、扣押、冻结等行政强制措施不服的;

(3) 认为行政机关侵犯法律规定的经营自主权的;

(4) 认为符合法定条件申请行政机关颁发许可证和执照,行政机关拒绝颁发或者不予答复的;

(5) 申请行政机关履行保护人身权、财产权的法定职责,行政机关拒绝履行或者不予答复的;

(6) 认为行政机关没有依法发给抚恤金的(如伤残抚恤金、遗属抚恤金、福利金、救济金等);

(7) 认为行政机关违法要求履行义务的(如财产义务、行为义务,典型表现为乱收费、乱摊派);

(8) 认为行政机关侵犯其他人身权、财产权的;

(9) 法律、法规规定可以提起行政诉讼的其他行政案件。

但是,法院不受理公民、法人或者其他组织对下列事项提起的诉讼:

(1) 国防、外交等国家行为;

(2) 行政法规、规章或者行政机关制定、发布的具有普遍约束力的决定、命令;

(3) 行政机关对行政机关工作人员的奖惩、任免等决定;

(4) 法律规定由行政机关最终裁决的具体行政行为。

(二) 行政诉讼管辖、起诉、受理

行政诉讼管辖指不同级别和地域的人民法院之间在受理第一审行政案件的权限分工。

1. 级别管辖

行政诉讼案件一般都由基层人民法院管辖，有下列情形之一的，应当由中级人民法院管辖第一审行政案件：

(1) 确认发明专利权的案件、海关处理的案件；

(2) 对国务院各部门或者省、自治区、直辖市人民政府所作的具体行政行为提起诉讼的案件；

(3) 本辖区内重大、复杂的案件。

高级人民法院和最高人民法院只管辖本辖区范围内重大、复杂行政诉讼案件。

2. 一般地域管辖

行政案件由最初作出具体行政行为的行政机关所在地人民法院管辖。经复议的案件，复议机关改变原具体行政行为的，也可以由复议机关所在地人民法院管辖。对限制人身自由的行政强制措施不服提起的诉讼，由被告所在地或者原告所在地人民法院管辖。因不动产提起的行政诉讼，由不动产所在地人民法院管辖。两个以上人民法院都有管辖权的案件，原告可以选择其中一个人民法院提起诉讼。原告向两个以上有管辖权的人民法院提起诉讼的，由最先收到起诉状的人民法院管辖。

3. 起诉

提起诉讼应当符合下列条件：

(1) 原告是认为具体行政行为侵犯其合法权益的公民、法人或者其他组织；

(2) 有明确的被告；

(3) 有具体的诉讼请求和事实根据；

(4) 属于人民法院受案范围和受诉人民法院管辖。

行政争议未经行政复议，由当事人直接向法院提起行政诉讼的，除法律另有规定的外，应当在知道作出具体行政行为之日起 3 个月内起诉。经过行政复议但对行政复议决定不服而依法提起行政诉讼的，应当在收到行政复议决定书之日起 15 日内起诉；若行政复议机关逾期不作复议决定的，除法律另有规定的外，应当在行政复议期满之日起 15 日内起诉。

4. 受理

人民法院接到起诉状，经审查，应当在 7 日内立案或者作出裁定不予受理。原告对裁定不服的，可以提起上诉。

（三）行政诉讼的审理

《行政诉讼法》规定，行政诉讼期间，除该法规定的情形外，不停止具体行政行为的执行。法院审理行政案件，不适用调解。除涉及国家秘密、个人隐私和法律另有规定的外，人民法院公开审理行政案件。

人民法院审理行政案件，以法律和行政法规、地方性法规为依据。地方性法规适用于本行政区域内发生的行政案件；审理民族自治地方的行政案件，并以该民族自治地方的自治条例和单行条例为依据。人民法院审理行政案件，参照国务院部、委根据法律和国务院的行政法规、决定、命令制定、发布的规章以及省、自治区、直辖市和省、自治区的人民政府所在地的市和经国务院批准的较大的市的人民政府根据法律和国务院的行政法规制定、发布的规章。经人民法院两次合法传唤，原告无正当理由拒不到庭的，视为申请撤诉；被告无正当理由拒不到庭的，可以缺席判决。

（四）判决

法院对行政诉讼的一审判决有如下几种。

(1) 认为具体行政行为证据确凿，适用法律、法规正确，符合法定程序的，判决维持。

(2) 认为具体行政行为有下列情形之一，判决撤销或者部分撤销，并可以判决被告重新作出具体行政行为：① 主要证据不足的；② 适用法律、法规错误的；③ 违反法定程序的；④ 超越职权的；⑤ 滥用职权的。

（3）认为被告不履行或拖延履行法定职责，判决其在一定限期内履行。

（4）认定行政处罚显失公正（即同类型的行政处罚畸轻畸重，明显的不公正）的，可以判决变更。

（5）认为原告的诉讼请求依法不能成立，直接判决否定原告的诉讼请求。

（6）通过对被诉具体行政行为的审查，确认被诉具体行政行为合法或违法的判决。

我国实行二审终审制。当事人不服人民法院第一审判决的，有权在判决书送达之日起15日内向上一级人民法院提起上诉；不服人民法院第一审裁定的，有权在裁定书送达之日起10日内向上一级人民法院提起上诉。逾期不提起上诉的，人民法院的第一审判决或者裁定发生法律效力。第二审人民法院在二审程序中对上诉案件进行审理，并依法作出驳回上诉、维持原判，或者撤销原判、依法改判，或者裁定撤销原判，发回原审人民法院重审。当事人对已经发生法律效力的判决、裁定，认为确有错误的，可以向原审人民法院或者上一级人民法院提出申诉，但判决、裁定不停止执行。

（五）执行

当事人必须履行人民法院发生法律效力的判决、裁定。公民、法人或者其他组织拒绝履行判决、裁定的，行政机关可以向第一审人民法院申请强制执行，或者依法强制执行。

行政机关拒绝履行判决、裁定的，第一审人民法院可以采取以下措施：

（1）对应当归还的罚款或者应当给付的赔偿金，通知银行从该行政机关的账户内划拨；

（2）在规定期限内不执行的，从期满之日起，对该行政机关按日处50元至100元的罚款；

（3）向该行政机关的上一级行政机关或者监察、人事机关提出司法建议；接受司法建议的机关，根据有关规定进行处理，并将处理情况告知人民法院；

（4）拒不执行判决、裁定，情节严重构成犯罪的，依法追究主管人员和直接责任人员的刑事责任。公民、法人或者其他组织对具体行政行为在法定期间不提起诉讼又不履行的，行政机关可以申请人民法院强制执行，或者依法强制执行。

【案例 9-7】

2000年4月，某建筑公司获准在当地修建其自用的综合楼工程。施工期间，市燃气总公司（简称燃气公司）在2000年5月巡线发现，该楼房基井内可见燃气次高压主管线管道被占压；供应全城燃气的高压主干线与综合楼外墙基础的最小间距低于燃气技术规范，且被该工地的临时建筑占压。当地的区建委于2000年5月20日作出处理决定，责令该建筑公司立即停止施工，由燃气公司将燃气改道工程完成后，经区建委批准方可复工，所需费用由建筑公司承担。同年6月，燃气公司按该决定的要求将改道方案送达区建委批准并向建筑公司去函，要求及时支付改道费用，以彻底消除隐患。但建筑公司未执行区建委的停工决定，对燃气公司未函不予理睬，继续强行施工，并于2001年8月将综合楼建成。期间，燃气公司多次派员接洽、制止无果，致使该大楼占压高压、次高压燃气管道的严重安全隐患未能排除。据此，该市建委认为，建筑公司行为违反了《城市燃气管理办法》第12条、第13条的规定，依据该办法第41条、第43条的规定，于2002年7月25日对建筑公司作出行政处罚；罚款三万元；承担整改经费二千元。期间，市建委以《建设行政处罚听证告知书》、《行政处罚事先告知书》向建筑公司告知陈述、申辩和听证权，使用国内特快专递送达，取得收件人夏某的快递回执；但并未举行听证会。随后，建筑公司依法提起行政诉讼。

【问题】

(1) 建筑公司对上述行政处罚不服有哪些救济途径？
(2) 建筑公司如果直接提起行政诉讼，应该如何确定起诉期限？
(3) 本案中的行政处罚在处罚程序、适用法律上是否违法？
(4)《城市燃气管理办法》的内容是否属于行政复议机关审查范围？
(5) 如果建筑公司质疑《城市燃气管理办法》的内容合法性，并就此提请行政诉讼，人民法院是否应当受理？

【分析】

(1) 根据《行政复议法》第六条、第十二条，《行政诉讼法》第十一条、第十三条、第十七条及第二十五条规定，就上述罚款的行政处罚，若建筑公司不服，其救济途径有：

① 向该市人民政府或者上级建设行政主管部门提起行政复议；

② 不经提起行政复议，可直接向市建委所在地基层人民法院提起诉讼；

③ 经行政复议且复议机关维持市建委的行政处罚决定，建筑公司仍不服的，有权向市建委所在地基层人民法院以市建委为被告提起行政诉讼；

④ 经行政复议且复议机关改变市建委的行政处罚决定，建筑公司仍不服的，建筑公司有权向市建委所在地或者复议机关所在地基层人民法院以复议机关为被告提起行政诉讼。

(2) 根据《行政诉讼法》第三十九条规定，建筑公司如果直接向人民法院提起诉讼，应当在知道作出具体行政行为之日起3个月内提出。该公司法定代表人于2002年7月25日签收行政处罚决定，则建筑公司提起行政诉讼期限截止于2002年10月24日（含当天）。

(3) 法院审理认为，根据《行政处罚法》第三十二条、第四十二条规定，市建委应当向建筑公司告知陈述、申诉、听证权。但是，市建委虽以书面形式告知，并使用特快专递送达，但实际未送达给建筑公司（经审理查明，快递签收人并非该公司员工，也与该公司无关联），且无证据表明建筑公司事实上行使了陈述、申辩和听证权利。因此，市建委对建筑公司的行政处罚属程序违法。

(4) 根据《行政复议法》第七条规定，公民、法人或者其他组织认为行政机关的具体行政行为所依据的规定不合法，在对具体行政行为申请行政复议时，可以一并向行政复议机关提出对该规定的审查申请，但是不含国务院部、委员会规章。《城市燃气管理办法》是建设部令第62号，属于部门规章。因此，不属于行政复议审查范围。

(5) 根据《行政诉讼法》第十二条规定，人民法院不受理公民、法人或者其他组织对"行政法规、规章或者行政机关制定、发布的具有普遍约束力的决定、命令"提起的诉讼。《城市燃气管理办法》属于建设部的部门规章。因此，不属于人民法院受理行政诉讼范围。

三、侵权的赔偿责任

公民、法人或者其他组织的合法权益受到行政机关或者行政机关工作人员作出的具体行政行为侵犯造成损害的，有权请求赔偿。公民、法人或者其他组织单独就损害赔偿提出请求，应当先由行政机关解决。对行政机关的处理不服，可以向人民法院提起诉讼。赔偿诉讼可以适用调解。

1. 有关侵犯人身权的赔偿规定

按照《中华人民共和国国家赔偿法》的规定，行政机关及其工作人员在行使行政职权时有下列侵犯人身权情形之一的，受害人有取得赔偿的权利：

(1) 违法拘留或者违法采取限制公民人身自由的行政强制措施的；

(2) 非法拘禁或者以其他方法非法剥夺公民人身自由的；

(3) 以殴打、虐待等行为或者唆使、放纵他人以殴打、虐待等行为造成公民身体伤害或者死亡的；

(4) 违法使用武器、警械造成公民身体伤害或者死亡的；

(5) 造成公民身体伤害或者死亡的其他违法行为。

2. 有关侵犯财产权的赔偿规定

行政机关及其工作人员在行使行政职权时有下列侵犯财产权情形之一的，受害人有取得赔偿的权利：

(1) 违法实施罚款、吊销许可证和执照、责令停产停业、没收财物等行政处罚的；

(2) 违法对财产采取查封、扣押、冻结等行政强制措施的；

(3) 违法征收、征用财产的；

(4) 造成财产损害的其他违法行为。

但是，属于下列情形之一的，国家不承担赔偿责任：

(1) 行政机关工作人员与行使职权无关的个人行为；

(2) 因公民、法人和其他组织自己的行为致使损害发生的；

(3) 法律规定的其他情形。

 小知识　　　　　　仲裁制度的产生和发展

仲裁制度是随着商品贸易的发生、发展而产生、建立起来的。早在 1347 年英国就有关于仲裁的记载，1697 年产生了一个仲裁法案。仲裁正式作为一种法律制度，始于中世纪。14 世纪中叶，瑞典地方法规中对仲裁做了规定并于 1887 年制定出了正式的仲裁法。17 世纪末，英国议会正式承认仲裁制度，1889 年英国制定了《仲裁法》，并于 1892 年成立了伦敦仲裁院。仲裁制度的迅速发展是在 20 世纪。仲裁作为解决民事权益争议的一种方式，在世界范围内被普遍承认和应用。我国解放初期，随着经济建设的发展，合同制度普遍推广，合同纠纷不由人民法院审判，而由行政机关组织仲裁，即所谓只裁不审阶段。十一届三中全会以后，确定了两裁两审制度，即实行二级仲裁。1983 年国务院颁布《经济合同仲裁条例》把二级仲裁改为一级仲裁，即所谓一裁两审，仲裁不是必经过程。1995 年 9 月 1 日我国实行的《仲裁法》，使我国的仲裁制度得到了进一步的发展和完善，同时也符合国际惯例。

本章小结

一旦发生建设工程纠纷，必须及时解决。解决建设工程纠纷的基本形式有和解、调解、仲裁和诉讼四种。和解与调解有着各自的特点，它们是解决建设工程纠纷的主要形式。当建设工程纠纷无法通过和解、调解方式来解决时，应当及时地通过仲裁或诉讼方式来解决。仲裁和诉讼解决建设工程纠纷，必须符合一定的条件，并要按照法律规定的相应程序进行。此外，还要注意诉讼时效；若委托代理，还要注意有关代理的法律规定。

无论采取何种形式解决纠纷，证据的作用都是举足轻重的。证据有：书证、物证、视听资料、证人证言、当事人的陈述、鉴定结论和勘验笔录等七种。对证据的基本要求有：真实性、全面性、法律证明效力和及时性四条。因此，一旦发生纠纷要注意证据的收集和保全，以便在解决纠纷时提供和应用，使纠纷得到有利于自己的及时解决，维护自身的正当权益。

复习思考题

1. 建设工程纠纷的类型主要有哪几种？
2. 民事纠纷的法律解决途径有哪些？
3. 简述纠纷处理的仲裁程序。
4. 简述纠纷处理的诉讼程序。
5. 证据的种类有哪些？施工过程中要收集的索赔证据通常有哪些？
6. 简述证据的保全和应用。

课后练习题

一、单项选择

1. 某工程建设项目发生工程款结算纠纷，当地建设行政主管部门组织建设方与施工方进行了商谈但未达成一致意见，上述纠纷属于（　　）。
   A. 民事纠纷　　B. 行政纠纷　　C. 刑事纠纷　　D. 程序纠纷
2. 建设工程纠纷解决的几种途径中，（　　）是依靠国家强制力来实现的。
   A. 和解　　B. 调解　　C. 诉讼　　D. 仲裁
3. 和解，是指（　　）在自愿友好的基础上，互相沟通、互相谅解，从而解决纠纷的一种方式。
   A. 发包人与规划部门　　B. 建设工程纠纷当事人
   C. 承包人与质量监督机构　　D. 仲裁委员会与工程当事人
4. 调解，是指建设工程当事人对法律规定或者合同约定的权利、义务发生纠纷，（　　）依据一定的道德和法律规范，使双方自愿达成协议，以求解决建设工程纠纷的方法。
   A. 第三人　　B. 业主　　C. 施工企业法人　　D. 双方当事人
5. 仲裁委员会收到仲裁申请书之日起（　　）日内，认为符合受理条件的，应当立案。
   A. 3　　B. 4　　C. 5　　D. 6
6. 仲裁庭由（　　）名仲裁员组成时，应设首席仲裁员。
   A. 2　　B. 3　　C. 4　　D. 5
7. 人民法院使用普通程序审理的案件，应当在立案之日起（　　）个月内审结。
   A. 4　　B. 5　　C. 6　　D. 7
8. 在案发现场勘验中，发现一封书信，根据书信中的字体鉴定结论，确定了犯罪嫌疑人。在本案中书信是（　　）。
   A. 书证　　B. 物证　　C. 鉴定结论　　D. 勘验笔录
9. 需要保全证据的情况有两种：一是证据可能灭失，二是（　　）。
   A. 证据为案件人所掌握　　B. 证据在以后难以取得
   C. 证据涉及国家秘密和个人隐私　　D. 证据因客观原因不能自行收集
10. 在证据可能灭失的情况下，诉讼人可以向人民法院申请（　　）。
    A. 开庭质证　　B. 诉讼保全　　C. 重新鉴定　　D. 证据保全

二、多项选择

1. 建设工程纠纷调解解决有以下特点（　　）。
   A. 较经济地解决纠纷　　B. 调解协议具有强制执行的效力
   C. 调解协议不具有强制执行的效力　　D. 调解人的身份没有限制
   E. 有利于消除合同当事人的对立情绪
2. 建设工程纠纷仲裁解决有以下特点（　　）。
   A. 体现当事人的自愿原则　　B. 裁决的终局性

C. 执行的强制性 D. 当事人在仲裁过程中对抗的平等性
  E. 保密性
3. 建设工程纠纷诉讼解决有以下特点（　　）。
  A. 专业性 B. 程序和实体判决严格依法
  C. 当事人在诉讼过程中对抗的平等性 D. 二审终身制
  E. 执行的强制性
4. 民事诉讼中可以作为证据的种类有（　　）。
  A. 物证　　　B. 法庭记录　　　C. 被告人供述　　　D. 当事人的陈述　　　E. 证人证言
5. 根据我国《民事诉讼法》，下列关于证据保全正确的方法是（　　）。
  A. 向证人进行询问调查，记录证人证言
  B. 对文书、物品等进行录像、拍照、抄写或者用其他方法加以复制
  C. 对证据进行鉴定或者勘验
  D. 获取的证明材料，可由当事人保管
  E. 获取的证据材料，由人民法院存卷保管
6. 根据我国《民事诉讼法》，需要保全证据的情况有（　　）。
  A. 当事人请求 B. 法院主动采取
  C. 证据有灭失的可能 D. 证据有难以取得的可能
  E. 诉讼参加人申请
7. 人民法院对于专门性问题认为需要鉴定的，其正确做法是（　　）。
  A. 应交法定部门鉴定
  B. 没有法定部门的，由人民法院指定的鉴定部门鉴定
  C. 鉴定部门和鉴定人有权了解进行鉴定所需要的案件材料
  D. 鉴定部门和鉴定人不能直接询问当事人、证人
  E. 鉴定部门和鉴定人应提交鉴定结论，鉴定人鉴定的，加盖鉴定人印章

市政工程建设法规

> **知识目标**
> - 了解有关城市道路工程的有关概念
> - 熟悉我国目前有关市政工程的主要法律、法规和规章
> - 了解城市道路照明设施管理的一般规定
> - 了解城市轨道交通工程管理法规的一般规定
> - 了解城市供水、供热、燃气、公交管理等方面的法律规定
>
> **能力目标**
> - 能够正确应用城市排水、防洪有关规划建设和设施管理的相关规定和城市道路的规划建设、养护和维修以及路政管理的相关规定等法律、法规基本知识解决工程建设过程中的相关法律问题，依法从事工程建设活动

市政工程建设是城市建设的重要内容，其特点是投资大，涉及面广、时间长，不但关系到城市的生存和经济的发展，而且也直接关系到城市居民的切身利益。同时，市政工程建设是工程建设的重要组成部分，在市政工程建设中必须遵守工程建设法规。所以，针对市政工程建设的特点，国家又专门对市政工程建设的管理制定相应的法规。

为此，本章主要介绍市政工程中城市道路工程、城市排水工程、城市防洪工程有关规划建设、养护和维修、设施管理等方面的法律规定，并扼要介绍了与市政工程相关的城市供水、供热、燃气、公交管理的一般规定。

第一节　城市道路工程建设法规

一、城市道路的概念

根据《城市道路管理条例》的规定，城市道路是指城市供车辆、行人通行的，具备一定条件的道路、桥梁及其附属设施。具体包括：

（1）机动车道、非机动车道、人行道、广场、公共停车场、街头空地、隔离带、路肩、路坡、路堤、边沟等；

（2）城市的各种桥涵，包括桥梁、涵洞、立交桥、高架桥、过街天桥、人行地下通道、城市道路与铁路两用桥等；

（3）路灯、路标、路牌以及城市道路的其他附属设施；

（4）已征用的道路建设用地。

二、城市道路的规划和建设

（一）规划和建设的一般要求

（1）县级以上城市人民政府应当组织市政工程、城市规划、公安、交通等部门，根据城市总体规划编制城市道路发展规划；市政工程行政主管部门再根据城市道路发展规划，制订道路年度建设计划，经城市人民政府批准后实施。

（2）政府投资建设城市道路的，应当根据城市道路发展规划和年度建设计划，由市政工程行政主管部门组织建设；单位投资的，应当符合城市道路发展规划，并经市政工程行政主管部门批准；城市住宅小区、开发区内的道路建设，应当分别纳入其开发建设计划配套建设。

（3）城市供水、排水、燃气、热力、供电通讯、消防等依附于城市道路的各种管线、杆线等设施的建设计划，应当与城市道路发展规划和年度建设计划相协调，坚持"先地下、后地上"的施工原则，与城市道路同步建设。

（4）城市道路的建设应当符合城市道路技术标准；城市道路与铁路相交的道口建设应当符合国家有关铁路的技术标准；跨越江河的桥梁和隧道的建设，应当符合国家规定的防洪、通航标准及其他相关技术标准。

（二）城市道路的设计和施工

（1）承担城市道路设计、施工的单位，应当具有相应的资质等级，并在其资质等级许可的范围内承揽相应的城市道路的设计、施工任务。

（2）城市道路的设计和施工，应当严格执行有关城市道路设计施工的强制性技术标准。

（3）城市道路施工，实行工程质量监督制度。

（4）城市道路工程竣工，实行竣工验收制度。经验收合格后，方可交付使用；未经验收或者验收不合格的，不得交付使用。

（5）城市道路实行工程质量保修制度。保修期为一年，自交付之日起计算；保修期内出现工程质量问题，由有关责任单位负责保修。

（6）城市道路工程的设计施工还应遵守国家和地方有关工程设计施工的其他规定。

三、城市道路的养护和维修

（一）养护和维修的原则

（1）城市建设行政主管部门应当按照养护与维修并重，预防和维修相结合的原则，加强城市道路的养护和维修工作，保证城市道路经常处于完好状态。

（2）城市道路养护维修部门应当制订有效的养护维修制度，按照大、中、小修的养护维修周期，安排好计划，定期进行养护和维修。

（二）养护和维修的职责

城市道路养护维修单位负责城市道路的养护维修工作。城市建设行政主管部门建设的广场、停车场，由城市道路养护维修单位负责管理和养护维修；其他部门建设的广场、停车场由建设单位负责管理和维修；经城市人民政府批准作封闭集贸市场的城市道路，由市场管理部门按照城市道路的养护标准负责养护维修，也可委托城市道路养护维修单位负责养护维修。

（三）养护和维修的施工管理

（1）养护维修施工应当规定修复期限，施工作业现场必须设置明显标志和安全防护措施，保障行人和交通车辆安全。影响交通的，养护维修单位必须与公安机关协商，共同采取维护。临时不能通行的，应当事先发布通告。

(2) 城市道路养护维修工程质量必须符合《城市道路养护技术规范》和有关的技术标准。

(3) 从事城市道路检查、维修的专用车辆，应当使用统一标志。执行任务或者进行特殊施工作业时，在保证交通安全畅通的原则下，不受行驶路线、行驶方向的限制。

四、城市道路的路政管理

(一) 路政管理的概念

城市道路路政管理是指城市道路行政主管部门制定城市道路管理规章，进行道路的日常管理并制止破坏道路和妨碍道路正常使用的活动的总称。

城市道路的路政管理一般由城市建设行政主管部门负总责，城建监察部门具体执行路政管理的各项工作，制止各种违反路政管理的行为。

(二) 路政管理的一般规定

(1) 城市建设行政主管部门执行路政管理的人员执行公务，应当按照有关规定佩戴标志，持证上岗。

(2) 履带车、铁轮车或者超重、超高、超长车辆不得擅自在城市道路上行驶；如果确需在城市道路上行驶的，事先须征得行政主管部门同意，并按照公安交通管理部门指定的时间、路线行驶。

(3) 军用车辆执行任务需要在城市道路上行驶的，可以不受前述规定的限制，但应当按照规定采取安全保护措施。

(4) 依附于城市道路建设各种管线、杆线等设施的，应当经城市建设行政主管部门批准，方可建设。

(5) 在城市道路范围内，禁止下列行为：

① 擅自占用或者挖掘城市道路；

② 机动车在桥梁或者非指定的城市道路上试刹车；

③ 擅自在城市道路上建设建筑物、构筑物；

④ 在桥梁上架设压力在0.4兆帕以上的燃气管道、10千伏以上的高压电力线和其他易燃易爆管线；

⑤ 擅自在桥梁或路灯设施上设置广告牌或者其他挂浮物；

⑥ 其他损害侵占城市道路的行为。

(三) 城市道路的占用、挖掘管理

(1) 城市道路占用管理。未经市政工程行政主管部门和公安交通管理部门批准，任何单位和个人不得占用城市道路；因特殊情况需要临时占用城市道路的，须经市政工程行政主管部门和公安交通管理部门批准后，方可占用，但是不得损坏城市道路，占用期满后，应当及时清理占用现场，恢复城市道路原状；损坏城市道路的，应当修复或者给予赔偿。

占用由市政工程行政主管部门管理的城市道路的，应当向其缴纳城市道路占用费。收费标准由省级人民政府建设行政主管部门拟定，报同级财政、物价主管部门核定。当市政工程行政主管部门根据城市建设或者其他特殊需要，对临时占用城市道路的单位或个人决定缩小占用面积、缩短占用时间或者停止占用的，应根据具体情况退还部分城市道路费。

(2) 城市道路的挖掘管理。《城市道路管理条例》第三十条规定："未经市政工程行政主管部门和公安交通管理部门批准，任何单位和个人不得挖掘城市道路。"因工程建设需要挖掘城市道路的，应当持城市规划部门批准签发的文件和有关设计文件，到市政工程行政主管部门和公安交通管理部门办理审批手续，方可按照规定挖掘。新建、扩建、改建的城市道路交付使用后 5 年内，大修的城市道路竣工后 3 年内不得挖掘，因特殊情况需要挖掘的，须报县级以上城市人民政府批准。

① 经批准挖掘城市道路的，应当按照批准的位置、面积、期限挖掘，需要移动位置、扩大面积、延长时间的，应当提前办理变更审批手续。在施工过程中，现场应当设置明显标志和安全保护设施；竣工后，应当及时清理现场，通知市政工程行政主管部门检查验收。

② 当埋设在城市道路下的管线发生故障需要紧急抢修的，可以先行破路抢修，并同时通知市政工程行政主管部门和公安交通管理部门，在 24 小时内按照规定补办批准手续。

③ 挖掘的城市道路由市政工程行政主管部门管理的，应当向市政工程行政主管部门缴纳城市道路挖掘修复费。收费标准由省级人民政府建设行政主管部门制定，报同级财政、物价主管部门备案。

五、城市道路照明设施管理

（一）城市道路照明设施的概念

城市道路照明设施是指用于城市道路、不售票的公园和绿地等处的路灯配电室、变压器、配电箱、灯杆、地上地下管线、灯具、工作井以及照明附属设备等。

城市人民政府城市建设行政主管部门负责本行政区域的城市道路照明设施管理，也可以委托有关机构负责日常管理工作。

（二）城市道路照明设施的规划和建设

（1）城市道路照明设施规划、建设和改造计划，应当纳入城市道路建设、改造规划和年度建设计划，并与其同步实施。城市建设行政主管部门负责制定城市道路照明设施规划和建设计划，报同级人民政府批准后，由城市道路照明设施管理机构负责具体实施。

（2）需要改造的城市道路照明设施，由城市道路照明设施机构负责编制改造规划，报城市建设行政主管部门批准后，由城市道路照明设施管理机构负责具体实施。

（3）城市新建和改建的城市道路照明设施必须符合有关设计安装规程规定，并积极采用新光源、新技术、新设备；城市道路照明设施的新建、改建工程必须符合国家有关标准规范，并经验收合格后交付使用。

（4）城市道路照明设施的改建和维护，应当按照现有资金渠道安排计划。住宅小区与旧城改造中的城市道路照明设施应当同步建设。

（三）城市道路照明设施的维护和管理

（1）城市道路照明设施的维护和管理应当坚持安全第一，认真执行各项规章制度，保证城市道路照明设施的完好、运行正常。

（2）城市建设行政主管部门必须对道路照明设施管理机构建立严格的检查和考核制度，及时督促更换和修复破损的照明设施，使亮灯率不低于 95%。

（3）任何单位和个人在进行可能触及、迁移、拆除城市道路照明设施或者影响其安全运行的地上、地下施工时，应当经城市建设行政主管部门审核同意后，由城市道路照明设施管理机构负责其迁移或拆除工作，费用由申报单位承担。

（4）城市道路照明设施附近的树林距带电物体的安全距离不得小于 1 米。因自然生长而不符合安全距离标准影响照明效果的树木，由城市道路照明设施管理机构与城市园林绿化管理部门协调后剪修；因不可抗力致使树木严重危及城市道路照明设施安全运行的，城市道路照明设施管理机构应当采取紧急措施进行剪修，并同时通知城市园林绿化管理部门。

（5）任何单位和个人在损坏道路照明设施后，应当保护事故现场，防止事故扩大，并立即通知城市道路照明设施管理机构及有关单位。

第二节 城市排水工程建设法规

一、城市排水的概念

城市排水是指城市生活污水、工业废水、大气降水径流和其他弃水的收集、输送、净化、利用和排放。

城市排水设施是指接纳、输送城市污、废水和雨水的管网、沟（河）渠、泵站，起调蓄功能的湖塘以及污水处理厂，污水和污泥处置及其相关设施。

二、城市排水工程的规划和建设

（1）城市排水行政主管部门应当根据城市总体规划和城市经济发展计划及经济发展的需要编制城市排水设施建设规划和年度建设计划，报城市人民政府批准后实施。

（2）新区开发和住宅小区的建设，应当将城市排水设施与主体工程配套建设。

（3）新建、改建、扩建城市排水工程及其配套项目，应当经城市排水行政主管部门审查同意后，按照规定程序办理审批手续。工程项目需要排放污废水的，其工程总概算中应当包括城市排水设施的建设投资；需要向城市公共排水设施排水的，应当按照规定向城市排水行政主管部门缴纳城市公共排水设施建设费用。

（4）向城市公共排水设施直接或者间接排放污废水的单位，应当按照城市排水建设规划和有关污废水控制要求配套建设相应的预处理设施。未设置预处理设施的，应当将设置污废水预处理设施的费用交付城市排水行政主管部门，由其统一组织建设污废水处理设施。

（5）城市排水行政主管部门应委托有相应资质的设计和施工单位承担城市排水设施建设任务，严禁无证越级承担设计和施工任务。城市排水设施施工必须严格执行国家和地方的技术规范与标准，工程竣工后经城市排水行政主管部门验收合格后，方可投入使用。

（6）排水出户管与城市公共排水管网连接的，应当经城市排水行政主管部门同意，并缴纳城市公共排水设施接头费用。自建排水设施，应当符合城市排水建设规划要求，起公共排水作用的，应当允许城市公共排水雨水井或者附近的居民用户排水设施接入使用。自建排水设施的产权单位，可按照规定收取自建排水设施接头费用。

（7）城市排水设施资金的筹措可采用国家和地方投资、受益者集资、银行贷款、依法征收税费以及实行排水设施有偿使用等多种渠道筹措。

三、城市排水许可管理

（1）国务院建设行政主管部门主管全国城市排水许可管理工作。县级以上地方人民政府城市建设（市政工程）行政主管部门负责本行政区域内的城市排水许可管理工作。

（2）排水户（直接或者间接向城市排水设施排水的单位、个体经营者简称排水户）在实施排水前，应当如实填报"排水许可申请表"，并持有关排水资料和图纸，到当地城市建设（市政工程）行政主管部门或其授权单位，办理城市排水许可手续。

（3）排水户排水水质必须符合《污水排入城镇下水道水质标准》（CJ 343—2002）、《污水综合排放标准》（GB 8978—2002），以及地方有关标准规定。

（4）城市建设（市政工程）行政主管部门或者其授权单位在接到排水许可申请表时起一个月内予以办理或答复。对符合规定标准的排水户，经审查合格后，颁发"排水许可证"，"排水许可证"的有效期限为五年；对不符合排水标准，超标不严重，又不致对城市排水设施安全正常运行构成严重影响的排水户，可颁发"临时排水许可证"，"临时排水许可证"的有效期限为两年，排水户必须在两年内进行治理；对不符合排水标准，对城市排水设施构成严重危害的排水户，不予发证，限期治理后再重新申请。

（5）排水户在许可证有效期内，需要变更排水条件的，必须提前十五天向城市建设（市政工程）行政主管部门或者其授权单位申请办理排水变更登记手续，经批准后方可实施；因紧急原因需要临时变更排水条件排放污水的，应当立即向城市建设（市政工程）行政主管部门报告，并做好相应的防范措施。

（6）新建、扩建、改建工程需要接通城市排水设施或变更排水条件的，应先办理排水许可申报手续，经审查批准后，方可进行有关接管工程的设计和施工。工程竣工后，经城市建设（市政工程）行政主管部门验收合格并颁发"排水许可证"或"临时排水许可证"后，排水户方可排水。

（7）因工程施工或其他原因需要向城市排水设施临时排水的，可按规定申领"临时排水许可证"。因施工排水而发放的"临时排水许可证"的有效期限，不得超过施工期限。排水户必须严格按照"排水许可证"或"临时排水许可证"的规定排水，并按有关规定缴纳城市排水设施使用费。禁止无证将污、废水和雨水接入城市排水设施，违者处以罚款。

四、城市排水设施的维护和管理

（1）不准在排水设施的防护区内修建建筑物、构筑物或者设置有碍维护作业的设施；严禁拆动、破坏、堵、占压、窃取排水设施的行为。

（2）严禁其他管道、电缆穿越排水管道和附属设施；城市内各项建设项目在施工时，必须注意保护排水设施；建设工程管线与排水管道交叉或者近距平行时，必须报经城市建设行政主管部门审查同意后，方可施工；因敷设地下管线损坏排水设施时，由建设单位负责修复赔偿。

（3）凡在城市规划区范围内直接或者间接使用城市排水设施的各种企事业单位，应当缴纳排水设施有偿使用费，作为城市排水设施维修养护、运行管理和更新改造的专项资金，由城市建设行政主管部门提出使用计划，经审核后安排使用，专款专用。

（4）使用城市排水设施的单位，其专用排水设施需要与城市排水设施连接的，应当报经城市建设行政主管部门批准，发给排放污水许可证后，方可排放。

（5）排水户应当采取有利于减少污水量和污染物的技术和措施，推行雨污分流体制，发展高效低耗能源的污水处理技术，积极发展污水综合治理，在缺水地区发展污水净化和海水利用技术。

（6）严禁向城市排水设施内排放腐蚀物质、剧毒物质、易燃易爆物质和有害气体。排水单位因发生事故和意外事故，排放或泄漏有毒有害污水、物料，造成或其可能造成影响排水设施正常运行的事故时，应当及时采取治理措施，并向当地城市建设行政主管部门和环境保护部门报告。

第三节 城市防洪工程建设法规

一、城市防洪概述

城市防洪是城市市政工程实施建设的一项重要任务。

防治洪水，防御、减轻洪涝灾害，对于维护人民的生命和财产安全、保障社会主义现代化建设顺利进行至关重要。城市防洪是防洪工作的重要环节，也是城市建设的有机组成部分，因此，做好城市防洪工作，加强城市防洪管理十分必要。

目前，规范城市防洪工作的法律法规有：1997年8月城乡建设环境保护部颁布的《市政工程设施管理条例》，1997年8月全国人大常委会颁布的《中华人民共和国防洪法》（以下简称《防洪法》），以及《城市规划法》、《水法》、《河道管理条例》等。除此之外，国务院建设行政主管部门、水行政主管部门及其他相关部门，还多次发布关于加强城市防洪工作的通知、办法等，对城市防洪管理作了详细规定。

二、城市防洪工程的规划和建设

(1)《防洪法》第十条规定："城市防洪规划，由城市人民政府组织水行政主管部门、建设行政主管部门和其他有关部门依据流域防洪规划和上一级人民政府区域防洪规划编制，按照国务院规定的审批程序批准后纳入城市总体规划。《城市规划法》第十五条也规定，编制城市规划应当符合防洪的要求，在可能发生严重水害的地区，必须在规划中采取相应的防洪措施。"

(2) 城市防洪工程的建设必须依据防洪规划和城市规划，要根据轻重缓急，近远期相结合，分期分批建设城市防洪工程，真正起到防洪、防灾的作用。同时要注意综合效益，将防洪工程建设和城市道路建设、园林绿化建设结合起来，做到社会效益、环境效益、经济效益相统一。

(3) 城市防洪工程属于市政工程，因此，城市防洪工程的建设还应符合有关市政工程设计、施工、竣工、保修等方面的法律规定。

三、城市防洪工程设施的管理

城市防洪工程设施包括：城市防洪堤岸、河坝、防洪墙、排涝泵站、排洪道及其附属设施。其管理应做到以下几个方面：

(1) 在城市防洪工程设施防护带内，禁止乱挖、乱填、搭盖、摊放物料，不准进行有损防洪设施的任何活动。任何单位和个人不得擅自利用堤坝进行与防洪无关的活动和修建作业。

(2) 在城市防洪工程设施防护带内，禁止在非码头区装卸或堆放货物。机械装卸设备需要装设在护岸、防水墙或排洪道上时，应经当地城市建设行政主管部门和防汛部门同意。

(3) 在城市防洪堤和护堤地，禁止建房、放牧、开渠、打井、挖窖、葬坟、晒粮、存放物料以及开展集市贸易活动。

(4) 城市内河的故道、旧堤、原有防洪设施等，非经城市建设行政主管部门批准，不得填堵、占用或者拆毁。

(5) 城市建设行政主管部门应当根据《防洪法》、《水法》、《城市规划法》及《河道管理条例》等制订各种管理制度，建立健全管理机构，并根据需要建立执法队伍，依法进行管理。

第四节　市政相关工程建设法规

一、城市轨道交通工程

（一）城市轨道交通概述

城市轨道交通是指城市快速轨道交通客运系统，包括与其相连接的地面、高架部分。

随着我国国民经济的持续快速发展，城市基础设施特别是城市交通设施与城市化发展的矛盾逐渐显现，从各国城市化发展的实践来看，轨道交通以其运量大、速度快、安全可靠、准点舒适的技术优势在日、美、欧等国家和地区已经成为主要的城市交通工具，在我国北京、上海、广州、深圳、沈阳等大城市已在大规模使用和修建地铁，并且很受市民欢迎，因此修建城市轨道交通系统将成为我国大城市公共交通的发展方向。

(二) 城市轨道交通的规划和建设

(1) 城市轨道交通工程项目的勘察、设计、施工，应当遵守国家、行业及地方规定的技术标准，并且符合保护周围建筑物、构筑物以及其他相关设施的技术规定和环境保护规定。

(2) 城市轨道交通建设项目的勘察、设计、施工，应当由具备相应资质等级的单位承担。禁止任何单位无证或者超越资质证书规定的范围承揽轨道交通工程建设项目的勘察、设计、施工任务。

(3) 城市轨道交通在规划建设过程中因拆迁、挡光、噪声等原因需要补偿的，按照国家、省、市有关法律、法规的有关规定执行。

(4) 城市轨道交通工程的竣工验收，按照国家有关规定进行。经验收合格并报市人民政府批准后，方可交付运营。

(三) 城市轨道交通设施管理

城市轨道交通设施，包括轨道交通的高架、轨道、隧道、路基、车站、车辆、机电设备、通讯、照明和其他附属设施，以及为保障轨道交通运营而设置的相关设施。

轨道交通运营单位应加强对轨道交通设施的养护，定期检查，及时维修，确保轨道交通设施处于完好和可安全运行状态。

轨道交通运营单位应当在车站设置公用电话、废弃物箱等必要的服务设施。轨道交通设施必须干净整洁、完好无损，运营标志和信号装置明晰醒目。车站、车厢内广告设置应当合法、规范、整齐、文明。

禁止下列危害轨道交通设施的行为：
(1) 在轨道交通设施安全范围内存放易燃、易爆、有毒有害物品；
(2) 向轨道交通设施排放腐蚀性液体、气体或倾倒污物；
(3) 在轨道、车站、车站出入口处和通道范围内停放车辆、堆放物料；
(4) 损坏车辆、隧道、桥梁、轨道、路基、平交道口、轨道封闭网、柱、车站等设施；
(5) 损坏和干扰机电设备、架空电缆和通讯信号及照明系统；
(6) 向轨道交通设施投掷物品；
(7) 在轨道交通设施上乱贴乱画；
(8) 非紧急状态下运用紧急或安全装置；
(9) 损坏轨道交通设施的其他行为。

二、城市供水工程

(一) 城市供水设施的维护和管理

(1) 城市自来水供水企业和自建设施对外供水的企业对其管理的城市供水的专用水库、引水渠道、取水口、泵站、井群、输(配)水管网、进户总水表、净(配)水厂、公用水厂等设施，应当定期检查维修，确保安全运行。

(2) 用水单位自行建设的与城市公共供水管道相连接的户外管道及其附属设施，必须经城市自来水供水企业验收合格并交其统一管理后，方可使用。

(3) 在规定的城市公共供水管道及其附属设施的地面和地下的安全保护范围内，禁止挖坑取土或者修建建筑物、构筑物等危害供水设施安全的活动。

(4) 因工程建设确需改装、拆除或者迁移城市公共供水设施的，建设单位应当报经县级以上人民政府城市规划行政主管部门和城市供水行政主管部门批准，并采取相应的补救措施。

(5) 涉及城市公共供水设施的建设工程开工前，建设单位或者施工单位应当向城市自来水供水企业查明地下水管网情况。施工影响城市公共供水设施安全的，建设单位或者施工单位应当与城市自来水供水企业商定相应的防护措施，由施工单位负责实施。

(6) 禁止擅自将自建设施供水管网系统与城市公共供水管网系统连接；因特殊情况确需连接的，必须经城市供水企业同意，报城市供水行政主管部门和卫生行政主管部门批准，并在管道连接处采取必要的防护措施。

(7) 禁止产生或者使用有毒有害物质的单位将其生产用水管网系统与城市公共供水管网系统直接连接。

(二) 城市节水管理

城市节水管理的具体规定：

(1) 工业用水重复利用率低于40%（不包括热电厂用水）的城市，新建供水工程时，未经上一级城市建设行政主管部门同意，不得新增工业用水量；

(2) 单位自建供水设施取用地下水，必须经城市建设行政主管部门核准后，依照国家规定申请取水许可；

(3) 城市的新建、扩建和改建工程项目，应当配套建设节约用水设施，城市建设行政主管部门应当参加节约用水设施的竣工验收；

(4) 城市用水计划由城市建设行政主管部门根据水资源统筹规划和长期供水计划制订，并下达执行；超计划用水必须缴纳超计划用水加价水费；超计划用水加价水费必须按规定的期限缴纳，逾期不缴纳的，由城市建设行政主管部门责令其限期缴纳，并按日加收超计划用水加价水费5‰的滞纳金；

(5) 生活用水按户计量收费；新建住宅应当安装分户计量水表，现有住户未装分户计量水表的，应当限期安装；拒不安装生活用水分户计量水表的，城市建设行政主管部门应当责令其限期安装；逾期不安装的，由城市建设行政主管部门限制其用水量，可以并处罚款；

(6) 各用水单位应当在用水设备上安装计量水表，进行用水单耗考核，降低单位产品用水量；应当采取"循环用水、一水多用"等措施，在保证用水质量标准的前提下，提高水的重复利用率；

(7) 水资源紧缺的城市，应当在保证用水质量标准的前提下，采取措施提高城市污水利用率；沿海城市应当积极开发利用海水资源；有咸水资源的城市，应当合理开发利用咸水资源；

(8) 城市供水企业、自建供水设施的单位应当加强供水设施的维修管理，减少水的漏损量；

(9) 城市新建、扩建和改建工程项目未按规定配套建设节约用水设施或者节约用水设施验收不合格的，由城市建设行政主管部门限制其用水量，并责令其限期完善节约用水设施，可以并处罚款。

三、城市供热工程

(一) 城市集中供热概述

根据国务院《关于当前产业政策要点的决定》和建设部《城市集中供热当前产业政策实施方法》的规定，城市供热应推行集中供热的方针，坚持因地制宜、广开热源、技术先进的原则。严格限制新建分散锅炉房，对现有分散锅炉房要限制并逐步改造，提高城市集中供热的普及率。今后，集中供热要根据工业用热和生活用热的需要，采取热电联产，建设集中供热的锅炉房，充分利用工业余热和开发地热等多种方式，在城市总体规划的指导下，有计划、有步骤地分步实施。凡是新建住宅、公共设施和工厂用热，在技术经济合理的条件下，都应采取集中供热，一般不再建分散的锅炉房。

所谓城市集中供热是指由集中热源所产生的蒸汽、热水，通过管网供给一个城市或者部分地区生产和生活使用的供热方式。集中供热方式包括热电联产、集中锅炉房、工业余热、地热、核能等。

城市集中供热是城市重要的基础设施，是节约能源、减少环境污染的重要措施之一。实行集中供热有利生产、方便生活，有利于实现经济效益、环境效益、社会效益的统一。

（二）城市热力设施管理

城市热力设施由产权所有者负责养护和维修。城市热力设施养护维修的责任单位应按规定履行养护维修责任，保证热力设施安全、稳定、正常运行。

进行可能影响城市热力设施安全的施工或其他活动的，应事先征得城市热力行政主管部门和产权所有者同意，并按要求采取安全保护措施。供热单位应按规定设置明显的热力设施安全防护标志。

用热设施发生突发性故障，影响安全和正常供热的，用热户应及时通知供热单位，供热单位应立即进行抢修，费用由责任方承担。

城市热力管道及其附属设施外缘安全距离范围内禁止下列行为：

（1）擅自修建建（构）筑物或从事挖掘、打桩、爆破等活动；
（2）向供热阀门井、管沟排放污水或倾倒垃圾、残液；
（3）擅自拆除、安装、移动供热管道、管道支架、井盖、阀门、仪表及其他设备；
（4）其他影响热力设施安全的行为。

四、城市燃气工程

（一）城市燃气概述

城市燃气，也称城镇燃气，是指城、镇或居民点中，从地区性的气源点，通过输配系统供给居民生活、公共建筑和工业企业使用的，并且具有一定指标的气体燃料。包括天然气、液化石油气、人工燃气和生物气等。

城市燃气的发展要贯彻多种气源、多种途径、因地制宜和合理利用能源的方针，优先使用天然气，大力发展煤制气，积极回收工矿煤气，合理利用液化石油气，适当发展油制气。各地应根据当地财力、物力和资源情况，遵照国家资源综合利用政策，治理城市环境污染的要求，加强基础设施建设，促进社会经济发展和精神文明建设，积极促进城市燃气事业的发展。

国务院是城市燃气行业的主管部门，各地政府城市建设或市政公用主管部门为地方燃气行业的主管机关。主管部门应负责制定城市燃气工作的方针、政策和法规、规章，指导城市燃气的发展工作，对城市燃气企业以及从事燃气产品生产和经营的企业实施监督和管理，做好城市燃气的安全管理工作和提高行业管理、服务水平。主管部门应根据国务院明确的部门分工规定，与各有关部门加强协调，积极配合，共同努力，促进城市燃气事业的健康发展。

（二）城市燃气的规划和建设

（1）县级以上地方人民政府应当组织规划、城建等部门根据城市总体规划编制本地区燃气发展规划；城市燃气新建、改建、扩建项目以及经营网点的布局要符合城市燃气发展规划，并经城市建设行政主管部门批准后，方可实施。

（2）燃气工程的设计、施工，应当由持有相应资质证书的设计、施工单位承担，并应当符合国家有关技术标准和规范；禁止无证或超越资质证书规定的经营范围的单位承担燃气工程设计、施工任务。

（3）住宅小区内的燃气工程施工可以由负责小区施工的具有相应资质的单位承担；民用建筑的燃气设施，应当与主体工程同时设计、同时施工、同时验收；燃气表的安装应当符合规范，兼顾室内美观，方便用户。

（4）燃气工程施工实行工程质量监督制度和竣工验收制度；燃气工程竣工后，应当由城市建设行政主管部门组织有关部门验收；未经验收或者验收不合格的，不得投入使用。

（5）在燃气设施的地面和地下规定的安全防护范围内，禁止修建建筑物、构筑物，禁止堆放物品和挖坑取土等危害供气设施的活动。

（6）确需改动燃气设施的，建设单位应当报经县级以上地方人民政府城市规划行政主管部门和城市建设行政主管部门批准；改动燃气设施所发生的费用由建设单位承担。

（7）城市新区建设和旧区改造时，应当依照城市燃气发展规划，配套建设燃气设施；高层建筑应当安装燃气管道配套设施。

（三）城市燃气安全管理

燃气是一种易燃、易爆、有毒的气体，一旦管道、设备等发生泄漏，极易发生火灾爆炸及中毒事故，使人民的生命财产遭受巨大损失。因此，它的管理必须坚持安全第一、预防为主的方针，建设部颁布的《城市燃气管理办法》中设专章对此做出如下具体规定。

（1）燃气供应企业必须建立安全检查、维修维护、事故抢修等制度，及时报告、排除、处理燃气设施故障和事故，确保正常供气。

（2）燃气供应企业必须向社会公布抢修电话，设置专职抢修队伍，配备防护用品、车辆器材、通讯设备等，燃气供应企业应当实行24小时值班制度，发现燃气事故或者接到燃气事故报告时，应当立即组织抢修、抢险。

（3）燃气供应企业必须制定有关安全使用规则，宣传安全使用常识，对用户进行安全使用燃气的指导。

（4）燃气供应企业应当按照有关规定，在重要的燃气设施所在地设置统一、明显的安全警示标志，并配置专职人员进行巡回检查；严禁擅自移动、覆盖、涂改、拆除、毁坏燃气设施的安全警示标志。

（5）任何单位和个人发现燃气泄漏或者燃气引起的中毒、火灾、爆炸等事故，有义务通知燃气供应企业以及消防等部门；发生燃气事故后，燃气供应企业应当立即向城市建设行政主管部门报告，重大燃气事故要及时报国务院建设行政主管部门。

（6）对燃气事故应当依照有关法律、法规的规定处理；发生重大燃气事故，应当在事故发生地的人民政府统一领导下，由城市建设行政主管部门会同公安、消防、劳动等有关部门组成事故调查组，进行调查处理。

（7）除消防等紧急情况外，未经燃气供应企业同意，任何人不得开启或者关闭燃气管道上的公共阀门。

五、城市公共交通管理

（一）城市公共交通概述

城市公共交通包括公共汽车、电车、出租汽车、地铁、轮渡、索道缆车、轻轨交通及其他公共交通工具。城市公共交通是城市建设的重要组成部分，是城市社会经济活动的动脉，也是城市生产、生活必不可少的基础设施。

国务院建设行政主管部门主管全国的城市公共交通管理工作，县级以上地方人民政府城市建设行政主管部门主管本行政区域内的城市公共交通管理工作。一般按公共汽车、电车、出租汽车、地铁、轮渡等系统划分为几个公司分别进行管理，有的城市将公司隶属公用事业局，归口城市建设行政主管部门。

(二) 城市公共交通的经营管理

(1) 经营审批制度　城市建设行政主管部门对经营城市公共交通运营、维修的单位和个人实行经营审批制度。未经批准，任何单位和个人不得经营城市公共交通。凡申请经营城市公共交通的单位和个人，必须经过当地城市建设行政主管部门的资质审查，合格后方可到公安、工商、税务等部门办理车（船）检验及其他登记手续，并报物价部门核定运价。办理上述手续后，才可以在确定的范围内营业。经营者停业、歇业或者变更注册项目，应当经原批准机关同意，并办理有关手续。

(2) 线路专营权制度　为了维护交通秩序，保证城市公共交通主干线路的运营，城市人民政府可以对公共汽车、电车实行线路专营权制度，即由城市人民政府授权有经营资格的经营者，在一定线路一定期限内享有专项经营公共汽车的权利。实行专营管理，是由政府与经营者签订专营合同，规定政府和经营者各自享有的权利、义务和责任，并保证专营经营者能获得合理的经济收益及规定线路站点等设施的专有使用权，同时要求其保证为社会提供优质的服务。

(3) 城市公共交通经营权的有偿出让　城市公共交通经营权的有偿出让是指城市人民政府以所有者的身份将城市公共交通经营权在一定期限内有偿出让给经营者的行为。实行经营权有偿出让应当坚持公开、公平、公正的原则，不得搞双重标准和内部照顾。除城市出租车外，小公共汽车经营权必须实施定线管理，公共汽车、电车、地铁、轻轨和轮渡等实施专营管理后，方可实行经营权有偿出让。经营权可以招标、拍卖、协议和政府规定的其他形式出让。经营权有偿出让的期限由地方人民政府规定，不得搞永久经营权。实行经营权有偿出让的城市应具备下列条件：

① 有城市公共交通规划和行业现状调查及发展预测的详细报告；
② 有健全的行业管理机构；
③ 有城市建设行政主管部门颁发的经营权有偿出让实施办法和资质审查规定。

(4) 城市公共交通经营权的转让　城市公共交通经营权的转让是指获得经营权的经营者将经营权再转移的行为。经营权的转让应当在城市建设行政主管部门的组织下进行。获得经营权转让费的增值部分上缴城市建设行政主管部门的比例不得少于40%。

　　　　　　　　道路交通规划常识

道路交通是否通畅是评价城市环境协调有序发展的重要指标，交通工程包括：铁路、公路、城市道路、桥涵、轨道交通、公共交通、停车场、道路广场、交叉口等工程项目。交通工程建设应事前向当地规划局申办工程的地点、位置、走向、类型、规格、坐标、高程、纵坡、平立交等有关设计要点，委托国家批准的设计单位进行设计。凡在城市规划区内的一切新建、改建、扩建交通工程，都要按基本建设管理程序向当地规划行政主管部门申请办理《建设工程（交通）规划许可证》后，方准动工修建。

道路红线是城市道路（含居住区级道路）用地的规划控制线。城市道路分为快速路、主干路、次干路、支路四类。快速路的规划红线宽度为60～110m，可保证机动车道6～8条。主干路的规划红线宽度为35～60m，可保证机动车道4～6条。次干路的规划红线宽度为25～40m。支路的规划红线宽度为20～25m。

本章小结

城市道路工程法规是本章学习的重点。

城市道路是指城市供车辆、行人通行的，具备一定技术条件的道路、桥梁及其附属设施。城市道路的规划和建设、养护和维修、路政管理及道路照明设施管理均应符合《城市道路管理条例》及相关法律法规的要求。城市道路的设计和施工与其他工程一样，应严格执行有关城市道路设计施工的强制性技术标准，实行工程质量监督制度、竣工验收制度、质量保修制度，还应遵守国家和地方有关工程设计施工的其他规定。

城市排水工程、城市防洪工程及城市轨道交通工程都属于市政工程，其规划建设、设施管理等均由相应的法律、法规、规章等来规范。与市政工程相关的供水工程、供热工程、燃气工程、公共交通管理等方面的规定可作为选学内容。

复习思考题

1. 城市道路的设计和施工有哪些具体要求？
2. 什么叫路政管理？城市道路的路政管理有哪些具体规定？
3. 简述城市道路的占用、挖掘管理。
4. 如何对城市排水及防洪设施进行维护和管理？
5. 简述城市节水管理的具体规定及相应的法律责任。
6. 什么叫城市集中供热？其规划和管理有哪些具体规定？
7. 什么叫城市燃气？城市燃气的安全管理应注意哪些问题？
8. 简述城市公共交通的运营管理。

课后练习题

一、单项选择

1. 城市道路也实行工程质量保修制度，保修期为（　　）年，自交付之日起计算。
   A. 1　　　　　　B. 2　　　　　　C. 3　　　　　　D. 5
2. 《城市道路管理条例》规定，未经市政工程行政主管部门和（　　）部门批准，任何单位和个人不得挖掘城市道路。
   A. 城市规划　　B. 公安交通管理　　C. 环境卫生　　D. 环境保护
3. 城市建设（市政工程）行政主管部门或者其授权单位在接到排水许可申请表时起，应在（　　）内予以办理或答复。
   A. 7天　　　　B. 15天　　　　C. 一个月　　　　D. 两个月
4. 工业用水重复利用率低于（　　）的城市，新建供水工程时，未经上一级城市建设行政主管部门同意，不得新增工业用水量。
   A. 10%　　　　B. 20%　　　　C. 40%　　　　D. 60%
5. 燃气供应企业（　　）向社会公布抢修电话。
   A. 须　　　　　B. 可以　　　　C. 不得　　　　D. 自愿

二、多项选择

1. 城市道路与铁路相交的道口建设应当符合（　　）。
   A. 城市道路技术标准　　　　　　B. 铁路技术标准
   C. 城市道路养护技术标准　　　　D. 防洪、通航标准

E. 其他相关技术标准

2. 在城市道路范围内，禁止下列行为（   ）。
   A. 擅自占用或者挖掘城市道路
   B. 机动车在桥梁或者非指定的城市道路上试刹车
   C. 擅自在城市道路上建设建筑物、构筑物
   D. 在桥梁上架设压力在 80 兆帕以上的燃气管道、100 千伏以上的高压电力线和其他易燃易爆管线
   E. 擅自在桥梁或路灯设施上设置广告牌或者其他挂浮物

3. 编制城市排水设施建设规划和年度建设计划的主要依据有（   ）。
   A. 城市总体规划   B. 城市土地利用规划
   C. 城市公共交通规划   D. 城市经济发展计划
   E. 城市经济发展的需要

4. 城市防洪工程设施的管理应做到（   ）。
   A. 在城市防洪工程设施防护带内，禁止乱挖、乱填、搭盖、摊放物料
   B. 禁止在护岸、防水墙或排洪道上装设机械装卸设备
   C. 禁止在城市防洪堤和护堤地上开展集市贸易活动
   D. 不得填堵、占用或者拆毁城市内河的故道、旧堤、原有防洪设施等
   E. 禁止在码头区装卸或堆放货物

5. 城市轨道交通工程（   ）。
   A. 必须依据城市轨道交通发展规划进行建设，不得随意变更
   B. 其勘察、设计，应当符合保护周围建筑物、构筑物以及其他相关设施的技术规定和环境保护规定
   C. 城市轨道交通工程的施工，必须由具备相应资质等级的单位承担
   D. 城市轨道交通在建设过程中因拆迁、挡光、噪声等原因需要补偿的，应按有关规定执行
   E. 城市轨道交通工程的竣工验收，一经验收合格，即可交付运营

有关工程建设的其他法规知识

知识目标
- 了解勘察设计的质量管理与责任
- 熟悉施工过程中的文物保护管理规定
- 熟悉工程建设中的消防安全措施
- 熟悉建筑节能制度
- 掌握建设工程档案管理制度

能力目标
- 能够正确应用勘察设计法、施工文物保护、消防法、节约能源法、档案法等法律、法规基本知识解决工程建设过程中的相关法律问题,依法从事工程建设活动

第一节 建设工程勘察设计法规

一、建设工程勘察设计法规概述

在工程建设活动中,勘察设计是工程建设前期的关键环节。勘察是设计的基础依据,设计是工程建设的主导环节,任何工程建设项目都必须坚持先勘察、后设计、再施工的原则。

(一)工程勘察设计法规概念

1. 工程勘察

建设工程勘察是指根据建设工程的要求,查明、分析、评价建设场地的地质、地理环境特征和岩土工程条件,编制建设工程勘察文件的活动。

2. 工程设计

建设工程设计是指根据建设工程的要求,对建设工程所需的技术、经济、资源、环境等条件进行综合分析、论证,编制建设工程设计文件的活动。

为了规范勘察、设计活动,加强对建设工程勘察、设计活动的管理,保持建设工程勘察、设计质量,保护人民生命和财产安全,国务院和国家建设行政主管部门先后颁发了多部法则和规章。现行有效的规范建设工程勘察设计活动的法规和规章有《建设工程勘察设计条例》、《建设工程勘察设计企业资质管理规定》、《建设工程勘察质量管理办法》、《建设工程勘察设计市场管理规定》、《建设工程设计招标投标管理办法》等。

(二)《建设工程勘察设计条例》

《建设工程勘察设计条例》是国务院于2000年9月颁发的规范勘察、设计活动最新的行政法规。该条例对建设工程勘察、设计单位的资质、资格管理，建设工程勘察，设计发包与承包，建设工程勘察设计文件的编制与实施，建设工程勘察设计活动的监督与管理，以及对违反《建设工程勘察设计条例》的处罚规则作了全面具体的规定。

（三）建设工程勘察设计法规的调整对象

1. 行政管理关系

国家对从事建设工程勘察设计活动的单位实行资质管理制度，对从事建设工程勘察设计活动的专业技术人员实行执业资格注册管理制度。国务院建设行政主管部门对全国的建设工程勘察、设计活动实施统一监督管理；县级以上地方人民政府建设行政主管部门负责对本行政区域内的建设工程勘察、设计活动实施监督管理。

2. 经济技术合同关系

建设单位与建设工程勘察设计单位之间的经济合同关系受《合同法》、《建筑法》、《建筑工程质量管理条例》等相关法律和行政法规的调整。

3. 内部管理关系

依据建设技术法规、质量法规和管理法规，规范勘察设计单位内部的计划管理、技术管理、质量管理，以及各种形式的经济责任制等内部管理关系。

二、工程勘察设计文件编制与审批

（一）工程勘察、设计的依据和程序

编制建设工程勘察、设计文件，应当以下列文件和规定为依据：

（1）项目批准文件；

（2）城市规划；

（3）工程建设强制性标准；

（4）国家规定的建设工程勘察设计深度要求。

铁路、交通、水利等专业建设工程还应当以专业规划的要求为依据。项目建议书（亦称计划任务书或设计任务书）是编制建设工程勘察、设计文件的主要依据。

建设工程勘察、设计业务必须严格执行基本建设程序。坚持先勘察后设计、先设计后施工的程序。没有批准的计划任务书、资源报告、厂址选择报告，不能提供初步设计文件，更不能进行设计审批。没有批准的初步设计，不能提供设备订货清单和施工图纸。

（二）工程设计的内容和深度

一般建设项目按初步设计和施工设计两个阶段进行，对于技术复杂而又缺乏设计经验的项目，可增加技术设计阶段。为解决总体开发和建设的总体部署等重大问题，可进行总体规划设计或总体设计。

1. 总体设计的内容和深度

总体设计的内容一般应包括以下文字说明和图纸：建设规模；产品方案；原料来源；工艺流程概况；主要设备配备；主要建筑物、构筑物；公用、辅助工程；"三废"治理和环境保护方案；占地面积估计；总图布置及运输方案；生产组织概况和劳动定员估计；生活区规划设想；施工基础部署和地方材料来源；建设总进度及各项工程进度配合要求；投资估算。

总体设计应当满足开展初步设计的要求，以及主要大型设备、材料的预安排和土地征用谈判的要求。

2. 初步设计的内容和深度

初步设计的内容，一般应包括以下文字说明和图纸：设计依据；设计指导思想；建设规模；产品方案；原料、燃料、动力的用量和来源；新技术采用的情况；主要材料用量；外部协作条件；占地面积和土地利用情况；综合利用和"三废"治理方案措施；生活区建设；抗震和人防措施；生产组织和劳动定员；各项经济技术指标；建设顺序、期限和总概算等。

初步设计应满足以下要求：设计方案的比选和确定；主要设备材料订货；土地征用；基建投资的控制；施工设计图的编制；施工组织设计的编制；施工准备和生产准备等。

3. 技术设计的内容和深度

技术设计的内容，有关部门可根据工程的特点和需要自行确定。

技术设计的深度应能满足确定设计方案中重大技术问题和有关经验、设备制造等方面的要求。

4. 施工图设计的内容和深度

施工图设计的内容应根据批准的初步设计进行编制。

施工图设计应能满足以下要求：设备材料的安排和非标准设备的制作；施工图预算的编制；施工要求。

（三）设计文件的审批与修改

设计文件的审批实行分级管理、分级审批的原则。

1. 大型建设项目

大型建设项目的初步设计和总概算，按隶属关系，由国务院主管部门或省、直辖市、自治区组织审查，提出审查意见，报国家计划行政主管部门批准；特大、特殊项目，由国务院批准。技术设计按隶属关系，由国务院主管部门或省、直辖市、自治区审批。

2. 中型建设项目

中型建设项目的初步设计和总概算，由省、直辖市、自治区审查批准，报国务院主管部门备案。

3. 小型建设项目

小型建设项目初步设计的审批权限，由主管部门或省、直辖市、自治区自行规定。

总体设计（总体规划设计）的审批权限与初步设计相同。

各部委直管代管的下放项目的初步设计，以国务院主管部门为主，会同有关省、直辖市、自治区审查或批准。

施工图设计要按有关规定进行审查。设计单位要对施工图质量负责，并向生产、施工单位进行技术交底，听取意见。

设计文件经批准后不得任意修改。确需修改，应报原审批机关批准。修改工作由原设计单位负责进行。施工图的修改，须经原设计单位同意。

三、建设工程勘察设计质量管理

勘察设计工作是建设程序的先行环节，其质量的优劣直接关系到建设项目的经济效益和社会效益。勘察设计单位必须对勘察设计质量负责，通过建立、健全质量管理制度，推行全面质量管理，不断提高勘察设计质量。

《勘察设计管理条例》规定，国务院建设行政主管部门对全国的建设工程勘察、设计活动实施统一监督管理。国务院铁路、交通、水利等有关部门按照国务院规定的职责分工，负责全国的有关专业建设工程勘察、设计活动的监督管理。

县级以上地方人民政府的建设行政主管部门对本行政区域内的建设工程勘察、设计活动实施监督管理，且交通、水利等有关部门在各自的职责范围内，负责本行政区域内有关专业建设工程勘察、设计活动的监督管理。

任何单位和个人对建设工程勘察、设计活动中的违法行为都有权检举、控告、投诉。

县级以上人民政府建设行政主管部门或交通、水利等有关部门应对施工图设计文件中涉及公共利益、公众安全、工程建设强制性标准的内容进行审查。未经审查批准的施工图设计文件，不得使用。

建设工程勘察、设计单位在其勘察、设计资质证书规定的业务范围内跨部门、跨地区承揽勘察设计任务的，有关地方人民政府及其所属部门不得设置障碍，不得违反国家规定收取任何费用。

（一）勘察工作的质量管理

根据原建设部2002年12月发布的《建设工程勘察质量管理办法》，勘察单位要切实抓好勘察纲要的编制、原始资料的取得和成果资料的整理等各个环节的质量管理。

（1）工程勘察企业应当参与施工验槽与建设工程质量事故的分析，对因勘察原因造成的质量事故，提出相应的技术处理方案，及时解决工程设计和施工中与勘察工作有关的问题。

（2）工程勘察企业应当确保仪器、设备的完好。钻探、取样的机具设备、原位测试、室内试验及测量仪器等应当符合有关规范、规程的要求。

（3）工程勘察企业应当加强职工技术培训和职业道德教育，提高勘察人员的质量责任意识。观测员、试验员、记录员、机长等现场作业人员应当接受专业培训，方可上岗。

（4）工程勘察企业应当加强技术档案的管理工作。工程项目完成后，必须将全面资料分类编目，装订成册，归档保存。

（5）工程勘察企业的法定代表人、工程勘察项目负责人、审核人、审定人及有关技术人员应当具有相应的技术职称或者注册资格。

① 工程勘察企业法定代表人对本企业勘察质量全面负责；

② 项目负责人应当组织有关人员做好现场踏勘、调查，按照要求编写《勘察纲要》，并对勘察过程中各项作业资料验收和签字；

③ 项目负责人是项目勘察文件的主要质量责任者；

④ 项目审核人、审定人对其审核、审定项目的勘察文件负审核、审定的质量责任。

（6）工程勘察工作的原始记录应当在勘察过程中及时整理、核对，确保取样、记录的真实和准确，严禁离开现场追记或者补记。

（二）设计工作的质量管理

1. 设计工作质量的基本标准

针对具体的建筑设计文件的编制要求和质量评定办法，住房和城乡建设部颁发了《建筑工程设计文件编制的规定》和《民用建筑工程设计质量评定标准》并作出明确规定，提出建筑设计质量的基本标准是"合格品"要求。要求建筑设计的基本质量标准如下。

（1）贯彻国家建设方针、政策以及有关技术标准，符合批准的初步设计文件。

（2）设计方案合理，满足功能要求，运行安全可靠，技术经济指标适度。

（3）计算完整、准确，设计标准恰当，构造措施合理，便于施工、维修和管理。

（4）符合设计深度，正确表达设计意图，设计文件完整，图面质量好。

2. 施工图设计文件审查制度

（1）施工图设计文件审查的概念　施工图设计文件（以下简称施工图）审查是指国务院建设行政主管部门和省、自治区、直辖市人民政府建设行政主管部门依法认定的设计审查机构，根据国家的法律、法规、技术标准与规范，对施工图进行结构安全和强制性标准、规范执行情况等进行的独立审查。

它是政府主管部门对建筑工程勘察设计质量监督管理的重要环节，是基本建设必不可少的程序，工程建设各方必须认真贯彻执行。

根据这些法律规定，原建设部于 2000 年 2 月也下发了《建筑工程施工图设计文件审查暂行办法》（以下简称《暂行办法》），对具体事项作出了相关规定。

(2) 施工图审查的范围及内容

① 施工图审查的范围。《暂行办法》规定，凡属建设工程设计等级分级标准中的各类新建、改建、扩建的建设工程项目均须进行施工图审查。各地的具体审查范围，由各省、自治区、直辖市人民政府建设行政主管部门确定。

② 施工图审查的主要内容。建筑物的稳定性与安全性，包括地基基础及结构主体的安全；是否符合消防、节能、环保、抗震、卫生、人防等有关强制性标准、规范；是否达到规定的施工图设计深度的要求；是否损害公共利益。

③ 施工图审查与设计咨询的关系。施工图审查的目的是维护社会公共利益、保护社会公众的生命财产安全。因此，施工图审查主要涉及社会公众利益、公众安全方面的问题。至于设计方案在经济上是否合理、技术上是否保守、设计方案是否可以改进等这些只涉及业主利益的问题，是属于设计咨询范畴的内容，不属施工图审查的范围。当然，在施工图审查中如发现这方面的问题，也可提出建议，由业主自行决定是否进行修改。如业主另行委托，也可进行这方面的审查。

四、法律责任

（一）建设单位的违法行为及法律责任

建设单位作为发包方将建设工程勘察设计业务发包给不具有相应资质等级的建设工程勘察设计单位的，应责令改正，处以 50 万元以上 100 万元以下的罚款。

（二）勘察设计单位的违法行为及法律责任

1. 非法承揽任务的法律责任

(1) 未取得资质证书承揽工程的，予以取缔；并处合同约定的勘察设计费 1 倍以上 2 倍以下的罚款；有非法所得的，予以没收。

(2) 以欺骗手段取得资质证书承揽工程的，吊销其资质证书。超越资质等级许可的范围，或以其他勘察设计单位的名义承揽勘察设计业务，或允许其他单位和个人以本单位的名义承揽勘察设计业务的，可责令其停业整顿，降低资质等级；情节严重的，吊销其资质证书。并且，对于有上述各种行为的勘察设计单位，还应处合同约定的勘察设计费 1 倍以上 2 倍以下的罚款，并没收其非法所得。

2. 非法转包的法律责任

违反规定，将所承揽的工程进行转包的，责令改正，没收违法所得，处以合同约定的勘察设计费 25% 以上 50% 以下的罚款。还可责令其停业整顿、降低其资质等级。情节严重的，吊销其资质证书。

3. 不按规定进行勘察设计的法律责任

违反规定，有下列违法行为之一的，责令改正，并处 10 万元以上 50 万元以下的罚款。造成工程事故的，责令停业整顿，降低资质等级；情节严重的，吊销资质证书，造成损失的，依法承担赔偿责任。

(1) 不按工程建设强制性标准进行勘察的勘察单位和设计单位。

(2) 没有根据勘察成果文件进行工程设计的设计单位。

(3) 指定建筑材料、建筑构配件的生产厂、供应商的设计单位。

（三）勘察设计执业人员的违法行为及法律责任

（1）未经注册，擅自以注册建设工程勘察、设计人员的名义从事建设工程勘察、设计活动应承担的法律责任。

① 没收违法所得。未经注册的人员以注册建设工程勘察、设计人员的名义承揽了建设工程勘察、设计业务，其违法所得由建设行政主管部门予以没收。

② 罚款。建设行政主管部门对于违法行为人还要处以罚款，具体标准是违法所得2倍以上5倍以下。

③ 赔偿责任。这是属于民事责任。给他人造成损失的，违法行为人应当依法进行赔偿。

（2）建设工程勘察、设计注册执业人员和其他专业技术人员未受聘于一个建设工程勘察、设计单位，或同时受聘于两个以上建设工程勘察、设计单位从事建设工程勘察、设计活动应承担的法律责任如下：

① 由主管部门责令违法人停止违法行为。

② 没收违法所得。

③ 罚款。处违法所得2倍以上5倍以下的罚款。

④ 情节严重的，停止执行业务或者吊销资格证书。

⑤ 承担赔偿责任。对于其违法行为所造成的损失，承担赔偿责任。

（四）国家机关工作人员的违法行为及法律责任

国家机关工作人员在建设工程勘察设计的监督管理工作中玩忽职守、滥用职权、徇私舞弊，构成犯罪的，依法追究刑事责任；尚不构成犯罪的，依法给予行政处分。

【案例11-1】

某厂A新建一个车间，分别与设计院B和某建筑公司C签订设计合同和施工合同。工程竣工后厂房北侧墙壁发生裂缝。为此A向法院起诉C。经勘验裂缝是由于地基不均匀沉降引起，结论是结构设计图纸所依据的地质资料不准，于是A又起诉B。B答辩，设计院是根据A提供的地质资料设计的，不应承担事故责任。经法院查证：A提供的地质资料不是新建车间的地质资料，而是与该车间相邻的某厂的地质资料，事故前设计院B也不知该情况。

【问题】

（1）事故的责任者是谁？

（2）某厂A所发生的诉讼费应由谁承担？

【分析】

（1）该案例中，设计合同的主体是某厂A和设计院B，施工合同的主体是某厂A和建某公司C。根据案情，由于设计图纸所依据的资料不准，使地基不均匀沉降，最终导致墙壁裂缝事故。所以，事故涉及的是设计合同中的责权关系，而与施工合同无关，即C没有责任。在设计合同中，提供准确的资料是委托方的义务之一，而且要对"资料的可靠性负责"（《建设工程勘察设计条例》第八条），所以委托方提供错误的地质资料是事故的根源，委托方是事故的责任者之一；B按A提供的资料设计，似乎没有过错，但是直到事故发生前B仍不知道资料真伪，说明在整个设计过程中，B并未对地质资料进行认真的审查，使错误资料滥竽充数，导致事故。所以，设计院也是责任者之一。由此可知：在此事故中，委托方A为直接责任者、主要责任者，承接方B为间接责任者、次要责任者。

（2）根据上述结论，A发生的诉讼费，主要应由A负担，B也应承担一小部分，C没有责任，不承担诉讼费用。

第二节　施工文物保护法规

历史遗存至今的大量文物古迹，形象地记载着中华民族形成发展的进程，不但是认识历史的证据，也是增强民族凝聚力、促进民族文化可持续发展的基础。中国优秀的文物古迹，不但是中国各族人民的，也是全人类共同的财富。

为此，我国相继颁布了《中华人民共和国文物保护法》（以下简称《文物保护法》）、《水下文物保护管理条例》、《文物保护法实施条例》、《文物保护法实施细则》、《历史文化名城名镇名村保护条例》等法律、行政法规，并参照《国际古迹保护与修复宪章》（《威尼斯宪章》）为代表的国际原则，制定了《中国文物古迹保护准则》。其中含有涉及工程建设活动的规定，工程建设从业人员应当熟悉这些相关规定。

一、文物保护范围内施工的规定

《文物保护法》规定，一切机关、组织和个人都有依法保护文物的义务。

（一）文物保护单位的保护范围

《文物保护法实施条例》规定，文物保护单位的保护范围，是指对文物保护单位本体及周围一定范围实施重点保护的区域。文物保护单位的保护范围，应当根据文物保护单位的类别、规模、内容以及周围环境的历史和现实情况合理划定，并在文物保护单位本体之外保持一定的安全距离，确保文物保护单位的真实性和完整性。

在文物保护范围内，作出标志说明，建立记录档案，设置专门机构或者指定专人负责管理。

文物保护单位的标志说明，应当包括文物保护单位的级别、名称、公布机关、公布日期、立标机关、立标日期等内容。民族自治地区的文物保护单位的标志说明，应当同时用规范汉字和当地通用的少数民族文字书写。

（二）文物保护单位的建设控制地带

《文物保护法实施条例》规定，文物保护单位的建设控制地带，是指在文物保护单位的保护范围外，为保护文物保护单位的安全、环境、历史风貌对建设项目加以限制的区域。文物保护单位的建设控制地带，应当根据文物保护单位的类别、规模、内容以及周围环境的历史和现实情况合理划定。

（三）历史文化名城名镇名村的保护

《历史文化名城名镇名村保护条例》规定，具备下列条件的城市、镇、村庄，可以申报历史文化名城、名镇、名村：

(1) 保存文物特别丰富；

(2) 历史建筑集中成片；

(3) 保留着传统格局和历史风貌；

(4) 历史上曾经作为政治、经济、文化、交通中心或者军事要地，或者发生过重要历史事件，或者其传统产业、历史上建设的重大工程对本地区的发展产生过重要影响，或者能够集中反映本地区建筑的文化特色、民族特色。

（四）在文物保护单位保护范围和建设控制地带施工的规定

《文物保护法》规定，在文物保护单位的保护范围和建设控制地带内，不得建设污染文物保护单位及其环境的设施，不得进行可能影响文物保护单位安全及其环境的活动，对已有的污染文物保护单位及其环境的设施，应当限期治理。

1. 具体相应的资质证书

承担文物保护单位的修缮、迁移、重建工程的单位应当具有相应的资质证书。

2. 在历史文化名城名镇名村保护范围内从事建设活动的相关规定

《历史文化名城名镇名村保护条例》规定，在历史文化名城、名镇、名村保护范围内禁止进行下列活动：

（1）开山、采石、开矿等破坏传统格局和历史风貌的活动；

（2）占用保护规划确定保留的园林绿地、河湖水系、道路等；

（3）修建生产、储存爆炸性、易燃性、放射性、毒害性、腐蚀性物品的工厂、仓库等；

（4）在历史建筑上刻划、涂污。

在历史文化街区、名镇、名村核心保护范围内，不得进行新建、扩建活动。但是，新建、扩建必要的基础设施和公共服务设施除外。

历史文化街区、名镇、名村核心保护范围内，拆除历史建筑以外的建筑物、构筑物或者其他设施的，应当经城市、县人民政府城乡规划主管部门会同同级文物主管部门批准。

任何单位或者个人不得损坏或者擅自迁移、拆除历史建筑。

3. 在文物保护单位保护范围和建设控制地带内从事建设活动的相关规定

在文物保护单位的建设控制地带内进行建设工程，不得破坏文物保护单位的历史风貌；工程设计方案应当根据文物保护单位的级别，经相应的文物行政部门同意后，报城乡建设规划部门批准。

4. 文物修缮保护工程的设计施工管理

文物修缮保护工程的勘察设计单位、施工单位应当执行国家有关规定，保证工程质量。

二、施工发现文物报告和保护的规定

《文物保护法》规定，地下埋藏的文物，任何单位或者个人都不得私自发掘。考古发掘的文物，任何单位或者个人不得侵占。

（一）配合建设工程进行考古发掘工作的规定

进行大型基本建设工程，建设单位应当事先报请省、自治区、直辖市人民政府文物行政部门组织从事考古发掘的单位在工程范围内有可能埋藏文物的地方进行考古调查、勘探。

确因建设工期紧迫或者有自然破坏危险，对古文化遗址、古墓葬急需进行抢救发掘的，由省、自治区、直辖市人民政府文物行政部门组织发掘，并同时补办审批手续。

（二）施工发现文物的报告和保护

《文物保护法》规定，在进行建设工程或者在农业生产中，任何单位或者个人发现文物，应当保护现场，立即报告当地文物行政部门，文物行政部门接到报告后，如无特殊情况，应当在24小时内赶赴现场，并在7日内提出处理意见。

依照以上规定发现的文物属于国家所有，任何单位或者个人不得哄抢、私分、藏匿。

《文物保护法实施细则》进一步规定，在进行建设工程中发现古遗址、古墓葬必须发掘时，由省、自治区、直辖市人民政府文物行政管理部门组织力量及时发掘；特别重要的建设工程和跨省、自治区、直辖市的建设工程范围内的考古发掘工作，由国家文物局组织实施，发掘未结束前不得继续施工。

在配合建设工程进行的考古发掘工作中，建设单位、施工单位应当配合考古发掘单位，保护出土文物或者遗迹的安全。

（三）水下文物的报告和保护

《水下文物保护管理条例》规定，任何单位或者个人以任何方式发现遗存于中国内水、领海内的一切起源于中国的、起源国不明的和起源于外国的文物,以及遗存于中国领海以外依照中国法律由中国管辖的其他海域内的起源于中国的和起源国不明的文物,应当及时报告国家文物局或者地方文物行政管理部门;已打捞出水的,应当及时上缴国家文物局或者地方文物行政管理部门处理。

任何单位或者个人以任何方式发现遗存于外国领海以外的其他管辖海域以及公海区域内的起源于中国的文物,应当及时报告国家文物局或者地方文物行政管理部门;已打捞出水的,应当及时提供国家文物局或者地方文物行政管理部门辨认、鉴定。

三、违法行为应承担的法律责任

对施工中文物保护违法行为应承担的主要法律责任如下。

(一) 哄抢、私分国有文物等违法行为应承担的法律责任

《文物保护法》规定,有下列行为之一,构成犯罪的,依法追究刑事责任:

(1) 盗掘古文化遗址、古墓葬的;
(2) 故意或者过失损毁国家保护的珍贵文物的;
……
(4) 将国家禁止出境的珍贵文物私自出售或者送给外国人的;
(5) 以牟利为目的倒卖国家禁止经营的文物的;
(6) 走私文物的;
(7) 盗窃、哄抢、私分或者非法侵占国有文物的;
(8) 应当追究刑事责任的其他妨害文物管理行为。

造成文物灭失、损毁的,依法承担民事责任。构成违反治安管理行为的,由公安机关依法给予治安管理处罚。构成走私行为,尚不构成犯罪的,由海关依照有关法律、行政法规的规定给予处罚。

有下列行为之一,尚不构成犯罪的,由县级以上人民政府文物主管部门会同公安机关追缴文物;情节严重的,处五千元以上五万元以下的罚款:

(1) 发现文物隐匿不报或者拒不上交的;
(2) 未按照规定移交拣选文物的。

(二) 在文物保护单位的保护范围和建设控制地带内进行建设工程违法行为应承担的法律责任

《文物保护法》规定,有下列行为之一,尚不构成犯罪的,由县级以上人民政府文物主管部门责令改正,造成严重后果的,处五万元以上五十万元以下的罚款;情节严重的,由原发证机关吊销资质证书:

(1) 擅自在文物保护单位的保护范围内进行建设工程或者爆破、钻探、挖掘等作业的;
(2) 在文物保护单位的建设控制地带内进行建设工程,其工程设计方案未经文物行政部门同意、报城乡建设规划部门批准,对文物保护单位的历史风貌造成破坏的;
(3) 擅自迁移、拆除不可移动文物的;
(4) 擅自修缮不可移动文物,明显改变文物原状的;
(5) 擅自在原址重建已全部毁坏的不可移动文物,造成文物破坏的;
(6) 施工单位未取得文物保护工程资质证书,擅自从事文物修缮、迁移、重建的。

刻划、涂污或者损坏文物尚不严重的,或者损毁依法设立的文物保护单位标志的,由公安机关或者文物所在单位给予警告,可以并处罚款。

(三) 未取得相应资质证书擅自承担文物保护单位修缮、迁移、重建工程违法行为应承担的法律责任

《文物保护法实施条例》规定，未取得相应等级的文物保护工程资质证书，擅自承担文物保护单位的修缮、迁移、重建工程的，由文物行政主管部门责令限期改正；逾期不改正，或者造成严重后果的，处五万元以上五十万元以下的罚款；构成犯罪的，依法追究刑事责任。

（四）历史文化名城名镇名村保护范围内违法行为应承担的法律责任

损坏或者擅自迁移、拆除历史建筑的，由城市、县人民政府城乡规划主管部门责令停止违法行为、限期恢复原状或者采取其他补救措施；有违法所得的，没收违法所得；逾期不恢复原状或者不采取其他补救措施的，城乡规划主管部门可以指定有能力的单位代为恢复原状或者采取其他补救措施，所需费用由违法者承担；造成严重后果的，对单位并处二十万元以上五十万元以下的罚款，对个人并处十万元以上二十万元以下的罚款；造成损失的，依法承担赔偿责任。

擅自设置、移动、涂改或者损毁历史文化街区、名镇、名村标志牌的，由城市、县人民政府城乡规划主管部门责令限期改正；逾期不改正的，对单位处一万元以上五万元以下的罚款，对个人处一千元以上一万元以下的罚款。

（五）水下文物保护违法行为应承担的法律责任

《水下文物保护管理条例》规定，破坏水下文物，私自勘探、发掘、打捞水下文物，或者隐匿、私分、贩运、非法出售、非法出口水下文物，依法给予行政处罚或者追究刑事责任。

【案例 11-2】

2008年5月28日，某市文物局接到群众举报，某高速铁路某段施工人员在取土区挖出沉船遗骸和部分文物，随之出现了民工滥挖和哄抢状况。该县文保所接到市文物局电话后，即刻赶到现场，经查情况属实。市文物局责成县文保所速报省文物局，省文物研究所3位专业人员于2008年5月30日到现场进行勘察。

这一事件引起高铁管理部门、市发改委、市文物局的高度重视。为配合高速铁路建设，同时保护好地下文物，避免施工中再次发生类似事件，经市文物局提议，3家单位迅速联合举办高铁文物保护学习班，15位沿线施工单位负责人参加了学习。各施工单位反复告诫作业人员不论在哪里发现文物遗存，都应立即停工，保护好现场，并在第一时间通报文物部门；如不及时上报，造成文物被破坏，就会触犯刑律。培训工作很快显现积极效果，6月6日，高铁某段施工人员向市文物局报告，施工中发现了古墓葬；不到2小时，此信息上报到省文物局，文物部门对现场采取了保护性措施。

【问题】

（1）本案中哪些行为违反了《文物保护法》的规定？
（2）施工过程中发现文物时施工单位应该采取什么措施？
（3）对文物保护违法行为如何处理？

【分析】

（1）根据《文物保护法》第三十二条规定，"在进行建设工程或者在农业生产中，任何单位或者个人发现文物，应当保护现场，立即报告当地文物行政部门。""任何单位或者个人不得哄抢、私分、藏匿。"本案中，高速铁路施工人员在取土区挖出沉船遗骸和部分文物时，不仅没有依法及时报告，而且滥挖和哄抢文物，造成了文物破坏。施工人员的哄抢、滥挖行为以及不及时上报文物行政部门的行为，违反了《文物保护法》的规定。

（2）根据《文物保护法》第三十二条规定，在施工过程中发现文物时，首先应当保护现场，停止施工，立即报告当地文物行政部门；其次，配合考古发掘单位，保护出土文物或者遗迹的安全，在发掘未结束前不得继续施工。

(3) 依据《文物保护法》第六十四条、第六十五条规定，对于盗窃、哄抢、私分或者非法侵占国有文物的，构成犯罪的，依法追究刑事责任；造成文物灭失、损毁，依法承担民事责任；构成违反治安管理行为的，由公安机关依法给予治安管理处罚。

第三节　消防法规中与工程建设相关的内容

《中华人民共和国消防法》立法的目的在于为了预防火灾和减少火灾危害，保护公民人身、公共财产和公民财产的安全，维护公共安全。其中含有涉及工程建设活动的规定，工程建设从业人员应当熟悉这些相关规定。

消防工作应当贯彻预防为主、防消结合的原则，并实行防火安全责任制。国务院公安部门对全国的消防工作实施监督管理，县级以上地方各级人民公安机关对行政区域内的消防工作实施监督管理，并由本级人民政府公安机关消防机构负责实施。

任何单位、个人都有维护消防安全、保护消防设施、预防火灾、报告火灾、报告火警的义务。任何单位、成年公民都有参加有组织的灭火工作的义务。各级人民政府应当经常进行消防宣传教育，提高公民的消防意识。

一、建筑工程消防设计的审核与验收

（1）按照国家工程建筑消防技术标准需要进行设计的建筑工程，设计单位应当按照国家工程建筑消防技术标准进行设计，建设单位应当将建筑工程消防设计图纸及有关资料报送公安消防机构审核；未经审核或者经审核不合格的，建设行政主管部门不得发给施工许可证，建设单位不得施工。

（2）经公安消防机构审核的建筑工程消防设计需要变更的，应当报经原审核的公安消防机构核准；未经核准的，任何单位和个人不得变更。

二、建筑工程的消防竣工验收

（1）按照国家工程建筑消防技术标准进行消防设计的建筑工程竣工时，必须经公安消防机构进行消防验收；未经验收或者经验收不合格的，不得投入使用。

（2）建筑构件和建筑材料的防火性能必须符合国家标准或者行业标准。公共场所室内装修、装饰根据国家工程建设消防技术标准的规定，应当使用不燃、难燃材料的，必须选用依照《中华人民共和国产品质量法》等法律、法规确定的检验机构检验合格的材料。

三、工程建设中采取的消防安全措施

（1）机关、团体、企业、事业单位应当履行下列消防安全职责：
① 制定消防安全制度、消防安全操作规程；
② 实行防火安全责任制，确定本单位和所属各部门、岗位的消防安全责任人；
③ 针对本单位的特点对职工进行消防宣传教育；
④ 组织防火检查，及时消除火灾隐患；
⑤ 按照国家有关规定配备消防设施和器材、设置消防安全标志，并定期组织检验、维修、确保消防设施和器材完好、有效；
⑥ 保障疏散通道、安全出口畅通，并设置符合国家规定的消防安全疏散标志。

（2）在设有车间或者仓库的建筑物内，不得设置员工集体宿舍。在设有车间或者仓库的建筑物内，已经设置员工集体宿舍的，应当限期加以解决。对于暂时确有困难的，应当采取必要的消防安全措施，经公安消防机构批准后，可以继续使用。

（3）生产、储存、运输、销售或者使用、销毁易燃易爆危险物品的单位、个人，必须执

行国家有关消防安全的规定。

生产易燃易爆危险物品的单位，对产品应当附有燃点、闪点、爆炸极限等数据的说明书，并且注明防火防爆注意事项。对独立包装的易燃易爆物品应当粘贴危险品标签。

进入生产、储存易燃易爆危险品的场所，必须执行国家有关消防安全的规定。禁止非法携带易燃易爆危险物品进入公共场所或者乘坐公共交通工具。

储存可燃物资仓库的管理，必须执行国家有关消防安全的规范。

上述"易燃易爆危险物品"，包括民用爆炸物品和易燃易爆化学物品。民用爆炸物品包括各种炸药、雷管、导火索、非电导爆系统、起爆药、岩石混凝土爆破剂、黑色火药、烟火剂、民用信号弹、烟花爆竹以及公安部认为需要管理的其他爆炸物品。易燃易爆化学物品系指国家标准《危险货物品名表》中以燃烧爆炸为主要特性的压缩气体、液化气体、易燃液体、易燃固体、自燃物品、遇湿易燃物品和氧化剂、有机过氧化物以及毒害品、腐蚀品中部分易燃易爆化学物品。这类物品遇火或受到摩擦、撞击、震动、高热或者其他因素的影响，即可引起燃烧和爆炸，是火灾危险性极大的一类化学危险物品。

（4）禁止在具有火灾、爆炸危险的场所使用明火。因特殊情况需要使用明火作业的，应当按照规定事先办理审批手续；作业人员应当遵守消防安全规定，并采取相应的消防安全措施。

进行电焊、气焊等具有火灾危险的作业人员和自动消防系统的操作人员，必须持证上岗，并严格遵守消防安全操作规程。

（5）消防产品的质量必须符合国家标准或者行业标准。禁止生产、销售或者使用未经依照《产品质量法》的规定确定的检验机构检验合格的消防产品。禁止使用不符合国家标准或者行业标准的配件或者灭火机维修消防设施和器材。公安消防机构及其工作人员不得利用职务为用户指定消防产品的销售单位和品牌。

（6）电气产品、燃气用具的质量必须符合国家标准或者行业标准。电气产品、燃气用具的安装、使用和线路、管路的设计、敷设，必须符合国家有关消防安全技术规定。

（7）任何单位、个人不得损坏或者擅自挪用、拆除、停用消防设施、器材，不得埋压、圈占消火栓，不得占用防火间距，不得堵塞消防通道。公用和城建等单位在修建道路以及停电、停水、截断通信线路时有可能影响消防队灭火救援的，必须事先通知当地公安消防机构。

四、消防组织

各级人民政府应根据经济和社会发展的需要，建立多种形式的消防组织，加强消防组织建设，增强扑救火灾的能力。

1. 专职消防队

城市人民政府应当按照国家规定的消防站建设标准建立公安消防队，承担火灾扑救工作。镇人民政府可以根据当地经济发展和消防工作需要，建立本职消防队、义务消防队，承担火灾扑救工作。另外，核电厂、民用机场、大型港口、生产易燃易爆危险物品的大型企业，应当建立本职消防队。距离当地公安消防队较远的列为国家重点文物保护单位的古建筑群的管理单位也应当建立本职消防队。

本职消防队的建立，应当符合国家有关规定，并报省级人民政府公安机关消防机构验收。

2. 义务消防队

机关、企业、事业单位以及乡村可以根据需要建立由职工或村民组成的义务消防队。公安消防机构应当对义务消防队进行业务指导。

五、火灾救援

任何人发现火灾，都应当立即报警。任何单位、个人都应当无偿为报警提供便利，不得阻拦报警。严禁谎报火警。公共场所发生火灾时，该公共场所的现场工作人员有组织引导在场群众疏散的义务。发生火灾的单位必须立即组织力量扑救火灾。临近单位应当给予支援。消防队接到火灾报警后，必须立即赶赴火场，救助遇险人员，排除险情，扑灭火灾。

公安消防机构在统一组织和指挥火灾的现场扑救时，火场总指挥员有权根据扑救火灾的需要规定下列事项：

① 使用各种水源；
② 截断电力可燃气体和液体的输送，限制用火用电；
③ 划定警戒区，实行局部交通管制；
④ 利用邻近建筑物和有关设施；
⑤ 为防止火灾蔓延、排除或者破损毗邻火场的建筑物、构筑物；
⑥ 调动供水、供电、医疗救护、交通运输等有关单位协助灭火救助。

扑救特大火灾时，有关地方人民政府应当组织有关人员调集所需物资支援灭火。消防车、消防艇以及消防器材、装备和设施，不得用于非消防和危险救援工作有关的事项。火灾扑灭后，公安消防机构有权根据需要封闭火灾现场，认定火灾原因，核定火灾损失，查明火灾事故责任。

第四节　节约能源法规中与工程建设相关的内容

1997年11月1日第八届全国人民代表大会常务委员会第二十八次会议通过了《中华人民共和国节约能源法》（以下简称《节约能源法》）。该法的目的在于推进全社会节约能源，提高能源利用效率和经济效益，保护环境。其中含有与建筑节能相关的规定，这些规定是工程建设从业人员需要熟悉的。

一、建设工程项目的节能管理

节能是我国经济和社会发展的一项长远战略方针，也是当前一项极为紧迫的任务。为推动全社会开展节能降耗，促进经济社会可持续发展，国家发展和改革委员会于2004年11月发布了《节能中长期专项规划》（以下简称《规划》）。该《规划》规定了节能的10大重点工程：燃煤工业锅炉（窑炉）改造工程、区域热电联产工程、余热余压利用工程、节约和替代石油工程、电机系统节能工程、能量系统优化工程、建筑节能工程、绿色照明工程、政府机构节能工程、节能监测和技术服务体系建设工程。

（一）固定资产投资工程项目的节能要求

根据《节约能源法》第十二条，固定资产投资工程项目的可行性研究报告，应当包括合理用能的专题论证。固定资产投资工程项目的设计和建设，应当遵守合理用能标准和节能设计规范。达不到合理用能标准和节能设计规范要求的项目，依法审批的机关不得批准建设；项目建成后，达不到合理用能标准和节能设计规范要求的，不予验收。

（二）参建单位的节能责任

对于属于工程建设强制性标准中的节能标准，根据《建设工程质量管理条例》及相关规定，建设工程项目各参建单位，包括建设单位、设计单位、施工图设计文件审查机构、监理单位以及施工单位等，均应当严格遵守。

(1) 建设单位应当按照节能政策要求和节能标准委托工程项目的设计。建设单位不得以任何理由要求设计单位、施工单位擅自修改经审查合格的节能设计文件，降低节能标准。

（2）设计单位应当依据节能标准的要求进行设计，保证节能设计质量。

（3）施工图设计文件审查机构在进行审查时，应当审查节能设计的内容，在审查报告中单列能源审查章节；不符合节能强制性标准的，施工图设计文件审查结论应当定为不合格。

（4）监理单位应当依照法律、法规以及节能标准，节能设计文件，建设工程承包合同及监理合同对节能工程建设实施监理。

（5）施工单位应当按照审查合格的设计文件和节能施工的要求进行施工，保证工程施工质量。

以上各参见单位未遵守上述规定的，应当按照《节约能源法》、《建设工程质量管理条例》等法律、法规和规章，承担相应的法律责任。

二、建筑节能法律制度

2005年11月10日原建设部发布了《民用建筑节能管理规定》。根据该规定，民用建筑节能，是指民用建筑（包括居住建筑和公共建筑）在规划、设计、建造和使用过程中，通过采用新型墙体材料，执行建筑节能标准，加强建筑物用能设备的运行管理，合理设计建筑维护结构的热工性能，提高采暖、制冷、照明、通风、给排水和通道系统的运行效率，以及利用可再生能源，在保证建筑物使用功能和室内热环境质量的前提下，降低建筑能源消耗，合理、有效地利用能源的活动。

《民用建筑节能管理规定》的主要内容如下。

（1）国家鼓励多元化、多渠道投资既有建筑的节能改造，投资人可以按照协议分享技能改造的收益；鼓励研究制定本地区既有建筑节能改造资金筹措和相关鼓励政策。

（2）建筑工程施工过程中，县级以上地方人民政府建设行政主管部门应当加强对建筑物的围护结构（含墙体、屋面、门窗、玻璃幕墙等）、供热采暖和制冷系统、照明和通风等电气设备是否符合节能要求的监督检查。

（3）新建民用建筑应当严格执行建筑节能标准要求，民用建筑工程扩建和改建时，应当对原建筑进行节能改造。

（4）既有建筑节能改造应当考虑建筑物的寿命周期，对改造的必要性、可行性以及投入收益比进行科学论证。节能改造要符合建筑节能标准要求，确保结构安全，优化建筑物使用功能。寒冷地区和严寒地区既有建筑节能改造应当与供热系统节能改造同步进行。

采用集中采暖制冷方式的新建民用建筑应当安设建筑物室内温度控制和用能计量设施，逐步实行基本冷热价和计量冷热价共同构成的两部制用能价格制度。

（5）本规定鼓励发展下列建筑节能技术和产品：

① 新型节能墙体和无眠的保温、隔热技术与材料；

② 节能门窗的保温隔热和密闭技术；

③ 集中供热和热、电、冷联产联供技术；

④ 供热采暖系统温度调控和分户热量计量技术与装置；

⑤ 太阳能、地热等可再生能源应用技术及设备；

⑥ 建筑照明节能技术与产品；

⑦ 空调制冷节能技术与产品；

⑧ 其他技术成熟、效果显著的节能技术和节能管理技术。

（6）建设单位、设计单位、施工图设计文件审查机构、监理单位以及施工单位等各参建单位，均应按照参建单位的节能责任，严格遵守建筑节能标准的要求。

（7）建设单位在竣工过程中，有违反建筑节能强制性标准行为的，按照《建设工程质量管理条例》的有关规定，重新组织竣工验收。

（8）从事建筑节能及相关管理活动的单位，应当对其从业人员进行建筑节能标准与技术等专业知识的培训。

建筑节能标准和节能技术应当作为注册城市规划师、注册建筑师、勘察设计注册工程师、注册监理工程师、注册建造师等继续教育的必修内容。

【案例 11-3】

2008 年 12 月某住宅项目 1 期工程完成设计，2009 年开始施工。按当地规定，自 2005 年 9 月 1 日起所有新建、改建、扩建的住宅建设项目，必须按照《夏热冬冷地区居住建筑节能设计标准》的要求进行建筑节能设计、施工。在施工过程中，建设单位按设计图纸规定的规格、数量要求采购了墙体材料、保温材料、采暖制冷系统等，并声称是优质产品；施工单位在以上材料设备进入施工现场后，便直接用于该项目的施工并形成工程实体，导致 1 期工程验收不合格。经有关部门检验，建设单位购买的墙体材料、保温材料、采暖制冷系统存在严重质量问题，根本不符合该项目设计图纸规定的质量要求。

【问题】

（1）施工单位的行为是否构成违法行为？
（2）施工单位应承担哪些法律责任？

【分析】

（1）《民用建筑节能条例》第 16 条规定，"施工单位应当对进入施工现场的墙体材料、保温材料、门窗、采暖制冷系统和照明设备进行查验；不符合施工图设计文件要求的，不得使用。"本案中，施工单位未对进入施工现场的墙体材料、保温材料、采暖制冷系统等进行查验，导致不符合施工图设计文件要求的墙体材料等用于该项目的施工，构成了违法行为。

（2）《民用建筑节能条例》第 41 条规定，"施工单位有下列行为之一的，由县级以上地方人民政府建设主管部门责令改正，处十万元以上二十万元以下的罚款；情节严重的，由颁发资质证书的部门责令停业整顿，降低资质等级或者吊销资质证书；造成损失的，依法承担赔偿责任：

① 未对进入施工现场的墙体材料、保温材料、门窗、采暖制冷系统和照明设备进行查验的；

② 使用不符合施工图设计文件要求的墙体材料、保温材料、门窗、采暖制冷系统和照明设备的；……。"据此，当地建设主管部门应当依法责令该施工单位改正，处 10 万元以上 20 万元以下罚款。

第五节 档案法规中与工程建设相关的内容

《中华人民共和国档案法》（以下简称《档案法》）于 1987 年 9 月 5 日第六届全国人民代表大会常务委员会第二十二次会议通过，1996 年 7 月 5 日第八届全国人民代表大会常务委员会第二十次会议对其进行了修正。

依据《档案法》，2001 年 3 月 5 日，原建设部、国家质量监督总局联合发布了《建设工程文件归档整理规范》（GB/T 50328—2001）。该规范适用于建设工程文件的归档整理以及建设工程档案的验收。

一、建设工程档案的种类

建设工程档案，是指在工程建设活动中直接形成的具有归档保存价值的文字、图表、声像等各种形式的历史记录。根据《建设工程文件归档整理规范》，应当归档的建设工程文件如下。

（一）工程准备阶段文件

工程准备阶段文件，指工程开工之前，在立项、审批、征地、勘察、设计、招投标等工程准备阶段形成的文件。主要包括：

① 立项文件；
② 建设用地、征地、拆迁文件；
③ 勘察、测绘、设计文件；
④ 招投标文件；
⑤ 开工审批文件；
⑥ 财务文件；
⑦ 建设、施工、监理机构及负责人名单等。

（二）监理文件

监理文件，指工程监理单位在工程监理过程中形成的文件。主要包括：

① 监理规划；
② 监理月报中的有关质量问题；
③ 监理会议纪要中的有关质量问题；
④ 进度控制文件；
⑤ 质量控制文件；
⑥ 造价控制文件；
⑦ 分包资质文件；
⑧ 监理通知；
⑨ 合同与其他事项管理文件；
⑩ 监理工作总结。

（三）施工文件

施工文件，指施工单位在工程施工过程中形成的文件。不同专业的工程对施工文件的要求不尽相同，一般包括：

① 施工技术准备文件；
② 施工现场准备文件；
③ 地基处理记录；
④ 工程图纸变更记录；
⑤ 施工材料、预制构件质量证明文件及复试试验报告；
⑥ 设备、产品质量检查、安装记录；
⑦ 施工试验记录、隐蔽工程检查记录；
⑧ 施工记录；
⑨ 工程质量事故处理记录；
⑩ 工程质量检验记录。

（四）竣工图和竣工验收文件

竣工图是指工程竣工验收后，真实反映建设工程项目施工结果的图样。竣工验收文件是指建设工程项目竣工验收活动中形成的文件。竣工验收文件主要包括：

① 工程竣工总结；
② 竣工验收记录；

③ 财务文件；
④ 声像、缩微、电子档案。

二、建设工程档案的移交程序

（一）工程文件的归档范围

对与工程建设有关的重要活动、记载工程建设主要过程和现状、具有保存价值的各种载体的文件，均应收集齐全，整理立卷后归档。归档是指文件形成单位完成其工作任务后，将形成的文件整理立卷后，按规定移交档案管理机构。

归档的工程文件应为原件。工程文件的内容及其深度必须符合国家有关工程勘察、设计、施工、监理等方面的技术规范、标准和规程。

（二）工程文件归档的质量要求

归档文件必须完整、准确、系统，能够反映工程建设活动的全过程。归档的文件必须经过分类整理，并应组成符合要求的案卷。根据建设程序和工程特点，归档可以分阶段进行，也可以在单位或分部工程通过竣工验收后进行。勘察、设计单位应当在任务完成时，施工、监理单位应当在工程竣工，将各自形成的有关工程档案向建设单位归档。凡设计、施工及监理单位需要向本单位归档的文件，应按国家有关规定单独立卷归档。

勘察、设计、施工单位在收齐工程文件并整理立卷后，建设单位、监理单位应根据城建管理机构的要求对档案文件完整、准确、系统情况和案卷质量进行审查。审查合格后向建设单位移交。工程档案一般不少于两套，一套由建设单位保管，另一套（原件）移交当地城建档案馆（室）。勘察、设计、施工、监理等单位向建设单位移交档案时，应编制移交清单，双方签字、盖章后方可交接。

（三）参建单位向建设单位移交工程文件

(1)《建设工程文件归档整理规范》规定，建设、勘察、设计、施工、监理等单位将工程文件的形成和积累纳入工程建设管理的各个环节和有关人员的职责范围。建设单位在工程招标及与勘察、设计、监理等单位签订合同时，应对工程文件的套数、费用、质量、移交时间等提出明确要求。勘察、设计、施工、监理等单位应将本单位形成的工程文件立卷后向建设单位移交。

建设工程项目实行总承包的，总包单位负责收集、汇总各分包单位形成的工程档案，并应及时向建设单位移交；各分包单位应将本单位形成的工程文件整理、立卷后及时移交总包单位。建设工程项目由几个单位承包的，各承包单位负责收集、整理立卷其承包项目的工程文件，并应及时向建设单位移交。

(2) 建设单位应当收集和整理工程准备阶段、竣工验收阶段形成的文件，并应进行立卷归档。建设单位还应当负责组织、监督和检查勘察、设计、施工、监理等单位的工程文件的形成、积累和立卷归档工作，并收集和汇总勘察、设计、施工、监理等单位立卷归档的工程档案。

其中案卷，指由互有联系的若干文件组成的档案保管单位。立卷，指按照一定的原则和方法，将有保存价值的文件分门别类地整理成案卷，也称组卷。

（四）建设单位向政府主管机构移交建设项目档案

《建设工程质量管理条例》第十七条规定："建设单位应当严格按照国家有关档案管理的规定，及时收集、整理建设项目各环节的文件资料，建立、健全建设项目档案，并在建设工程竣工验收后，及时向建设行政主管部门或者其他有关部门移交建设项目档案。"

列入城建档案馆（室）档案接收范围的工程，建设单位在组织工程竣工验收前，应提请城建档案管理机构对工程档案进行预验收。建设单位未取得城建档案管理机构出具的认可文件，不得组织工程竣工验收。

城建档案管理部门在进行工程档案验收时，应重点验收以下内容：

① 工程档案齐全、系统、完整；
② 工程档案的内容真实、准确地反应工程建设活动和工程实际状况；
③ 工程档案已整理立卷，立卷符合规定；
④ 竣工图绘制方法、图示及规格等符合专业技术要求，图面整洁，盖有竣工图章；
⑤ 文件的形成，来源符合实际，要求单位或个人签章的文件，其签章手续完备；
⑥ 文件材质、幅面、书写、绘图、用墨、托裱等符合要求。

列入城建档案馆（室）接受范围的工程，建设单位在工程竣工验收后3个月内，必须向城建档案馆（室）移交一套符合规定的工程档案。

停建、缓建建设工程的档案，暂由建设单位保管。对改建、扩建和维修工程，建设单位应当组织设计、施工单位据实修改、补充和完善原工程档案。对改变的部件，应当重新编制工程档案，并在工程竣工验收后3个月内向城建档案馆（室）移交。

建设单位向城建档案馆（室）移交工程档案时，应办理移交手续，填写移交目录，双方签字、盖章后交接。

建设工程竣工验收后，建设单位未按规定移交建设工程档案的，依据《建设工程质量管理条例》第五十九条的规定，建设单位除应被责令改正外，还应当受到罚款的行政处罚。

三、重大建设项目档案验收

为加强重大建设项目档案管理工作，确保重大建设项目档案的完整、准确、系统和安全，根据《档案法》和国家有关规定，2006年6月14日国家档案局和国家发改委联合制定了《重大建设项目档案验收办法》。该办法对重大建设项目档案验收的组织、验收申请、验收要求作出了具体规定。

《重大建设项目档案验收办法》规定，项目建设单位（法人）应将项目档案工作纳入项目建设管理程序，与项目建设实行同步管理，建立项目档案工作领导责任制和相关人员岗位责任制。未经档案验收或档案验收不合格的项目，不得进行或通过项目的竣工验收。

（一）验收组织

1. 项目档案验收的组织

（1）国家发展和改革委员会组织验收的项目，由国家档案局组织项目档案的验收。

（2）国家发展和改革委员会委托中央主管部门（含中央管理企业，下同）、省级政府投资主管部门组织验收的项目。由中央主管部门档案机构、省级档案行政管理部门组织项目档案的验收，验收结果报国家档案局备案。

（3）省以下各级政府投资主管部门组织验收的项目，由同级档案行政管理部门组织项目档案的验收。

（4）国家档案局对中央主管部门档案机构、省级档案行政管理部门组织的项目档案验收进行监督、指导。项目主管部门、各级档案行政管理部门应当加强项目档案验收前的指导和咨询，必要时可组织预检。

2. 项目档案验收组的组成

（1）国家档案局组织的项目档案验收，验收组由国家档案局、中央主管部门、项目所在地省级档案行政管理部门等单位组成。

（2）中央主管部门档案机构组织的项目档案验收，验收组由中央主管部门档案机构及项目所在地省级档案行政管理部门等单位组成。

(3) 省级及省以下各级档案行政管理部门组织的项目档案验收，由档案行政管理部门、项目主管部门等单位组成。

(4) 凡在城市规划区范围内建设的项目，项目档案验收组成员应包括项目所在地的城建档案接收单位。

(5) 项目档案验收组人数为不少于 5 人的单数，组长由验收组织单位人员担任。必要时可邀请有关专业人员参加验收组。

(二) 验收申请

项目建设单位（法人）应向项目档案验收组织单位报送档案验收申请报告，并填报《重大建设项目档案验收申请表》。项目档案验收组织单位应当在收到档案验收申请报告的 10 个工作日内作出答复。

1. 申请项目档案验收应具备的条件

申请项目档案验收应具备下列条件：

① 项目主体工程和辅助设施已按照设计建成，能满足生产或使用的需要；

② 项目试运行指标考核合格或者达到设计能力；

③ 完成了项目建设全过程文件材料的收集、整理与归档工作；

④ 基本完成了项目档案的分类、组卷、编目等整理工作。

项目档案验收前，项目建设单位（法人）应组织项目设计、施工、监理等方面负责人以及有关人员，根据档案工作的相关要求，依照《重大建设项目档案验收内容及要求》进行全面自检。

2. 项目档案验收申请报告的主要内容

项目档案验收申请报告的主要内容包括：

① 项目建设及项目档案管理概况；

② 保证项目档案的完整、准确、系统所采取的控制措施；

③ 项目文件材料的形成、收集、整理与归档情况，竣工图的编制情况及质量状况；

④ 档案在项目建设、管理、试运行中的作用；

⑤ 存在的问题及解决措施。

(三) 验收要求

1. 项目档案验收会议

项目档案验收应在项目竣工验收 3 个月之前完成。项目档案验收以验收组织单位召集验收会议的形式进行。项目档案验收组全体成员参加项目档案验收会议，项目的建设单位（法人）、设计、施工、监理和生产运行管理或使用单位的有关人员列席会议。

项目档案验收会议的主要议程包括：

① 项目建设单位（法人）汇报项目建设概况、项目档案工作情况；

② 监理单位汇报项目档案质量的审核情况；

③ 项目档案验收组检查项目档案及档案管理情况；

④ 项目档案验收组对项目档案质量进行综合评价；

⑤ 项目档案验收组形成并宣布项目档案验收意见。

2. 档案质量的评价

检查项目档案，采用质询、现场查验、抽查案卷的方式。抽查档案的数量应不少于 100 卷，抽查重点为项目前期管理性文件、隐蔽工程文件、竣工文件、质检文件、重要合同、协议等。

项目档案验收应根据《国家重大建设项目文件归档要求与档案整理规范》（DA/T 28—2002），对项目档案的完整性、准确性、系统性进行评价。

3. 项目档案验收意见的主要内容

项目档案验收意见的主要内容包括：

① 项目建设概况；

② 项目档案管理情况，包括项目档案工作的基础管理工作，项目文件材料的形成、收集、整理与归档情况，竣工图的编制情况及质量，档案的种类、数量，档案的完整性、准确性、系统性及安全性评价，档案验收的结论性意见；

③ 存在问题、整改要求与建议。

4. 档案验收结果

项目档案验收结果分为合格与不合格。

（1）项目档案验收组半数以上成员同意通过验收的为合格。

项目档案验收合格的项目，由项目档案验收组出具项目档案验收意见。

（2）项目档案验收不合格的项目，由项目档案验收组提出整改意见，要求项目建设单位（法人）于项目竣工验收前对存在的问题限期整改，并进行复查。复查后仍不合格的，不得进行竣工验收，并由项目档案验收组提请有关部门对项目建设单位（法人）通报批评。造成档案损失的，应依法追究有关单位及人员的责任。

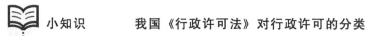

小知识　　我国《行政许可法》对行政许可的分类

现行法律、法规规定的行政许可包括审批、审核、认可、同意、登记等不同形式，涉及不同部门、不同行政管理事项。我国《行政许可法》借鉴国外通行做法，根据性质、功能、适用事项的不同，将行政许可分为五类。一是普通许可，由行政机关确认自然人、法人或者其他组织是否具备从事特定活动的条件，适用于直接关系国家安全、经济安全、公共利益、人身健康、生命财产安全的事项；二是特许，由行政机关代表国家像被许可人授予某种权利，适用于有限自然资源的开发利用、有限公共资源的配置、直接关系公共利益的垄断性企业的市场准入等；三是认可，由行政机关对申请人是否具备特定技能予以认定，适用于为公共提供服务、直接关系公共利益并且要求具备特殊信誉、特殊条件或者特殊技能的资格、资质；四是核准，由行政机关对某些事项是否达到特定技术标准、经济技术规范予以判断、确定，适用于直接关系公共安全、人身健康、生命财产安全的重要设备设施的设计、建造、安装和使用，直接关系人身健康、生命财产安全的特定产品、物品的检验、检疫；五是登记，由行政机关确立个人、企业或者其他组织的特定主体资格。

本章小结

本章介绍了建设工程勘察设计的概念与作用，勘察设计文件的编制与审批，建设工程勘察设计质量管理及法律责任等方面的有关规定。

接下来，介绍了施工过程中发现文物的报告制度和相关保护的规定，避免在工程建设过程中遇到这种问题作出违反法律的事情。

工程建设过程中的消防安全是关系到施工安全的关键因素，所以本章简单介绍了基本的消防规定，特别对工程建设中应采取的消防安全措施要加强学习，保证工程建设的消防安全。

一直以来，国家对节约能源方面非常重视，特别是建筑节能法律制度的实施，将节约能源贯彻到工程建设的每一个环节当中。

本章最后一部分介绍了工程建设的档案管理方面的法律规定，规范了建设工程文件归档整理以及建设工程档案的验收等相关工作。

复习思考题

1. 什么是工程勘察？什么是工程设计？
2. 简述工程勘察与设计的质量要求。
3. 施工过程中发现文物时施工单位应该采取什么措施？
4. 工程建设中应采取的消防安全措施有哪些？
5. 工程建设的参建单位的节能责任有哪些？
6. 如何来移交建设工程的档案？

课后练习题

一、单项选择

1. 项目建设单位（法人）应向项目档案验收组织单位报送档案验收申请报告，并填报《重大建设项目档案验收申请表》。项目档案验收组织单位应当在收到档案验收申请报告的（ ）工作日内作出答复。
   A. 1 个   B. 5 个   C. 10 个   D. 20 个
2. 项目档案验收应在项目竣工验收（ ）月之前完成。
   A. 3 个   B. 5 个   C. 10 个   D. 20 个
3. 以欺骗手段取得资质证书承揽工程的，吊销其资质证书，还应处合同约定的勘察设计费（ ）的罚款，并没收其非法所得。
   A. 1~2 倍   B. 2~3 倍   C. 4~5 倍   D. 6~7 倍
4. 违反规定，将所承揽的工程进行转包的，责令改正，没收违法所得，处以合同约定的勘察设计费（ ）的罚款。
   A. 1%~10%   B. 10%~25%   C. 25%~50%   D. 50%~100%
5. 项目档案验收组人数为不少于（ ）的单数，组长由验收组织单位人员担任。必要时可邀请有关专业人员参加验收组。
   A. 5 人   B. 7 人   C. 9 人   D. 11 人

二、多项选择

1. 《历史文化名城名镇名村保护条例》规定，具备下列（ ）条件的城市、镇、村庄，可以申报历史文化名城、名镇、名村。
   A. 保存文物特别丰富
   B. 历史建筑集中成片
   C. 保留着传统格局和历史风貌
   D. 历史上曾经作为政治、经济、文化、交通中心或者军事要地
2. 《历史文化名城名镇名村保护条例》规定，在历史文化名城、名镇、名村保护范围内禁止进行下列活动（ ）。
   A. 开山、采石、开矿等破坏传统格局和历史风貌的活动
   B. 占用保护规划确定保留的园林绿地、河湖水系、道路等
   C. 修建生产、储存爆炸性、易燃性、放射性、毒害性、腐蚀性物品的工厂、仓库等
   D. 在历史建筑上刻画、涂污
3. 公安消防机构在统一组织和指挥火灾的现场扑救时，火场总指挥员有权根据扑救火灾的需要规定下列事项（ ）。
   A. 使用各种水源

B. 截断电力可燃气体和液体的输送，限制用火用电
C. 划定警戒区，实行局部交通管制
D. 利用邻近建筑物和有关设施
E. 为防止火灾蔓延、排除或者破损毗邻火场的建筑物、构筑物
F. 调动供水、供电、医疗救护、交通运输等有关单位协助灭火救助

4. 《民用建筑节能管理规定》规定鼓励发展下列（　　）建筑节能技术和产品。
   A. 新型节能墙体和无眠的保温、隔热技术与材料
   B. 节能门窗的保温隔热和密闭技术
   C. 集中供热和热、电、冷联产联供技术
   D. 供热采暖系统温度调控和分户热量计量技术与装置
   E. 太阳能、地热等可再生能源应用技术及设备
   F. 建筑照明节能技术与产品

5. （　　）属于《节能中长期专项规划》规定的10大重点工程。
   A. 燃煤工业锅炉（窑炉）改造工程　　B. 区域热电联产工程
   C. 工业废热利用工程　　　　　　　　D. 节约和替代能源工程
   E. 电机系统节能工程　　　　　　　　F. 能量系统优化工程

参考文献

[1] 建设部人事教育劳动司，体改法规司．建设法规教程．北京：中国建筑工业出版社，1996．
[2] 葛洪义．法理学．北京：中国政法大学出版社，1999．
[3] 王利明，崔建远．合同法．北京：北京大学出版社，1999．
[4] 谢怀拭等．合同法原理．北京：法律出版社，2000．
[5] 魏振瀛．民法．北京：北京大学出版社，2000．
[6] 刘凯湘．民法学．北京：中国法制出版社，2000．
[7] 孙镇平．建设工程合同．北京：人民法院出版社，2000．
[8] 成虎．建筑工程合同管理与索赔（第3版）．南京：东南大学出版社，2000．
[9] 中华人民共和国建设部人事教育司，政策法规司．建设法规教程．北京：中国计划出版社，2002．
[10] 李启明等．工程建设合同与索赔管理．北京：科学出版社，2002．
[11] 张文显．法理学．北京：高等教育出版社，2003．
[12] 叶胜川．工程建设法规．武汉：武汉理工大学出版社，2004．
[13] 刘文锋等．建设法规概论．北京：高等教育出版社，2004．
[14] 郑润梅．建设法规概论．北京：中国建材工业出版社，2004．
[15] 中国土木工程学会，北京交通大学．建设工程法规及相关知识．北京：中国建筑工业出版社，2005．
[16] 王锁荣，张培新．工程建设法规．北京：高等教育出版社，2005．
[17] 陈正．建筑工程招投标与合同管理实务．北京：电子工业出版社，2006．
[18] 徐占法．建设法规与案例分析．北京：机械工业出版社，2007．
[19] 马文婷，隋灵灵．建筑法规．北京：人民交通出版社，2007．
[20] 高正文．建设工程法规与合同管理．北京：机械工业出版社，2008．
[21] 刘勇．建筑法规概论．北京：中国水利水电出版社，2008．
[22] 黄建初等．中华人民共和国城乡规划法解说．北京：知识产权出版社，2008．
[23] 陈东佐．建筑法规概论（第3版）．北京：中国建筑工业出版社，2008．
[24] 刘亚臣，朱昊．新编建设法规（第2版）．北京：机械工业出版社，2009．
[25] 安建．中华人民共和国城乡规划法释义．北京：法律出版社，2009．
[26] 陈东佐．建设工程法规．北京：化学工业出版社，2010．
[27] 马楠．建设法规与典型案例分析．北京：机械工业出版社，2011．
[28] 全国一级建造师执业资格考试用书编写委员会．建设工程法规及相关知识（第3版）．北京：中国建筑工业出版社，2011．
[29] 本书编委会编写．全国一级建造师执业资格考试用书．建设工程法律法规选编．北京：中国建筑工业出版社，2011．
[30] 本书编委会编写．全国一级建造师建设工程法规及相关知识重点内容解析．北京：中国建筑工业出版社，2011．